建设工程招标采购从业人员职业能力认定辅导教材

建设工程招标采购法律法规

中国土木工程学会建筑市场与招标投标研究分会　编

中国建材工业出版社

图书在版编目（CIP）数据

建设工程招标采购法律法规/中国土木工程学会建筑市场与招标投标研究分会编．--北京：中国建材工业出版社，2023.5

建设工程招标采购从业人员职业能力认定辅导教材

ISBN 978-7-5160-3686-0

Ⅰ．①建… Ⅱ．①中… Ⅲ．①采购－招标投标法－中国－岗位培训－教材　Ⅳ．①D922.297

中国国家版本馆 CIP 数据核字（2023）第 007340 号

建设工程招标采购法律法规

JIANSHE GONGCHENG ZHAOBIAO CAIGOU FALÜ FAGUI

出版发行：中国建材工业出版社
地　　址：北京市海淀区三里河路 11 号
邮　　编：100831
经　　销：全国各地新华书店
印　　刷：北京印刷集团有限责任公司
开　　本：787mm×1092mm　1/16
印　　张：17
字　　数：410 千字
版　　次：2023 年 5 月第 1 版
印　　次：2023 年 5 月第 1 次
定　　价：80.00 元

本社网址：www.jccbs.com，微信公众号：zgjcgycbs
请选用正版图书，采购、销售盗版图书属违法行为
版权专有，盗版必究。本社法律顾问：北京天驰君泰律师事务所，张杰律师
举报信箱：zhangjie@tiantailaw.com　举报电话：(010) 57811389
本书如有印装质量问题，由我社市场营销部负责调换，联系电话：(010) 57811387

《建设工程招标采购从业人员职业能力认定辅导教材》编委会

主　　　任：安连发

编委会成员：赵桂君　李仁友　李继红　刘　谦
　　　　　　马　燕　徐逢治　韩如波　印捷欧
　　　　　　姜凤霞　洪　琳　邱佩莹　杨宏民
　　　　　　王　莉　张思业　刘跃广　张兴旺
　　　　　　张　岚　杨桂珍　迟玉星　李媛媛

本 书 主 编：刘艳莉

本书副主编：于　宁　王　莉　李金升　李小琳
　　　　　　（按姓氏笔画为序，排名不分先后）

本书编写人员：冯建正　刘明群　孙　杰　李建军
　　　　　　　张志军　柏　娟　徐　宁　黄　欣
　　　　　　　崔文云　韩世芳　薛　强
　　　　　　　（按姓氏笔画为序，排名不分先后）

主 编 单 位：中国土木工程学会建筑市场与招标投标研究分会

参 编 单 位：上海市建纬律师事务所
　　　　　　国信招标集团股份有限公司
　　　　　　吉林智晟项目管理有限公司
　　　　　　天津广正建设项目咨询股份有限公司

支 持 单 位：北京市建设工程招标投标和造价管理协会
　　　　　　天津市建设工程造价和招投标管理协会
　　　　　　辽宁省建设工程招标投标协会
　　　　　　吉林省建设工程招标投标协会
　　　　　　黑龙江建设工程招投标协会
　　　　　　内蒙古自治区工程建设协会
　　　　　　云南省建设工程招标投标行业协会
　　　　　　安徽省建筑工程招标投标协会
　　　　　　福建省建筑业协会工程建设项目招标投标分会
　　　　　　贵州省建设工程招标投标协会
　　　　　　河南省建设工程招标投标协会
　　　　　　甘肃省建设工程招标投标协会
　　　　　　湖南省建设工程招标投标协会

河北省建设工程招标投标协会
济南市建设工程招标投标协会
新疆建设工程招标投标协会
广西建筑业联合会招标投标分会
江西省招标投标协会
四川省工程建设招标投标协会
青海省招标投标协会
广东省建设工程交易协会
北京建筑大学
广联达科技股份有限公司
上海东方投资监理有限公司
北京大成律师事务所
安徽安天利信工程管理股份有限公司
忱义工程项目管理有限公司
江西省机电设备招标有限公司
海逸恒安项目管理有限公司
天津市建设工程招标有限公司
北京华建联造价工程师事务所有限公司
中安天际有限公司

序 言

中国土木工程学会建筑市场与招标投标研究分会（以下简称"分会"）自1993年成立以来，始终把提升建设工程招标采购行业管理水平视为己任，围绕建筑市场与招标投标不同时期的工作重心及相关法律法规、部门规章的制订调整，围绕各级建设行政主管部门及市场各方交易主体的工作需求，从不同层面组织开展了很多富有成效的工作，其效果是有目共睹、显而易见的。

当今，我国建筑市场与招标采购行业已进入新常态。这种新常态具有以下明显特点：一是以"互联网＋"为标志，大数据、BIM技术、电子化三大科技手段的应用，促使建设工程领域的发展速度产生了质的飞跃，也为建筑业的改革发展带来革命性、方向性的变化，同时PPP项目等一系列新的资本运作模式也正给我国招标采购方式带来新的挑战与思考；二是行政监管工作正在充分体现简政放权的理念，取消非行政许可事项的同时，进一步简化审批事项，延伸服务内涵；三是全国招标采购交易场所按国务院最新要求，正在进行全面整合，总体目标依然体现了可持续这一经济学核心，其方向是明确的，公共资源及建设工程交易中心从传统意义的监管服务方式开始向信息化、电子化交易服务平台转变；四是随着政府指导价格的放开，企业资质的弱化，招标代理企业面临着如何健康持续发展的新课题。

基于当前市场环境，如何实现建筑市场与招标采购监管新的突破；如何提升工程造价及招标代理的效率和质量；如何在行业具体工作中及时跟进，实现管理机制、工作机制的改革创新，这些都是十分必要且需要认真思考的。为全面提升建设工程招标采购行业管理水平，规范从业人员职业行为，建立和完善招标采购从业人员的专业知识能力结构体系，全面促进建筑市场与招标采购行业改革创新的深入发展，分会决定在2016版的从业人员培训教材基础上进行修订，编写具有前瞻性、系统性、适用性的系列辅导教材，目的就是服务行业，服务广大会员单位，引领行业在正确的轨道上健康发展。

近年来，招标采购领域尤其是建设工程招标采购领域飞速发展，新思想、新方法、新技术层出不穷，这些变革都给招标采购从业人员带来了新的挑战和新的要求。过去简单的事务性操作已经远远不能满足新形势下的招标采购服务要求，新的法律法规及全流程电子化等工程招标采购发展趋势也要求从业人员具备新的技能，掌握新的知识。分会也收到了许多反馈，各省市行业协会及会员单位呼吁分会能够顺应行业诉求，聚焦建设工程招标采购领域，突出专业特色，打造我们建设工程招标采购领域的从业人员职业能力认定机制和体系。分会正是在此背景下经过深思熟虑，决定启动从业人员职业能力认定体系建设，推进辅导教材编写等工作。

本系列辅导教材分为4册，包括建设工程招标采购法律法规、合同管理、项目管理、专业实务。辅导教材紧密结合行业特点，较完整地对新的理论及概念做了归纳，既可以作为建设工程招标采购代理行业从业人员培训专用教材，也可以作为各级建设行政主管部门监管人员、评审专家以及企事业单位招采管理和投标岗位人员的业务指导和参考书。

本系列辅导教材由上海市建纬律师事务所、国信招标集团股份有限公司、吉林智晟项目管理有限公司、天津广正建设项目咨询股份有限公司、"建筑云在线"平台全程参与编写，同时得到了北京市建设工程招标投标和造价管理协会、天津市建设工程造价和招投标管理协会、辽宁省建设工程招标投标协会、吉林省建设工程招标投标协会、黑龙江建设工程招标投标协会、内蒙古自治区工程建设协会、云南省建设工程招标投标行业协会、安徽省建筑工程招标投标协会、福建省建筑业协会工程建设项目招标投标分会、贵州省建设工程招标投标协会、河南省建设工程招标投标协会、甘肃省建设工程招标投标协会、湖南省建设工程招标投标协会、河北省建设工程招标投标协会、济南市建设工程招标投标协会、新疆建设工程招标投标协会、广西建筑业联合会招标投标分会、江西省招标投标协会、四川省工程建设招标投标协会、青海省招标投标协会、广东省建设工程交易协会等省市行业协会以及北京建筑大学、广联达科技股份有限公司、上海东方投资监理有限公司、北京大成律师事务所、安徽安天利信工程管理股份有限公司、忱义工程项目管理有限公司、江西省机电设备招标有限公司、海逸恒安项目管理有限公司、天津市建设工程招标有限公司、北京华建联造价工程师事务所有限公司、中安天际有限公司等众多单位的悉心指导和鼎力支持。

在此，我们向参加本系列辅导教材编审的各有关单位及专家深表敬意；同时也由衷地感谢各级建设行政主管部门对辅导教材编写工作给予的支持、指导与帮助。

中国土木工程学会
建筑市场与招标投标研究分会
2023 年 4 月

前　言

随着我国社会主义市场经济体系的不断完善和创新发展，招标采购代理资质、工程造价咨询资质相继取消，建设工程招标采购行业已进入高质量发展新常态。为贯彻落实党的二十大报告精神，全面提升建设工程招标采购行业管理水平，规范从业人员职业行为，建立健全招标采购人员的专业知识和能力结构体系，全面促进建筑市场与招标投标行业改革创新的深入发展，编制具有前瞻性、系统性和实用性的系列辅导教材尤为必要。

《建设工程招标采购法律法规》是由中国土木工程学会建筑市场与招标投标研究分会编委会统筹安排编制的《建设工程招标采购从业人员职业能力认定辅导教材》之一。吉林智晟项目管理有限公司作为参编单位负责具体的编写工作，主编刘艳莉负责总体策划、构思和统筹定稿；副主编分别为王莉、李金升、于宁、李小琳；参编专家有张志军、刘明群、崔文云、冯建正、薛强、李建军、柏娟、黄欣、徐宁、徐世芳、孙杰。本书的编制大纲由主编、副主编和各位参编专家共同商定。本书的编写人员都对招标投标理论有着深刻的理解，有着长期从事招标投标活动的实践经验。

本书共四章，分别为法律法规体系概述、招标投标基础法律法规、建设工程招标投标法律法规、建设工程招标采购相关法律法规。本书在编写过程中以更好地服务建设工程招标采购从业人员为目的，以《招标投标法》及其相关的《招标投标法实施条例》为主线，系统介绍建设工程招标采购法律法规，概要介绍建设工程招标采购基本理论与相关法律制度体系。在最新的法律法规和政策性文件的框架下，本书对重点、难点条款进行深入分析、逐条解读、详尽展开，使读者全面掌握每一条款的内涵和外延，提高应对和解决实际问题的能力。

本书知识体系比较完善，密切联系实际，既注重系统性、实用性和可操作性，又兼顾行业发展相关的技术性、创新性和前瞻性，既可以作为建设工程招标采购代理行业从业人员培训专用教材，也可以作为各级建设行政主管部门监管人员、评审专家以及企事业单位招采管理和投标岗位人员的参考书。

由于建设工程招标采购法律法规知识体系还在不断完善和发展中，加之编者水平有限，书中难免有遗漏和不足之处，恳请读者予以批评指正。

本书编写组
2023 年 4 月

目 录

第1章	法律法规体系概述	1
1.1	法律法规体系的构成	1
1.2	法律法规体系的效力层级	3
1.3	法律法规的相关责任	5

第2章	招标投标基础法律法规	11
2.1	《中华人民共和国民法典》	11
2.2	《中华人民共和国建筑法》	29
2.3	《中华人民共和国公司法》	36

第3章	建设工程招标投标法律法规	50
3.1	《中华人民共和国招标投标法》	50
3.2	《中华人民共和国招标投标法实施条例》	66
3.3	招标投标相关部门规章	94
3.4	招标投标相关规范性文件	163

第4章	建设工程招标采购相关法律法规	168
4.1	《中华人民共和国政府采购法》	168
4.2	《中华人民共和国政府采购法实施条例》	186
4.3	《建设工程质量管理条例》	200
4.4	《建设工程安全生产管理条例》	207
4.5	《保障农民工工资支付条例》	215
4.6	《建筑工程施工发包与承包计价管理办法》	218
4.7	《建筑工程施工许可管理办法》	221
4.8	《建设工程质量保证金管理办法》	224
4.9	《建筑工程施工发包与承包违法行为认定查处管理办法》	227
4.10	《注册建造师管理规定》	230
4.11	《中华人民共和国价格法》	234
4.12	《中华人民共和国安全生产法》	237
4.13	《中华人民共和国环境保护法》	244
4.14	《中华人民共和国中小企业促进法》	247

4.15 《政府投资条例》……………………………………………… 250
4.16 《优化营商环境条例》………………………………………… 252
4.17 《保障中小企业款项支付条例》……………………………… 257
4.18 《基础设施和公用事业特许经营管理办法》………………… 259

第1章 法律法规体系概述

1.1 法律法规体系的构成

20世纪80年代初,招标投标制度在我国最早被运用于建设工程领域并被沿用至今。在长达四十多年的发展进程中,建设工程项目招标投标活动积累了相当丰富的理论和实践经验,为我国相关法律法规的制定提供了实践基础,我国的招标投标制度也一直处在不断改革的进程中。

2000年,我国颁布实施了《中华人民共和国招标投标法》(以下简称《招标投标法》),标志着我国正式以法律形式确立了招标投标制度,初步规范了我国建设工程招标投标市场,我国的招标投标活动在法治的轨道上,进入一个规范化、严格化、公开公平化的新阶段,但招标投标制度的改革发展仍然有很长的路要走。

2012年至今是招标投标制度的发展提高阶段,该阶段主要以2012年2月1日起施行的《中华人民共和国招标投标法实施条例》(以下简称《招标投标法实施条例》)为标志。该条例以配套行政法规的形式进一步完善了《招标投标法》。另外,国务院及其有关部门陆续颁布了一系列招标投标方面的规定,地方人大及其常委会、人民政府及其有关部门也结合本地区的特点和需要,相继制定了招标投标方面的地方性法规、规章和规范性文件等,我国的招标投标法律制度体系逐步完善,形成了覆盖全国各领域、各层级的招标投标法律法规与政策体系,使得我国对招标投标活动的管理和监督跨上一个新台阶,也为进一步完善和规范建设工程招标投标市场秩序奠定了制度基础。

招标投标法律法规与政策体系,是指全部现行的与招标投标活动有关的法律法规和政策组成的有机联系的整体。从法律规范的渊源和相关内容而言,招标投标法律法规与政策体系的构成可以按照法律规范的渊源划分、按照法律规范内容的相关性划分两种方式分类。

1.1.1 按照法律规范的渊源划分

按照法律规范的渊源划分,招标投标法律体系由有关法律、法规、规章及规范性文件构成。

1. 法律

法律是由全国人大及其常委会制定,通常以国家主席令的形式向社会公布,具有国家强制力和普遍约束力,其法律效力仅次于宪法。目前,招标投标法律体系中的法律有两部,分别为《招标投标法》和《中华人民共和国政府采购法》(以下简称《政府采购法》)。

2. 法规

法规，包括行政法规和地方性法规。

行政法规，由国务院制定，通常由总理签署国务院令公布，在全国范围内具有普遍约束力。招标投标法律体系中的行政法规有《招标投标法实施条例》，其对《招标投标法》的相关规则进行了解释、细化和补充完善。

地方性法规（包括自治条例、单行条例），由省、自治区、直辖市及较大的市（省、自治区政府所在地的市，经济特区所在地的市，经国务院批准的较大的市）的人大及其常委会根据本行政区域的具体情况和实际需要，在不与法律、行政法规相抵触的前提下制定的在本行政区域内实施的规范性文件，通常以地方人大公告的方式公布，地方性法规只在本辖区内有效。如《北京市招标投标条例》等。

3. 规章

规章，包括国务院部门规章和地方政府规章。

国务院部门规章，是指国务院所属的部、委、局和具有行政管理职责的直属机构在本部门权限范围内制定的关于执行法律或者行政法规相关事项的规范性文件，通常以部委令的形式公布。如《必须招标的工程项目规定》（国家发展改革委令第16号）、《住房城乡建设部关于修改〈房屋建筑和市政基础设施工程施工招标投标管理办法〉的决定》（住房城乡建设部令第43号）等。

地方政府规章，由省、自治区、直辖市、省及自治区政府所在地的市、经济特区所在地的市、经国务院批准的较大的市的政府根据法律、行政法规和本省、自治区、直辖市的地方性法规制定，在本行政区域内实施的规范性文件，通常以地方人民政府令的形式发布。如《北京市建设工程招标投标监督管理规定》（北京市人民政府令第122号）等。

4. 规范性文件

规范性文件，是指各级政府及其所属部门和派出机关在其职权范围内，依据法律、法规和规章制定的具有普遍约束力的具体规定。如《国务院办公厅印发国务院有关部门实施招标投标活动行政监督的职责分工意见的通知》（国办发〔2000〕34号），就是依据《招标投标法》第七条的授权作出的有关职责分工的具体规定。《国家发展改革委关于印发〈必须招标的基础设施和公用事业项目范围规定〉的通知》（发改法规〔2018〕843号），是进一步对《必须招标的工程项目规定》中未明确的"不属于本规定第二条、第三条规定情形的大型基础设施、公用事业等关系社会公共利益、公众安全的项目"作了详细的规定。《国家发展改革委等部门关于严格执行招标投标法规制度进一步规范招标投标主体行为的若干意见》（发改法规规〔2022〕1117号）则是针对当前形势下，招标投标领域存在的问题，从招标人、评标专家、招标代理机构、行政监督部门和诚信履约等五个方面作出了具体规定。

1.1.2　按照法律规范内容的相关性划分

按照法律规范内容的相关性划分，招标投标法律体系包括两个方面：一是招标投标专业法律规范，二是其他相关法律规范。

1. 招标投标专业法律规范

招标投标专业法律规范，即专门规范招标投标活动的法律、法规、规章及有关政策性文件。如《招标投标法》《招标投标法实施条例》，国家发展和改革委员会等有关部委关于招标投标的部门规章，以及各省、自治区、直辖市出台的关于招标投标的地方性法规和政府规章等。

2. 其他相关法律规范

由于招标投标属于市场交易活动，必须遵守规范民事法律行为、签订合同、履约担保、价格等采购活动的《中华人民共和国民法典》（以下简称《民法典》）、《中华人民共和国价格法》等。另外，有关工程建设项目方面的招标投标活动还应当遵守《中华人民共和国建筑法》《建设工程质量管理条例》（国务院令第279号）、《建设工程安全生产管理条例》（国务院令第393号）、《住房城乡建设部关于修改〈建筑工程施工许可管理办法〉第三部规章的决定》（住房城乡建设部令第52号）的相关规定等。

1.2 法律法规体系的效力层级

招标投标方面的法律规范比较多，具体执行有关规定时应当注意各规范之间的效力层级问题，具体包括以下四个方面。

1.2.1 纵向效力层级

按照《中华人民共和国立法法》（以下简称《立法法》）的规定，在我国法律体系中，宪法具有最高的法律效力，其后依次是法律、行政法规、地方性法规（包括自治条例、单行条例）及部门规章、地方政府规章。在招标投标法律体系中，《招标投标法》是招标投标领域的基本法律，其他有关行政法规、部门规章以及地方性法规和规章等都不得与《招标投标法》相抵触。《招标投标法实施条例》是《招标投标法》的配套行政法规，《招标投标法实施条例》的效力层级高于部门规章以及地方性法规，如《招标投标法实施条例》于2012年2月1日施行后，此前制定和施行的有关招标投标的部门规章及地方性法规与《招标投标法实施条例》相抵触的内容规定应当以《招标投标法实施条例》为准。国务院各部委制定的部门规章之间具有同等法律效力，在各自权限范围内施行，其内容不得违反所有的上位法规定。省、自治区、直辖市的人大及其常委会制定的地方性法规的效力层级高于当地政府制定的规章。如《北京市招标投标条例》的法律效力高于《北京市建设工程招标投标监督管理规定》（北京市人民政府令第122号）。

1.2.2 横向效力层级

按照《立法法》规定，同一机关制定的法律、行政法规、地方性法规、规章，特别规定与一般规定不一致的，适用特别规定，即同一机关制定的特别规定的效力层级高于一般规定。因此，在同一层次的招标投标法律规范中，特别规定与一般规定不一致的，应当适用特别规定。如《民法典》对合同订立程序、要约与承诺、合同履行等方面均作出了一般性的规定；《招标投标法》对于招标投标程序、选择中标人、签订合同等方面也作出了一些特别规定。招标投标实践活动要遵守《民法典》的基本原则，更要执行《招标投标法》中相关特别规定，严格按照《招标投标法》规定的程序和具体要求，签订中标合同。

1.2.3 时间序列效力层级

从时间序列看，按照《立法法》的规定，同一立法机关制定的法律、行政法规、地方性法规、规章，新的规定与旧的规定不一致的，适用新的规定，即同一机关新规定的效力高于旧规定。例如，在《招标投标法实施条例》2012年2月1日施行之前，按照国家发展计划委员会等七部委于2001年联合制定的《评标委员会和评标方法暂行规定》（国家发展计划委令第12号）规定，评标委员会推荐的中标候选人应当限定在1～3人，并标明顺序。使用国有资金投资或者国家融资的项目，招标人应当确定排名第一的中标候选人为中标人；排名第一的中标候选人放弃中标或因其他原因不能签订合同的，可以按照顺序依次确定排名第二的中标候选人为中标人。国家发展计划委员会等七部委2003年联合制定的《工程建设项目施工招标投标办法》（国家发展计划委令第30号），将上述按照排名顺序确定中标人的强制性规定的适用范围扩大到了依法必须招标的全部施工项目。根据"新法优于旧法"的原则，所有依法必须进行招标的施工项目都必须执行2003年的新规定。需要特别说明的是，2012年2月1日后须执行《招标投标法实施条例》的规定，即评标委员会推荐的中标候选人应当不超过3个，并标明排序，国有资金占控股或者主导地位的、依法必须进行招标的项目，招标人应当确定排名第一的中标候选人为中标人。

1.2.4 特殊情况处理原则

我国的法律体系原则上是统一、协调的。但是，由于我国立法机关比较多，如果部门之间缺乏必要的沟通与协调，难免会出现政出多门、多头立法现象，各规范性文件的立法背景不同，所面临的和要解决的问题有别，出现内容不一致甚至严重冲突的情况在所难免，有些冲突按上述效力层级划分规则难以解决，需要引入解决冲突的特殊规则。在招标投标活动中遇到此类特殊情况时，依据《立法法》的有关规定，应当按照以下原则处理：

第一，法律之间对同一事项新的一般规定与旧的特别规定不一致，不能确定如何适用时，由全国人民代表大会常务委员会裁决。

第二，行政法规之间对同一事项新的一般规定与旧的特别规定不一致，不能确定如何适用时，由国务院裁决。

第三，地方性法规、规章，新的一般规定与旧的特别规定不一致时，由制定机构裁决。

第四，地方性法规与部门规章之间对同一事项规定不一致，不能确定如何适用时，由国务院提出意见。国务院认为适用地方性法规的，应当在该地区适用地方性法规；国务院认为适用部门规章的，应当提请全国人民代表大会常务委员会裁决。

第五，部门规章之间、部门规章与地方政府规章之间对同一事项的规定不一致时，由国务院裁决。

1.3 法律法规的相关责任

根据招标投标活动中当事人承担法律责任的性质不同，其法律责任可分为民事法律责任、行政法律责任、刑事法律责任。

1.3.1 民事法律责任

1. 民事法律责任的概念

民事法律责任简称民事责任，是指招标投标活动主体在实施民事法律行为的时候，因侵犯了他人的人身权利、财产权利以及其他受到保护的合法权益，依法需要承担的民事法律责任，如合同违约责任等。《民法典》第一百七十六条规定："民事主体依照法律规定或者按照当事人约定，履行民事义务，承担民事责任。"第一百八十六条规定："因当事人一方的违约行为，损害对方人身权益、财产权益的，受损害方有权选择请求其承担违约责任或者侵权责任。"

民事法律责任的承担并不是以法律有明确规定为前提的，这一点与行政法律责任、刑事法律责任不同。如《招标投标法》并没有对招标人以不合理的条件限制或者排斥潜在投标人、对潜在投标人实行歧视待遇的、强制要求投标人组成联合体共同投标的，或者限制投标人之间竞争等违法行为规定民事法律责任。但只要这些违法行为给投标人造成了损失，且其损失与违法行为有因果关系，行为人就应当承担民事法律责任。

2. 民事法律责任的种类

根据民事责任发生的根据不同，民事法律责任包括合同责任和侵权责任。

（1）合同责任。

合同责任包括违约责任和缔约过失责任。违约责任，是指合同当事人不履行合同义务时应依法承担的法律责任。违约责任是以合同已经成立为前提的。中标人与招标人订立合同后，中标人或者招标人拒不履行合同的，均构成违约，应当承担违约责任；中标通知书发出后，合同也已经成立，招标人改变中标结果，或者中标人放弃中标项目的，也应当承担违约责任。缔约过失责任，是指在合同订立过程中，一方因违背其依据的诚实信用原则和法律规定其所承担的义务，而致另一方的信赖利益的损失，应承担损害赔偿责任。投标截止后投标人撤销投标文件的，招标人可以不退还投标保证金，投标人此时承担的就是缔约过失责任。

（2）侵权责任。

侵权责任是指民事主体因实施侵害民事权益行为而应承担的民事法律后果。民事权益，包括生命权、健康权、姓名权、名誉权、荣誉权、肖像权、隐私权、婚姻自主权、监护权、所有权、用益物权、担保物权、著作权、专利权、商标专用权、发现权、股权、继承权等人身、财产权益。在招标采购活动中，有可能侵害他人民事权益，如名誉权、担保物权等，此时应当承担的是侵权责任。

3. 民事法律责任的承担方式

按照《民法典》第一百七十九条的规定，承担民事责任的方式主要有：停止侵害，排除妨碍，消除危险，返还财产，恢复原状，修理、重作、更换，继续履行，赔偿损失，支付违约金，消除影响、恢复名誉，赔礼道歉。法律规定惩罚性赔偿的，依照其规定。但是某些责任方式只能适用于特定类型的责任，如支付违约金只适用于违约责任，恢复名誉适用于人身侵害。本条规定的承担民事责任的方式，可以单独适用，也可以合并适用。《民法典》第五百七十七条规定，当事人一方不履行合同义务或者履行合同义务不符合约定的，应当承担继续履行、采取补救措施或者赔偿损失等违约责任。《民法典》第五百条规定，当事人在订立合同过程中有缔约过失情形，给对方造成损失的，应当承担赔偿责任。

1.3.2 行政法律责任

行政法律责任是招标投标法、政府采购法规定的主要法律责任。违反招标投标法应当承担的行政法律责任包括行政处分和行政处罚。

1. 行政处分

行政处分是指国家行政机关对行政工作人员的惩戒。根据《行政监察法》第二十四条规定，违反行政纪律，依法应当给予警告、记过、记大过、降级、撤职、开除处分六种行政处分形式。

行政处分虽然是有隶属关系的上级对下级违反纪律的行为或者对尚未构成犯罪的违法行为给予的纪律制裁，属于内部行政行为，但它仍具有强制约束力，如被处分人不予履行，行政主体可以强制执行。但因行政处分不受司法审查，故被处分人不服行政处分的，只能通过行政复议和行政申诉途径解决，不能提起行政诉讼。

2. 行政处罚

行政处罚是指行政机关依法对违反行政管理秩序的公民、法人或者其他组织，以减损权益或者增加义务的方式予以惩戒的行为。公民、法人或者其他组织违反行政管理秩序的行为，由行政机关依照法定程序实施。行政处罚的种类有：警告、通报批评；罚款、没收违法所得、没收非法财物；暂扣许可证件、降低资质等级、吊销许可证件；限制开展生产经营活动、责令停产停业、责令关闭、限制从业；行政拘留；法律、行政法规规定的其他行政处罚。

法律可以设定各种行政处罚，包括限制人身自由的行政处罚。行政法规可以设定除限制人身自由以外的行政处罚。法律对违法行为已经作出行政处罚规定，行政法规需要作出具体规定的，必须在法律规定的给予行政处罚的行为、种类和幅度的范围内规定。

地方性法规可以设定除限制人身自由、吊销营业执照以外的行政处罚。法律、行政法规对违法行为已经作出行政处罚规定，地方性法规需要作出具体规定的，必须在法律、行政法规规定的给予行政处罚的行为、种类和幅度的范围内规定。

国务院部门规章可以在法律、行政法规规定的给予行政处罚的行为、种类和幅度的范围内作出具体规定。尚未制定法律、行政法规的，国务院部门规章对违反行政管理秩序的行为，可以设定警告、通报批评或者一定数额罚款的行政处罚。罚款的限额由国务院规定。

地方政府规章可以在法律、法规规定的给予行政处罚的行为、种类和幅度的范围内作出具体规定。尚未制定法律、法规的，地方政府规章对违反行政管理秩序的行为，可以设定警告、通报批评或者一定数额罚款的行政处罚。罚款的限额由省、自治区、直辖市人民代表大会常务委员会规定。

除法律、法规、规章外，其他规范性文件不得设定行政处罚。

行政处罚由具有行政处罚权的行政机关在法定职权范围内实施。国务院或者省、自治区、直辖市人民政府可以决定行政机关行使有关行政机关的行政处罚权。限制人身自由的行政处罚权只能由公安机关和法律规定的其他机关行使。

因招标投标活动的适用范围不同和招标投标项目的不同，对招标投标活动当事人行政法律责任规定较多，除《招标投标法》外，国务院的行政法规及各部委的部门规章规定中对当事人的行政法律责任均有规定。

1.3.3 刑事法律责任

1. 刑事法律责任的概念

刑事法律责任简称刑事责任，是指招标投标活动中的当事人因实施《中华人民共和国刑法》（2020修正）（以下简称《刑法》）规定的犯罪行为所应承担的刑事法律后果。如串通投标罪、泄露国家秘密罪、行贿罪、受贿罪等刑罚。

在招标投标活动中，当事人的行为违反我国刑法的规定，需要承担刑事责任的方式是刑罚。刑罚是人民法院在对行为人作出有罪判决的同时给予刑事制裁。刑罚是最严厉的一种强制方法，刑罚可以剥夺犯罪人权利、财产、人身自由乃至生命。由于刑罚的严厉性，刑罚的适用具有严厉的限制，刑罚只能对触犯《刑法》构成犯罪的人适用。

2. 刑罚的种类

依据《刑法》第三十二条、第三十三条和第三十四条的规定，刑罚主要分为主刑和附加刑两大类。主刑包括管制、拘役、有期徒刑、无期徒刑、死刑。附加刑包括罚金、剥夺政治权利、没收财产、驱逐出境。附加刑也可以独立适用。

依据犯罪主体的不同，我国《刑法》中刑事责任又分为单位犯罪的刑事责任和自然人犯罪的刑事责任两种。单位犯罪的刑事责任是指以单位为犯罪主体因其实施《刑法》规定的犯罪行为所应承担的刑事法律后果。《刑法》第三十条规定："公司、企业、事业单位、机关、团体实施的危害社会的行为，法律规定为单位犯罪的，应当负刑事责任。"对单位犯罪的刑事责任我国采用的是双罚制方式。双罚制，是指对于实施犯罪行为的单位，既要处罚单位又要处罚单位中的直接负责的主管人员和其他直接责任人员。双罚制的建立对处罚单位犯罪较为合理。首先，双罚制是对单位组织所实施的犯罪行为进行的全面的综合性处罚。这种处罚势必使单位内部成员直接或者间接承担不同的责任；其次，双罚制与我国《刑法》中关于主刑和附加刑可以同时使用的精神相吻合，这种刑罚制度体现了我国刑罚体系的特点。最后，双罚制的建立对于单位犯罪的预防具有积极的重要作用，有利于实现我国的刑法目的。我国《刑法》第三十一条规定："单位犯罪的，对单位判处罚金，并对其直接负责的主管人员和其他直接责任人员判处刑罚。本法分则和其他法律另有规定的，依照规定。"

3. 以《招标投标法》《招标投标法实施条例》中涉及的罪名为依据，具体介绍招标投标中可能涉及的罪名。

（1）串通投标罪。

《刑法》第二百二十三条规定："投标人相互串通投标报价，损害招标人或者其他投标人利益，情节严重的，处三年以下有期徒刑或者拘役，并处或者单处罚金。投标人与招标人串通投标，损害国家、集体、公民的合法利益的，依照前款的规定处罚。"

串通投标罪分为以下两种情况。

第一，投标人相互串通投标行为。主要情形有：①投标人之间协商投标报价等投标文件的实质性内容；②投标人之间提前约定中标人；③投标人之间约定部分投标人放弃投标或者中标；④属于同一集团、协会、商会等组织成员的投标人按照该组织要求协同投标；⑤投标人之间为谋取中标或者排斥特定投标人而采取的其他联合行动。

第二，投标人与招标人串通投标行为。主要情形有：①招标人在开标前开启投标文件并将有关信息泄露给其他投标人；②招标人直接或者间接向投标人泄露标底、评标委员会成员等信息；③招标人明示或者暗示投标人压低或者抬高投标报价；④招标人授意投标人撤换、修改投标文件；⑤招标人明示或者暗示投标人为特定投标人中标提供方便；⑥招标人与投标人为谋求特定投标人中标而采取的其他串通行为。

这里的串通投标行为，不仅限于对投标报价的串通，还包括就投标报价以外的其他事项进行串通，此种行为损害了国家、集体、公民的合法权益。

串通投标罪的主体分别为投标人与投标人、投标人与招标人，因而是必要的共犯。这里的投标人、招标人，包括自然人与单位。串通投标罪主观方面只能由故意构成，即使是为了防止过分竞争而串通的，原则上也成立本罪。

（2）侵犯商业秘密罪。

侵犯商业秘密罪是指采取不正当手段，获取、使用、披露或者允许他人使用权利人的商业秘密，给商业秘密的权利人造成重大损失的行为。商业秘密，是指不为公众所知悉，能为权利人带来经济利益，具有实用性并经权利人采取保密措施的技术信息和经营信息。在招标采购活动中，属于商业秘密的有：①应当保密的与招标投标活动有关的情况和资料；②标底；③依法必须进行招标的项目中，已获取招标文件的潜在投标人的名称、数量或者可能影响公平竞争的有关招标投标的其他情况；④对投标文件的评审和比较、中标候选人的推荐。泄露、透露上述商业秘密，如果情节严重的，有可能构成侵犯商业秘密罪。

《刑法》第二百一十九条规定："有下列侵犯商业秘密行为之一，情节严重的，处三年以下有期徒刑，并处或者单处罚金；情节特别严重的，处三年以上十年以下有期徒刑，并处罚金：（一）以盗窃、贿赂、欺诈、胁迫、电子侵入或者其他不正当手段获取权利人的商业秘密的；（二）披露、使用或者允许他人使用以前项手段获取的权利人的商业秘密的；（三）违反保密义务或者违反权利人有关保守商业秘密的要求，披露、使用或者允许他人使用其所掌握的商业秘密的。明知前款所列行为，获取、披露、使用或者允许他人使用该商业秘密的，以侵犯商业秘密论。……"

（3）诈骗罪。

诈骗罪是指以非法占有为目的，用虚构事实或者隐瞒真相的方法，骗取数额较大的公私财物的行为。《招标投标法》第五十四条规定："投标人以他人名义投标或者以其他方式弄虚作假，骗取中标的，中标无效，给招标人造成损失的，依法承担赔偿责任；构成犯罪的，依法追究刑事责任。"《招标投标法实施条例》第六十八条规定："投标人以他人名义投标或者以其他方式弄虚作假骗取中标的，中标无效；构成犯罪的，依法追究刑事责任；尚不构成犯罪的，依照招标投标法第五十四条的规定处罚。依法必须进行招标的项目的投标人未中标的，对单位的罚款金额按照招标项目合同金额依照招标投标法规定的比例计算。"

《刑法》第二百六十六条规定："诈骗公私财物，数额较大的，处三年以下有期徒刑、拘役或者管制，并处或者单处罚金；数额巨大或者有其他严重情节的，处三年以上十年以下有期徒刑，并处罚金；数额特别巨大或者有其他特别严重情节的，处十年以上有期徒刑或者无期徒刑，并处罚金或者没收财产。……"

（4）受贿罪。

受贿罪是指国家工作人员利用职务便利，索取他人财物，或者非法收受他人财物并为他人谋取利益的行为。国家工作人员，是指一切国家机关、国有企业、事业单位和其他依照法律从事公务的人员，包括在国家各级权力机关、各级行政机关、各级司法机关、各级军事机关、国有公司、企业、事业单位、人民团体中从事公务的人员，以及国家机关、国有公司、企业、事业单位委派到非国有公司、企业、事业单位、社会团体中从事公务的人员。其他依法从事公务，并领取相应报酬的人员也属于国家工作人员的范畴。

《刑法》第三百八十五条规定："国家工作人员利用职务上的便利，索取他人财物的，或者非法收受他人财物，为他人谋取利益的，是受贿罪。国家工作人员在经济往来中，违反国家规定，收受各种名义的回扣、手续费，归个人所有的，以受贿论处。"具体处罚标准如下：①受贿数额较大或者有其他较重情节的，处三年以下有期徒刑或者拘役，并处罚金。②受贿数额巨大或者有其他严重情节的，处三年以上十年以下有期徒刑，并处罚金或者没收财产。③受贿数额特别巨大或者有其他特别严重情节的，处十年以上有期徒刑或者无期徒刑，并处罚金或者没收财产；数额特别巨大，并使国家和人民利益遭受特别重大损失的，处无期徒刑或者死刑，并处没收财产。④对多次受贿未经处理的，按照累计受贿数额处罚。⑤索贿的从重处罚。

（5）非国家工作人员受贿罪。

非国家工作人员受贿罪是指公司、企业或者其他单位的工作人员利用职务上的便利，索取他人财物或者非法收受他人财物，为他人谋取利益，且数额较大的行为。

《刑法》第一百六十三条规定："公司、企业或者其他单位的工作人员，利用职务上的便利，索取他人财物或者非法收受他人财物，为他人谋取利益，数额较大的，处三年以下有期徒刑或者拘役，并处罚金；数额巨大或者有其他严重情节的，处三年以上十年以下有期徒刑，并处罚金；数额特别巨大或者有其他特别严重情节的，处十年以上有期徒刑或者无期徒刑，并处罚金。公司、企业或者其他单位的工作人员在经济往来中，利用职务上的便利，违反国家规定，收受各种名义的回扣、手续费，归个人所有的，依照前款的规定处罚。国有公司、企业或者其他国有单位中从事公务的人员和国有公司、企业或者其他国有单位委派到非国有公司、企业以及其他单位从事公务的人员有前两款行为的,依照本法第三百八十五条、第三百八十六条的规定定罪处罚。"

(6) 行贿罪。

行贿罪是指为谋取不正当利益,违反国家规定,给予国家工作人员以财物,数额较大的;或者违反国家规定,给予国家工作人员以各种名义的回扣、手续费的,以行贿论处。

《刑法》第一百六十四条规定:"为谋取不正当利益,给予公司、企业或者其他单位的工作人员以财物,数额较大的,处三年以下有期徒刑或者拘役,并处罚金;数额巨大的,处三年以上十年以下有期徒刑,并处罚金。为谋取不正当商业利益,给予外国公职人员或者国际公共组织官员以财物的,依照前款的规定处罚。单位犯前两款罪的,对单位判处罚金,并对其直接负责的主管人员和其他直接责任人员,依照第一款的规定处罚。行贿人在被追诉前主动交待行贿行为的,可以减轻处罚或者免除处罚。"

《刑法》第三百九十条规定:"对犯行贿罪的,处五年以下有期徒刑或者拘役,并处罚金;因行贿谋取不正当利益,情节严重的,或者使国家利益遭受重大损失的,处五年以上十年以下有期徒刑,并处罚金;情节特别严重的,或者使国家利益遭受特别重大损失的,处十年以上有期徒刑或者无期徒刑,并处罚金或者没收财产。行贿人在被追诉前主动交待行贿行为的,可以从轻或者减轻处罚。其中,犯罪较轻的,对侦破重大案件起关键作用的,或者有重大立功表现的,可以减轻或者免除处罚。"

《刑法》第三百九十条之一规定:"为谋取不正当利益,向国家工作人员的近亲属或者其他与该国家工作人员关系密切的人,或者向离职的国家工作人员或者其近亲属以及其他与其关系密切的人行贿的,处三年以下有期徒刑或者拘役,并处罚金;情节严重的,或者使国家利益遭受重大损失的,处三年以上七年以下有期徒刑,并处罚金;情节特别严重的,或者使国家利益遭受特别重大损失的,处七年以上十年以下有期徒刑,并处罚金。单位犯前款罪的,对单位判处罚金,并对其直接负责的主管人员和其他直接责任人员,处三年以下有期徒刑或者拘役,并处罚金。"

《刑法》第三百九十一条规定:"为谋取不正当利益,给予国家机关、国有公司、企业、事业单位、人民团体以财物的,或者在经济往来中,违反国家规定,给予各种名义的回扣、手续费的,处三年以下有期徒刑或者拘役,并处罚金。单位犯前款罪的,对单位判处罚金,并对其直接负责的主管人员和其他直接责任人员,依照前款的规定处罚。"

第 2 章　招标投标基础法律法规

2.1　《中华人民共和国民法典》

2.1.1　概述

《中华人民共和国民法典》(以下简称《民法典》)是新中国第一部以法典命名的法律，开创了我国法典编纂立法的先河，具有里程碑意义。民法是中国特色社会主义法律体系的重要组成部分，是民事领域的基础性、综合性法律，它规范各类民事主体的各种人身关系和财产关系，涉及社会和经济生活的方方面面，被称为"社会生活的百科全书"。建立健全完备的法律规范体系，以良法保障善治，是我国全面依法治国的前提和基础。民法通过确立民事主体、民事权利、民事法律行为、民事责任等民事总则制度，确立物权、合同、人格权、婚姻家庭、继承、侵权责任等民事分则制度，来调整各类民事关系。民法与国家其他领域法律规范一起，支撑着国家制度和国家治理体系，是保证国家制度和国家治理体系正常有效运行的基础性法律规范。《民法典》共 7 编、共 1260 条，各编依次为总则、物权、合同、人格权、婚姻家庭、继承、侵权责任，以及附则。2020 年 5 月 28 日，《民法典》由第十三届全国人民代表大会第三次会议审议通过并公布，自 2021 年 1 月 1 日起施行。《中华人民共和国婚姻法》《中华人民共和国继承法》《中华人民共和国民法通则》《中华人民共和国收养法》《中华人民共和国担保法》《中华人民共和国合同法》《中华人民共和国物权法》《中华人民共和国侵权责任法》《中华人民共和国民法总则》同时废止。

2.1.2　民事法律关系

民事法律关系有广义和狭义之分，广义的民事法律关系是指民法调整社会关系而形成的具有法律意义的社会关系；狭义的民事法律关系是指在现实生活中形成的以民事权利和民事义务为基本内容的社会关系。民事法律关系是基于民事法律事实并由民事法律规范调整形成的民事权利义务关系，是民法所调整的平等主体之间的财产关系和人身关系在法律上的体现。民事法律关系既具有法律关系的一般特征，又具有不同于其他法律关系的特征：一是民事法律关系是民法调整平等主体之间的财产关系与人身关系所形成的社会关系；二是民事法律关系是基于民事法律事实而形成的社会关系；三是民事法律关系是以民事权利和民事义务为基本内容的社会关系。民事法律关系的要素，是指构成民事法律关系必须具备的条件。通说认为，民事法律关系由三个要素组成，即主体、客体、内容，任何一种要素发生变化都会导致具体的民事法律关系发生变化。

1. 民事法律关系的主体

民事法律关系的主体，简称民事主体，是指参加民事活动，享有民事权利、负有民事义务并且承担民事责任的人。民事主体具有以下特征：一是平等性，既包括权利能力的平等，也包括民事主体参与民事法律关系时适用法律的平等；二是意志的自主性，即民事主体对是否参与民事法律关系，或者是否变更、消灭民事法律关系，在法律许可的范围内具有意思表示的独立性，任何一方不得将自己的意志强加于另一方；三是以自己的名义从事民事活动，在民法上只有以自己的名义从事活动，才有可能独立承担其法律后果和责任；四是权利与义务的独立性，即民事主体应当能够独立地承担其行为造成的不利后果。

民事权利能力是民事主体的法律标志。所谓民事权利能力，是指民事主体具有民事权利和承担民事义务的资格。权利能力是一个人取得权利义务的前提和基础，而不是具体的权利或者义务。权利能力具有平等性，不区分年龄、精神状态等因素而一律平等；权利能力具有不可转让性和不可放弃性，权利能力与民事主体不可分离，自然人的权利能力始于出生而终于死亡，法人的权利能力从成立时产生，至法人终止时消灭。民事主体必须依法具有民事主体资格。根据《民法典》的规定，我国的民事主体有自然人、法人和非法人组织。

(1) 自然人。

自然人是指依自然规律出生和存在的人。自然人是法人的对称，《民法典》第二章采用"自然人"的提法，《民法典》第十三条规定："自然人从出生时起到死亡时止，具有民事权利能力，依法享有民事权利，承担民事义务。"根据这条规定，自然人的权利能力始于出生，且因出生这一事实而当然产生。出生的时间以户籍证明为准；没有户籍证明的，以医院出具的出生证明为准；没有医院证明的，参照其他有关证明认定。自然人的权利能力终于死亡，死亡是自然人权利能力终止的唯一原因。死亡包括自然死亡和宣告死亡。关于宣告死亡的情形，《民法典》第四十六条规定了两种：一是下落不明满四年；二是因意外事件，下落不明满二年。《民法典》以自然人的年龄与精神状态为标准，将自然人的行为能力划分为三类，即完全民事行为能力、限制民事行为能力和无民事行为能力。

完全民事行为能力人包括：年满十八周岁且精神状态正常的自然人，或者已满十六周岁不满十八周岁、以自己的劳动收入为主要生活来源且精神状态正常的自然人。

限制行为能力人包括：年满八周岁且精神状态正常的未成年人，已满十六周岁不满十八周岁且以自己的劳动收入为主要生活来源的除外；不能完全辨认自己行为的精神病人。限制行为能力人可以进行与他的年龄、智力相适应的民事活动，其他民事活动由法定代理人代理，或者征得法定代理人的同意。

无行为能力人包括不满八周岁的未成年人、不能辨认自己行为的成年人和八周岁以上不能辨认自己行为的未成年人，可以实施与其年龄、智力或精神状况相适应的日常生活中的一些定型化行为，以及纯获利益而不负义务的行为。

(2) 法人。

《民法典》第五十七条规定："法人是具有民事权利能力和民事行为能力，依法独立享有民事权利和承担民事义务的组织。"能够独立承担民事责任是法人区别于其他组织的根本特征。法人是与自然人相对应的概念,是法律赋予社会组织具有人格的一项制度。这一制度为保障社会组织的权利、便于社会组织独立承担责任提供了基础。《民法典》按照法人活动的性质,将法人分为营利法人、非营利法人、特别法人三类法人。

(3) 非法人组织。

所谓非法人组织,是不具有法人资格,但是能够依法以自己的名义从事民事活动的组织。非法人组织包括个人独资企业、合伙企业、不具有法人资格的专业服务机构等。

2. 民事法律关系的客体

民事法律关系的客体是指民事法律关系主体的权利和义务所指向的对象。民事法律关系的客体主要包括物、财产、行为、智力成果。法律意义上的物是指可为人们控制、并具有经济价值的生产资料和消费资料,如建筑材料、建筑设备、建筑物等都可能成为建设法律关系的客体。财产是指货币及各种有价证券。财产也可能成为建设法律关系的客体,如招标采购活动中的借款合同,其客体就是货币。

法律意义上的行为是指人的有意识的活动。在建设工程法律关系中,行为多表现为完成一定的工作,如勘察设计、施工安装等,这些行为都可以成为建设工程法律关系的客体。行为也可以表现为提供一定的劳务,如绑扎钢筋、土方开挖、抹灰等。智力成果是通过人的智力活动所创造出的精神成果,包括知识产权、技术秘密及在特定情况下的公知技术。如专利权、商标权等,都有可能成为建设工程法律关系的客体。

3. 民事法律关系的内容

民事法律关系的内容,是指民事法律关系主体所享有的民事权利和所承担的民事义务。民事权利,是指民事主体为实现某种利益而依法为某种行为或不为某种行为的可能性,民事权利在民事法律关系中居于核心地位。民事义务,是指义务人为满足权利人的利益而为一定行为或不为一定行为的必要性。在发生民事责任的情况下,民事责任也成为民事法律关系的内容,此时的民事法律关系在学理上被称为保护性法律关系。所谓民事责任,是指民事主体不履行法律义务时应当受到的某种法律强制。民事责任是民事权利得以实现的保障。

2.1.3 民事法律行为

民事法律关系的设立、变更、终止统称为民事法律关系的变动,引起这种变动的原因被称为法律事实。根据客观事实是否以人的意志为转移,法律事实可以分为行为和事件,行为又可以分为法律行为与非法律行为,其中以法律行为为核心。

1. 法律行为的概念与特征

法律行为主要包括以下几个方面的要素:第一,法律行为以意思表示为核心,其实施必须通过意思表示,没有意思表示,法律行为将难以成立。第二,法律行为的目的在于引起明确的法律后果,即法律行为的目的在于产生具体的私法上的权利义务关系。第三,法律行为的效果是主体意思表示中预设的、希望发生并且积极追求的。在民事法律行为中,民事主体的意思表示只要不违反法律的强行性规定,或者不损害社会公共利益,所产生的法律效果就为法律所承认。综合以上因素,可将法律行为定义为:以意思表示为核心要素的法律主体,为追求该意思表示中所含效果在私法上的实现的行为。法律行为具有以下特征：一是民事性，即法律行为的主体的民事主体；二是表意性，即法律行为以意思为构成要素；三是目的性，即民事主体实施法律行为是以设立、变更或者消灭一定的民事法律关系为目的；四是设权性，即法律行为依意思表示的内容而发生效力。

2. 法律行为的分类

（1）单方行为、双方行为与多方行为。

这是以民事法律行为的成立对意思表示的依赖为标准做出的划分。单方行为是指根据一方当事人的意思表示而成立的法律行为。其特点是不需要他方当事人的同意就可以发生法律效力。双方行为是指由双方当事人相对应的意思表示的一致而成立的法律行为。其特点是双方当事人意思表示的意义不同，但彼此相适应，其意思表示包括了相反方向的要约与承诺，最典型的是各种合同行为。多方行为是指由两个以上相同方向的意思表示一致而成立的民事法律行为。其特点在于当事人所追求的利益方向一致，从而有别于双方行为。

（2）负担行为与处分行为。

负担行为是指使一方主体相对于另一方主体承担一定义务的法律行为。这种法律行为通过产生请求权，或者产生有效给付的法律原因，而确定某种给付关系。其直接后果是使当事人负担了一项义务，即产生了债务关系。处分行为是指直接产生、变更或者消灭某种权利的法律行为，是支配权行使的具体表现。处分行为的后果是导致权利的直接变动，最典型的是物权变动。

（3）单务行为与双务行为。

单务行为是指仅一方当事人负给付义务的行为。在单务行为中，仅一方主体负给付义务，另一方主体不负对待给付义务。双务行为是指当事人双方互负对待给付义务的行为，一方享有的权利正是对方所承担的义务，反之亦然。

（4）有偿行为与无偿行为。

这是以法律行为有无对价性为标准而做出的划分。有偿行为是指根据法律行为享有某项权利而必须偿付一定代价的法律行为。无偿行为则指根据法律行为享有权利而无须给付任何代价的民事法律行为。

（5）诺成行为与实践行为。

诺成行为是指不以交付标的物为成立或者生效要件的法律行为。实践行为，又称要物行为，是指除双方当事人意思表示一致以外，还以交付标的物为成立或者生效要件的法律行为。

（6）要式行为与非要式行为。

这是以法律行为是否需要符合一定的形式为标准划分的。要式行为是指法律规定或者当事人约定必须采用某种特定形式或方式的法律行为。非要式行为是指法律未规定，当事人也未约定必须采用何种方式的法律行为。

除上述分类之外，法律行为还可以分为身份行为与财产行为、主行为与从行为、有因行为与无因行为、生前行为与死因行为等。

3. 法律行为的成立与生效

法律行为的成立是指某种行为因符合法律行为的构成要素而客观存在。从理论上来讲，法律行为成立与否属于事实判断问题，以意思表示为一般成立要件，在法律有特殊规定的情况下还需要具备其他特殊的要素。

法律行为的生效，也称法律行为的有效，是指客观存在的法律行为因符合法定的生效要件而获得法律所认可的效力。较之法律行为的成立，法律行为的生效属于价值判断问题。业已成立的民事行为并不必然有效，其可能因为缺乏有效要件而无效或被撤销。根据《民法典》第一百四十三条的规定："具备下列条件的民事法律行为有效：（一）行为人具有相应的民事行为能力；（二）意思表示真实；（三）不违反法律、行政法规的强制性规定，不违背公序良俗。"

4. 民事法律行为的无效与可撤销

所谓民事法律行为的无效，是指民事法律行为欠缺法定有效要件，自始、确定和当然不发生行为人意思之预期效力的民事行为。换言之，民事法律行为因不具备生效条件而使得当事人预设的法律后果不能发生。

根据《民法典》第一百四十四条、第一百四十六条的规定，无民事行为能力人实施的民事法律行为无效。行为人与相对人以虚假的意思表示实施的民事法律行为无效。违反法律、行政法规的强制性规定的民事法律行为无效。但是，该强制性规定不导致该民事法律行为无效的除外。违背公序良俗的民事法律行为无效。行为人与相对人恶意串通，损害他人合法权益的民事法律行为无效。

民事法律行为的可撤销是指民事法律行为成立但欠缺某些有效要件，享有撤销权的当事人可以通过行使撤销权而使民事法律行为溯及自始的归于无效。《民法典》第一百四十七条规定："基于重大误解实施的民事法律行为，行为人有权请求人民法院或者仲裁机构予以撤销。"第一百四十八条规定："一方以欺诈手段，使对方在违背真实意思的情况下实施的民事法律行为，受欺诈方有权请求人民法院或者仲裁机构予以撤销。"第一百四十九条规定："第三人实施欺诈行为，使一方在违背真实意思的情况下实施的民事法律行为，对方知道或者应当知道该欺诈行为的，受欺诈方有权请求人民法院或者仲裁机构予以撤销。"第一百五十条规定："一方或者第三人以胁迫手段，使对方在违背真实意思的情况下实施的民事法律行为，受胁迫方有权请求人民法院或者仲裁机构予以撤销。"第一百五十一条规定："一方利用对方处于危困状态、缺乏判断能力等情形，致使民事法律行为成立时显失公平的，受损害方有权请求人民法院或者仲裁机构予以撤销。"

2.1.4 合同概述

1. 合同的概念

根据《民法典》第四百六十四条第一款的规定："合同是民事主体之间设立、变更、终止民事法律关系的协议。"《民法典》将合同分为典型合同和准合同。典型合同有买卖合同，供用电、水、气、热力合同，赠与合同，借款合同，保证合同，租赁合同，融资租赁合同，保理合同，承揽合同，建设工程合同，运输合同，技术合同，保管合同，仓储合同，委托合同，物业服务合同，行纪合同，中介合同，合伙合同。准合同有无因管理、不当得利。

2. 合同的适用范围

《民法典》第四百六十四条对合同定义及适用范围作了规定："合同是民事主体之间

设立、变更、终止民事法律关系的协议。婚姻、收养、监护等有关身份关系的协议，适用有关该身份关系的法律规定；没有规定的，可以根据其性质参照适用本编规定。"本条第二款说明婚姻、收养、监护等有关身份关系的协议，不应适用《民法典》合同编而应适用其他法律的规定。其他法律没有规定的，可以根据其性质参照适用《民法典》合同编的规定。

3. 合同的基本原则

（1）平等原则。

《民法典》第四条规定："民事主体在民事活动中的法律地位一律平等。"平等原则所指的法律地位平等，并非指合同双方当事人事实上平等，权利义务相同，而是指在双方权利义务对等、法律利益相对平衡的情况下，签署合同时各方的平等地位。

根据该原则，合同当事人之间应当就合同条款充分协商，取得一致。订立合同是双方当事人意思表示一致的结果，是在互利互惠基础上充分表达双方意见，就合同条款取得一致后达成的协议。故任何一方都不应当凌驾于另一方之上，也不得将自己意志强加给对方，更不得以强迫命令、胁迫等手段签订合同。

（2）自愿原则。

《民法典》第五条规定："民事主体从事民事活动，应当遵循自愿原则，按照自己的意思设立、变更、终止民事法律关系。"自愿原则是指合同当事人在法律规定范围内，在合法的前提下，通过协商，自愿决定和调整相互间权利义务关系。自愿原则体现了民事活动的基本特征，是民事关系区别于行政法律关系、刑事法律关系的特有原则。

自愿原则贯穿合同活动全过程，根据其内涵，当事人有权依据自己意愿自主决定是否签订合同、与谁订合同，签订合同时，有权选择对方当事人，在合同履行过程中，当事人可以协议补充、协议变更有关内容等。双方也可以协议解除合同，约定违约责任，在发生争议时，当事人可以自愿选择解决争议的方式等。

（3）公平原则。

公平原则亦称正义原则，法律意义在于坚持社会正义，公平地确定法律主体之间的民事权利义务关系。其含义有：

第一，在合同订立方面，作为平等合同主体的当事人都有权公平参与。在明确合同双方权利义务的内容时，应当兼顾各方利益，公平协商对待。《民法典》第四百九十六条强调了订立格式合同时提供格式合同的一方应遵循公平原则；第四百九十七条规定了提供格式条款一方不合理地免除或者减轻其责任、加重对方责任、限制对方主要权利的格式条款无效；第四百九十八条规定了当对格式的解释有两种以上时，应当作出不利于提供格式条款一方的解释。

第二，在合同撤销方面。《民法典》第一百五十一条规定："一方利用对方处于危困状态、缺乏判断能力等情形，致使民事法律行为成立时显失公平的，受损害方有权请求人民法院或者仲裁机构予以撤销。"

第三，在违约责任方面。《民法典》第五百八十五条规定："约定的违约金低于造成的损失的，人民法院或者仲裁机构可以根据当事人的请求予以增加；约定的违约金过分高于造成的损失的，人民法院或者仲裁机构可以根据当事人的请求予以适当减少。"

(4) 诚实信用原则。

诚实信用原则的基本内涵是当事人在合同订立、履行、变更、解除等各个阶段，以及在合同关系终止后，都应当严格依据诚实信用原则行使权利和履行义务。《民法典》第七条规定："民事主体从事民事活动，应当遵循诚信原则，秉持诚实，恪守承诺。"

(5) 合法性原则。

《民法典》第八条规定："民事主体从事民事活动，不得违反法律，不得违背公序良俗。"

合同的合法性包含两层含义：

第一，合同的形式和内容等方面必须符合法律的要求。合同是订立各方意思自愿协议成果，规定和约束着缔约各方的权利义务，调整当事人之间法律关系，不受国家权力的干预。但根据合同法律的相关规定，订立合同的双方当事人必须具备合法的主体资格，订立的合同在内容和形式上也应当不违反法律的禁止性规定，否则即为无效合同，不受法律保护。

第二，合同所涉及的标的以及权利义务等方面不能违背公序良俗，不得恶意串通，损害他人合法权益。

2.1.5 合同的订立

1. 合同当事人的主体资格

当事人订立合同，必须具有相应的主体资格。根据我国《民法典》的规定，当事人订立合同，应当具有相应的民事权利能力和民事行为能力。

(1) 自然人。

自然人订立合同的主体资格是指自然人应具有相应的民事权利能力和民事行为能力。自然人的民事权利能力是从出生起到死亡时止；自然人的民事行为能力可以分为完全民事行为能力、限制民事行为能力和无民事行为能力三类。

(2) 法人。

法人是具有民事权利能力和民事行为能力，依法独立享有民事权利和承担民事义务的组织。法人的民事权利能力和民事行为能力，都是从法人成立时产生，到法人终止时消灭。

(3) 非法人组织。

非法人组织包括个人独资企业、合伙企业、不具有法人资格的专业服务机构等。

2. 合同的内容和形式

(1) 合同的内容。

合同的内容主要以合同条款的形式书面表述，是合同当事人协商一致的结果。其表现形式为合同条款，反映合同当事人之间的权利义务关系。合同条款可分为必要条款和一般条款。必要条款可以理解为主要条款，其决定着合同的类型以及合同的基本内容。

《民法典》第四百七十条规定："合同的内容由当事人约定，一般包括下列条款：（一）当事人的姓名或者名称和住所；（二）标的；（三）数量；（四）质量；（五）价款或者报酬；（六）履行期限、地点和方式；（七）违约责任；（八）解决争议的方法。当事人可以参照各类合同的示范文本订立合同。"

(2) 合同的形式。

合同的形式是指缔约当事人所达成的协议的表现形式。《民法典》第四百六十九条规定:"当事人订立合同,可以采用书面形式、口头形式或者其他形式。书面形式是合同书、信件、电报、电传、传真等可以有形地表现所载内容的形式。以电子数据交换、电子邮件等方式能够有形地表现所载内容,并可以随时调取查用的数据电文,视为书面形式。"

在合同订立过程中,分为法定书面形式和当事人双方约定为书面订立合同。《民法典》规定,当事人约定采用书面形式的,应当采用书面形式。建设工程合同、租赁期限六个月以上的租赁合同、融资租赁合同、保理合同、技术开发合同、技术转让合同、技术许可合同、物业服务合同,应当采用书面形式。

口头形式合同是合同当事人直接以对话的形式而订立的合同。口头形式合同简便易行、迅速直接,对加速商品流转有着十分重要的作用,口头形式合同也很常见。

3. 合同的要约与承诺

合同订立是缔约各方之间通过协商达成一致,确定合同内容,以一定形式表示的过程。一般必须经过要约与承诺两个阶段。

(1) 要约。

要约又称发盘、出价、报价。一般意义而言,要约是一种定约行为,是希望和他人订立合同的意思表示,发出要约一方称之为要约人,接受要约一方为受要约人。《民法典》第四百七十二条中对于要约的性质及其构成要件作出明确的规定,主要可从以下两个方面理解:

第一,要约的内容应当具体确定。内容具体是指要约的内容必须是合同成立所必需的条款,即合同的主要条款,是能够使受要约人根据一般的交易规则理解要约人的意图而订立合同的要求。如在货物招标采购合同中,主要条款应包括货物的内容、合同价格或者确定价格的方法、货物的数量或者规定数量的方法以及履行的方式等。

第二,表明经受要约人承诺,要约人即受该意思表示约束。要约人发出要约之后,一旦受要约人作出相应的承诺,合同关系即为成立。要约人应当受其发出要约内容的约束,不得随意撤回或者撤销要约,也不得对要约内容随意变更,应承担相应的义务。

(2) 要约邀请。

要约邀请也称要约引诱,是指希望他人向自己发出要约的意思表示。首先,要约邀请也是一种意思表示,应符合意思表示的一般特点。其次,要约邀请的目的在于引诱他人向自己发出要约,而非希望获得相对人的承诺,即其只是订立合同的预备,而非订约行为。最后,要约邀请既不能因相对人的承诺而成立合同,也不能因自己作出某种承诺而约束要约人,行为人撤回其要约邀请,在没有给善意相对人造成因信赖而使其利益损失的情况下,可不承担法律责任。根据《民法典》第四百七十三条第一款的规定:"要约邀请是希望他人向自己发出要约的表示。拍卖公告、招标公告、招股说明书、债券募集办法、基金招募说明书、商业广告和宣传、寄送的价目表等为要约邀请。"

(3) 要约效力。

要约效力分别表现为要约对要约人和受要约人的拘束力。我国《民法典》对要约的效力采用了"到达主义"的方式。《民法典》第一百三十七条规定："以对话方式作出的意思表示，相对人知道其内容时生效。以非对话方式作出的意思表示，到达相对人时生效。以非对话方式作出的采用数据电文形式的意思表示，相对人指定特定系统接收数据电文的，该数据电文进入该特定系统时生效；未指定特定系统的，相对人知道或者应当知道该数据电文进入其系统时生效。当事人对采用数据电文形式的意思表示的生效时间另有约定的，按照其约定。"

(4) 要约的撤回与撤销。

要约的撤回，是指要约人在发出要约后，于要约到达受要约人之前取消其要约的行为。《民法典》第一百四十一条规定："行为人可以撤回意思表示。撤回意思表示的通知应当在意思表示到达相对人前或者与意思表示同时到达相对人。"

要约的撤销是指要约人在要约生效后，取消要约，使之失去法律效力的行为。要约的撤回发生在要约生效之前，而要约的撤销则发生在要约生效之后。《民法典》第四百七十六条规定："要约可以撤销，但是有下列情形之一的除外：（一）要约人以确定承诺期限或者其他形式明示要约不可撤销；（二）受要约人有理由认为要约是不可撤销的，并已经为履行合同做了合理准备工作。"

(5) 承诺。

承诺是受要约人同意要约的意思表示。根据《民法典》的规定，承诺具有以下法律特征：

第一，承诺的主体必须为受要约人。如果要约是向特定人发出的，承诺须由该特定人作出。当然，根据代理制度，特定人授权或者委托的代理人也可以作为承诺的主体。受要约人以外的人，则不具有承诺资格。

第二，承诺的内容必须明确表示受要约人与要约人订立合同。对作出承诺的要求与对要约的要求一样，需要表意人作出明确具体的意思表示。同时，《民法典》第四百八十八条规定："承诺的内容应当与要约的内容一致。受要约人对要约的内容作出实质性变更的，为新要约。有关合同标的、数量、质量、价款或者报酬、履行期限、履行地点和方式、违约责任和解决争议方法等的变更，是对要约内容的实质性变更。"在此规定之下，除非要约人作出接受的表示，否则对要约人无任何约束力。

第三，承诺必须在合理期限内向要约人发出。承诺应当在要约确定的期限内到达要约人。要约没有确定承诺期限的，如果要约以对话方式作出的，应当场及时作出承诺的意思表示，但当事人另有约定的除外。如果要约以其他方式作出，承诺应当在合理期限内到达要约人。

(6) 承诺的效力。

承诺生效时合同即成立。对于合同的生效时间，《民法典》第四百八十三条规定："承诺生效时合同成立，但是法律另有规定或者当事人另有约定的除外。"第四百八十四条规定："以通知方式作出的承诺，生效的时间适用本法第一百三十七条的规定。承诺不需要通知的，根据交易习惯或者要约的要求作出承诺的行为时生效。"

(7) 承诺的撤回与撤销。

承诺的撤回，是指受要约人在其做出的承诺生效之前将其撤回的行为。承诺一经撤回，既不发生承诺的效力，也阻却了合同的成立。《民法典》第四百八十五条规定："承诺可以撤回。承诺的撤回适用本法第一百四十一条的规定。"

承诺生效后不可以撤销。按照我国《民法典》规定，承诺生效时合同成立，一旦承诺生效，合同即告成立，因此受要约人不可以撤销承诺。

（8）承诺的迟到和迟延。

承诺的迟到是指受要约人超过承诺期限发出承诺。此种情形下，除要约人及时通知受要约人该承诺有效的要约以外，应当视为新的要约。《民法典》第四百八十六条规定："受要约人超过承诺期限发出承诺，或者在承诺期限内发出承诺，按照通常情形不能及时到达要约人的，为新要约；但是，要约人及时通知受要约人该承诺有效的除外。"

承诺的迟延是指受要约人在承诺期限内发出承诺，但承诺因意外原因而超过承诺期限到达要约人的情形。这种情形下，除要约人及时通知受要约人因承诺超过期限不接受该承诺的以外，该未迟发但迟到的承诺有效。《民法典》第四百八十七条规定："受要约人在承诺期限内发出承诺，按照通常情形能够及时到达要约人，但是因其他原因致使承诺到达要约人时超过承诺期限的，除要约人及时通知受要约人因承诺超过期限不接受该承诺外，该承诺有效。"

（9）建设工程合同通常的订立方式。

按照《招标投标法》的规定，通过招标发包建设工程的，招标人发出招标公告、投标邀请书和招标文件为要约邀请，投标人提交投标文件为要约，招标人发出中标通知书为承诺，在《招标投标法》规定的 30 天内签订建设工程书面中标合同。签订的建设工程合同不得与招标文件和中标人投标文件的实质性内容相背离。

4. 缔约过失责任

在合同履行过程中，如果一方当事人出现违约行为，应承担相应的法律责任，即违约责任。因此，违约责任存在的前提是当事人之间存在有效的合同关系。但是，如果在合同尚未成立或者合同无效、被撤销时，因一方当事人的过失行为使另一方当事人遭受损失的，由于此时当事人之间并不存在合同关系，自然不能要求有过失的一方承担违约责任，那么应当如何追究其法律责任呢？法律为了解决这一问题，确立了缔约过失责任。

缔约过失责任是指缔约人故意或者过失地违反先合同义务，造成对方当事人信赖利益的损失时，依法应当承担的民事赔偿责任。

《民法典》第五百条规定："当事人在订立合同过程中有下列情形之一，造成对方损失的，应当承担赔偿责任：（一）假借订立合同，恶意进行磋商；（二）故意隐瞒与订立合同有关的重要事实或者提供虚假情况；（三）有其他违背诚信原则的行为。"

2.1.6　合同的效力

合同的效力，是指已成立的合同将对合同当事人产生的法律约束力。合同效力的衡量标准是法定的一般生效要件，据此亦可将合同按效力状态分为生效合同，无效合同，可变更、可撤销合同，效力待定合同。

1. 生效合同

一般规定，承诺生效时合同成立。当事人采用书面形式订立合同的，自双方当事人签字或者盖章时合同成立。双方当事人签字或者盖章不在同一时间的，最后签字或者盖章时合同成立。而当事人采用信件、数据电文等形式订立合同，可以在合同成立之前要求签订确认书，合同自签订确认书时成立。

《民法典》第四百九十条第二款规定："法律、行政法规规定或者当事人约定合同应当采用书面形式订立，当事人未采用书面形式但是一方已经履行主要义务，对方接受时，该合同成立。"此时可以从实际履行合同义务的行为中推定当事人已经形成了合意并且成立合同关系。当事人一方不得以未采取书面形式或未签字盖章为由否认合同关系的实际存在。

《民法典》第五百零二条规定："依法成立的合同，自成立时生效，但是法律另有规定或者当事人另有约定的除外。依照法律、行政法规的规定，合同应当办理批准等手续的，依照其规定。未办理批准等手续影响合同生效的，不影响合同中履行报批等义务条款以及相关条款的效力。应当办理申请批准等手续的当事人未履行义务的，对方可以请求其承担违反该义务的责任。依照法律、行政法规的规定，合同的变更、转让、解除等情形应当办理批准等手续的，适用前款规定。"

2. 无效合同

无效合同是指合同在欠缺某生效条件的情况下或者合同出现法律规定的合同无效情形时，合同当然不产生效力，且绝对无效，自始无效。《民法典》对无效民事法律行为的规定，则为合同无效的规定。

另外，对于通过招标投标订立的合同，如违反了《招标投标法》和《招标投标法实施条例》中的效力性强制性规定的，将有可能产生中标合同无效的法律后果。

3. 可变更、可撤销合同

《民法典》第五百四十三条规定："当事人协商一致，可以变更合同。"可撤销合同，适用于《民法典》对可撤销民事法律行为的规定。当然，撤销权也是会消灭的。根据《民法典》第一百五十二条的规定："有下列情形之一的，撤销权消灭：（一）当事人自知道或者应当知道撤销事由之日起一年内、重大误解的当事人自知道或者应当知道撤销事由之日起九十日内没有行使撤销权；（二）当事人受胁迫，自胁迫行为终止之日起一年内没有行使撤销权；（三）当事人知道撤销事由后明确表示或者以自己的行为表明放弃撤销权。当事人自民事法律行为发生之日起五年内没有行使撤销权的，撤销权消灭。"

4. 效力待定合同

效力待定合同是指已成立的合同生效要件存在瑕疵，须经有权补正人追认方为生效的合同。效力待定的要素主要为当事人主体资格欠缺，如无行为能力人、限制行为能力人订立的合同，无权代理人、无处分权人订立的合同，或者代理人超越代理权订立的合同。对于效力待定合同，则需要有权人进行追认，即有权人表示承认或同意。追认一般以明示方式作出，沉默不构成追认。同时，追认应当为无条件并且对合同全部条款承认。对部分条款予以承认的，应视为新要约，仍需相对人同意。

一般情况下，应区别效力待定合同与附生效要件的合同。附生效要件合同包括附条件合同以及附期限合同。根据《民法典》第一百五十八条规定："民事法律行为可以附条件，但是根据其性质不得附条件的除外。附生效条件的民事法律行为，自条件成就时生效。附解除条件的民事法律行为，自条件成就时失效。"《民法典》第一百六十条规定："民事法律行为可以附期限，但是根据其性质不得附期限的除外。附生效期限的民事法律行为，自期限届至时生效。附终止期限的民事法律行为，自期限届满时失效。"

2.1.7 合同的履行

合同的履行，是指合同生效之后，合同当事人按照合同的约定履行合同的行为，如交付货物、提供服务、支付价款、完成工作、保守秘密等。合同的履行是《民法典》合同编的核心内容，当事人应当遵循诚实信用原则，根据合同的性质、目的和交易习惯履行通知、协助、保密等义务，按照合同的约定全面履行自己的义务。

1. 全面履行原则

《民法典》第五百零九条中规定了合同的全面履行原则，即要求当事人按合同约定的标的及其质量、数量，合同约定的履行期限、履行地点、适当的履行方式、全面完成合同义务。该原则也是诚实信用原则在合同履行阶段的延伸体现，其含义包括，合同当事人除按照合同约定履行其义务以外，还应当根据合同的性质、目的和交易习惯履行通知、协助、保密等义务。当事人在履行合同过程中，应当避免浪费资源、污染环境和破坏生态。

2. 协作履行原则

协作履行原则与全面履行原则同为合同履行之中诚实信用原则的内涵。协作履行原则，指当事人不仅有义务履行己方义务，同时应当负有协助对方当事人履行合同的约定。

在合同履行当中，如只有债务人的给付行为，或者债权人的单方受领给付，合同内容实则无法实现，合同即不能履行。协作履行原则并不漠视当事人各自独立的合同利益，不降低债务人所负债务的力度。在协作履行原则内容中，债务人履行合同债务，债权人应适当受领给付；债务人履行债务，债权人有义务主动为合同履行创造必要的条件，提供方便；如因特别事由，造成合同不能履行或不能完全履行时，当事人应当积极采取措施避免或减少损失，否则将就扩大的损失承担相应的义务。

3. 经济合理原则

经济合理原则要求在履行合同时，讲求经济效益，付出最小的成本，取得最佳的合同利益。在实际履行合同的过程当中，当事人选择最经济合理的方式履行合同义务，变更合同，对违约进行补救等约定都体现了此原则。

2.1.8 合同转让

合同转让，是指在合同依法成立后，改变合同的法律行为。合同转让根据其转让的内容可以分为合同权利转让、合同义务转让和合同权利义务的概括转让三种。

1. 合同权利转让

合同权利的转让也称为债权转让，是指债权人通过协议将合同的权利全部或者部分转让给第三人。合同权利的转让可以分为全部转让或者部分转让。部分转让的，受让的第三人加入合同关系，与原债权人共享债权，原合同之债因此变为多数人之债。按照转让合同约定,原债权人与受让部分合同权利的第三人或者按份分享合同债权,或者共享连带债权。如果转让合同对此未作出约定的,视为二者享有连带债权。成立债权转让应当满足以下三点:

第一,必须存在合法有效的合同权利,且转让不改变该权利的内容。即合同权利转让是在不改变合同权利的内容前提下由债权人将权利转让给第三人,其主体不包括债务人。

第二,转让人与受让人须就合同权利的转让达成协议。

第三,被转让的合同权利须具有可让与性。

合同权利转让中应当注意,转让合同权利按照法律、行政法规的规定需要办理批准、登记等手续的,在程序完成之后方为生效。可见前述《民法典》第五百零二条的规定。

《民法典》第五百四十五条规定了合同的权利不具有可让与性的情况:

(1) 根据债权性质不得转让:①根据个人信任关系而必须由特定人受领的债权,比如因雇佣合同而产生的债权;②以特定的债权人为基础而发生的合同权利,比如演员的表演合同;③从权利。

(2) 按照当事人约定不得转让。但是合同当事人的这种特别约定,不得对抗善意的第三人。如果债权人不遵守约定,将权利转让给了第三人,使第三人在不知情的情况下接受了转让的权利,该转让行为有效,第三人成为新的债权人。转让行为造成债务人利益损害的,原债权人应当承担违约责任。

(3) 依照法律规定不得转让。可见前述《民法典》第五百零二条的规定。

2. 合同义务转让

合同义务转让,又称债务转移,是指基于当事人协议或者法律规定,由债务人移转全部或者部分债务给第三人,第三人就移转的债务而成为新债务人的现象。广义的债务承担应包括免责的债务承担和并存的债务承担。所谓并存的债务承担,指原债务人并没有脱离债的关系,而第三人加入债的关系,并与债务人共同向同一债权人承担债务。例如,在建设工程合同中,分包合同应当属于债务人与第三人,或者由债权人、债务人与第三人之间共同约定,第三人加入原有之债的情形。此处债权人即发包人,债务人即(总)承包人,第三人即分包人。如果在合同未明确约定的情况下,债务人与第三人承担连带责任。债务人也可以将合同义务的全部或者部分转让给第三人,但是应当经债权人同意。

需要注意的是,合同权利转让只要通知债务人,就可以对债务人发生效力。合同权利转让中不增加债务人的负担。而在合同义务转让中,因债务人履行能力本身存在差别,为合理保护债权的履行,故合同义务的转让必须经过债权人同意才能产生效力。

3. 合同权利义务的概括转让

合同权利义务的概括转让,是指合同当事人一方在不改变合同内容的前提下将其全部的合同权利义务一并转让给第三人。《民法典》规定,当事人一方经对方同意,可以将自己在合同中的权利和义务一并转让给第三人。合同权利义务的概括转让应当符合下列条件:

（1）合同权利义务的概括转让必须以合法有效的合同存在为前提。合同尚未订立或者合同关系已经解除的，合同转让失去前提而不能成立；合同无效，依合同产生的权利义务自始无效，也不存在合同权利义务的概括转让；如果合同是可撤销合同，虽然在被撤销前合同权利义务可概括转让，但转让后，原合同当事人的撤销权应当视为已被放弃。

（2）权利义务的概括转让必须经对方同意。因为合同权利义务的概括转让，在转让合同债权的同时也有债务的转让，为保护当事人的合法权益，不因合同权利义务的转让而使另一方受到损失，所以法律规定，转让必须经另一方当事人的同意，否则不产生法律效力。

（3）权利义务的概括转让包括合同一切权利义务的转移。包括主权利和从权利，主义务和从义务的转移。但专属于债权人或者债务人自身的权利义务除外。

（4）原合同当事人一方与第三人必须就合同权利义务的概括转让达成协议。且该协议应符合民事法律行为有效要件。

（5）权利义务的概括转让应当符合法律规定。

合同权利和义务的概括转让不得违反法律规定，根据《招标投标法》第四十八条第一款和第二款规定："中标人应当按照合同约定履行义务，完成中标项目。中标人不得向他人转让中标项目，也不得将中标项目肢解后分别向他人转让。中标人按照合同约定或者经招标人同意，可以将中标项目的部分非主体、非关键性工作分包给他人完成。接受分包的人应当具备相应的资格条件，并不得再次分包。"同时，《招标投标法实施条例》第五十九条也规定："中标人应当按照合同约定履行义务，完成中标项目。中标人不得向他人转让中标项目，也不得将中标项目肢解后分别向他人转让。中标人按照合同约定或者经招标人同意，可以将中标项目的部分非主体、非关键性工作分包给他人完成。接受分包的人应当具备相应的资格条件，并不得再次分包。中标人应当就分包项目向招标人负责，接受分包的人就分包项目承担连带责任。"

（6）合同权利义务的概括转让，还须遵循《民法典》的有关规定，债权人可以将合同的权利全部或者部分转让给第三人，但有下列情形之一的除外：根据债权性质不得转让的；按照当事人约定不得转让的；依照法律规定不得转让的。债权人转让权利的，受让人取得与债权有关的从权利，但该从权利专属于债权人自身的除外。债务人接到债权转让通知时，债务人对让与人享有到期债权的，按《民法典》的规定可向受让人主张抵消。债务人转移义务的，新债务人可主张原债务人对债权人的抗辩。

债务人转移义务的，新债务人应当承担与主债务有关的从债务，但该从债务专属于原债务人自身的除外。债权人转让权利或者债务人转移义务，法律、行政法规规定应当办理批准、登记等手续的，依照其规定。

2.1.9 合同权利义务终止

1. 合同终止的概念和效力

合同的权利义务终止，又称合同的终止或合同的消灭，是指依法生效的合同，因具备法定的或者当事人约定的情形，造成合同权利义务的消灭。合同终止后，债权人不再享有合同权利，债务人也不必再履行合同义务。

根据《民法典》第五百五十七条的规定，如出现合同中债务已经依约履行，合同解除，债务相互抵消，债务人依法将标的物提存，债权人免除债务，或者债权债务同归于一人中的任一情形的，合同即告终止。此为法定的合同终止；另外，当事人之间也可以通过约定的方式终止合同。

合同的终止并不是合同责任的终止。如果一方当事人严重违约而引起另一方当事人行使合同解除权，此时因解除而终止合同并不能免除违约方的违约责任，也不应影响权利人行使请求损害赔偿的权利。

同时，根据《民法典》第五百五十八条的规定："债权债务终止后，当事人应当遵循诚信等原则，根据交易习惯履行通知、协助、保密、旧物回收等义务。"

2. 合同的解除

合同的解除，是指合同成立生效后，当具备法律规定的合同解除条件或者当事人通过行使约定的解除权，因其一方或各方的意思表示而使合同关系归于消灭的行为。合同的解除可以概括分为法定解除和约定解除。

（1）法定解除。

法定解除与约定解除的区别在于，法定解除中的解除权发生条件以及其具体条件的行使、效力和消灭均由法律直接规定。《民法典》第五百六十三条规定："有下列情形之一的，当事人可以解除合同：（一）因不可抗力致使不能实现合同目的；（二）在履行期限届满前，当事人一方明确表示或者以自己的行为表明不履行主要债务；（三）当事人一方迟延履行主要债务，经催告后在合理期限内仍未履行；（四）当事人一方迟延履行债务或者有其他违约行为致使不能实现合同目的；（五）法律规定的其他情形。以持续履行的债务为内容的不定期合同，当事人可以随时解除合同，但是应当在合理期限之前通知对方。"

（2）约定解除。

约定解除权的发生条件是由当事人商定的。约定解除有约定解除权的解除和协商解除两种形式。二者的区别在于：首先，约定解除权的解除是事前约定的解除，它仅在合同中规定解除合同的条件以及一方享有的解除权。而协商解除为事后解除，是当事人根据已经发生的需要解除合同而作出的决定。其次，约定解除不一定最终成功，导致合同解除；而协商解除则可以导致合同最终解除。再次，约定解除一般约定为当事人一方存在违约的情况下，另一方享有解除权。而协商解除为双方达成协议即可，对解除原因不做要求。最后，约定解除权是单方解除权，而协商解除为双方的行为，是双方解除。

2.1.10 违约责任

1. 违约责任的概念及构成

按照《民法典》的有关规定，违约责任即违反了合同的民事责任，是指合同当事人一方不履行合同义务或者履行合同义务不符合约定时，依照法律规定或者合同的约定所应承担的法律责任。

合同义务是违约责任产生的前提，违约责任则是合同义务不履行的结果。违约责任仅发生于特定当事人之间，具有相对性，即法律允许当事人在法律规范的指导下，通过合同文件事先对违约责任作出约定,此为违约责任的任意性。此外,违约责任是一种财产责任。

(1) 违约责任的构成要件。

违约责任的构成要件有违约行为和无免责事由两个方面,前者称为违约责任的积极要件,后者为违约责任的消极要件。

违约行为,是指合同当事人违反合同义务的行为。违约行为根据其形态大致可分为四类:

第一,不履行合同。包括履行不能和拒绝履行。履行不能是指在客观上失去履行能力,如标的灭失等。

第二,履行迟延。指合同当事人在合同履行时间上的不当履行。其分为三种情况:①因可归责于债务人原因的债务人的迟延履行,例如,在建筑材料买卖合同之中基于供货关系而存在卖方未按时履行合同而迟延交货的情形。②因可归责于债权人原因的债权人的迟延履行。这又可分为两种情况,一种情况是债权人负有配合债务人履行的义务而不积极配合造成合同履行迟延,另一种情况是债权人无故拒绝接受债务人到期的履行。③因不可归责于双方当事人的原因导致履行迟延。应注意的是,在第三种情况之下,履行迟延不构成违约。

第三,不完全履行。分为瑕疵给付与加害给付。瑕疵给付主要是指给付在数量上不完全、不符合质量要求、履行时间与履行地点不当、履行方法不符合约定。加害给付是引起履行有瑕疵而造成了债权人的人身或财产的损失。加害给付将有可能导致违约责任与侵权责任的竞合,即由同一行为造成对相对方的违约责任和侵权损害。

第四,预期违约。指在合同履行期限到来之前,一方无正当理由而明确表示在履行期到来后将不履行合同,或者以其行为表明在履行期到来后将不可能履行合同。包括明示和默示两种情况。

违约责任的另一构成要件是在履行过程中不存在法定和约定的免责事由。法定的免责事由是指存在不可抗力。约定的免责事由是指当事人在不违背法律的强制性规定的前提下,事先在合同中约定免除合同责任的事由,多在国际贸易当中出现。

(2) 归责原则。

判断一种行为是否构成违约应当采用何种方法,即为归责原则。有过错责任原则、过错推定责任原则、严格责任原则等理论。我国《民法典》采用了严格责任原则来认定违约行为。

严格责任原则,是指在违约行为发生以后,确定违约当事人的责任,应当主要考虑违约的结果是否因违约方违反合同约定所致,而不考虑违约方的主观态度是故意或者是过失。该规定即是关于合同责任归责原则的规定。严格责任原则是从英美法相关原则中援引并变化而来,实际上是否定了违约方的主观因素在合同责任承担判定过程中的前提作用,仅考虑客观要素的存在。

2. 违约责任的承担方式

《民法典》第五百七十七条规定:"当事人一方不履行合同义务或者履行合同义务不符合约定的,应当承担继续履行、采取补救措施或者赔偿损失等违约责任。"

继续履行,又称实际履行或强制履行,是指当事人一方违约的,对方有权请求人民法院或仲裁机构作出判决或裁决，强迫违约人按照合同履行义务。

采取补救措施包括：防止损失扩大、提供担保措施等。

赔偿损失，是指当事人一方的违约行为给对方造成财产损失的，违约人应依法向对方作出经济赔偿。

3. 建设工程施工合同中的违约责任

建设工程施工合同中，发包人的主要义务包括做好施工前的各项准备工作、为施工人提供必要的现场条件和配合承包人的工作、按照合同规定向施工人支付工程价款、进行必要的监督检查、组织竣工验收和竣工结算等。

如果合同约定由发包人提供场地、技术资料，而发包人未按约定的时间和要求提供这些，或发包人未按约定支付工程款，发包人应承担违约责任，承包人可以顺延工程日期，并有权要求赔偿停工、窝工等损失。在这里发包人承担违约责任的方式是赔偿损失，承包人有权要求工期和费用索赔。

《民法典》第八百零四条规定："因发包人的原因致使工程中途停建、缓建的，发包人应当采取措施弥补或者减少损失，赔偿承包人因此造成的停工、窝工、倒运、机械设备调迁、材料和构件积压等损失和实际费用。"在这里发包人承担违约责任的方式是采取补救措施和赔偿损失。

承包人按照合同规定完成工程建设后，有权依照合同约定获得发包人支付的竣工结算款，这是承包人享有的合法权益。同时为保障承包人工程价款的求偿，《民法典》还规定了具有我国特色的工程价款的优先受偿权。《民法典》第八百零七条规定："发包人未按照约定支付价款的，承包人可以催告发包人在合理期限内支付价款。发包人逾期不支付的，除根据建设工程的性质不宜折价、拍卖外，承包人可以与发包人协议将该工程折价，也可以请求人民法院将该工程依法拍卖。建设工程的价款就该工程折价或者拍卖的价款优先受偿。"

对于建设工程施工合同，承包人的主要义务包括做好施工准备、按照合同要求组织施工、接受发包人对进度质量的监督检查、按照合同规定按质如期完成工程、参加竣工验收、进行工程交付、在规定的保修期内对因施工原因造成的工程质量问题进行维修等。

对于承包人而言，在施工过程中，承包人应当按照设计文件和施工规范进行施工，不得偷工减料、粗制滥造，不得擅自修改工程设计，否则承包人对施工质量应承担瑕疵履行违约责任；承包人不得延误工期，否则将承担迟延履行违约责任。

同时，《民法典》第八百零一条规定："因施工人的原因致使建设工程质量不符合约定的，发包人有权请求施工人在合理期限内无偿修理或者返工、改建。经过修理或者返工、改建后，造成逾期交付的，施工人应当承担违约责任。"

2.1.11 合同争议解决

合同争议是指合同当事人之间对合同履行情况和不履行或者不完全履行合同的后果产生的各种分歧。根据《中华人民共和国民事诉讼法》《中华人民共和国仲裁法》等的规定，发生合同争议时，当事人可以通过协商或者调解的方式解决。当事人不愿协商、调解或者协商、调解不成的，可以根据仲裁协议向仲裁机构申请仲裁，当事人没有订立仲裁协议或者仲裁协议无效的，可以向人民法院起诉。即合同争议解决概括为四种方式：当事人自行协商、调解、仲裁和诉讼。

对于合同中出现争议的解决方式的选择，同样取决于当事人自愿，其他任何组织和个人都不得强迫。当事人可以在签订合同时就选择，并把选择的方法以合同条款形式写入合同，也可以在发生争议后就解决办法达成协议。在解决合同争议过程中，任何一方当事人都不得采取非法手段，否则将依法追究违法者的法律责任。

1. 协商

协商是争议当事人之间依据交易习惯自行组织谈判或者以其他自由方式就争议事项达成和解的一种纠纷解决方式。在各类法律纠纷的解决方式当中，协商的成本最低、效率最高，其核心价值就是不破坏缔约方的友情和商业联系的意思自治。

2. 调解

调解的分类有很多种，按照调解主体分为调解员调解和调解机构调解；也可以按照其特点分为人民调解、仲裁机构调解和法院调解。

（1）人民调解，是具有中国特色的调解方式，是指在人民调解委员会主持下进行的调解活动。人民调解委员会是村民委员会和居民委员会下设的调解民间纠纷的群众性自治组织，在基层人民政府和基层人民法院指导下进行工作。在我国有专门的《中华人民共和国人民调解法》调整人民调解活动。

（2）仲裁机构调解又称仲裁中调解，不同于其他调解方式，是指在仲裁过程中按照当事人自愿原则组织进行的协调活动，在当事人同意的情况下，可以由仲裁员担任调解员，并可以应当事人的要求出具调解书，该调解书是具有执行力的法律文书。仲裁中调解在建设工程纠纷中得到了积极有效的应用。如北京仲裁委员会设定有专门的调解中心，并制定有专门的调解规则和调解员名单，以解决愿意采用该调解方式解决纠纷的争议事项。

（3）法院调解又称诉讼中调解，是指在法院审判人员的主持下，双方当事人就民事权益争议自愿、平等地进行协商，达成协议，解决纠纷的诉讼活动和结案方式。是人民法院和当事人进行的诉讼行为，其调解协议一经法院确认，即具有法律上的效力。

建设工程具有周期长、争议多、纠纷复杂的特点，因此在争议的解决过程中，各方当事人往往愿意主动地选用有效的调解方式息讼止争。在建设工程领域，调解在争议解决过程中也越来越具有重要意义。

3. 仲裁

仲裁是争议各方依据各方同意的仲裁协议，按照约定选用的仲裁规则由仲裁庭对争议进行裁决公断的争议解决方式。在国内和国际的建设工程合同文本中，仲裁是当事人之间普遍选择的争议解决方式之一，在国际工程承包和国际贸易合同中成为最重要的争议解决方式。与诉讼相比，仲裁具有行业专家裁判、一裁终局、保密性好以及程序灵活等优点。

4. 诉讼

诉讼作为解决争议的最终手段，是在国家司法机关的介入下，对民事纠纷通过法定程序进行解决的方式。诉讼程序经过长时间的发展与不断的改进，并且由于其自身的特点以及法院生效判决的强制性和确定性，在合同争议解决中具有极其重要的作用。

2.2 《中华人民共和国建筑法》

2.2.1 概述

对于建设工程项目的招标采购,《中华人民共和国建筑法》(以下简称《建筑法》)的相关规定是其基础,如可能涉及施工许可和投标人的企业资质等,在项目建设中也要遵守《建筑法》的规定。因此,招标采购从业人员应当学习和了解《建筑法》的基础知识。

本章重点介绍建设行政主管部门对建筑活动的监管制度,主要内容涉及建筑活动的概念、建筑法的调整对象和立法原则、建筑工程许可、建筑工程发包与承包、建筑安全生产管理、建设工程质量管理。

2.2.2 建筑法的调整对象和立法原则

1. 建筑法的调整对象

建筑法是指调整在从事建筑活动和实施对建筑活动监督管理过程中所形成的社会关系的法律规范总称。在《建筑法》的立法过程中,如何界定"建筑活动"是学术界和实务界一个争论激烈的问题。一种意见主张统一立法,认为建筑活动是指土木建筑工程和线路管道、设备安装工程的新建、扩建、改建活动及建筑装修装饰活动。另一种意见则主张单项立法,认为建筑活动是指各类房屋建筑及其附属设施的建造和与其配套的线路、管道、设备的安装活动。

最终公布的《建筑法》是上述两种观点折中的结果。在全国人大常委会审议《建筑法》时,认为专业建筑工程确实具有不同于一般工业与民用建筑的技术要求和施工方法,应当区别对待。因此,《建筑法》第二条规定了建筑活动是指各类房屋建筑及其附属设施的建造和与其配套的线路、管道、设备的安装活动。但是,全国人大常委会也认为,不能将一般工业与民用建筑工程与专业建筑工程带有共性的、需要共同遵守的规则分别制定几个法律,因此,在《建筑法》附则中的第八十一条规定:"本法关于施工许可、建筑施工企业资质审查和建筑工程发包、承包、禁止转包,以及建筑工程监理、建筑工程安全和质量管理的规定,适用于其他专业建筑工程的建筑活动,具体办法由国务院规定。"因此,《建筑法》的主要内容适用于所有的工程建设,包括公路、桥梁、港口、铁路等工程建设。从这一角度说,《建筑法》的主要内容对建设工程具有普遍的规范意义。因此,本章的标题是《建筑法》,但具体内容大多是适用于所有建设工程的。

建筑法的调整对象主要有两种社会关系:一是从事建筑活动过程中的所形成的一定的社会关系;二是在实施建筑活动管理过程中所形成的一定的社会关系。从性质上来看,前一种属于平等主体的民事关系,即平等主体的建设单位、勘察设计单位、建筑安装企业、监理单位、建筑材料供应单位之间在建筑活动中所形成的民事关系。后一种属于行政管理关系即建设行政主管部门对建筑活动进行的计划、组织、监督的关系。

2. 建筑法的立法目的

建筑法的立法目的，是为了加强对建筑活动的监督管理，维护建筑市场秩序，保证建筑工程的质量和安全，促进建筑业健康发展。

建筑业在国民经济和社会发展中有着十分重要的地位和作用，目前已经发展为我国的一项重要支柱产业。但是，我国建筑市场各方主体行为不规范，建筑市场秩序混乱，建筑工程质量堪忧，建筑安全生产问题突出，这些问题都需要通过《建筑法》以规范。

3. 建筑法的立法原则

《建筑法》立法的基本原则，即在从事建筑活动，实施建筑活动管理过程中，必须遵循的行为准则。

（1）建筑活动应当坚持质量、安全和效益相统一的原则。

建筑业作为我国国民经济的一个支柱产业，从业人数众多，对相关产业的带动居各行业之首。建筑企业在从事建筑活动时，不可能不考虑本企业的经济效益。但是，建筑企业在从事建筑活动时也应确保建筑工程的质量和安全，考虑建筑活动的社会效益。《建筑法》对建筑活动的质量和安全的要求是贯穿于各个环节的。只有做好了建筑活动的质量和安全工作，施工企业才能取得好的效益。

（2）国家扶持建筑业发展的原则。

国家扶持建筑业发展，也是《建筑法》的基本原则。发展建筑业的关键是提高建筑业的科技水平和管理水平。国家支持建筑科学技术研究，提高房屋建筑设计水平，鼓励节约能源和保护环境，提倡采用先进技术、先进设备、先进工艺、新型建筑材料和现代管理方式。

（3）建筑活动遵守法律法规的原则。

建筑活动当事人应当遵守国家法律法规，不得损害社会公共利益和他人的合法权益。建筑活动涉及面广，当事人应当全面按照国家有关规定从事建筑活动，处理好各方面的关系。反之，正当的建筑活动受法律保护，任何单位和个人都不得妨碍和阻挠依法进行的建筑活动。

（4）建筑活动的统一监督管理原则。

国务院建设行政主管部门对全国的建筑活动实施统一监督管理。这种监督管理体现的是国家意识，任何单位和个人都应当服从这种监督管理。这种监督管理是由国家强制力保证的，任何单位和个人不服从这种监督管理都将受到法律的制裁。建筑活动的统一监督管理是贯穿于建筑活动的全过程的，其管理范围包括与建筑活动有关的各类主体。

2.2.3　建筑工程许可

由于工程建设对国家、社会、公民生活等都有重大影响，国家对工程建设有严格的管理制度。这种严格的管理制度的重要体现就是国家实行建筑工程许可管理制度。建筑工程许可主要包括建筑工程施工许可和从业资格两种。

1. 建筑工程施工许可

建筑工程施工许可，是指建设行政主管部门依据法定程序和条件，对建筑工程是否具备施工条件进行审查，对符合条件者准许开始施工并颁发施工许可证的一种制度。

（1）建筑工程施工许可的特征。建筑工程施工许可的特征有：第一，建筑工程施工许可是建设行政主管部门实行的一种许可管理行为。只有建设行政主管部门和按照国家规定的其他专业部门才有这项职权，对工程施工实行许可管理。第二，建筑工程施工许可，采用的是颁发建筑工程施工许可证的方式进行管理。建设行政主管部门应当在接到申请后的7日内，对符合条件的申请者颁发施工许可证。

（2）施工许可证的申请，应注意申请时间、申请者以及申请的工程范围三个方面。

第一，施工许可证的申请时间。建筑工程施工许可制度的目的是避免不具备条件的建筑工程盲目开工而给相关当事人造成损失和社会财富的浪费，保证建筑工程开工后的顺利进行。这是一种事前控制，因此，必须在开工前申请施工许可证。具体地说，应当在施工准备工作基本就绪之后、组织施工之前申请。

第二，施工许可证的申请者。申请者是建设单位（也可称业主或者项目法人），因为做好各项施工准备工作，是建设单位的义务。

第三，需要申请施工许可证的工程范围。建筑工程在开工前，都应当申请领取施工许可证。但是，下列两类工程不需申请施工许可证：国务院建设行政主管部门确定的限额以下的小型工程；按照国务院规定的权限和程序批准开工报告的建筑工程。

（3）建筑工程施工许可证的审批。申请施工许可证条件应具备以下条件：第一，依法应当办理用地批准手续的，已经办理该建筑工程用地批准手续。第二，依法应当办理建设工程规划许可证的，已经取得建设工程规划许可证。第三，施工场地已经基本具备施工条件，需要征收房屋的，其进度符合施工要求。第四，已经确定施工企业。按照规定应当招标的工程没有招标，应当公开招标的工程没有公开招标，或者肢解发包工程，以及将工程发包给不具备相应资质条件的企业的，所确定的施工企业无效。第五，有满足施工需要的资金安排、施工图纸及技术资料，建设单位应当提供建设资金已经落实承诺书，施工图设计文件已按规定审查合格。第六，有保证工程质量和安全的具体措施。施工企业编制的施工组织设计中有根据建筑工程特点制定的相应质量、安全技术措施。建立工程质量安全责任制并落实到人。专业性较强的工程项目编制了专项质量、安全施工组织设计，并按照规定办理了工程质量、安全监督手续。

施工许可证由工程所在地县级以上人民政府建设行政主管部门审批。具体由哪一级建设行政主管部门审批，则要视工程的投资额大小和投资额来源的不同而定。建设行政主管部门应当在接到申请后的7日内，对符合条件的申请者颁发施工许可证。建设单位应当在领取施工许可证后的3个月内开工。因故不能按期开工的，应当向原发证机关申请延期，延期以二次为限，每次不超过3个月；即不开工又不申请延期或者超过延期时限的，施工许可证自行废止。在建的建筑工程因故中止施工，建设单位应当在中止施工之日起1个月内，向原发证机关报告，并按照规定做好建设工程的维护管理工作。建设工程恢复施工时，应当向原发证机关报告。中止施工1年以上的工程恢复施工前，建设单位应当报发证机关核验施工许可证。

2. 建筑工程从业资格

从业资格制度是指国家对从事建筑活动的单位（企业）和人员实行资质或资格审查，并许可其按照相应的资质、资格条件从事相应的建筑活动的制度。从业资格制度包括从事建筑活动的单位资质制度和从事建筑活动的个人资格制度两类。从事建筑活动的单位资质制度，是指建设行政主管部门对从事建筑活动的建筑施工企业、勘察单位、设计单位和工程监理单位的人员素质、管理水平、资产或者资金数量、业务能力等进行审查，以确定其承担任务的范围，并发给其相应的资质证书的一种制度。从事建筑活动的个人资格制度，是指建设行政主管部门及有关部门对从事建筑活动的专业技术人员，依法进行考试和注册，并颁发执业资格证书的一种制度。

从业资格制度，是对从事建筑活动的主体实行资质和资格审查的制度。建筑业是一个专业性、技术性很强的行业，只有加强对从业者的管理，才能保障工程质量和施工安全，维护建筑市场秩序。从业资格制度的管理对象，单位主要包括建设工程总承包单位、建设工程勘察设计单位、建筑业企业、建设工程监理单位；个人主要包括注册建造师、注册建筑师、注册监理工程师、注册造价工程师、注册结构工程师等。

2.2.4　建筑工程发包与承包

建筑工程发包与承包，是指建设单位或者总承包单位（发包方），通过合同委托施工企业、勘察设计单位等（承包方）为其完成某一工程的全部或其中一部分工作的交易方式，双方当事人的权利义务通过合同规定。

实行建筑工程发包与承包制度，能够鼓励竞争、防止垄断、择优选择承包单位。从各地的实践来看，这一制度有力地促进了工程建设按程序和合同进行，提高了工程质量，能够严格地控制工程造价和工期。在市场经济中，建筑工程发包与承包制度，是建筑市场基本制度之一。

建筑工程发包与承包的招标投标活动，应当遵循公开、公正、平等竞争的原则，择优选择承包单位。发包单位及其工作人员在建筑工程发包中不得收受贿赂、回扣或者索取其他好处。承包单位及其工作人员不得利用向发包单位及其工作人员行贿、提供回扣或者给予其他好处等不正当手段承揽工程。

1. 建筑工程发包

建筑工程发包必须按照国家的规定进行，应注意以下几点：

（1）发包方式的选择。

建筑工程发包的方式有两种，即招标发包方式和直接发包方式。招标发包方式是通过招标投标签订承包合同、确定双方权利义务关系的交易方式。而直接发包方式则是发包方直接与承包方签订承包合同、确定双方权利义务关系的交方式。

（2）发包主体的种类。

发包主体是指建筑工程的发包单位，一般而言，建筑工程的发包主体指建设单位，即投资建设该建设工程的单位，通常也叫业主或发包人。但是对于总承包单位而言，建筑工程实行总承包的，总承包单位经建设单位的同意，对部分工程项目进行分包的，总承包单位即是分包单位的发包单位。

（3）违法发包的认定。

违法发包，是指建设单位将工程发包给不具有相应资质条件的单位或个人，或者肢解发包等违反法律法规规定的行为。存在下列情形之一的，属于违法发包：第一，建设单位将工程发包给个人的；第二，建设单位将工程发包给不具有相应资质的单位的；第三，依法应当招标未招标或未按照法定招标程序发包的；第四，建设单位设置不合理的招标投标条件，限制、排斥潜在投标人或者投标人的；第五，建设单位将一个单位工程的施工分解成若干部分发包给不同的施工总承包或专业承包单位的。

2. 建筑工程承包

建筑工程承包必须按照国家的规定进行，主要要求有以下几点：

（1）一般要求。

承包工程勘察、设计、施工和建筑构配件、非标准设备加工生产的单位，必须持有营业执照、资质证书或安全生产许可证、开户银行资信证明等证件，方准开展承包业务。承包方必须按照其资质等级承包任务，不得无证承包或未经批准越级、超范围承包。承担建设监理业务的单位，必须持有建设行政主管部门核发的资质证书，严禁无证、无照或越级承担建设监理业务。

（2）禁止违法分包。

工程分包是指工程的承包单位（总承包单位）将承包的工程建设任务中的一部分通过合同委托其他单位完成的行为。建设工程总承包、建筑工程施工、勘察设计等合同的承包方在符合一定的条件下，都可进行分包。《建筑法》并未禁止分包工程，但分包工程需依法进行，根据《建筑法》及《建设工程质量管理条例》等法律法规规定，分包工程的禁止性规定主要包括以下方面：

第一，禁止主体结构分包。《建筑法》第二十九条第一款规定："……施工总承包的，建筑工程主体结构的施工必须由总承包单位自行完成。"总承包单位不得将主体结构分包给其他单位。所谓主体结构，是指保证整个建筑物支承的主架结构，比如建筑主体和承重结构等。

第二，禁止未经建设单位同意分包专业工程。《建筑法》第二十九条规定了除总承包合同中约定的分包外，总包单位分包部分工程须征得建设单位的同意。

第三，禁止分包单位再分包。《建筑法》第二十九条第三款规定："……禁止分包单位将其承包的工程再分包。"分包人不得将其承包的分包工程转包给他人，也不得将其承包的分包工程的全部或部分再分包给他人。即分包行为只能进行一次，禁止层层分包，这一规定是为了保证建筑工程质量，防止因层层分包损害建设单位利益及社会公共利益。

第四，禁止分包给不具备相应资质条件的单位。建设工程总承包单位可以将承包工程中的部分工程发包给具有相应资质条件的分包单位，禁止将分包工程发包给不具有相应资质条件的分包单位，禁止将分包工程发包给任何个人。

（3）禁止转包。

《建筑法》第二十八条规定："禁止承包单位将其承包的全部建筑工程转包给他人，禁止承包单位将其承包的全部建筑工程肢解以后以分包的名义分别转包给他人。"《建设工程质量管理条例》第七十八条规定："本条例所称转包，是指承包单位承包建设工程后，不履行合同约定的责任和义务，将其承包的全部建设工程转给他人或者将其承包的全部建设工程肢解以后以分包的名义分别转给其他单位承包的行为。"《建筑法》禁止转包的主要目的在于确保建筑工程避免出现层层转包，并确保建筑工程的项目管理质量，维护社会更多利益人群的公共安全和财产安全。确定是否构成转包，以《建筑工程施工发包与承包违法行为认定查处管理办法》（建市规〔2019〕1号）的相关规定来认定。

2.2.5　建筑安全生产管理

1. 建筑安全生产管理的概念

建筑安全生产管理，是指建设行政主管部门、建筑安全监督管理机构、建筑施工企业及有关单位对建筑生产过程中的安全工作，进行计划、组织、指挥、控制、监督等一系列的管理活动。其目的在于保证建筑工程安全和建筑职工及相关人员的人身安全责任制度。

2. 建筑安全生产管理的内容

建筑安全生产管理包括纵向、横向、施工现场三个方面的管理。

（1）纵向管理。

纵向管理是指建设行政主管部门及其授权的建筑安全监督管理机构对建筑安全生产的行业监督管理。

（2）横向管理。

横向管理是指建筑生产有关各方和建设单位、设计单位、建筑施工企业等的安全责任和义务管理。

（3）施工现场管理。

施工现场管理是指控制在施工现场人员的不安全行为和物的不安全状态。施工现场管理是建筑安全生产管理的关键。

2.2.6　建筑工程质量管理

建筑工程质量管理，是指在国家现行的有关法律法规、技术标准、设计文件和合同中，对工程的安全、适用、经济、美观等特性的综合要求。

1. 建设单位的质量责任和义务

（1）建设单位应当将工程发包给具有相应资质等级的单位。建设单位不得将建设工程肢解发包。

（2）建设单位应当依法对工程建设项目的勘察、设计、施工、监理以及与工程建设有关的重要设备、材料等的采购进行招标。

（3）建设单位必须向有关的勘察、设计、施工、监理等单位提供与建设工程有关的原始资料。原始资料必须真实、准确、齐全。

（4）建设工程发包单位不得迫使承包方以低于成本的价格竞标，不得任意压缩合理工期。建设单位不得明示或者暗示设计单位或者施工单位违反工程建设强制性标准，降低建设工程质量。

（5）建设单位应当将施工图设计文件报县级以上人民政府建设行政主管部门或者其他有关部门审查。施工图设计文件审查的具体办法，由国务院建设行政主管部门会同国务院其他有关部门制定。施工图设计文件未经审查批准的，不得使用。

（6）实行监理的建设工程，建设单位应当委托具有相应资质等级的工程监理单位进行监理，也可以委托具有工程监理相应资质等级并与被监理工程的施工承包单位没有隶属关系或者其他利害关系的该工程的设计单位进行监理。

(7) 建设单位在领取施工许可证或者开工报告前，应当按照国家有关规定办理工程质量监督手续。

(8) 按照合同约定，由建设单位采购建筑材料、建筑构配件和设备的，建设单位应当保证建筑材料、建筑构配件和设备符合设计文件和合同要求。建设单位不得明示或者暗示施工单位使用不合格的建筑材料、建筑构配件和设备。

(9) 涉及建筑主体和承重结构变动的装修工程，建设单位应当在施工前委托原设计单位或者具有相应资质等级的设计单位提出设计方案；没有设计方案的，不得施工。房屋建筑使用者在装修过程中，不得擅自变动房屋建筑主体和承重结构。

(10) 建设单位收到建设工程竣工报告后，应当组织设计、施工、监理等有关单位进行竣工验收。建设工程经验收合格的，方可交付使用。

(11) 建设单位应当严格按照国家有关档案管理的规定，及时收集、整理建设项目各环节的文件资料，建立、健全建设项目档案，并在建设工程竣工验收后，及时向建设行政主管部门或者其他有关部门移交建设项目档案。

2. 勘察设计单位的质量责任和义务

(1) 从事建设工程勘察、设计的单位应当依法取得相应等级的资质证书，并在其资质等级许可的范围内承揽工程。禁止勘察、设计单位超越其资质等级许可的范围或者以其他勘察、设计单位的名义承揽工程。禁止勘察、设计单位允许其他单位或者个人以本单位的名义承揽工程。勘察、设计单位不得转包或者违法分包所承揽的工程。

(2) 勘察、设计单位必须按照工程建设强制性标准进行勘察、设计，并对其勘察、设计的质量负责。注册建筑师、注册结构工程师等注册执业人员应当在设计文件上签字，对设计文件负责。

(3) 勘察单位提供的地质、测量、水文等勘察成果必须真实、准确。

(4) 设计单位应当根据勘察成果文件进行建设工程设计。设计文件应当符合国家规定的设计深度要求，注明工程合理使用年限。

(5) 设计单位在设计文件中选用的建筑材料、建筑构配件和设备，应当注明规格、型号、性能等技术指标，其质量要求必须符合国家规定的标准。除有特殊要求的建筑材料、专用设备、工艺生产线等外，设计单位不得指定生产厂、供应商。

(6) 设计单位应当就审查合格的施工图设计文件向施工单位出具详细说明。

(7) 设计单位应当参与建设工程质量事故分析，并对因设计造成的质量事故，提出相应的技术处理方案。

3. 施工单位的质量责任和义务

(1) 施工单位应当依法取得相应等级的资质证书，并在其资质等级许可的范围内承揽工程。禁止施工单位超越本单位资质等级许可的业务范围或者以其他施工单位的名义承揽工程。禁止施工单位允许其他单位或者个人以本单位的名义承揽工程。施工单位不得转包或者违法分包工程。

(2) 施工单位对建设工程的施工质量负责。施工单位应当建立质量责任制，确定工程项目的项目经理、技术负责人和施工管理负责人。建设工程实行总承包的，总承包单位应当对全部建设工程质量负责；建设工程勘察、设计、施工、设备采购的一项或者多项实行总承包的，总承包单位应当对其承包的建设工程或者采购的设备的质量负责。

（3）总承包单位依法将建设工程分包给其他单位的，分包单位应当按照分包合同的约定对其分包工程的质量向总承包单位负责，总承包单位与分包单位对分包工程的质量承担连带责任。

（4）施工单位必须按照工程设计图纸和施工技术标准施工，不得擅自修改工程设计，不得偷工减料。施工单位在施工过程中发现设计文件和图纸有差错的，应当及时提出意见和建议。

（5）施工单位必须按照工程设计要求、施工技术标准和合同约定，对建筑材料、建筑构配件、设备和商品混凝土进行检验，检验应当有书面记录和专人签字；未经检验或者检验不合格的，不得使用。

（6）施工单位必须建立、健全施工质量的检验制度，严格工序管理，做好隐蔽工程的质量检查和记录。隐蔽工程在隐蔽前，施工单位应当通知建设单位和建设工程质量监督机构。

（7）施工人员对涉及结构安全的试块、试件以及有关材料，应当在建设单位或者工程监理单位监督下现场取样，并呈送具有相应资质等级的质量检测单位进行检测。

（8）施工单位对施工中出现质量问题的建设工程或者竣工验收不合格的建设工程，应当负责返修。

（9）施工单位应当建立、健全教育培训制度，加强对职工的教育培训；未经教育培训或者考核不合格的人员，不得上岗作业。

（10）建筑材料、构配件生产及设备供应单位的质量责任和义务。

（11）保修、返修和损害赔偿。

2.3 《中华人民共和国公司法》

2.3.1 概述

公司是现代社会中典型的企业组织形态，在社会的政治、经济、文化中扮演着极其重要的角色。公司制度自产生以来，就成为推进经济发展的强大动力。美国学者巴特勒曾指出，有限责任公司是当代最伟大的发明，其产生的意义甚至超过了蒸汽机和电的发明。它引发了企业制度的一场革命，成为现代企业制度的基石。但是，综观公司的发展史，一方面，它推动了投资的增长和资本的积累，使合资公司很快普及于工商界；另一方面，又带来了不容忽视的"公司问题"。因此，必须以法律对其进行规范，使其朝着健康的方向发展。而《中华人民共和国公司法》（以下简称《公司法》）的价值即在于此。在招标采购活动中，各相关主体特别是投标人往往都是公司，招标采购的从业人员既要处理公司内部关系，如招标代理机构可能是分公司；也要处理公司外部的法律关系，如公司相互之间的合同关系、在需要时设立项目公司等。因此，作为招标采购的从业人员应该学习《公司法》。

1. 公司法的概念

《公司法》有广义上的《公司法》和狭义上的《公司法》之分。广义的《公司法》，又称实质意义上的《公司法》，是指国家规定各种公司设立、组织机构、经营活动、解散以及股东权利、义务的法律规范的总称。狭义的《公司法》，又称形式意义上的《公司法》，是指1993年12月29日通过的，经多次修正，最近一次，是根据2018年10月26日第十三届全国人民代表大会常务委员会第六次会议《关于修改〈中华人民共和国公司法〉的决定》第四次修正。我国的《公司法》主要是一种组织法，明确规定了各种公司的法律地位和资格。我国的《公司法》只规定了有限责任公司和股份有限公司两种形式，都是具有独立权利能力的企业法人。作为组织法，《公司法》不仅规定了公司的设立、变更、终止、公司章程、组织机构等内容。同时也调整股东之间、股东与公司之间的经营管理、利润分配等内部关系。我国的《公司法》还是一种行为法。《公司法》对公司债券、股票发行和转让等活动作出了规定。但是随着《中华人民共和国证券法》等法律的颁布实施，《公司法》作为行为法的属性将逐渐减弱。

2. 公司的概念与特征

从法律上讲，公司就是以营利为目的而依法设立的具有法人资格的商事组织。具体来说，公司具有三个最基本的特征：

（1）公司是独立的法人。

法人的独立性表现在四个方面：独立的人格、独立的组织机构、独立的财产和独立承担民事责任。《公司法》第三条第一款规定："公司是企业法人，有独立的法人财产，享有法人财产权。公司以其全部财产对公司的债务承担责任。"公司作为法人，具体表现在：

第一，独立的财产。公司必须有自己独立的财产，包含以下三项内容：其一，公司的财产均来自股东的投资，公司的股东一旦把自己的投资财产交给公司，就丧失了对该财产的所有权，而取得了股权。股东个人无任何直接处置公司财产的权利。公司对自己的财产享有充分、完整的支配权。其二，在公司存续期间，股东投资于公司的财产既然已经属于公司所有，股东就无权抽回这部分财产。公司的注册资本就是公司的自有资本。自有资本不能减少，这是资本真实原则的一个重要内容。我国《公司法》第三十五条规定："公司成立后，股东不得抽逃出资。"只有当公司终止解散后，股东才能取回剩余的财产。其三，公司作为一个独立的经营主体，必须要有与其经营规模相适应的财产作为它自己的财产。

第二，独立的组织机构。公司的组织机构包括公司的管理机构和公司的业务活动机构。公司管理机构是对内形成公司决策、负责公司经营运作、对外代表公司进行业务活动的机构，如股东（大）会、董事会、监事会等。公司的业务活动机构主要负责经营、财务等具体事务运作，如研发、销售、财务机构等。

第三，独立承担法律责任。独立承担民事责任是法人资格的最终体现。公司独立承担民事责任包含以下内容：其一，公司应以它的全部财产承担债务；其二，公司对它的法定代表人和代理人的经营活动，承担民事责任；其三，股东不对公司的债务直接承担责任；其四，公司既然独立地以其全部资产承担其债务，那么公司不能清偿到期债务，其资产也不足以抵偿债务时，就应依法宣告破产。

（2）公司以营利为目的。

所谓营利，就是通过经营获取经济上的利益。营利是一切企业组织存在和活动的基本动机和目的,是经营活动的出发点和归宿。营利通常表现为通过生产、经营活动获取可以用货币单位计算的收益。作为公司目的,这种收益应该是扣除成本后的增值部分,即利润。公司的营利性并不仅指自身的盈利,还包括向组织成员分配盈利的特殊内容。以营利为目的是公司与机关、事业单位和社会团体法人的主要区别所在。

(3) 公司应依法成立。

公司应当依法定条件和程序成立,具体包括三层含义:第一,公司成立应依据专门的法律,即《公司法》和其他有关的特别法律、行政法规。第二,公司成立应符合《公司法》规定的实质要件。第三,公司成立须遵循《公司法》规定的程序,履行规定的申请和审批登记手续。《公司法》第六条第一款和第二款规定:"设立公司,应当依法向公司登记机关申请设立登记。符合本法规定的设立条件的,由公司登记机关分别登记为有限责公司或者股份有限公司;不符合本法规定的设立条件的,不得登记为有限责任公司或者股份有限公司。法律、行政法规规定设立公司必须报经批准的,应当在公司登记前依法办理批准手续。"

3. 公司财务、会计

公司财务,是指公司在运营过程中有关资金的筹集、使用、管理和利润分配等活动总称。公司会计,是指以货币为计量单位,对公司的整个财务活动和经营状况以记账、算账、报账等方式进行的核算与监督活动的总称。公司财务与公司会计密不可分。

目前,规范公司财务、会计的法律法规主要有《中华人民共和国会计法》《企业会计准则》《企业财务通则》等。公司作为企业法人,其处理财务、会计事项也应遵守这些法律法规。同时,由于公司的自身特点,为了切实保护股东、债权人以及社会公众的利益、提高公司的经营管理水平,我国《公司法》专设了"公司财务、会计"一章,对公司制作财务会计报告、提取公积金等公司行为作出了规范。主要包括以下内容:财务、会计管理,财务、会计报告,公积金制度,利润分配制度和内审制度。

(1) 公司财务、会计报告。

公司财务、会计报告,是指公司按照公司财务、会计制度将处理公司财务关系和会计事务的结果进行收集、整理、编制成会计报表,以反映公司某一特定日期财务状况和某一会计期间经营成果、现金流量等财务、会计信息的文件。编制财务、会计报告旨在为公司的运营以及与公司有关的各利益关系方的决策依据。公司应当在每一会计年度终了时制作公司财务报告,财务、会计报告应当依照法律、行政法规和国务院财政部门的规定制作。有限责任公司的股东有权查阅、复制财务会计报告,并可以要求查阅公司会计账簿。有限责任公司应当依照公司章程规定的期限将财务、会计报告送交各股东。股份有限公司的财务、会计报告应当在召开股东大会年会的二十日前置备于本公司,供股东查阅;公开发行股票的股份有限公司必须公告其财务会计报告。

(2) 公积金制度。

公积金是指公司为了增加或稳定资本,在每个会计年度依照法律和公司章程规定,从公司税后利润中提取的资金。公积金分为法定公积金、任意公积金和资本公积金。

法定公积金是指依照法律规定必须从税后利润中提取的公积金。《公司法》第一百六十六条第一款和第二款规定:"公司分配当年税后利润时,应当提取利润的百分之十列入公司法定公积金。公司法定公积金累计额为公司注册资本的百分之五十以上的,可以不再提取。公司的法定公积金不足以弥补以前年度亏损的，在依照前款规定提取法定公积金之前，应当先用当年利润弥补亏损。"

任意公积金是指公司在法定公积金之外，依照公司章程或者股东决议而从税后利润中提取的公积金。《公司法》第一百六十六条第三款规定："公司从税后利润中提取法定公积金后，经股东会或者股东大会决议，还可以从税后利润中提取任意公积金。"

资本公积金是指在公司的生产经营之外，由资本、资产本身及其他原因形成的股东权益收入。股份有限公司以超过股票票面金额的发行价格发行股份所得的溢价款以及国务院财政部门规定列入资本公积金的其他收入，应当列为公司资本公积金。

公司的公积金用于弥补公司的亏损、扩大公司生产经营或者转为增加公司资本。但是，资本公积金不得用于弥补公司的亏损。法定公积金转为资本时，所留存的该项公积金不得少于转增前公司注册资本的百分之二十五。

(3) 利润分配制度。

根据《公司法》的规定，公司税后利润的分配主要遵循同股同利原则和无盈不分原则。《公司法》第一百六十六条第四款规定："公司弥补亏损和提取公积金后所余税后利润，有限责任公司依照本法第三十四条的规定分配；股份有限公司按照股东持有的股份比例分配，但股份有限公司章程规定不按持股比例分配的除外。"

4. 公司合并、分立

(1) 公司合并。

公司合并是指两个或两个以上的公司通过吸收或者新设的方式形成一个新的实体公司。合并是公司出于某种目的而按其意愿实施的一种法律行为。合并的目的通常是减少竞争对手、产生规模效应或者摆脱公司资金短缺、债务沉重的困境等。公司合并可以采取吸收合并和新设合并两种形式。吸收合并是指一个公司吸收一个或一个以上的其他公司后存续，被吸收公司解散的合并形式。新设合并，又称创设合并，是指两个或两个以上的公司组成一个新公司，原合并各方公司解散的合并形式。公司合并有以下几个特征：其一，除在吸收合并中吸收公司存续外，其他公司的法人资格归于消灭。其二，合并后的公司概括承受因合并而消灭了的公司的债权债务。其三，因合并而被消灭了的公司股东成为合并后公司的股东。

(2) 公司分立。

公司分立是指一个公司分立出一个以上的新公司，原公司并不因分立而解散，并成为新公司的唯一发起人。公司分立旨在调整公司的业务经营并进行组织再造。公司分立有新设分立和派生分立两种形式。新设分立，是指一个公司将其全部资产分割设立为两个或两个以上公司的行为，原公司法人资格因此消灭。派生分立，是指一个公司以其部分资产设立另一个公司，本公司继续存续的法律行为。派生分立并不导致原公司法人资格的消灭。

公司分立与资产转让有相似之处，都是原公司将一部分资产分离出去。二者的区别主要表现为：其一，性质不同。资产转让的本质是公司资产的出卖，公司分立是法人人格的变更。其二，内容不同。资产转让是公司通过资产剥离取得相应的对价，不影响转让方的资产总额；派生分立虽然也会分离出部分资产，但并不取得对价，其资产总额会因此而减少。其三，法律后果不同。公司分立会产生更多的公司法人实体，在新设分立的情况下，原公司法人资格消灭；资产转让并不影响公司的法人资格。公司分立主要有两种形式：一是设立全资子公司，二是设立关联公司。公司设立关联公司的，由于公司的财产减少，偿债能力减弱，影响到原公司债权人的利益，因此采用这种分立形式的，应事先征得债权人的同意。公司分立的程序与公司合并的程序大致相同。

（3）公司破产、解散与清算。

公司的破产、解散和清算是公司市场退出机制的重要制度，是公司在退出阶段维护各利益主体保障，科学、合理的解散和清算制度能有效保护相关主体的利益，维护市场经济秩序。

第一，公司破产。公司破产是指公司因不能清偿到期债务，无力继续经营，由法院宣告停止营业，进行债权债务清理的状态。公司破产是公司解散的事由之一。《公司法》第一百九十条规定："公司被依法宣告破产的，依照有关企业破产的法律实施破产清算。"

第二，公司解散。公司解散是指已经成立的公司，基于一定事由致使公司法人资格发生消灭的行为。根据《公司法》的规定，公司解散可以分为自愿解散和强制解散。比如，《公司法》第一百八十条规定："公司因下列原因解散：（一）公司章程规定的营业期限届满或者公司章程规定的其他解散事由出现；（二）股东会或者股东大会决议解散；（三）因公司合并或者分立需要解散；（四）依法被吊销营业执照、责令关闭或者被撤销；（五）人民法院依照本法第一百八十二条的规定予以解散。"

第三，公司清算。公司清算是指公司解散或宣告破产后，处分公司财产以及了结各种法律关系并最终消灭公司人格的行为和程序。根据《公司法》的规定，清算可分为自行清算、指定清算和破产清算。

① 清算组的组成。《公司法》第一百八十三条规定："有限责任公司的清算组由股东组成，股份有限公司的清算组由董事或者股东大会确定的人员组成。逾期不成立清算组进行清算的，债权人可以申请人民法院指定有关人员组成清算组进行清算。人民法院应当受理该申请，并及时组织清算组进行清算。"

② 清算组的职权与义务。根据《公司法》第一百八十四条的规定："清算组在清算期间行使下列职权：（一）清理公司财产，分别编制资产负债表和财产清单；（二）通知、公告债权人；（三）处理与清算有关的公司未了结的业务；（四）清缴所欠税款以及清算过程中产生的税款；（五）清理债权、债务；（六）处理公司清偿债务后的剩余财产；（七）代表公司参与民事诉讼活动。"

③ 公司清算的其他规定。清算期间，公司存续，但不得开展与清算无关的经营活动。公司财产在未依法清偿前，不得分配给股东。清算组在清理公司财产、编制资产负债表和财产清单后，应当制订清算方案，并报股东会、股东大会或者人民法院确认。公司财产在分别支付清算费用、职工工资、社会保险费用和法定补偿金，缴纳所欠税款，清偿公司债务后的剩余财产，有限责任公司按照股东的出资比例分配，股份有限公司按照股东持有的股份比例分配。清算组在清理公司财产、编制资产负债表和财产清单后，发现公司财产不足以清偿债务的，应当依法向人民法院申请宣告破产。公司经人民法院裁定宣告破产后，清算组应当将清算事务移交给人民法院。公司清算结束后，清算组应当制作清算报告，报股东会、股东大会或者人民法院确认，并报送公司登记机关，申请注销公司登记，公告公司终止。

2.3.2 有限责任公司

1. 有限责任公司的概念与特征

有限责任公司，简称有限公司，是股东以其认缴的出资为限对公司承担责任，公司以其全部资产对公司债务承担有限责任的企业法人。有限公司除具有公司的基本特征外，还具有以下法律特征：

（1）人合资合兼备。

有限公司的一个特点是将合伙企业的人合性与股份公司的资合性集于一身。有限公司既要求股东共同出资，又要求股东之间有一定的信赖关系，以达到筹集资金、共向经营之目的。

（2）筹集资金的封闭性。

有限公司不得向社会公开募集资本，只能在股东内部募股集资，有限公司设立时的全部资本来源于每个股东认缴的资金财产总和。

（3）公司资本不等额性。

有限公司的资本不用像股份公司那样划分为等额股份，有限公司股东也不必按等额股份的整倍数出资，而只需按协议出资，并按出资比例对公司享有权利、承担义务。

（4）股东人数限制性。

有限公司因具有一定人合性，所以股东人数不宜过多；同时有限公司又不能丧失股权性，所以，各国公司法均对有限公司股东人数作出限制。我国《公司法》规定，有限公司股东人数为 50 人以下。股东可以是自然人，也可以是法人。

（5）股权转让严格性。

有限公司股东的股权不能随意转让，股东的出资证明不能流通或质押。我国《公司法》规定，有限公司股权转让需经半数以上的股东同意。股权转让时，在同等条件下，其他股东享有优先权。

（6）组织机构简化性。

有限公司的组织机构设置虽与股份公司相似，但通常较为简化。我国《公司法》规定，股东少、规模小的有限公司，可只设执行董事，不设董事会；执行董事还可兼任经理；也可不设监事会，只设 1~2 名监事。

2. 有限责任公司的设立

设立有限责任公司应当具备以下条件：

第一，股东符合法定人数。我国有限公司的法定人数为 50 人以下。

第二，有符合要求的公司章程。公司章程是公司重要的法律文件，通常由全体股东成员共同参与制订，根据《公司法》规定，公司章程应当载明：公司的名称和住所；公司经营范围；公司注册资本；股东姓名或名称，股东出资方式、出资额和出资时间；公司机构及其产生办法、职权、议事规则；公司法定代表人；股东会会议认为需要规定的其他事项。

第三，有公司名称和符合要求的组织机构。公司名称通常由地域名、字号、主导业务等形式组成。除全国性公司外，不得使用"中国""中华"等字样。名称最后必须标明"有限责任公司"的字样。公司的组织机构一般包括：股东会、董事会、监事会。有限公司的组织机构可以依法简化。

第四，有固定的生产经营场所和必要的生产经营条件。公司从事生产经营活动，必须以必要的物质条件和人力条件为基础，除资金以外，还必须有一个以上的固定经营场所和与经营范围相适应的物质和技术条件。《公司法》第二十六条规定："有限责任公司的注册资本为在公司登记机关登记的全体股东认缴的出资额。法律、行政法规以及国务院决定对有限责任公司注册资本实缴、注册资本最低限额另有规定的，从其规定。"

3. 有限责任公司的组织机构

（1）权力机构。

有限责任公司的权力机构是股东会。股东是由公司全体股东组成的公司的意思形成机构和最高权力机构，是股东在公司内部行使股东权的法定组织。股东会由全体股东组成，是非常设性机构。股东会对外不代表公司，对内也不管理业务。一人有限责任公司不设股东会。

① 股东会的职权。股东会的职权包括：决定公司的经营方针和投资计划；选择和更换由非职工代表担任的董事、监事，决定有关董事、监事的报酬事项；审议批准董事会报告；审议批准监事会或者监事的报告；审议批准公司的年度财务预算方案、决算方案；审议批准公司的利润分配方案和弥补亏损方案；对公司增加或者减少注册资本作出决议；对发行公司债券作出决议；对公司合并、分立、变更公司形式、解散和清算等事项作出决议；修改公司章程。对前述事项股东以书面形式一致表示同意的，可以不召开股东会会议，直接作出决定，并由全体股东在决定文件上签名、盖章。股东会行使职权主要采用决议的形式，股东以其出资比例行使表决权。股东会会议作出修改公司章程、增加或者减少注册资本的决议，以及公司合并、分立、解散或者变更公司形式的决议，必须经代表三分之二以上表决权的股东通过。

② 股东会会议。依照《公司法》的规定，股东会会议分为定期会议和临时会议。定期会议也称为股东年会，通常是一年一次，也可以由公司章程作出规定。定期会议应当依照公司章程的规定按时召开。有限责任公司设立董事会的，股东会会议由董事会召集，董事长主持；董事长不能履行职务或者不履行职务的，由副董事长主持；副董事长不能履行职务或者不履行职务的，由半数以上董事共同推举一名董事主持。有限责任公司不设董事会的，股东会会议由执行董事召集和主持。临时会议也称为特别股东会议。代表十分之一以上表决权的股东，三分之一以上的董事，监事会或者不设监事会的公司的监事提议召开临时会议的，应当召开临时会议。召开股东会会议，应当于会议召开十五日前通知全体股东。公司章程另有规定或者全体股东另有约定的除外。

（2）执行机构。

有限公司的执行机构是董事会。董事会是由股东选举产生的常设和必设的集体业务执行机构与经营意思决策机构。董事会对外代表公司，对内执行公司业务。董事任期由公司章程规定，但每届任期不得超过三年。董事任期届满，连选可以连任。

① 董事会的职权。董事会的职权是：负责召集股东会，并向股东会报告工作；执行股东会的决议；决定公司的经营计划和投资方案；制订公司年度财务预算方案和决算方案；制订公司利润分配方案和弥补亏损方案；制订公司增加或者减少注册资本以及发

行公司债券的方案；制订公司合并、分立、变更公司形式、解散的方案；决定公司内部管理机构的设置；决定聘任或解聘公司经理及其报酬事项，并根据经理的提名，决定聘任或解聘公司副经理、财务负责人及其报酬事项；制定公司的基本管理制度。股东人数较少或规模较小的公司可不设董事会，仅设一名执行董事。执行董事的职权依照董事会的职权，由公司章程规定。

② 董事会会议。董事会会议由董事长召集和主持；董事长不能履行职务或者不履行职务的，由副董事长召集和主持；副董事长不能履行职务或者不履行职务的，由半数以上董事共同推举一名董事召集和主持。董事会的议事方式和表决程序，除本法有规定的外，由公司章程规定。董事会应当将对所议事项的决定作成会议记录，出席会议的董事应当在会议记录上签名。董事会决议的表决，实行一人一票。

③ 经理。经理，又称经理人，是指由董事会聘任、负责组织日常经营管理活动的公司常设辅助业务执行机关。有限责任公司可以设经理，由董事会决定聘任或者解聘。经理对董事会负责，行使下列职权：主持公司的生产经营管理工作，组织实施董事会决议；组织实施公司年度经营计划和投资方案；拟订公司内部管理机构设置方案；拟订公司的基本管理制度；制订公司的具体规章；提请聘任或者解聘公司副经理、财务负责人；决定聘任或者解聘除应由董事会决定聘任或者解聘以外的负责管理人员；董事会授予的其他职权；公司章程对经理职权另有规定的，从其规定。经理列席董事会会议。执行董事可以兼任公司经理。

（3）监督机构。

有限公司的监督机构是监事会。监事会是对董事会执行业务进行监督的机构。监事会在执行公务中，必要时对外可以代表公司。股东人数较少或规模较小的公司可不设监事会，仅设1~2名监事。监事会应当包括股东代表和适当比例的公司职工代表，其中职工代表的比例不得低于三分之一，具体比例由公司章程规定。本公司的董事、高级管理人员不得兼任监事。

① 监事会的职权。监事会的职权是：检查公司财务；对董事、高级管理人员执行公司职务的行为进行监督，对违反法律、行政法规、公司章程或者股东会决议的董事、高级管理人员提出罢免的建议；当董事、高级管理人员的行为损害公司利益时，要求董事、高级管理人员予以纠正；提议召开临时股东会，在董事会不履行本法规定的召集和主持股东会会议职责时召集和主持股东会会议；向股东会会议提出提案；依法对董事、高级管理人员提起诉讼；公司章程规定的其他职权。监事可以列席董事会会议，并对董事会决议事项提出质询或者建议。监事会、不设监事会的公司监事发现公司经营情况异常，可以进行调查；必要时，可以聘请会计师事务所等协助其工作。

② 监事会会议。监事会每年度至少召开一次会议，监事也可以提议召开临时监事会会议。监事会的议事方式和表决程序，除本法有规定的外，由公司章程规定。监事会决议应当经半数以上监事通过。监事会应当对所议事项的决定作成会议记录，出席会议的监事应当在会议记录上签名。

（4）董事、监事、高级管理人员的资格和义务。

有下列情形之一的，不得担任公司的董事、监事、高级管理人员：无民事行为能力或者限制民事行为能力；因贪污、贿赂、侵占财产、挪用财产或者破坏社会主义市场经济秩序，被判处刑罚，执行期满未逾五年，或者因犯罪被剥夺政治权利，执行期满未逾五年；担任破产清算的公司、企业的董事或者厂长、经理，对该公司、企业的破产负有个人责任的，自该公司、企业破产清算完结之日起未逾三年；担任因违法被吊销营业执照、责令关闭的公司、企业的法定代表人，并负有个人责任的，自该公司、企业被吊销营业执照之日起未逾三年；个人所负数额较大的债务到期未清偿。

董事、监事、高级管理人员对公司负有忠实义务和勤勉义务。董事、高级管理人员不得有下列行为：挪用公司资金；将公司资金以其个人名义或者以其他个人名义开立账户存储；违反公司章程的规定，未经股东会、股东大会或者董事会同意，将公司资金借贷给他人或者以公司财产为他人提供担保；违反公司章程的规定，未经股东会、股东大会同意，与本公司订立合同或者进行交易；未经股东会或者股东大会同意，利用职务便利为自己或者他人谋取属于公司的商业机会，自营或者为他人经营与所任职公司同类的业务；接受他人与公司交易的佣金归为己有；擅自披露公司秘密；违反对公司忠实义务的其他行为。

4. 有限责任公司的股权转让

有限责任公司的股权转让，包括以下几种：

（1）股东之间的转让股权。

有限责任公司的股东之间相互转让股权仅涉及公司内部股权结构，因此公司法在原则上并不对其加以限制。有限责任公司的股东之间可以相互转让其全部或者部分股权。但是，公司章程对股权转让另有规定的，从其规定。

（2）股东向股东以外的人转让股权。

基于有限责任公司资合兼人合的特点，股东之间的人身信用程度较高。因此，股东向外转让股权受到了严格的限制。股东向股东以外的人转让股权，应当经过半数股东同意。股东应就其股权转让事项书面通知其他股东征求同意，其他股东自接到书面通知之日起满三十日未答复的，视为同意转让。其他股东半数以上不同意转让的，不同意的股东应当购买该转让的股权；不购买的，视为同意转让。经股东同意转让的股权，在同等条件下，其他股东有优先购买权。两个以上股东主张行使优先购买权的，协商确定各自的购买比例；协商不成的，按照转让时各自的出资比例行使优先购买权。

（3）因强制执行程序而发生的股权转让。

人民法院依照法律规定的强制执行程序转让股东的股权时，应当通知公司及全体股东，其他股东在同等条件下有优先购买权。其他股东自人民法院通知之日起满二十日不行使优先购买权的，视为放弃优先购买权。

（4）异议股东股权回购。

《公司法》规定，公司成立后，股东不得抽逃出资。但在法定情况下，对股东会决议投反对票的股东可以请求公司按照合理的价格收购其股权。这些特殊情形包括：公司连续五年不向股东分配利润，而公司该五年连续盈利，并且符合本法规定的分配利润条件的；公司合并、分立、转让主要财产的；公司章程规定的营业期限届满或者章程规定的其他解散事由出现，股东会会议通过决议修改章程使公司存续的。自股东会会议决议通过之日起六十日内，股东与公司不能达成股权收购协议的，股东可以自股东会会议决议通过之日起九十日内向人民法院提起诉讼。

5. 一人有限责任公司和国有独资公司的特别规定

所谓一人有限责任公司，是指只有一个自然人股东或者一个法人股东的有限责任公司。一个自然人只能投资设立一个一人有限责任公司。该一人有限责任公司不能投资设立新的一人有限责任公司。一人有限责任公司应当在公司登记中注明自然人独资或者法人独资，并在公司营业执照中载明。由于一人公司有股东仅有一个自然人或者法人，因而更容易出现公司股东滥用公司独立人格或者股东有限责任的情形。我国《公司法》对一人公司的法人人格否认作了更为严格的规定，即公司股东不能证明公司财产独立于股东自己的财产的，应当对公司债务承担连带责任。

所谓国有独资公司，是指国家单独出资、由国务院或者地方人民政府授权本级人民政府国有资产监督管理机构履行出资人职责的有限责任公司。国有独资公司在本质上属于一人有限责任公司，其区别于一般的一人公司的特殊之处在于，国有独资公司的股东是国家。国有独资公司设董事会，成员由国有资产监督管理机构委派，其中应当包括由公司职工代表大会选举产生的职工代表。董事会设董事长一人，可以设副董事长。董事长、副董事长由国有资产监督管理机构从董事会成员中指定。国有独资公司设经理，由董事会聘任或者解聘。国有独资公司的董事长、副董事长、董事、高级管理人员，未经国有资产监督管理机构同意，不得在其他有限责任公司、股份有限公司或者其他经济组织兼职。国有独资公司监事会成员不得少于五人，其中职工代表的比例不得低于三分之一，具体比例由公司章程规定。监事会成员由国有资产监督管理机构委派。监事会成员中的职工代表由公司职工代表大会选举产生。监事会主席由国有资产监督管理机构从监事会成员中指定。

2.3.3 股份有限公司

1. 股份有限公司的概念和特征

股份有限公司是依据《公司法》设立的，其注册资本由等额股份组成，通过发行股票募集资本，股东以其所持股份为限对公司承担责任，公司以其全部资产对公司债务承担责任的企业法人。股份有限公司又称股份公司，它与有限责任公司比较，有如下特征：

（1）全部股份等额。

股份公司股份等额划分，以股票形式由股东持有。这是股份公司与有限责任公司的重要区别。

（2）设立条件严格、程序复杂。

与有限责任公司相比，股份有限公司向社会公众募集资本，规模较大，涉及社会公众利益的范围广，对市场经济的影响深。因此，《公司法》对股份有限公司的设立有着更为严格的要求。

（3）股份自由转让。

股份公司对股东转让公司股份，一般不加以条件限制，法律上除记名股票和特定股东转让有所限制外，对无记名股票和继承性转让，均不加以限制。

（4）资合性公司。

与有限责任公司不同，股份公司是典型的资合性公司，公司股东的构成不以相互信赖为基础。公司与股东个人的名誉、地位、资产等无关，股东也不得以个人信用和劳务出资。

（5）公开性较强。

股份有限公司可以向社会公开募集或者向特定对象募集资金。公开发行股票的股份有限公司和上市公司负有较强的信息披露义务，应当定期向社会或股东披露有关信息，如公司经营状况、投资方案、资产负债情况等。

2. 股份有限公司设立条件和设立程序

股份有限公司的设立，可以采取发起设立或者募集设立的方式。发起设立，是指由发起人认购公司应发行的全部股份而设立公司。募集设立，是指由发起人认购公司应发行股份的一部分，其余股份向社会公开募集或者向特定对象募集而设立公司。

（1）设立条件。

设立股份有限公司，应当具备下列条件：发起人符合法定人数；有符合公司章程规定的全体发起人认购的股本总额或者募集的实收股本总额；股份发行、筹办事项符合法律规定；发起人制订公司章程，采用募集方式设立的经创立大会通过；有公司名称，建立符合股份有限公司要求的组织机构；有公司住所。

（2）设立程序。

以发起设立的方式设立股份有限公司，应当遵循以下程序：

第一，签订发起人协议。发起人协议属于一种合伙契约，目的在于明确各自在公司设立过程中的权利和义务。

第二，订立公司章程。公司章程是经全体发起人协商一致共同订立的，其直接体现了股东之间的权利和义务。

第三，办理批准手续。法律、行政法规规定设立公司必须报经批准的，应当在公司登记前依法办理批准手续。

第四，发起人认足股份并缴纳股款。以发起设立方式设立股份有限公司的，发起人应当书面认足公司章程规定其认购的股份，并按照公司章程规定缴纳出资。以非货币财产出资的，应当依法办理其财产权的转移手续。以募集设立方式设立股份有限公司的，发起人认购的股份不得少于公司股份总数的35％。法律、行政法规另有规定的，从其规定。

第五，申请设立登记。发起人或其代表人向当地公司登记机关提交公司登记申请书、公司章程以及法律、行政法规规定的其他文件，申请设立登记。

第六，登记发照。公司登记机关对公司设立申请进行审查，对符合公司设立条件的，予以登记，发给公司营业执照。签发公司营业执照之日，为股份有限公司成立之日，从此可以公司的名义开始经营活动。

除募股程序外，发起设立与募集设立的程序基本相同。

3. 股份有限公司的组织机构

股份有限公司的组织机构，包括以下几种：

（1）权力机构。

股份有限公司的权力机构是股东大会。股东大会由全体股东组成，是非常设性机构。股东会对外不代表公司，对内也不管业务。

第一，股东大会的职权。《公司法》关于有限责任公司股东会职权的规定，适用于股份有限公司。

第二，股东大会会议。股东大会应当每年召开一次年会。有下列情形之一的，应当在两个月内召开临时股东大会：董事人数不足本法规定人数或者公司章程所定人数的三分之二时；公司未弥补的亏损达到实收股本总额三分之一时；单独或者合计持有公司百分之十以上股份的股东请求时；董事会认为必要时；监事会提议召开时；公司章程规定的其他情形。《公司法》和公司章程规定，公司转让、受重大资产或者对外提供担保等事项必须经股东大会作出决议的，董事会应当及时召集股东大会会议，由股东大会就上述事项进行表决。

股东出席股东大会会议，所持每一股份有表决权。但是，公司持有的本公司股份没有表决权。股东大会作出决议，必须经出席会议的股东所持表决权过半数通过。但是，股东大会作出修改公司章程、增加或者减少注册资本的决议，以及公司合并、分立、解散或者变更公司形式的决议，必须经出席会议的股东所持表决权的三分之二以上通过。股东大会选举董事、监事，可以依照公司章程的规定或者股东大会的决议，实行累积投票制。

(2) 执行机构。

股份有限公司的执行机构是董事会。董事会成员中可以有公司职工代表。《公司法》中关于有限责任公司董事会任期和职权的规定，适用于股份有限公司。董事会每年度至少召开两次会议，董事会会议应有过半数的董事出席方可举行。董事会作出决议，必须经全体董事的过半数通过。董事会决议的表决，实行一人一票。股份有限公司设经理，由董事会决定聘任或者解聘。《公司法》关于有限责任公司经理职权的规定，适用于股份有限公司经理。经理可以由董事会成员兼任。

(3) 监督机构。

股份有限公司的监督机构是监事会。监事会应当包括股东代表和适当比例的公司职工代表，其中职工代表的比例不得低于三分之一，具体比例由公司章程规定。董事、高级管理人员不得兼任监事。监事会每六个月至少召开一次会议。监事可以提议召开临时监事会会议。监事会的议事方式和表决程序，除《公司法》有规定的外，由公司章程规定。监事会决议应当经半数以上监事通过。

(4) 上市公司组织机构的特别规定。

上市公司，是指其股票在证券交易所上市交易的股份有限公司。上市公司在一年内购买、出售重大资产或者担保金额超过公司资产总额百分之三十的，应当由股东大会作出决议，并经出席会议的股东所持表决权的三分之二以上通过。上市公司设立独立董事，具体办法由国务院规定。上市公司设董事会秘书，负责公司股东大会和董事会会议的筹备、文件保管以及公司股东资料的管理，办理信息披露事务等事宜。上市公司董事与董事会会议决议事项所涉及的企业有关联关系的，不得对该项决议行使表决权，也不得代理其他董事行使表决权。该董事会会议由过半数的无关联关系董事出席即可举行，董事会会议所作决议须经无关联关系董事过半数通过。出席董事会的无关联关系董事人数不足三人的，应将该事项提交上市公司股东大会审议。股份有限公司董事、监事、高级管理人员的资格和义务与有限责任公司基本相同，在此不作赘述。

4. 股份有限公司的股份的发行和转让

股份是指将股份有限公司的注册资本按相同的金额或比例划分为相等的份额。股份作为代表公司资本的一部分,是公司资本的最小划分单位,股东根据其出资额度计算出其持有的股份数量,所有股东持有的股份加起来所代表的资本数额即为公司的资本总额。

(1) 股份的发行。

股份的发行是指股份有限公司为了筹集公司资本而出售和分配股份的法律行为。

第一,股份与股票。股份有限公司的资本划分为股份,每一股的金额相等。公司的股份采取股票的形式。股票是公司签发的证明股东所持股份的凭证。股票应当载明下列主要事项:公司名称;公司成立日期;股票种类、票面金额及代表的股份数;股票的编号。股票由法定代表人签名,公司盖章。发起人的股票,应当标明发起人股票字样。股份的发行,实行公平、公正的原则,同种类的每一股份应当具有同等权利。同次发行的同种类股票,每股的发行条件和价格应当相同;任何单位或者个人所认购的股份,每股应当支付相同价额。公司发行的股票,可以为记名股票,也可以为无记名股票。公司向发起人、法人发行的股票,应当为记名股票。

第二,设立发行与新股发行。按照发行股份时公司所处的阶段不同,股份发行可以分为设立发行和新股发行。相比较,《公司法》对新股发行的规定更为严格。公司发行新股,股东大会应当对下列事项作出决议:新股种类及数额;新股发行价格;新股发行的起止日期;向原有股东发行新股的种类及数额。公司经国务院证券监督管理机构核准公开发行新股时,必须公告新股招股说明书和财务会计报告,并制作认股书。

(2) 股份的转让。

相对于有限责任公司的股权转让而言,法律对股份有限公司股份的转让限制较少,即实施股份转让自由原则。《公司法》规定,股东持有的股份可以依法转让,但仍有一些限制性规定。

对发起人所持股份转让的限制:发起人持有的本公司股份,自公司成立之日起一年内不得转让。公司公开发行股份前已发行的股份,自公司股票在证券交易所上市交易之日起一年内不得转让。

对公司董事、监事、高级管理人员持有本公司股份转让的限制:公司董事、监事、高级管理人员应当向公司申报所持有的本公司的股份及其变动情况,在任职期间每年转让的股份不得超过其所持有本公司股份总数的百分之二十五;所持本公司股份自公司股票上市交易之日起一年内不得转让。上述人员离职后半年内,不得转让其所持有的本公司股份。公司章程可以对公司董事、监事、高级管理人员转让其所持有的本公司股份做出其他限制性规定。

公司不得收购本公司股份。但是,有下列情形之一的除外:减少公司注册资本;与持有本公司股份的其他公司合并;将股份奖励给本公司职工;股东因对股东大会作出的公司合并、分立决议持异议,要求公司收购其股份的。

2.3.4 分公司、子公司

1. 分公司

分公司是公司的分支机构。根据《公司法》的规定,公司可以设立分公司。设立分公司，应当向公司登记机关申请登记，领取营业执照。分公司不具有法人资格，其民事责任由公司承担。

如果未依法登记为有限责任公司或者股份有限公司的分公司，而冒用有限责任公司或者股份有限公司的分公司名义的，由公司登记机关责令改正或者予以取缔，可以并处十万元以下的罚款。

2. 子公司

与分公司不具有法人资格相反的是，根据《公司法》的规定，公司可以设立子公司，子公司具有法人资格，依法独立承担民事责任。子公司的设立、股权转让、组织机构等，与有限责任公司和股份有限公司的相关规定相同。

另外，《公司法》规定，公司不得直接或者通过子公司向董事、监事、高级管理人员提供借款。

第3章　建设工程招标投标法律法规

3.1　《中华人民共和国招标投标法》

3.1.1　概述

《招标投标法》由1999年8月30日第九届全国人民代表大会常务委员会第十一次会议通过，2000年1月1日起施行。根据2017年12月27日第十二届全国人民代表大会常务委员会第三十一次会议《关于修改〈中华人民共和国招标投标法〉、〈中华人民共和国计量法〉的决定》修正。

1. 立法目的

立法目的是一部法律的核心，法律各项具体规定都是围绕这一立法目的展开的。《招标投标法》第一条规定："为了规范招标投标活动，保护国家利益、社会公共利益和招标投标活动当事人的合法权益，提高经济效益，保证项目质量，制定本法。"由此，《招标投标法》的立法目的包括三方面含义：

（1）规范招标投标活动。

随着我国社会经济不断发展，招标投标领域不断拓宽，招标采购日益成为社会经济最主要的采购方式。但是，我国招标投标活动中也存在一些比较突出问题，如：招标投标制度不统一、程序不规范；不少项目单位出于种种原因不愿意招标或者想方设法规避招标，搞虚假招标；招标投标中的不正当交易和腐败现象比较严重，吃回扣、钱权交易等违法犯罪行为时有发生；政企不分，对招标投标活动的行政干预过多；行政监督体制不顺，职责不清；有些地方保护主义和部门保护主义仍较严重等。因此，依法规范招标投标活动，维护市场竞争秩序，促进招标投标市场健康发展，反腐倡廉，是《招标投标法》立法的主要目的之一。

（2）提高经济效益，保证项目质量。

我国社会主义市场经济的基本特点，是要充分发挥竞争机制作用，使市场主体在平等条件下公平竞争，优胜劣汰，从而实现资源的优化配置。招标投标是市场竞争的一种重要方式，最大优点就是能够充分体现"公开、公平、公正"的市场竞争原则，通过招标采购，让众多投标人进行公平竞争，以最低或较低的价格获得最优的货物、工程或服务，从而达到提高经济效益、提高国有资金使用效率的目的。由于招标的特点是公开、公平和公正，将采购活动置于透明环境中，可有效地防止腐败行为的发生，也使工程、设备等采购项目的质量得到保证。通过立法把招标投标确立为一种法律的制度，促进市场经济体制的完善，也是《招标投标法》立法目的之一。为此，《招标投标法》在招标投标的当事人、程序、规则等方面作了全面、系统的规定，形成了较严密的制度体系。

(3) 保护国家利益、社会公共利益和招标投标活动当事人的合法权益。

无论是规范招标投标活动，还是提高经济效益，保证项目质量，最终目的都是保护国家利益、社会公共利益，保护招标投标活动当事人的合法权益。因为只有在招标活动得以规范、经济效益得以提高、项目质量得以保证的条件下，国家利益、社会公共利益和当事人的合法权益才能得以维护。因此，从这个意义上说，保护国家利益、社会公共利益和当事人的合法权益，是《招标投标法》最直接的立法目的。从这一目的出发，《招标投标法》具体规定了招标投标程序，并且对违反法定程序、规避招标、串通投标、转让中标项目等各种违法行为作出了严厉的处罚规定，还规定了行政监督部门依法实施监督，允许当事人提出异议或投诉，为全方位地保护国家利益、社会公共利益和当事人的合法权益提供了重要的法律保障。

2. 法律效力

招标投标法律规范是国家用来规范招标投标活动、调整在招标投标过程中产生的各种关系的法律规范的总称。按照法律效力的不同，招标投标法律规范分为三个层次：第一层次是由全国人大及其常委会颁布的《招标投标法》。第二层次是由国务院颁发的招标投标行政法规以及有立法权的地方人大颁发的地方性招标投标法规。第三层次是由国务院有关部门颁发的招标投标的部门规章以及有立法权的地方人民政府颁发的地方性招标投标规章。《招标投标法》是社会主义市场经济法律体系中非常重要的一部法律，是整个招标投标领域的基本法，一切有关招标投标的法规、规章和规范性文件都必须与《招标投标法》相一致。

3. 适用范围

《招标投标法》第二条规定："在中华人民共和国境内进行招标投标活动，适用本法。"即在我国境内进行的一切招标投标活动，不论是属于《招标投标法》第三条规定的强制招标项目，还是当事人自愿采用招标方式进行采购的项目，均适用《招标投标法》。也就是说，凡是在我国境内进行的招标投标活动，不论招标主体的性质、招标采购的资金性质、招标采购项目的性质如何，都要适用《招标投标法》的规定。但是《招标投标法》第六十七条的规定属例外情形，即"使用国际组织或者外国政府贷款、援助资金的项目进行招标，贷款方、资金提供方对招标投标的具体条件和程序有不同规定的，可以适用其规定。但违背我国的社会公共利益的除外"。

4. 招标范围

《招标投标法》第三条规定："在中华人民共和国境内进行下列工程建设项目包括项目的勘察、设计、施工、监理以及与工程建设有关的重要设备、材料等的采购，必须进行招标：（一）大型基础设施、公用事业等关系社会公共利益、公众安全的项目；（二）全部或者部分使用国有资金投资或者国家融资的项目；（三）使用国际组织或者外国政府贷款、援助资金的项目。前款所列项目的具体范围和规模标准，由国务院发展计划部门会同国务院有关部门制定，报国务院批准。法律或者国务院对必须进行招标的其他项目的范围有规定的，依照其规定。"

此条明确了依法必须招标的项目范围，即在法律法规规定一定范围的采购项目，凡是达到规定规模标准的，必须进行招标，否则招标人应当承担相应法律责任。本条所列必须招标项目的具体范围和规模标准，国务院通过国家发展改革委2018年3月27日发布的《必须招标的工程项目规定》（国家发展改革委令第16号）、同年6月6日发布的《必须招标的基础设施和公用事业项目范围规定》（发改法规规〔2018〕843号）及国家发展改革委办公厅2020年10月9日发布的《关于进一步做好〈必须招标的工程项目规定〉和〈必须招标的基础设施和公用事业项目范围规定〉实施工作的通知》（发改办法规〔2020〕770号）等规定进行了细化。

国家主管部门对于必须招标的项目范围的界定标准，一般是根据项目资金来源、项目本身的性质和项目投资规模大小，或者几种标准结合作为标准。

依法必须招标的工程建设项目范围和规模标准，应当严格执行《招标投标法》第三条和《必须招标的工程项目规定》（国家发展改革委令第16号）、《必须招标的基础设施和公用事业项目范围规定》（发改法规规〔2018〕843号）；法律行政法规或者国务院对必须进行招标的其他项目范围有规定的依照其规定。对于没有法律、行政法规或者国务院规定依据的，对《必须招标的工程项目规定》（国家发展改革委令第16号）第五条第一款第（三）项中没有明确列举规定的服务事项、《必须招标的基础设施和公用事业项目范围规定》（发改法规规〔2018〕843号）第二条中没有明确列举规定的项目不应强制要求招标。

5. 遵循原则

招标投标法律制度是市场经济的产物，并随着市场经济的发展而逐步推广，必然要遵循市场经济活动的基本原则。《招标投标法》依据国际惯例的普遍规定，在《招标投标法》第五条明确规定："招标投标活动应当遵循公开、公平、公正和诚实信用的原则。"《招标投标法》通篇以及相关法律规范都充分体现了这些原则。

（1）公开原则。

即"信息透明"，要求招标投标活动必须具有高度的透明度，招标程序、投标人的资格条件、评标标准、评标方法、中标结果等信息都要公开，使每个投标人能够及时获得有关信息，从而平等地参与投标竞争，依法维护自身的合法权益。同时将招标投标活动置于公开透明的环境中，也为当事人和社会各界的监督提供了重要条件。从这个意义上讲，公开是公平、公正的基础和前提。

（2）公平原则。

即"机会均等"，要求招标人一视同仁地给予所有投标人平等的机会，使其享有同等的权利并履行相应的义务，不歧视或者排斥任何一个投标人。按照这个原则，招标人不得在招标文件中要求或者标明特定的生产供应者以及含有倾向或者排斥潜在投标人的内容，不得以不合理的条件限制或者排斥潜在投标人，不得对潜在投标人实行歧视待遇，不得向他人透露已获取招标文件的潜在投标人的名称、数量以及可能影响公平竞争的有关招标投标的其他情况。否则，将承担相应的法律责任。

（3）公正原则。

即"程序规范，标准统一"，要求所有招标投标活动必须按照规定的时间和程序进行，以尽可能保障招标投标各方的合法权益，做到程序公正；招标评标标准应当具有唯一性，对所有投标人实行统一标准，确保标准公正。按照这个原则，《招标投标法》及其配套规定对招标、投标、开标、评标、中标、签订合同等环节都规定了具体程序和法定时限，明确了否决投标的情形，评标委员会必须按照招标文件事先确定并公布的评标标准和方法进行评审、打分、推荐中标候选人，招标文件中没有规定的标准和方法不得作为评标和中标的依据。

(4) 诚实信用原则。

即"诚信原则"，是民事活动的基本原则之一，这是市场经济中诚实信用的商业道德准则法治化的产物，是以善意真诚、守信不欺、公平合理为内容的强制性法律原则。招标投标活动本质上是市场主体的民事活动，必须遵循诚信原则，即要求招标投标当事人应当以善意的主观心理和诚实、守信的态度来行使权利，履行义务，不能故意隐瞒真相或者弄虚作假，不能言而无信甚至背信弃义，在追求自己利益的同时不损害他人利益和社会利益，维持双方的利益平衡，以及自身利益与社会利益的平衡，遵循平等互利原则，从而保证交易安全，促使交易实现。

3.1.2 招标

1. 招标条件

根据《招标投标法》第九条规定："招标项目按照国家有关规定需要履行项目审批手续的，应当先履行审批手续，取得批准。招标人应当有进行招标项目的相应资金或者资金来源已经落实，并应当在招标文件中如实载明。"

根据上述规定，不难看出招标项目进行招标前必须具备的两项基本条件为履行项目审批（或备案）手续和落实资金来源。因此，一般项目招标具备的条件为：

(1) 招标人已经依法成立。
(2) 招标项目已经获得审批手续或已经通过有关部门的备案。
(3) 有相应资金或资金来源已经落实。
(4) 有招标所需相关技术资料。

2. 招标方式

(1) 招标方式分为公开招标和邀请招标，两者概念分别为：

第一，公开招标。这是指招标人以招标公告的方式邀请不特定的法人或者其他组织投标。其特点是能保证其竞争的充分性，具体体现在：①招标人以招标公告的方式邀请投标；②邀请投标的对象为不特定的法人或者其他组织。

第二，邀请招标。这是指招标人以投标邀请书的方式邀请特定的法人或者其他组织投标。其特征为：①招标人以发放投标邀请书的方式向三个以上具备承担招标项目的能力、资信良好的法人或者其他组织发出投标邀请；②邀请投标的对象是特定的法人或者其他组织。

(2) 公开招标与邀请招标，两者的区别为：

第一，发布招标信息的方式不同：公开招标的招标人通过法律法规规定的公共媒介发布公告，而邀请招标则是招标人以书面、电子函件等方式向特定的法人或组织发出投标邀请书。

第二，潜在投标人的范围不同：公开招标中，所有对通过招标公告发布的招标项目感兴趣的法人或其他组织都可以参加投标竞争，招标人事先并不知道潜在投标人的数量；而邀请招标，仅有接到邀请书的法人或其他组织可以参加投标，缩小了招标人的选择范围。

第三，公开的范围不同。根据各自的特点，公开招标的项目公开的范围要比邀请招标广泛得多，具有较强的公开性和竞争性；而邀请招标在一定程度上划定了投标人的范围，降低了竞争程度。

（3）公开招标和邀请招标，两者的适用范围主要规定有：

公开招标的项目应当遵守《招标投标法》第三条和《必须招标的工程项目规定》（国家发展改革委令第16号）、《必须招标的基础设施和公用事业项目范围规定》（发改法规规〔2018〕843号）等有关规定。

对于邀请招标的项目，在《招标投标法》第十一条只是规定"不适宜公开招标的"，没有进行具体规定，主要应遵守《招标投标法实施条例》第八条、《工程建设项目施工招标投标办法》第十一条、《工程建设项目货物招标投标办法》第十一条、《工程建设项目勘察设计招标投标办法》第十一条、《建筑工程方案设计招标投标管理办法》第十条等规定，详细内容在后续章节介绍。

3. 招标的组织形式

招标的组织形式分为委托招标和自行招标。

（1）委托招标：招标人自行选择具有相应条件的招标代理机构，委托其办理招标事宜，开展招标投标活动。根据《招标投标法》第十二条规定："招标人有权自行选择招标代理机构，委托其办理招标事宜。任何单位和个人不得以任何方式为招标人指定招标代理机构。"

（2）自行招标：具有编制招标文件和组织评标能力的招标人，自行办理招标事宜，组织招标投标活动。任何单位和个人不得强制其委托招标代理机构办理招标事宜，依法必须进行招标的项目，招标人自行办理招标事宜的，应当向有关行政监督部门备案。

从《招标投标法》第十二条规定可以明确看出，招标人除具有相应能力自行组织招标外，其他的招标人均可以自主选择代理机构，不受任何单位及个人的干涉。

招标人作为拟招标项目的所有者，是市场经济的主体，有自行办理招标或委托他人招标的自主权利。但是近年来，实践中一些地方和部门对招标投标活动非法干预较多，其中强制招标人委托代理，或者为招标人指定代理机构，为本部门、本系统谋取经济利益的情况屡见不鲜，这种做法剥夺了招标人自行招标和自愿委托他人招标的权利，侵害了国家和其他招标、投标主体的利益，使招标活动无法做到真正的公平和公正，扰乱了招标投标市场的竞争秩序。《招标投标法》第十二条针对实践中存在的上述问题，明确规定了招标人自行招标和委托他人招标的权利，对保护招标投标活动当事人的合法权益，维护正常的市场竞争秩序，遏制招标投标活动中的腐败行为起到促进作用。

《国家发展改革委等部门关于严格执行招标投标法规制度进一步规范招标投标主体行为的若干意见》（发改法规规〔2022〕1117号）中也明确提出：任何单位和个人不得以任何方式为招标人指定招标代理机构，不得违法限定招标人选择招标代理机构的方式，不得强制具有自行招标能力的招标人委托招标代理机构办理招标事宜。

4. 招标公告

《招标投标法》第十六条规定："招标人采用公开招标方式的，应当发布招标公告。

依法必须进行招标的项目的招标公告，应当通过国家指定的报刊、信息网络或者其他媒介发布。招标公告应当载明招标人的名称和地址、招标项目的性质、数量、实施地点和时间以及获取招标文件的办法等事项。"

依法必须招标项目的招标公告（或资格预审公告）、中标候选人公示等发布要求及应载明的内容详见《招标投标法实施条例》第十五条、《招标公告和公示信息发布管理办法》第五条、第六条之规定。

5. 资格审查

《招标投标法》第十八条规定："招标人可以根据招标项目本身的要求，在招标公告或者投标邀请书中，要求潜在投标人提供有关资质证明文件和业绩情况，并对潜在投标人进行资格审查；国家对投标人的资格条件有规定的，依照其规定。招标人不得以不合理的条件限制或者排斥潜在投标人，不得对潜在投标人实行歧视待遇。"

对潜在投标人的资格审查是招标人的一项权利，其目的是审查投标人是否具有承担招标项目的能力，以保证投标人中标后，能切实履行合同义务。根据第十八条规定，招标人对潜在投标人的资格审查包括两个方面的内容：一是有权要求投标人提供与其资质能力相关的资料和情况，包括要求投标人提供国家授予的有关的资质证书、生产经营状况、所承担项目的业绩等。二是有权对投标人是否具有相应资质能力进行审查，包括对投标人是否是依法成立的法人或其他组织，是否具有独立签约能力；经营状况是否正常，是否处于停业、财产被冻结、被他人接管；是否具有相应的资金、人员、机械设备等。

资格审查方式分为资格预审和资格后审。所谓资格预审是指招标人在发出投标邀请书或者发售招标文件前，按照资格预审文件确定的资格条件、标准和方法对潜在投标人订立合同的资格和履行合同的能力等进行审查。资格预审的目的是筛选出满足招标项目所需资格、能力和有参与招标项目投标意愿的潜在投标人，最大限度地调动投标人潜能，提高竞争效果。对潜在投标人数量过多或者大型复杂等单一特征明显的项目，以及投标文件编制成本高的项目，资格预审还可以有效降低招标投标的社会成本，提高评标效率。所谓资格后审是指在开标后，再对投标人是否具备资格能力进行审查，资格后审不合格的投标人的投标将被否决。《招标投标法》关于资格审查的规定，既适用于资格预审也适用于资格后审。

若招标人以不合理的条件限制或者排斥潜在投标人或对潜在投标人实行歧视待遇的行为，详见《招标投标法实施条例》第三十二条之规定。

6. 招标文件

招标文件是整个招标过程中极为重要的法律文件，它不仅规定了完整的招标程序，还提出了各项具体的技术标准和招标标的、交易条件等，规定了拟订立的合同的主要内容，是投标人准备投标文件和参加投标的依据，是评标委员会评标的依据，也是双方签订合同的基础。《招标投标法》对招标文件的内容作了原则性的规定，具体如下：

《招标投标法》第十九条规定："招标人应当根据招标项目的特点和需要编制招标文件。招标文件应当包括招标项目的技术要求、对投标人资格审查的标准、投标报价要求和评标标准等所有实质性要求和条件以及拟签订合同的主要条款。国家对招标项目的技术、标准有规定的,招标人应当按照其规定在招标文件中提出相应要求。招标项目需要划分标段、确定工期的,招标人应当合理划分标段、确定工期,并在招标文件中载明。"

《招标投标法》第二十条规定:"招标文件不得要求或者标明特定的生产供应者以及含有倾向或者排斥潜在投标人的其他内容。"第二十一条规定:"招标人根据招标项目的具体情况,可以组织潜在投标人踏勘项目现场。"

《招标投标法》第二十四条规定:"招标人应当确定投标人编制投标文件所需要的合理时间;但是,依法必须进行招标的项目,自招标文件开始发出之日起至投标人提交投标文件截止之日止,最短不得少于二十日。"

同时,国家发展改革委等部门《关于严格执行招标投标法规制度进一步规范招标投标主体行为的若干意见》(发改法规规〔2022〕1117号)中也明确提出:"……招标人应当高质量编制招标文件,鼓励通过市场调研、专家咨询论证等方式,明确招标需求,优化招标方案;对于委托招标代理机构编制的招标文件,应当认真组织审查,确保合法合规、科学合理、符合需求;对于涉及公共利益、社会关注度较高的项目,以及技术复杂、专业性强的项目,鼓励就招标文件征求社会公众或行业意见。依法必须招标项目的招标文件,应当使用国家规定的标准文本,根据项目的具体特点与实际需要编制。招标文件中资质、业绩等投标人资格条件要求和评标标准应当以符合项目具体特点和满足实际需要为限度审慎设置,不得通过设置不合理条件排斥或者限制潜在投标人。依法必须招标项目不得提出注册地址、所有制性质、市场占有率、特定行政区域或者特定行业业绩、取得非强制资质认证、设立本地分支机构、本地缴纳税收社保等要求,不得套用特定生产供应者的条件设定投标人资格、技术、商务条件。简化投标文件形式要求,一般不得将装订、纸张、明显的文字错误等列为否决投标情形。鼓励参照《公平竞争审查制度实施细则》,建立依法必须招标项目招标文件公平竞争审查机制。鼓励建立依法必须招标项目招标文件公示或公开制度。严禁设置投标报名等没有法律法规依据的前置环节。"

3.1.3 投标

投标是潜在投标人从国家规定的相应媒介上获取招标信息或接受招标人有关投标邀请、获取招标文件、研究招标文件、编制投标文件、递交投标文件并接受评审的过程。《招标投标法》中关于投标的有关规定如下:

1. 投标人及资格规定

《招标投标法》第二十五条规定:"投标人是响应招标、参加投标竞争的法人或者其他组织。依法招标的科研项目允许个人参加投标的,投标的个人适用《招标投标法》有关投标人的规定。"

《招标投标法》第二十六条规定:"投标人应当具备承担招标项目的能力;国家有关规定对投标人资格条件或者招标文件对投标人资格条件有规定的,投标人应当具备规定的资格条件。"投标人应当具备承担招标项目的能力,通常包括下列条件:(1)与招标文件要求相适应的人力、物力和财力;(2)招标文件要求的资质和信誉要求;(3)法律、法规规定的其他条件。

2. 投标文件编制及递交

《招标投标法》第二十七条规定:"投标人应当按照招标文件的要求编制投标文件。投标文件应当对招标文件提出的实质性要求和条件作出响应。招标项目属于建设施工的,投标文件的内容应当包括拟派出的项目负责人与主要技术人员的简历、业绩和拟用于完成招标项目的机械设备等。"

国家有关规定或者招标文件对投标人资格条件有规定的,投标人应当具备规定的资格条件。根据《建筑法》第十三条的规定:"从事建筑活动的建筑施工企业、勘察单位、设计单位和工程监理单位,按照其拥有的注册资本、专业技术人员、技术装备和已完成的建筑工程业绩等资质条件,划分为不同的资质等级,经资质审查合格,取得相应等级资质证书后,方可在其资质等级许可范围内从事建筑活动。"

《招标投标法》第二十八条规定:"投标人应当在招标文件要求提交投标文件的截止时间前,将投标文件送达投标地点。招标人收到投标文件后,应当签收保存,不得开启。投标人少于三个的,招标人应当依照本法重新招标。在招标文件要求提交投标文件的截止时间后送达的投标文件,招标人应当拒收。"

《招标投标法》第二十九条规定:"投标人在招标文件要求提交投标文件的截止时间前,可以补充、修改或者撤回已提交的投标文件,并书面通知招标人。补充、修改的内容为投标文件的组成部分。"

上述条款中的"补充"是指对投标文件中遗漏和不足的部分进行增补。"修改"是指对投标文件中已有的内容修订。"撤回"是指收回全部投标文件,或者放弃投标,或者以新的投标文件重新投标。

3. 分包规定

《招标投标法》第三十条规定:"投标人根据招标文件载明的项目实际情况,拟在中标后将中标项目的部分非主体、非关键性工作进行分包的,应当在投标文件中载明。"

分包是指投标人拟在中标后将自己中标的项目的一部分工作交由他人完成的行为。投标人进行分包的,除遵守第三十条规定外,还应遵守其他法律有关分包的规定,如《建筑法》规定,建筑工程总承包单位可以将承包工程中的部分工程发包给具有相应资质条件的分包单位;但是,除总承包合同中约定的分包外,必须经建设单位认可。施工总承包的,建筑工程主体结构的施工必须由总承包单位自行完成。建筑工程总承包单位按照总承包合同的约定对建设单位负责;分包单位按照分包合同的约定对总承包单位负责。总承包单位和分包单位就分包工程对建设单位承担连带责任。禁止总承包单位将工程分包给不具备相应资质条件的单位。禁止分包单位将其承包的工程再分包。

4. 联合体投标

《招标投标法》第三十一条规定:"两个以上法人或者其他组织可以组成一个联合体,以一个投标人的身份共同投标。联合体各方均应当具备承担招标项目的相应能力;国家有关规定或者招标文件对投标人资格条件有规定的,联合体各方均应当具备规定的相应资格条件。由同一专业的单位组成的联合体,按照资质等级较低的单位确定资质等级。联合体各方应当签订共同投标协议,明确约定各方拟承担的工作和责任,并将共同投标协议连同投标文件一并提交招标人。联合体中标的,联合体各方应当共同与招标人签订合同，就中标项目向招标人承担连带责任。招标人不得强制投标人组成联合体共同投标，不得限制投标人之间的竞争。"

联合体投标是招标投标活动中一种特殊的投标人形式，常见于一些大型复杂的项目，这些项目单靠单一投标人的能力不可能独立完成或者能够独立完成的单一投标人数量极少，投标人通常组成联合体形式参与投标，以增强投标竞争力。

为了便于投标和合同执行，联合体所有成员共同指定联合体一方作为联合体的牵头人或代表，并授权牵头人代表所有联合体成员负责投标和合同实施阶段的主办、协调工作。联合体牵头人应向招标人提交由所有联合体成员法定代表人签署的授权书。关于联合体的构成，应注意以下几个问题：

第一，联合体对外以一个投标人的身份共同投标，联合体中标的，联合体各方应当共同与招标人签订合同，就中标项目向招标人承担连带责任。

第二，组成联合体投标是联合体各方的自愿行为。

第三，联合体各方签订共同投标协议后，不得再以自己名义单独投标，也不得组成新的联合体或参加其他联合体在同一项目中的投标。

第四，联合体的资质等级采取就低不就高的原则，可以防止投标联合体以优等资质获取招标项目，而由资质等级低的供货商或承包商来实施项目的现象。

关于联合体的变更，《招标投标法实施条例》第三十七条规定："资格预审后联合体增减、更换成员的，其投标无效。联合体各方在同一招标项目中以自己名义单独投标或者参加其他联合体投标的，相关投标均无效。"

5. 投标其他规定

《招标投标法》第三十二条规定："投标人不得相互串通投标报价，不得排挤其他投标人的公平竞争，损害招标人或者其他投标人的合法权益。投标人不得与招标人串通投标，损害国家利益、社会公共利益或者他人的合法权益。禁止投标人以向招标人或者评标委员会成员行贿的手段谋取中标。"

串通招标投标，是指招标人与投标人之间或者投标人与投标人之间采用不正当手段，对招标投标事项进行串通，以排挤竞争对手或者损害招标人利益的行为。本条对招标投标过程中的串通招标投标作了禁止性的规定。

(1) 投标人之间不得串通投标，实施下列行为：相互约定，一致抬高或压低投标报价；相互约定，在招标项目中轮流以高价位或者低价位中标；先进行内部竞价，内定中标人，然后参加投标等。

(2) 招标人和投标人不得相互勾结，实施下列排挤竞争对手的行为：招标人在公开开标前，开启标书，并将投标情况告知其他投标人，或者协助投标人撤换标书，更改报价；招标人向投标人泄露标底；投标人与招标人商定，在招标投标时压低或者抬高标价，中标后再给授标人或者招标人额外补偿；招标人预先内定中标人，在确定中标人时以此决定取舍等。

串通投标详细规定，见《招标投标法实施条例》第三十九条、第四十条、第四十一条款内容。

同时，本条还禁止投标人贿赂投标，投标人不得为了获取中标，而向招标人或者评标委员会成员行贿。

《招标投标法》第三十三条规定:"投标人不得以低于成本的报价竞标,也不得以他人名义投标或者以其他方式弄虚作假,骗取中标。"

3.1.4　开标、评标和定标

1. 开标

(1) 开标的时间、地点。

开标,即在招标投标活动中,由招标人主持,在招标文件预先载明的开标时间和开标地点,邀请所有投标人参加,公开宣布全部投标人的名称、投标价格及投标文件中其他主要内容,使招标投标当事人了解投标的关键信息,并且将相关情况记录在案。开标是招标投标活动中"公开"原则的重要体现。

《招标投标法》第三十四条规定:"开标应当在招标文件确定的提交投标文件截止时间的同一时间公开进行,开标地点应当为招标文件中预先确定的地点。"

开标时间和提交投标文件截止时间为同一时间,应具体确定到某年某月某日某时某分,并在招标文件中明示。法律之所以如此规定,是为了杜绝招标人和个别投标人非法串通,在投标文件截止时间之后,视其他投标人的投标情况,修改个别投标人的投标文件,从而损害国家和其他投标人利益的情况。招标人和招标代理机构必须按照招标文件中的规定,按时开标,不得擅自提前或拖后开标,更不能不开标就进行评标。

为了使所有投标人都能事先知道开标地点,并能够按时到达,开标地点应当在招标文件中事先确定,以便使每一个投标人都能事先为参加开标活动做好充分的准备。招标人如果确有特殊原因,需要变动开标地点的,则应当按照《招标投标法》第二十三条的规定对招标文件作出修改,作为招标文件的补充文件,书面通知每一个提交投标文件的投标人。

(2) 开标的程序及内容。

《招标投标法》第三十六条规定:"开标时,由投标人或者其推选的代表检查投标文件的密封情况,也可以由招标人委托的公证机构检查并公证;经确认无误后,由工作人员当众拆封,宣读投标人名称、投标价格和投标文件的其他主要内容。招标人在招标文件要求提交投标文件的截止时间前收到的所有投标文件,开标时都应当当众予以拆封、宣读。开标过程应当记录,并存档备查。"通常,开标的程序和内容包括密封情况检查、拆封、唱标及记录存档等。

第一,密封情况检查。

当众检查投标文件密封情况。检查工作由投标人或者其推选的代表进行。如果招标人委托了公证机构对开标情况进行公证,也可以由公证机构检查并公证。如果投标文件未密封,或者存在拆开过的痕迹,则不能进入后续的程序。

第二,拆封。

当众拆封所有的投标文件。招标人或者其委托的招标代理机构的工作人员,应当对所有在投标文件截止时间之前收到的合格的投标文件,在开标现场当众拆封。

第三,唱标。

招标人或者其委托的招标代理机构的工作人员应当根据法律规定和招标文件内容要求进行唱标,即宣读投标人名称、投标价格和投标文件的其他主要内容。

（3）记录并存档。

招标人或者其委托的招标代理机构应当场制作开标记录，记载开标时间、地点、参与人、唱标内容等情况，并由参加开标的投标人代表签字确认，开标记录应作为评标报告的组成部分存档备查。

2. 评标

评标，是招标投标活动中，由招标人依法组建的评标委员会，根据法律规定和招标文件确定的评标方法和具体评审标准，对所有开标拆封并唱标的投标文件进行评审，根据评审情况出具评标报告，并向招标人推荐中标候选人，或者根据招标人的授权直接确定中标人的过程。对评标原则、评标纪律、评标程序、编写评标报告的要求，推荐中标候选人的原则等，招标投标法律制度均作了具体规定。

（1）评标委员会的组建。

评标委员会由招标人负责依法组建。

《招标投标法》第三十七条对评标委员会的组成作出了明确规定，即"依法必须进行招标的项目，其评标委员会由招标人的代表和有关技术、经济等方面的专家组成，成员人数为五人以上单数，其中技术、经济等方面的专家不得少于成员总数的三分之二。前款专家应当从事相关领域工作满八年并具有高级职称或者具有同等专业水平，由招标人从国务院有关部门或者省、自治区、直辖市人民政府有关部门提供的专家名册或者招标代理机构的专家库内的相关专业的专家名单中确定；一般招标项目可以采取随机抽取方式，特殊招标项目可以由招标人直接确定。与投标人有利害关系的人不得进入相关项目的评标委员会；已经进入的应当更换。评标委员会成员的名单在中标结果确定前应当保密"。

（2）评标要求。

第一，评标原则为公平、公正、科学、择优。

评标原则是招标投标活动中相关各方应遵守的基本规则。每个具体的招标项目，均涉及招标人、投标人、评标委员会、相关主管部门等不同主体，委托招标项目还涉及招标代理机构。评标原则主要是关于评标委员会的工作规则，但其他相关主体对涉及的原则也应严格遵守。

第二，评标应严格保密。

《招标投标法》第三十八条第一款规定："招标人应当采取必要的措施，保证评标在严格保密的情况下进行。"严格保密措施涉及多方面，包括：评标地点保密；评标委员会成员的名单在中标结果确定之前保密；评标委员会成员在封闭状态下开展评标工作，评标期间不得与外界有任何接触，对评标情况承担保密义务；招标人、招标代理机构或相关主管部门等参与评标现场工作的人员，均应承担保密义务。

第三，评标应独立评审。

《招标投标法》第三十八条第二款规定："任何单位和个人不得非法干预、影响评标的过程和结果。"评标是评标委员会受招标人委托，由评标委员会成员依法运用其知识和技能，根据法律规定和招标文件的要求，独立对所有投标文件进行评审和比较，以评标委员会的名义出具评标报告，推荐中标候选人的活动。评标委员会虽然由招标人组建并受其委托评标，但是，一经组建并开始评标工作，评标委员会即应依法独立开展评审工作。不论是招标人，还是有关主管部门，均不得非法干预、影响或改变评标过程和结果。

第四，严格遵守评标方法。

《招标投标法》第四十条规定："评标委员会应当按照招标文件确定的评标标准和方法，对投标文件进行评审和比较；设有标底的，应当参考标底。评标委员会完成评标后，应当向招标人提出书面评标报告，并推荐合格的中标候选人。"《招标投标法实施条例》第四十九条规定："评标委员会成员应当依照招标投标法和本条例的规定，按照招标文件规定的评标标准和方法，客观、公正地对投标文件提出评审意见。招标文件没有规定的评标标准和方法不得作为评标的依据。"

（3）评标纪律。

《招标投标法》第四十四条规定："评标委员会成员应当客观、公正地履行职务，遵守职业道德，对所提出的评审意见承担个人责任。评标委员会成员不得私下接触投标人，不得收受投标人的财物或者其他好处。评标委员会成员和参与评标的有关工作人员不得透露对投标文件的评审和比较、中标候选人的推荐情况以及与评标有关的其他情况。"

除此之外，《招标投标法实施条例》第四十八条还规定评标委员会成员不得向招标人征询确定中标人的意向，不得接受任何单位或者个人明示或者暗示提出的倾向或者排斥特定投标人的要求，不得有其他不客观、不公正履行职务的行为。上述规定表明，评标委员会成员应当遵守以下几方面纪律：

第一，遵守职业道德，对所提出的评审意见负责。

评标委员会成员必须严格遵守有关法律法规和招标文件的评标办法和评标细则，对开标中所有拆封并唱标的投标文件进行评审和比较，独立评审，不得将自身意见强加给其他评委或诱导其他评委认同自身意见，不得私下互相串通压制其他评委成员的意见，并对所提出的评审意见承担个人责任。以高尚的职业道德、良好的专业知识和认真负责的精神，公平和公正地履行评标职责。

第二，不得私下接触投标人，不得收受投标人的财物或者其他好处。

由于评标委员会成员享有评审和比较投标、推荐中标候选人的重要权利，为了保证评标的公正和公平性，评标委员会不得私下接触投标人，不得接受投标人的馈赠或者其他好处。

第三，不得透露对投标文件的评审和比较、中标候选人的推荐情况以及与评标有关的其他情况。

评标委员会成员作为评标工作的直接参与者，对投标文件的评审和比较、推荐中标候选人及其他有关情况最为了解，评标委员会成员必须自觉遵守评标保密纪律，评标中和评标后均不得私下向外透露对投标文件的评审、推荐中标候选人和评标有关情况。参与评标的有关工作人员也应自觉遵守评标保密纪律。招标人应当采取必要措施，保证评标在严格保密的情况下进行。任何单位和个人不得非法干预、影响评标办法的确定、评标过程和结果。

关于评标委员会的其他要求详见《招标投标法实施条例》第四十六条、第四十七条之规定；《评标委员会和评标方法暂行规定》第七条、第八条、第九条、第十条、第十一条、第十二条之规定。

（4）投标文件澄清。

投标人对投标文件的澄清或说明在《招标投标法》第三十九条作出了如下规定："评标委员会可以要求投标人对投标文件中含义不明确的内容作必要的澄清或者说明，但是澄清或者说明不得超出投标文件的范围或者改变投标文件的实质性内容。"

投标文件中有含义不明确的内容、明显文字或者计算错误，评标委员会认为需要投标人作出必要澄清、说明的，应当书面通知该投标人。投标人的澄清、说明应当采用书面形式，并不得超出投标文件的范围或者改变投标文件的实质性内容。评标委员会不得暗示或者诱导投标人作出澄清、说明，不得接受投标人主动提出的澄清、说明。

3. 定标

《招标投标法》第四十五条规定："中标人确定后，招标人应当向中标人发出中标通知书，并同时将中标结果通知所有未中标的投标人。中标通知书对招标人和中标人具有法律效力。中标通知书发出后，招标人改变中标结果的，或者中标人放弃中标项目的，应当依法承担法律责任。"

中标通知书是招标人在确定中标人后向中标人发出的通知其中标的书面凭证，是对招标人和中标人都有约束力的法律文书。在招标投标活动中，招标人发出的招标公告或者投标邀请书，是吸引具体投标人向自己投标的意思表示，因此其性质属于合同上的要约邀请。投标人向招标人送达的投标文件，是投标人希望与招标人就招标项目订立合同的意思表示，故其性质属于合同上的要约。招标人向中标的投标人发出的中标通知书，则表示招标人同意接受该投标人的投标条件，即同意该投标人要约的意思表示，故其性质为合同上的承诺。中标通知书一经发出，即产生承诺的效力，而无须到达中标人。

《招标投标法》第四十六条规定："招标人和中标人应当自中标通知书发出之日起三十日内，按照招标文件和中标人的投标文件订立书面合同。招标人和中标人不得再行订立背离合同实质性内容的其他协议。招标文件要求中标人提交履约保证金的，中标人应当提交。"

履约保证金金额要求详见《招标投标法实施条例》第五十八条的规定。

针对投标人转包或分包，《招标投标法》第四十八条规定："中标人应当按照合同约定履行义务，完成中标项目。中标人不得向他人转让中标项目，也不得将中标项目肢解后分别向他人转让。中标人按照合同约定或者经招标人同意，可以将中标项目的部分非主体、非关键性工作分包给他人完成。接受分包的人应当具备相应的资格条件，并不得再次分包。中标人应当就分包项目向招标人负责，接受分包的人就分包项目承担连带责任。"

中标人应当亲自履行中标项目，不得转让和变相转让。中标项目禁止转让，却可以分包。所谓分包是指对中标项目实行总承包的单位，将其总承包的中标项目的某一部分或者某几部分，再发包给其他的承包单位，与其签订总承包合同项下的分包合同的行为。为规范分包行为，《招标投标法》第四十八条对其作出了一些限制性的规定：第一，分包须经招标人同意或按照合同约定。第二，只能分包中标项目的部分非主体、非关键性工作。第三，接受分包的人必须具有分包任务的相应资格条件。第四，分包只能进行一次，接受分包的人不得再次分包。第五，中标人和接受分包的人应当就分包项目对招标人承担连带责任,也就是说,如果分包项目出现问题,招标人既可以分别要求中标人或接受分包人承担全部责任,也可以要求该两者共同承担责任。

3.1.5 法律责任

随着《优化营商环境条例》(国务院令第722号)、《关于建立健全招标投标领域优化营商环境长效机制的通知》(发改法规〔2021〕240号)等文件相继出台,明确指出国家持续深化简政放权、放管结合、优化服务改革,加强和规范事中事后监管,对招标投标各相关当事人所涉及法律责任的了解显得尤为重要。下面根据《招标投标法》的相关内容,主要从招标人、投标人、招标代理机构、评标委员会、行政监督部门和其他有关规定角度阐述相关的法律责任。

1. 招标人

《招标投标法》第四十九条规定:"违反本法规定,必须进行招标的项目而不招标的,将必须进行招标的项目化整为零或者以其他任何方式规避招标的,责令限期改正,可以处项目合同金额千分之五以上千分之十以下的罚款;对全部或者部分使用国有资金的项目,可以暂停项目执行或者暂停资金拨付;对单位直接负责的主管人员和其他直接责任人员依法给予处分。"

《招标投标法》第五十一条规定:"招标人以不合理的条件限制或者排斥潜在投标人的,对潜在投标人实行歧视待遇的,强制要求投标人组成联合体共同投标的,或者限制投标人之间竞争的,责令改正,可以处一万元以上五万元以下的罚款。"

上述关于对招标人违法限制或排斥投标竞争行为进行处罚的规定。其中,对潜在投标人实行歧视待遇,主要是指招标人以不公正的态度对待潜在投标人,实行区别对待,故意设置对某些潜在投标人有利而对其他潜在投标人不利的条件。实践中,除了本条规定的几种情形外,招标人限制投标竞争的情形还包括:故意限制招标信息的发布范围,使潜在投标人无法知悉招标信息;不合理地提高技术规格或者将技术规格规定的只有少量投标人才能满足要求等。

《招标投标法》第五十二条规定:"依法必须进行招标的项目的招标人向他人透露已获取招标文件的潜在投标人的名称、数量或者可能影响公平竞争的有关招标投标的其他情况的,或者泄露标底的,给予警告,可以并处一万元以上十万元以下的罚款;对单位直接负责的主管人员和其他直接责任人员依法给予处分;构成犯罪的,依法追究刑事责任。前款所列行为影响中标结果的,中标无效。"

《招标投标法》第五十五条规定:"依法必须进行招标的项目,招标人违反本法规定,与投标人就投标价格、投标方案等实质性内容进行谈判的,给予警告,对单位直接负责的主管人员和其他直接责任人员依法给予处分。前款所列行为影响中标结果的,中标无效。"

《招标投标法》第五十七条规定:"招标人在评标委员会依法推荐的中标候选人以外确定中标人的,依法必须进行招标的项目在所有投标被评标委员会否决后自行确定中标人的,中标无效,责令改正,可以处中标项目金额千分之五以上千分之十以下的罚款;对单位直接负责的主管人员和其他直接责任人员依法给予处分。"

《招标投标法》第五十九条规定:"招标人与中标人不按照招标文件和中标人的投标

文件订立合同的,或者招标人、中标人订立背离合同实质性内容的协议的,责令改正;可以处中标项目金额千分之五以上千分之十以下的罚款。"

2. 投标人

《招标投标法》第五十三条规定:"投标人相互串通投标或者与招标人串通投标的,投标人以向招标人或者评标委员会成员行贿的手段谋取中标的,中标无效,处中标项目金额千分之五以上千分之十以下的罚款,对单位直接负责的主管人员和其他直接责任人员处单位罚款数额百分之五以上百分之十以下的罚款;有违法所得的,并处没收违法所得;情节严重的,取消其一年至二年内参加依法必须进行招标的项目的投标资格并予以公告,直至由国家行政管理机关吊销营业执照;构成犯罪的,依法追究刑事责任。给他人造成损失的,依法承担赔偿责任。"

《招标投标法》第五十四条规定:"投标人以他人名义投标或者以其他方式弄虚作假,骗取中标的,中标无效,给招标人造成损失的,依法承担赔偿责任;构成犯罪的,依法追究刑事责任。依法必须进行招标的项目的投标人有前款所列行为尚未构成犯罪的,处中标项目金额千分之五以上千分之十以下的罚款,对单位直接负责的主管人员和其他直接责任人员处单位罚款数额百分之五以上百分之十以下的罚款;有违法所得的,并处没收违法所得;情节严重的,取消其一年至三年内参加依法必须进行招标的项目的投标资格并予以公告,直至由工商行政管理机关吊销营业执照。"

《招标投标法》第五十八条规定:"中标人将中标项目转让给他人的,将中标项目肢解后分别转让给他人的,违反本法规定将中标项目的部分主体、关键性工作分包给他人的,或者分包人再次分包的,转让、分包无效,处转让、分包项目金额千分之五以上千分之十以下的罚款;有违法所得的,并处没收违法所得;可以责令停业整顿;情节严重的,由工商行政管理机关吊销营业执照。"

《招标投标法》第六十条规定:"中标人不履行与招标人订立的合同的,履约保证金不予退还,给招标人造成的损失超过履约保证金数额的,还应当对超过部分予以赔偿;没有提交履约保证金的,应当对招标人的损失承担赔偿责任。中标人不按照与招标人订立的合同履行义务,情节严重的,取消其二年至五年内参加依法必须进行招标的项目的投标资格并予以公告,直至由工商行政管理机关吊销营业执照。因不可抗力不能履行合同的除外,不适用前两款规定。"

3. 招标代理机构

《招标投标法》第五十条规定:"招标代理机构违反《招标投标法》有关规定,泄露应当保密地与招标投标活动有关的情况和资料的,或者与招标人、投标人串通损害国家利益、社会公共利益或者他人合法权益的,处五万元以上二十五万元以下的罚款,对单位直接负责的主管人员和其他直接责任人员处单位罚款数额百分之五以上百分之十以下的罚款;有违法所得的,并处没收违法所得;情节严重的,禁止其一年至二年内代理依法必须进行招标的项目并予以公告,直至由工商行政管理机关吊销营业执照;构成犯罪的,依法追究刑事责任。给他人造成损失的,依法承担赔偿责任。前款所列行为影响中标结果的,中标无效。"

招标代理机构不得泄露下列情况和资料主要包括但不限于:已获取招标文件的潜在

投标人的名称、数量以及可能影响公平竞争的有关招标投标的其他情况；招标项目的标底；对投标文件的评审和比较、中标候选人的推荐情况以及与评标有关的其他情况等。

招标代理机构在所代理的招标项目中投标、代理投标或者向该项目投标人提供咨询的，接受委托编制标底的中介机构参加受托编制标底项目的投标或者为该项目的投标人编制投标文件、提供咨询的，依照本条相关规定追究法律责任。

4. 评标委员会

《招标投标法》第五十六条规定："评标委员会成员收受投标人的财物或者其他好处的，评标委员会成员或者参加评标的有关工作人员向他人透露对投标文件的评审和比较、中标候选人的推荐以及与评标有关的其他情况的，给予警告，没收收受的财物，可以并处三千元以上五万元以下的罚款，对有所列违法行为的评标委员会成员取消担任评标委员会成员的资格，不得再参加任何依法必须进行招标的项目的评标；构成犯罪的，依法追究刑事责任。"

5. 行政监督部门

《招标投标法》第六十三条规定："对招标投标活动依法负有行政监督职责的国家机关工作人员徇私舞弊、滥用职权或者玩忽职守，构成犯罪的，依法追究刑事责任；不构成犯罪的，依法给予行政处分。"

6. 其他有关规定

《招标投标法》第六十二条规定："任何单位违反《招标投标法》规定，限制或者排斥本地区、本系统以外的法人或者其他组织参加投标的，为招标人指定招标代理机构的，强制招标人委托招标代理机构办理招标事宜的，或者以其他方式干涉招标投标活动的，责令改正；对单位直接负责的主管人员和其他直接责任人员依法给予警告、记过、记大过的处分，情节较重的，依法给予降级、撤职、开除的处分。个人利用职权进行前款违法行为的，依照前款规定追究责任。"

依法必须进行招标的项目因违反《招标投标法》规定，中标无效的，应当依照《招标投标法》规定的中标条件从其余投标人中重新确定中标人或者依照本法重新进行招标。

关于中标无效的规定主要有以下六种情况：

第一，招标代理机构违反本法规定，泄露应当保密的与招标投标活动有关的情况和资料，或者与招标人、投标人串通损害国家利益、社会公共利益或者他人合法权益的行为，影响中标结果的，中标无效。

第二，依法必须进行招标的项目的招标人向他人透露已获取招标文件的潜在投标人的名称、数量或者可能影响公平竞争的有关招标投标的其他情况，或者泄露标底的行为，影响中标结果的，中标无效。

第三，投标人相互串通投标或者与招标人串通投标的，投标人以向招标人或者评标委员会成员行贿的手段谋取中标的，中标无效。

第四，投标人以他人名义授标或者以其他方式弄虚作假，骗取中标的，中标无效。

第五，依法必须进行招标的项目，招标人违反本法规定，与投标人就投标价格、投标方案等实质性内容进行谈判的行为，影响中标结果的，中标无效。

第六，招标人在评标委员会依法推荐的中标候选人以外确定中标人的，依法必须进行招标的项目在所有投标被评标委员会否决后自行确定中标人的，中标无效。

3.2 《中华人民共和国招标投标法实施条例》

3.2.1 概述

《招标投标法实施条例》由 2011 年 11 月 30 日国务院第 183 次常务会议通过，2012 年 2 月 1 日起施行。历经 2017 年、2018 年、2019 年三次修订，共 7 章节 84 条款。

1. 条例的实施目的

《招标投标法实施条例》是对《招投投标法》的补充、细化和完善，进一步健全了我国招标投标法律制度。有利于统一招标投标规则，推动形成统一规范、竞争有序的招标投标大市场，促进生产要素在更大的范围内自由流动。有利于增强招标投标制度的可操作性，营造公开、公平、公正的竞争环境，更好地发挥市场配置资源的基础性作用。有利于加强和规范行政监督行为，及时妥善处理招标投标争议，提高行政监管的权威性和有效性。有利于提高招标采购的透明度，惩治和预防腐败，促进反腐倡廉建设。有利于积极引导体制机制创新，破解制约招标投标市场健康发展的难题。

《招标投标法实施条例》主要从五个方面做了相应的规定。一是细化标准：《招标投标法实施条例》细化了违法行为的认定标准，列举了近 80 种违法行为的表现形式，为有效查处相关违法行为提供了明确依据。二是严格程序：规定了资格预审程序、两阶段招标程序、评标程序，以及投诉处理程序，有利于从源头上防止排斥限制潜在投标人，提高评标行为的客观公正性，及时有效地解决纠纷。三是加强监督：加强当事人相互之间的监督，规定投标人对资格预审文件、招标文件以及评标结果有不同意见的，应当先向招标人提出异议；加强社会监督，规定了中标候选人公示制度、招标投标违法行为公告制度，以及行业自律制度；加强行政监督，规定行政监督部门在处理投诉时，有权查阅复制有关文件资料，调查有关情况，必要时可以责令暂停招标投标活动。四是强化责任：《招标投标法实施条例》新增设的法律责任 16 条，对上位法只有规范性要求而无法律责任的违法行为，以及实践中新出现的违法行为，补充规定了法律责任，有利于解决责任约束不到位问题。五是制度创新：为适应招标投标市场长远健康发展的需要，《招标投标法实施条例》进行了制度创新，包括明确县级以上地方人民政府可以对招标投标行政监督职责分工作出不同规定，设区的市级以上地方人民政府可以建立统一规范的招标投标交易场所，国家鼓励推行电子招标投标，实行招标从业人员职业资格制度、标准招标文件制度，以及综合评标专家库制度和信用制度。

2. 工程建设项目定义

《招标投标法实施条例》第二条对"工程建设项目"的定义为："所称工程建设项目，指工程以及与工程建设有关的货物和服务。前款所称工程，是指建设工程，包括建筑物和构筑物的新建、改建、扩建及其相关的装修、拆除、修缮等；所称与工程建设有关的货物，是指构成工程不可分割的组成部分，且为实现工程基本功能所必需的设备、材料等；所称与工程建设有关的服务，是指为完成工程所需的勘察、设计、监理等服务。"

具体来说，构成与工程建设有关的货物需要同时满足两个要件：一是与工程不可分割。二是为实现工程基本功能所必需。与工程建设有关的服务，是指为完成工程所需的勘察、设计、监理等服务。

3. 必须招标的具体范围和规模标准

《招标投标法实施条例》第三条规定："依法必须进行招标的工程建设项目的具体范围和规模标准，由国务院发展改革部门会同国务院有关部门制订，报国务院批准后公布施行。"

目前，依法必须进行招标的工程建设项目必须遵守《招标投标法》第三条和《必须招标的工程项目规定》（国家发展改革委令第 16 号）、《必须招标的基础设施和公用事业项目范围规定》（发改法规规〔2018〕843 号）等，详细内容在后续章节介绍。

《招标投标法》第三条第一款从项目性质、资金来源两个方面，对必须进行招标的工程建设项目做了界定；本条第三款同时规定："法律或者国务院对必须进行招标的其他项目的范围有规定的，依照其规定。"

同时，不应将强制招标范围混同于《招标投标法》以及其《招标投标法实施条例》的适用范围。《招标投标法》第二条规定："在中华人民共和国境内进行招标投标活动，适用本法。"据此，即便是非依法必须进行招标的项目，只要采购人选择了招标方式，就应当遵守我国《招标投标法》和《招标投标法实施条例》相关规定。当然，为了体现区别管理，《招标投标法》和《招标投标法实施条例》的一些条款，是专门针对依法必须招标项目的。比如应当在国家指定媒介发布招标公告，自招标文件发出之日起至投标人提交投标文件截止之日止不得少于二十日，评标委员会专家成员不得少于三分之二，所有投标被否决后应当重新招标，编制资格预审文件和招标文件应当使用标准文本，非因法定事由不得更换评标委员会成员等规定。

4. 行政监督职责分工

《招标投标法实施条例》第四条规定："国务院发展改革部门指导和协调全国招标投标工作，对国家重大建设项目的工程招标投标活动实施监督检查。国务院工业和信息化、住房城乡建设、交通运输、铁道、水利、商务等部门，按照规定的职责分工对有关招标投标活动实施监督。县级以上地方人民政府发展改革部门指导和协调本行政区域的招标投标工作。县级以上地方人民政府有关部门按照规定的职责分工，对招标投标活动实施监督，依法查处招标投标活动中的违法行为。县级以上地方人民政府对其所属部门有关招标投标活动的监督职责分工另有规定的，从其规定。财政部门依法对实行招标投标的政府采购工程建设项目的政府采购政策执行情况实施监督。监察机关依法对与招标投标活动有关的监察对象实施监察。"

在维持现行监管体制的同时，《招标投标法实施条例》也注意到分散监管所带来的政出多门、同体监督等问题。为解决这些问题，《招标投标法实施条例》作了相应的制度安排。

一是授权地方政府探索新的管理模式。县级以上地方人民政府有关部门招标投标行政监督职责分工，原则上是参照国务院有关部门职责分工规定，以确保上下协调一致，形成系统合力。但考虑到地方人民政府的机构设置与国务院机构设置并不完全对应，一些地方结合本地特点已经制定了与国务院部门职责分工不同的规定，还有一些地方探索成立了综合性招标投标行政监督部门，实施统一监管。为了给地方人民政府行政监督管理体制改革留出空间，《招标投标法实施条例》第四条第二款规定，县级以上地方人民政府对招标投标活动行政监督职责分工另有规定的，从其规定。

二是通过明确分工减少职责交叉。除《招标投标法实施条例》第四条对各部门职责分工做了概括规定外，《招标投标法实施条例》第三条、第七条、第十一条、第十二条、第十五条、第四十五条，分别明确了依法必须进行招标的工程建设项目的具体范围和规模标准的制定部门，核准招标范围、招标方式、招标组织形式等招标内容的部门，招标代理机构的管理部门，指定发布招标公告媒介的部门，编制标准文本的部门，统一评标专家专业分类标准和管理办法的制定部门，并在法律责任一章中明确吊销营业执照由工商行政管理机关负责。

三是加强部门协作以防止推诿扯皮。《招标投标法实施条例》第七条规定，项目审批、核准部门应当及时将审核确定的招标范围、招标方式、招标组织形式上报有关行政监督部门。第六十一条规定，投诉人就同一事项向两个以上有权受理的行政监督部门投诉的，由最先收到投诉的行政监督部门负责处理。此外，为防止同体监督，《招标投标法实施条例》第四十六条第四款规定，行政监督部门的工作人员不得担任本部门负责监督项目的评标委员会成员。

5. 交易场所

《招标投标法实施条例》第五条规定："设区的市级以上地方人民政府可以根据实际需要，建立统一规范的招标投标交易场所，为招标投标活动提供服务。招标投标交易场所不得与行政监督部门存在隶属关系，不得以营利为目的。国家鼓励利用信息网络进行电子招标投标。"

随着《国务院办公厅关于印发整合建立统一的公共资源交易平台工作方案的通知》（国办发〔2015〕63号）、《国务院办公厅转发国家发展改革委关于深化公共资源交易平台整合共享的指导意见》（国办函〔2019〕41号）等文件相继出台，分散设立的工程建设项目招标投标、土地使用权和矿业权出让、国有产权交易、政府采购等交易平台等得到了整合，全国范围内规则统一、公开透明、服务高效、监督规范的平台体系初步构建，公共资源交易市场得到了迅速发展，公共资源配置的效率和效益明显提高，促进了经济社会持续健康发展。通过国家有关部门系统地梳理公共资源交易流程，取消没有法律法规依据的投标报名、招标文件审查、原件核对等事项以及能够采用告知承诺制和事中事后监管解决的前置审批或审核环节。推广多业务合并申请，通过"一表申请"将市场主体基本信息材料一次收集、后续重复使用并及时更新。推行交易服务"一网通办"，不断提高公共资源交易服务事项网上办理比例。

同时，在2022年9月1日起实施的《国家发展改革委等部门关于严格执行招标投标法规制度进一步规范招标投标主体行为的若干意见》（发改法规规〔2022〕1117号）文件"（二）严格执行强制招标制度"中要求"除交易平台暂不具备条件等特殊情形外，依法必须招标项目，应当实行全流程电子化交易。"

2013年以来，所有的政策文件都是鼓励采用电子化交易进行招标投标工作，而《国家发展改革委等部门关于严格执行招标投标法规制度进一步规范招标投标主体行为的若干意见》（发改法规规〔2022〕1117号）文件中首次提出了"依法必须招标的项目除特殊情形外，明确应当采用全流程电子化交易"，由鼓励变强制是一个质的飞跃。实践证明，全流程电子化交易具有全程留痕、可追溯，交易成本更低，竞争程度更高等优势。

3.2.2 招标

1. 招标项目审批

《招标投标法实施条例》第七条规定："按照国家有关规定需要履行项目审批、核准手续的依法必须进行招标的项目，其招标范围、招标方式、招标组织形式应当报项目审批、核准部门审批、核准。项目审批、核准部门应当及时将审批、核准确定的招标范围、招标方式、招标组织形式通报有关行政监督部门。"

上述规定中的项目审批、核准部门是指负责审批项目建议书、可行性研究报告、资金申请报告，以及核准项目申请报告的国务院和地方人民政府有关部门，且本条明确了项目审批、核准部门将审批的内容为：招标范围、招标方式和招标组织形式。

（1）招标范围：招标范围是指项目的勘察、设计、施工、监理、重要设备、材料等内容，哪些部分进行招标，哪些部分不进行招标。其中，某部分是否可以不进行招标，项目审批、核准部门应根据《招标投标法实施条例》第九条规定判断。

（2）招标方式：招标方式分为公开招标和邀请招标两种。根据《招标投标法》第十一条和《招标投标法实施条例》第八条规定，国家重点项目、省（自治区、直辖市）重点项目、国有资金占控股或者主导地位的项目应当公开招标。对于应当公开招标的依法必须招标项目。是否可以进行邀请招标，项目审批、核准部门应根据《招标投标法实施条例》第八条规定判断。

（3）招标组织形式：招标组织形式分为委托招标和自行招标两种。委托招标是指招标人委托招标代理机构办理招标事宜；自行招标是指招标人依法自行办理招标事宜。招标人是否可以自行招标，项目审批、核准部门应根据《招标投标法》第十二条第二款和《招标投标法实施条例》第十条规定，从招标人是否具有与招标项目规模和复杂程度相适应的技术、经济等方面的专业人员判断。

本条还明确规定，仅审批和核准的依法必须进行招标的项目才需要审核招标内容。据此，不属于依法必须招标的项目，即使是审批类或核准类的项目，也不需要审核招标内容；不需要审批、核准的项目，即使属于依法必须进行招标的项目，也不需要审核招标内容。对于不需要审核招标内容的项目，由招标人根据《招标投标法实施条例》第八条、第九条、第十条规定，依法自行确定是否需要招标以及招标方式和招标组织形式。

《国家发展改革委等部门关于严格执行招标投标法规制度进一步规范招标投标主体行为的若干意见》（发改法规规〔2022〕1117号）文件中"（二）严格执行强制招标制度"中要求：依法经项目审批、核准部门确定的招标范围、招标方式、招标组织形式，未经批准不得随意变更。依法必须招标项目拟不进行招标的、依法应当公开招标的项目拟邀请招标的，必须符合法律法规规定情形并履行规定程序；除涉及国家秘密或者商业秘密的外，应当在实施采购前公示具体理由和法律法规依据。不得以肢解发包、化整为零、招小送大、设定不合理的暂估价或者通过虚构涉密项目、应急项目等形式规避招标；不得以战略合作、招商引资等理由搞"明招暗定""先建后招"的虚假招标；不得通过集体决策、会议纪要、函复意见、备忘录等方式将依法必须招标项目转为采用谈判、询比、竞价或者直接采购等非招标方式。对于涉及应急抢险救灾、疫情防控等紧急情况，以及重大工程建设项目经批准增加的少量建设内容，可以按照《招标投标法》第六十六条和《招标投标法实施条例》第六条规定不进行招标，同时强化项目单位在资金使用、质量安全等方面责任。不得随意改变法定招标程序；不得采用抽签、摇号、抓阄等违规方式直接选择投标人、中标候选人或中标人。

2. 邀请招标的情形

《招标投标法实施条例》第八条规定："国有资金占控股或者主导地位的依法必须进行招标的项目，应当公开招标；但有下列情形之一的，可以邀请招标：（一）技术复杂、有特殊要求或者受自然环境限制，只有少量潜在投标人可供选择；（二）采用公开招标方式的费用占项目合同金额的比例过大。有前款第二项所列情形，属于本条例第七条规定的项目，由项目审批、核准部门在审批、核准项目时作出认定；其他项目由招标人申请有关行政监督部门作出认定。"

上述规定为邀请招标的适用条件，是对依法必须公开招标的项目而言的；对于非依法必须公开招标的项目，由招标人自主确定公开招标还是邀请招标。

3. 可不招标的情形

《招标投标法实施条例》第九条规定："除《招标投标法》第六十六条规定的可以不进行招标的特殊情况外，有下列情形之一的，可以不进行招标：（一）需要采用不可替代的专利或者专有技术；（二）采购人依法能够自行建设、生产或者提供；（三）已通过招标方式选定的特许经营项目投资人依法能够自行建设、生产或者提供；（四）需要向原中标人采购工程、货物或者服务，否则将影响施工或者功能配套要求；（五）国家规定的其他特殊情形。招标人为适用前款规定弄虚作假的，属于《招标投标法》第四条规定的规避招标。"

其中，已通过招标方式选定的特许经营项目投资人依法能够自行建设、生产或者提供。这里所称的特许经营项目，是指政府将公共基础设施和公用事业的特许经营权出让给投资人并签订特许经营协议，由其组建项目公司负责投资、建设、经营的项目。适用本条规定需要满足两个条件。

第一，特许经营项目的投资人是通过招标选择确定的。政府采用招标竞争方式选择了项目的投资人，中标的项目投资人组建项目公司法人，并按照与政府签订项目特许经营协议负责项目的融资、建设、特许经营。

第二，特许经营项目的投资人（而非投资人组建的项目法人）依法能够自行建设、生产和提供，特许经营项目的投资人可以是法人、联合体，也可以是其他经济组织和个人。其中，联合体投资的某个成员只要具备相应资格能力，不论其投资比例大小，经联合体各成员同意，就可以由该成员自行承担项目建设、生产或提供。

对于原中标项目可以不进行招标而继续追加采购的情形,应当正确把握以下三个方面:

第一,原项目是通过招标确定了中标人,因客观原因需要向原合同中标人追加采购工程、货物或者服务。追加采购的内容必须是原项目招标时不存在,或因技术经济客观原因不可能包括在原项目中一并招标采购的,而是在原项目合同履行中产生的新增或变更需求,或者是原项目合同履行结束后产生的后续追加项目。

第二,如果不向项目原中标人追加采购,必将影响工程项目施工或者产品使用功能的配套要求。

第三,原项目中标人必须具有依法继续履行新增项目合同的资格能力。如果是原中标人破产、违约、涉案等造成终止或无法继续履行新增项目合同的,应按规定重新组织招标选择原有项目或新增项目的中标人。

由于符合以上条件的追加采购没有竞争性,有可能增加采购成本,形成规避招标,甚至产生腐败交易。例如,招标人故意将原招标项目化整为零,先招小项目,后送大项目;或不具备条件即启动招标,形成追加采购的事实等,为此,应加强监督,严格本项规定的适用。

4. 招标代理机构

《招标投标法实施条例》第十二条规定:"招标代理机构应当拥有一定数量的具备编制招标文件、组织评标等相应能力的专业人员。"

自2017年12月28日起,各级住房城乡建设部门不再受理招标代理机构资格认定申请,停止招标代理机构资格审批。招标代理机构可按照自愿原则向工商注册所在地省级建筑市场监管一体化工作平台报送基本信息。信息内容包括:营业执照相关信息、注册执业人员、具有工程建设类职称的专职人员、近三年代表性业绩、联系方式。上述信息统一在住房城乡建设部全国建筑市场监管公共服务平台对外公开,供招标人根据工程项目实际情况选择参考。

5. 招标代理行为

《招标投标法实施条例》第十三条规定:"招标代理机构在招标人委托的范围内开展招标代理业务,任何单位和个人不得非法干涉。招标代理机构代理招标业务,应当遵守招标投标法和本条例关于招标人的规定。招标代理机构不得在所代理的招标项目中投标或者代理投标,也不得为所代理的招标项目的投标人提供咨询。"

既然招标代理机构以招标人的名义办理招标事宜,《招标投标法》和《招标投标法实施条例》中关于招标人的规定,自然适用于招标代理机构。考虑到并非所有招标项目都会委托招标代理机构进行代理,以及为了避免重复,因此明确招标代理机构代理招标业务,应当遵守《招标投标法》和《招标投标法实施条例》中关于招标人的规定。这些规定主要有:资格预审文件和招标文件发售期不得少于5日;不得以不合理的条件限制或者排斥潜在投标人,资格预审文件和招标文件不得含有倾向或者排斥潜在投标人等违法内容;不得向他人透露已获取招标文件的潜在投标人的名称、数量以及可能影响公平竞争的情况;应当保证评标在严格保密的情况下进行;应当接受有关行政监督部门的监督管理等。

《招标投标法实施条例》第十四条规定："招标人应当与被委托的招标代理机构签订书面委托合同，合同约定的收费标准应当符合国家有关规定。"

招标人与招标代理机构签订的委托代理合同，不属于即时结清合同，合同履行期比较长，且必须明确约定招标、投标、开标、评标、中标、签订合同等过程中双方的权利、义务。由于涉及第三人投标人利益，还必须接受行政监督部门的监督。因此，《招标投标法实施条例》第十四条规定招标人与招标代理机构应当签订书面委托代理合同，约定委托代理招标工作的范围和权限，一般包括以下全部或部分工作内容：委托招标项目的招标方案，招标公告（投标邀请书），资格预审文件和招标文件编制、发出和澄清，组织和协助资格审查，接收投标文件，组织开标和评标，协助签订中标合同和合同管理等。

实际上，目前市场上招标代理收费所参考的《国家计委关于印发〈招标代理服务收费管理暂行办法〉的通知》（计价格〔2002〕1980号）、《国家发展改革委办公厅关于招标代理服务收费有关问题的通知》（发改办价格〔2003〕857号）以及《国家发展改革委关于降低部分建设项目收费标准规范收费行为等有关问题的通知》（发改价格〔2011〕534号）三个文件，已在2016年1月1日发布的《国家发展改革委关于废止有关规章和规范性文件的决定》（国家发展改革委令第31号）附件2"录"中第五百一十三条、第五百五十一条、第九百一十四条予以废止。

根据《国家发展改革委关于进一步放开建设项目专业服务价格的通知》（发改价格〔2015〕299号）文件内容，招标代理费应实行市场调节价，经营者应严格遵守《价格法》《关于商品和服务实行明码标价的规定》等法律法规规定，告知委托人有关服务项目、服务内容、服务质量，以及服务价格等，并在相关服务合同中约定。经营者提供的服务，应当符合国家和行业有关标准规范，满足合同约定的服务内容和质量等要求。不得违反标准规范规定或合同约定，通过降低服务质量、减少服务内容等手段进行恶性竞争，扰乱正常市场秩序。

6. 招标前期工作

招标代理机构接受招标人项目委托后，根据项目情况，前期阶段主要工作有：公告及文件的编制、文件的发售、资格预审、文件澄清或修改、招标要点的掌握、踏勘现场等。

（1）公告及文件编制。

《招标投标法实施条例》第十五条规定："依法公开招标的项目，应当依照招标投标法和本条例的规定发布招标公告、编制招标文件。招标人采用资格预审办法对潜在投标人进行资格审查的，应当发布资格预审公告、编制资格预审文件。依法必须进行招标的项目的资格预审公告和招标公告，应当在国务院发展改革部门依法指定的媒介发布。在不同媒介发布的同一招标项目的资格预审公告或者招标公告的内容应当一致。指定媒介发布依法必须进行招标的项目的境内资格预审公告、招标公告，不得收取费用。编制依法必须进行招标的项目的资格预审文件和招标文件，应当使用国务院发展改革部门会同有关行政监督部门制定的标准文本。"

需要指出的是，公开招标采用资格预审方式的，以资格预审公告代替招标公告，资格预审公告的发布也应当依照《招标投标法》和《招标投标法实施条例》的规定。尽管资格预审方式既适用于公开招标项目，也适用于邀请招标项目，但邀请招标一般不需要发布公告。公开招标的项目发布资格预审公告后，一般无须再发布招标公告，且招标文件只发售给通过资格预审的且确认参与投标的申请人。

招标公告发布的内容及发布媒介，详见《招标公告和公示信息发布管理办法》（国家发展改革委令第 10 号）。

同时，应当依法编制资格预审文件和招标文件。

资格预审文件是告知潜在投标人招标项目的内容、范围和数量、投标资格条件的载体，是指导资格预审活动全过程的纲领性文件，是潜在投标人编制资格预审申请文件、资格审查委员会对资格预审申请文件进行评审并推荐或者确定通过资格预审的申请人的依据。

招标文件是告知潜在投标人招标项目的内容、范围和数量、投标资格条件、招标投标的程序规则、投标文件编制和递交要求、评标的标准和方法、拟签订合同的主要条款、技术标准和要求等信息的载体，是指导招标投标活动全过程的纲领性文件，是投标人编制投标文件、评标委员会对投标文件进行评审并推荐中标候选人或者直接确定中标人，以及招标人和中标人签订合同的依据。

因此，文件的编制应该遵守《招标投标法》《招标投标法实施条例》等法律法规和《国家发展改革委等部门关于严格执行招标投标法规制度进一步规范招标投标主体行为的若干意见》（发改法规规〔2022〕1117 号）文件"（三）规范招标文件编制和发布"中的要求。即：招标人应当高质量编制招标文件，鼓励通过市场调研、专家咨询论证等方式，明确招标需求，优化招标方案；对于委托招标代理机构编制的招标文件，应当认真组织审查，确保合法合规、科学合理、符合需求；对于涉及公共利益、社会关注度较高的项目，以及技术复杂、专业性强的项目，鼓励就招标文件征求社会公众或行业意见。依法必须招标项目的招标文件，应当使用国家规定的标准文本，根据项目的具体特点与实际需要编制。招标文件中资质、业绩等投标人资格条件要求和评标标准应当以符合项目具体特点和满足实际需要为限度审慎设置，不得通过设置不合理条件排斥或者限制潜在投标人。依法必须招标项目不得提出注册地址、所有制性质、市场占有率、特定行政区域或者特定行业业绩、取得非强制资质认证、设立本地分支机构、本地缴纳税收社保等要求，不得套用特定生产供应者的条件设定投标人资格、技术、商务条件。简化投标文件形式要求，一般不得将装订、纸张、明显的文字错误等列为否决投标情形。鼓励参照《公平竞争审查制度实施细则》，建立依法必须招标项目招标文件公平竞争审查机制。鼓励建立依法必须招标项目招标文件公示或公开制度。严禁设置投标报名等没有法律法规依据的前置环节。

上述内容中明确提出，依法必须招标项目的招标文件，应当使用国家规定的标准文本。

（2）文件发售。

《招标投标法实施条例》第十六条规定："招标人应当按照资格预审公告、招标公告或者投标邀请书规定的时间、地点发售资格预审文件或者招标文件。资格预审文件或者招标文件的发售期不得少于 5 日。招标人发售资格预审文件、招标文件收取的费用应当限于补偿印刷、邮寄的成本支出，不得以营利为目的。"

上述规定中，资格预审文件和招标文件的发售期不得少于5日，有三点应该注意：

第一，发售期不得少于5日，是《招标投标法实施条例》作出的一个最低期限的规定。规定低限发售期是为了保证潜在投标人有足够的时间获取资格预审文件和招标文件，吸引更多的潜在投标人参与投标，以保证招标投标的竞争效果。通过缩短资格预审文件或招标文件的发售期限，限制或排斥潜在投标人的现象在实践中多有发生。对于依法必须进行招标的项目，由于招标文件发售期包括在《招标投标法》第二十四条规定的留给投标人编制投标文件的期限内，适当延长招标文件发售期并未延长项目的招标周期。因此，为了更多地吸引潜在投标人参与投标，招标人在确定具体招标项目的资格预审文件或者招标文件发售期时，应当综合考虑节假日、文件发售地点、交通条件和潜在投标人的地域范围等情况，在资格预审公告或者招标公告中规定一个不少于5日的合理期限。

第二，本条规定的发售期不得少于5日是指日历天，并不是工作日。发售期采用日历天而非工作日的主要考虑，是为了提高效率。但是，招标人不得故意利用节假日，尤其是类似于"黄金周"的长假发售资格预审文件或者招标文件，特别是发售期最后一天应当回避节假日，否则将在事实上构成限制或者排斥潜在投标人，并且也违反招标投标活动应当遵循的诚实信用原则。

第三，本条规定的文件发售期不仅是针对公开招标项目的资格预审文件的发售，邀请招标或者公开招标但已经进行资格预审的项目，其招标文件的发售期也应当遵守本条不得少于5日的规定。

（3）资格预审。

《招标投标法实施条例》第十七条规定："招标人应当合理确定提交资格预审申请文件的时间。依法必须进行招标的项目提交资格预审申请文件的时间，自资格预审文件停止发售之日起不得少于5日。"

招标人应当合理确定提交资格预审申请文件的时间。资格预审申请人编制提交资格预审申请文件需要一定的时间。招标人合理地确定这一时间，是吸引潜在投标人参与投标，保证潜在投标人充分响应资格预审文件的各项要求，确保资格预审工作的质量，顺利实现资格预审目的的重要条件。参照《招标投标法》第二十四条规定，本条为依法必须招标项目的资格预审申请文件编制规定了一个"不得少于5日"的期限。由于这一期限相对较短，为保证有较为充足的编制时间，本条规定"不少于5日"的期限从资格预审文件停止发售之日起算。需要说明的是，本条所规定的期限是一个低限。招标人应当根据本条规定，综合考虑招标项目具体情况、申请人的地域分布状况等因素，确定一个不少于5日的资格预审文件编制时间。

《招标投标法实施条例》第十八条规定："资格预审应当按照资格预审文件载明的标准和方法进行。国有资金占控股或者主导地位的依法必须进行招标的项目，招标人应当组建资格审查委员会审查资格预审申请文件。资格审查委员会及其成员应当遵守招标投标法和本条例有关评标委员会及其成员的规定。"

资格预审文件应当载明资格审查的标准和方法。资格审查的标准和方法是资格审查主体进行资格审查的依据，也是指导申请人科学合理地准备资格预审申请文件的依据。公开原则要求，资格预审的标准和方法必须在资格预审文件中载明，以便申请人决定是否提出资格预审申请，并在其决定提出申请时能够有针对性地准备资格预审申请文件，保证资格申请和审查活动有统一的尺度，并有利于加强利害关系人和社会的监督，防止暗箱操作，保障资格预审活动公正和公平。实践中，资格预审的审查标准一般根据具体的审查因素设立，审查因素集中在申请人的投标资格条件（包括法定的和资格预审文件规定的）和履约能力两个方面，一般包括申请人的资格条件、组织机构、营业状态、财务状况、类似项目业绩、信誉和生产资源情况等，相应的审查标准则区别审查因素设立为定性或定量的评价标准。资格预审的审查方法一般分为合格制和有限数量制。所谓合格制是按照资格预审文件载明的审查因素和审查标准对申请人的资格条件进行符合性审查，凡通过审查的申请人均允许参加投标。所谓有限数量制是指在合格性审查的基础上，按照资格预审文件载明的审查因素和审查标准进行定量评分，从通过合格性审查的申请人中择优选择一定数量参与投标。但招标人应当在资格预审文件中载明通过资格预审的申请人数量和择优选择申请人的方法，不得以抽签、摇珠等随机方式确定通过资格预审的申请人。

同时，《招标投标法实施条例》第十八条已经明确资格审查委员会应当遵守有关评标委员会及其成员的规定。

《招标投标法实施条例》第十九条规定："资格预审结束后，招标人应当及时向资格预审申请人发出资格预审结果通知书。未通过资格预审的申请人不具有投标资格。通过资格预审的申请人少于3个的，应当重新招标。"

资格预审结果的通知应当分为通过和未通过两种情况，并采用书面形式通知。对于通过资格预审的申请人，招标人可以用投标邀请书代替资格预审结果通知书。

资格预审的目的是筛选出满足招标项目所需资格、能力和有参与招标项目投标意愿的潜在投标人。未通过资格预审的申请人意味着资格、能力不能满足招标项目的需要，或者明显不具备竞争优势。需要说明的有三点：一是通过资格预审的申请人并不必然或者必须参加投标。有些招标人在潜在投标人购买资格预审文件时即要求潜在投标人递交投标保证金即是对资格预审活动的理解是不正确的。二是未通过资格预审的申请人包括未提交资格预审申请文件的潜在投标人。三是通过资格预审仅仅表明申请人具备了投标资格。资格预审通过后，投标人发生合并、分立、破产等重大变化的，可能影响其资格的，应当按照《招标投标法实施条例》第三十八条的规定处理。

《招标投标法》第二十八条规定投标人少于3个的，招标人应当依法重新招标。根据本条第二款的规定，通过资格预审的申请人少于3个，意味着投标人必然少于3个。为提高效率，没有必要等到投标截止时间再决定重新招标。需要说明的是，这里的重新招标既可以是重新进行资格预审，也可以是直接发布招标公告（即采用资格后审方式）进行重新招标。

《招标投标法实施条例》第二十条规定："招标人采用资格后审办法对投标人进行资格审查的，应当在开标后由评标委员会按照招标文件规定的标准和方法对投标人的资格进行审查。"

本条规定明确了资格后审的审查主体是评标委员会，且资格后审的标准和方法应当在招标文件中载明。

（4）文件澄清或者修改。

《招标投标法实施条例》第二十一条规定："招标人可以对已发出的资格预审文件或

者招标文件进行必要的澄清或者修改。澄清或者修改的内容可能影响资格预审申请文件或者投标文件编制的，招标人应当在提交资格预审申请文件截止时间至少3日前，或者投标截止时间至少15日前，以书面形式通知所有获取资格预审文件或者招标文件的潜在投标人；不足3日或者15日的，招标人应当顺延提交资格预审申请文件或者投标文件的截止时间。"

根据本条规定，是为了确保潜在投标人有足够的时间根据澄清或者修改内容相应调整资格预审申请文件、投标文件。有些澄清或者修改可能不影响资格预审申请文件或者投标文件的编制。为提高效率，应在提交资格预审申请文件截止时间至少3日前，或者投标截止时间至少15日前以书面方式进行澄清或者修改，限定在可能影响文件编制的情形，即若澄清或者修改不影响文件的编制，则可不受3日或者15日的时间限制。

需要指出的是，随着电子招标的逐步推广，一些招标项目允许潜在投标人匿名从网上下载资格预审文件和招标文件，已获取资格预审文件或者招标文件的潜在投标人的名称和联系方式可能招标人无法事先知悉，需要对资格预审文件或者招标文件进行澄清和修改的，招标人在提供下载资格预审文件和招标文件的网站上公布澄清或者修改内容即可。

招标人对已发出的资格预审文件或者招标文件进行澄清或者修改，既可能是主动的，也可能是被动的。所谓主动，就是招标人自己发现资格预审文件或者招标文件存在遗漏、错误、相互矛盾、含义不清，需要调整一些要求或者存在违法的规定时，可以通过澄清或者修改方式进行补救。所谓被动，是相对于招标人主动澄清或者修改而言的，尽管澄清或者修改的实际自主权仍在招标人，但需要澄清或者修改的问题来自潜在投标人。招标人根据潜在投标人提出的疑问和异议对资格预审文件和招标文件作出澄清或者修改，是招标人和潜在投标人之间的一种良性互动。

（5）招标要点。

《招标投标法实施条例》第二十二条规定："潜在投标人或者其他利害关系人对资格预审文件有异议的，应当在提交资格预审申请文件截止时间2日前提出；对招标文件有异议的，应当在投标截止时间10日前提出。招标人应当自收到异议之日起3日内作出答复；作出答复前，应当暂停招标投标活动。"

本条与《招标投标法实施条例》第四十四条和第五十四条规定是对特定情形下提出异议时间的限制。资格预审文件和招标文件是决定资格审查和招标成败的关键文件，应当体现招标投标活动遵循的公开、公平、公正和诚实信用原则，符合相关法律法规的规定，避免排斥潜在投标人。资格预审申请人和潜在投标人等在获取资格预审文件和招标文件后，发现存在上述问题且有异议的，应当在资格预审申请截止时间2日前或者投标截止时间10日前提出，以便招标人有足够的时间采取必要的措施给予纠正，尽可能减少对正常招标投标程序的影响，避免事后纠正造成损失过大。

《招标投标法实施条例》第二十三条规定："招标人编制的资格预审文件、招标文件的内容违反法律、行政法规的强制性规定，违反公开、公平、公正和诚实信用原则，影响资格预审结果或者潜在投标人投标的，依法必须进行招标的项目的招标人应当在修改资格预审文件或者招标文件后重新招标。"

适用本条规定的应当满足两个条件：一是资格预审文件或者招标文件内容违法。二是违法内容影响了资格预审结果或者潜在投标人投标。

《招标投标法实施条例》第二十四条规定:"招标人对招标项目划分标段的,应当遵守招标投标法的有关规定,不得利用划分标段限制或者排斥潜在投标人。依法必须进行招标的项目的招标人不得利用划分标段规避招标。"

招标项目划分标段或者标包,通常基于以下两个方面的客观需要:一是适应不同资格能力的投标人,招标项目包含不同类型、不同专业技术、不同品种和规格的标的,分成不同标段才能使有相应资格能力的单位分别投标。二是满足分阶段实施要求,同一招标项目由于受资金、设计等条件的限制必须划分标段,以满足分阶段实施要求。但是,不得利用划分标段限制排斥潜在投标人或者规避招标。例如,通过规模过大或过小的不合理划分标段,保护有意向的潜在投标人,限制或者排斥其他潜在投标人。或是通过划分标段,将项目化整为零,使标段合同金额低于必须招标的规模标准而规避招标;按照潜在投标人数量划分标段,使每一潜在投标人均有可能中标,导致招标失去意义。

《招标投标法实施条例》第二十五条规定:"招标人应当在招标文件中载明投标有效期。投标有效期从提交投标文件的截止之日起算。"

投标有效期是投标文件保持有效的期限。投标文件是投标人根据招标文件向招标人发出的要约,根据有关承诺期限的规定,投标有效期为招标人对投标人发出的要约作出承诺的期限,也是投标人就其提交的投标文件承担相关义务的期限。

《招标投标法实施条例》第二十六条规定:"招标人在招标文件中要求投标人提交投标保证金的,投标保证金不得超过招标项目估算价的2%。投标保证金有效期应当与投标有效期一致。依法必须进行招标的项目的境内投标单位,以现金或者支票形式提交的投标保证金应当从其基本账户转出。招标人不得挪用投标保证金。"

不难看出,是否要求投标人提交投标保证金由招标人在招标文件中规定。正如上文所述,投标保证金并不是投标文件不可或缺的组成文件。是否提交投标保证金由招标人自主选择。

同时,投标保证金最高不得超过招标项目估算价的2%,招标项目估算价是指根据招标文件、有关计价规定和市场价格水平合理估算的招标项目金额。从实际操作看,招标人在招标文件中规定的投标保证金应当是依据招标项目估算价计算的一个具体和绝对的金额,不宜在招标文件中要求一个基于投标报价的百分比,以避免可能提前泄露投标报价。

《招标投标法实施条例》第二十七条规定:"招标人可以自行决定是否编制标底。一个招标项目只能有一个标底。标底必须保密。接受委托编制标底的中介机构不得参加受托编制标底项目的投标,也不得为该项目的投标人编制投标文件或者提供咨询。招标人设有最高投标限价的,应当在招标文件中明确最高投标限价或者最高投标限价的计算方法。招标人不得规定最低投标限价。"

最高投标限价与标底的区别:最高投标限价是招标人可以承受的最高价格,若有应在招标文件中公布,对投标报价的有效性具有强制约束力,投标人必须响应。标底是招标人可以接受的预期市场价格,在开标前必须保密,对投标报价没有强制约束力,仅作为评标参考。两者的共同点:两者均必须依据招标文件确定的内容和范围,以及与投标报价相同的清单进行编制;两者都具有难以避免和不同程度的风险,编制工作的失误都将影响评标和中标结果,特别是最高投标限价编制失误甚至会导致招标失败和难以挽回的损失。

因为投标人的竞争能力和完成招标项目的个别成本具有很大差异,为了保证充分竞争,促进技术管理进步,节省采购成本,本条明确规定,招标人不得设置最低投标限价,即不允许作出"低于最低限价的投标报价为无效投标"等规定。为了防止投标人以低于成本的报价竞争,可以通过对投标价格的分析论证来判断其是否低于成本,包括参考标底、其他投标人的报价,以及投标人的证明材料等,而不能统一设定最低限价。

(6) 踏勘现场。

《招标投标法实施条例》第二十八条规定:"招标人不得组织单个或者部分潜在投标人踏勘项目现场。"

上述规定是为了防止招标人向潜在投标人有差别地提供信息,造成投标人之间的不公平竞争,招标人不得组织单个或者部分潜在投标人踏勘项目现场。招标人根据招标项目需要,组织潜在投标人踏勘项目现场的,应当组织所有购买招标文件或接收投标邀请书的潜在投标人实地踏勘项目现场。根据《招标投标法》第二十二条规定,招标人不得向他人透露已获取招标文件的潜在投标人的相关信息。确需组织踏勘项目现场的,招标人可分批次组织潜在投标人踏勘。招标人组织全部潜在投标人实地踏勘项目现场的,应当采取相应的保密措施并对投标人提出相关保密要求,不得采用集中签到甚至点名等方式,防止潜在投标人在踏勘项目现场中暴露身份,影响投标竞争,或潜在投标人相互沟通信息串通投标。需要说明的是,潜在投标人收到有关踏勘现场的通知后自愿放弃踏勘现场的,不属于本条规定的内容。

组织踏勘项目现场应当注意的问题:一是组织全部潜在投标人踏勘项目现场的时间,应尽可能安排在招标文件规定发出澄清文件的截止时间之前,以便在澄清文件中统一解答潜在投标人踏勘项目现场时提出的疑问。二是潜在投标人应全面踏勘项目现场,潜在投标人需要对可能影响投标报价及技术管理方案的现场条件进行全面踏勘,例如,工程建设项目的地理位置、地形、地貌、地质、水文、气候情况,工程现场的平面布局、交通、供水、供电、通信、污水排放等条件,以及工程施工临时用地、临时设施搭建的条件是否满足招标文件规定的要求。三是潜在投标人对踏勘项目现场后自行作出的判断负责,无论招标人组织还是潜在投标人自行踏勘项目现场,潜在投标人根据踏勘项目现场作出的投标分析、推论和判断,应当自行负责。四是招标人统一解答潜在投标人踏勘现场中的疑问。潜在投标人踏勘项目现场产生的疑问需要招标人澄清答复的,一般应当在招标文件规定的时间内向招标人提出。招标人应当以书面形式答复并作为招标文件的澄清说明,提供所有购买招标文件的潜在投标人。

7. 总承包招标

《招标投标法实施条例》第二十九条规定:"招标人可以依法对工程以及与工程建设有关的货物、服务全部或者部分实行总承包招标。以暂估价形式包括在总承包范围内的工程、货物、服务属于依法必须进行招标的项目范围且达到国家规定规模标准的,应当依法进行招标。前款所称暂估价,是指总承包招标时不能确定价格而由招标人在招标文件中暂时估定的工程、货物、服务的金额。"

本条规定目的是引导和规范总承包,为总承包招标提供必要的法律依据,防止利用总承包规避招标。招标人可以依法选择不同的总承包方式，总承包是国家鼓励和扶持的工程承包方式。《建筑法》第二十四条规定："提倡对建筑工程实行总承包，禁止将建筑工程肢解发包。建筑工程的发包单位可以将建筑工程的勘察、设计、施工、设备采购一并发包给一个工程总承包单位，也可以将建筑工程勘察、设计、施工、设备采购的一项或者多项发包给一个工程总承包单位；但是，不得将应当由一个承包单位完成的建筑工程肢解成若干部分发包给几个承包单位。"总承包方式是国家鼓励和扶持的工程承包方式。

总承包招标文件中设立暂估价是国际国内工程实践中的常见做法。实践中设立暂估价一般基于下列原因：一是招标人自己的功能需求仍未最终明确，对一些专业工程或者设备材料无法提出具体的标准和要求，无法纳入投标竞争。二是因设计深度不够，招标时部分工程、货物或者服务的技术标准和要求仍不明确，无法纳入竞争。三是部分专业工程必须由专业承包人设计才能保证质量、使用功能和可建造性，或者一些对项目质量、使用功能和设计美学非常关键的工程需要由经验丰富的专业承包人完成。四是一些重要材料设备价格因品牌和质量差异很大，且对工程使用功能十分重要，为防止因过度竞争而降低材料设备品质，也设为暂估价，以便在履约过程中以专项采购方式给予适度的控制。

《招标投标法实施条例》第二十九条规定也明确了必须招标的条件，即以暂估价形式包括在总承包范围内的工程、货物和服务，属于依法必须进行招标的项目范围且达到国家规定规模标准的，应当依法进行招标，而不是所有的暂估价项目均必须进行招标。

8. 两阶段招标

《招标投标法实施条例》第三十条规定："对技术复杂或者无法精确拟定技术规格的项目，招标人可以分两阶段进行招标。第一阶段，投标人按照招标公告或者投标邀请书的要求提交不带报价的技术建议，招标人根据投标人提交的技术建议确定技术标准和要求，编制招标文件。第二阶段，招标人向在第一阶段提交技术建议的投标人提供招标文件，投标人按照招标文件的要求提交包括最终技术方案和投标报价的投标文件。招标人要求投标人提交投标保证金的，应当在第二阶段提出。"

两阶段招标应注意：第一阶段，招标人需要向至少三家供应商或承包人征求技术方案建议，经过充分沟通商讨，研究确定招标项目技术标准和要求，编制招标文件。第二阶段，投标人按照招标文件的要求编制投标文件，提出投标报价。两阶段招标既能够弥补现行制度下不能进行谈判的不足，满足技术复杂或者不能精确拟定技术规格项目招标需要，同时又能够确保一定程度的公开、公平和公正。招标文件一旦确定下来，投标人就应当按照招标文件要求编制投标文件，不得就技术和商务内容进行谈判。

第一阶段征求技术建议一般可以分为以下四个步骤：

一是征询技术建议。招标人依法发布招标公告或者投标邀请书，或根据需要另行编制和发放《征求技术建议文件》，对招标项目基本需求目标和投标人（或称技术方案建议人）资格基本条件以及对技术建议书的编制、递交提出要求。

为了鼓励投标人积极提出优化、合理的技术方案建议，招标人在招标公告、投标邀请书或者《征求技术方案建议》中可以选择以下约定：经过第一阶段评审，对第二阶段编制招标文件中采用的全部或部分投标技术建议或其他优秀的技术建议将给予投标人奖励补偿，以及奖励补偿的具体标准。同时要求递交技术方案建议的投标人声明：同意招标人采用其技术方案建议。

二是提交技术建议书。投标人按照招标公告、投标邀请书或者《征求技术建议文件》，研究编制和递交技术方案建议书。

投标人递交的技术建议书不带报价，因为第一阶段属于征求技术建议并据此研究编制招标文件，不以选择中标人为目标，以及最终技术方案尚未确定，在第一阶段提交的投标报价缺乏针对性。为了不影响第二阶段投标的竞争性和公平性，《招标投标法实施条例》第三十条第二款规定，投标人递交的技术建议书原则上不要带报价。但是，招标人基于市场调研目的，或者为了评价技术方案的经济性，可以要求技术建议书附带参考价格，并可要求投标人将技术建议书和参考价格书采用双信封分别装订密封。其中，投标人的参考价格书应当严格保密，仅供评审人员研究确定招标项目技术标准和要求时参考。

三是评价和选择技术方案建议。招标人通过评审、商讨和论证，可以采用某一个或某几个已经提交的技术建议，或据此研究形成新的技术方案，作为编制招标文件技术标准和要求的基础。在这一步骤，招标人与技术方案建议人可以充分沟通、反复商讨以及随时要求对方增加补充有关资料。技术方案建议人可以随时撤回投标技术方案建议，也不需要提交投标保证金。

四是编制招标文件。招标人根据研究确定的项目技术方案编制招标文件。招标人研究确定的项目技术方案既要充分满足招标项目的技术特点和需求，又应当禁止通过采用不合理的技术标准和投标资格歧视、排斥或偏袒潜在投标人，尽可能使第一阶段递交技术方案建议的投标人参加投标，或者至少要保证有足够数量的投标人参与公平竞争。

9. 终止招标

招标程序启动的标志是发布资格预审公告、招标公告或者发出投标邀请书。虽然招标程序启动后终止招标是实践中难以避免的现象，但为了规范终止招标的行为，防止招标人利用终止招标排斥、限制潜在投标人，或者损害投标人的合法权益，《招标投标法实施条例》第三十一条规定："招标人终止招标的，应当及时发布公告，或者以书面形式通知被邀请的或者已经获取资格预审文件、招标文件的潜在投标人。已经发售资格预审文件、招标文件或者已经收取投标保证金的，招标人应当及时退还所收取的资格预审文件、招标文件的费用，以及所收取的投标保证金及银行同期存款利息。"

招标人终止招标程序应当慎重，除非有正当理由，招标人启动招标程序后不得擅自终止招标。主要原因在于：一是招标人擅自终止招标不符合《招标投标法》规定的诚实信用原则。招标投标的过程是形成和订立合同的过程，招标人启动招标程序意味着向潜在投标人发出了要约邀请，没有正当、合理的理由，招标人就应当依法完成招标工作。二是允许招标人擅自终止招标难以保障招标投标活动的公正和公平。三是允许招标人擅自终止招标将挫伤潜在投标人参与投标的积极性，最终削弱招标竞争的充分性。招标程序一旦启动，潜在投标人为响应招标即着手投标准备工作，产生相应的人力和物力的投入，终止招标对潜在投标人将造成损失。四是不允许招标人擅自终止招标有利于促使招标人做好招标前的计划和准备工作，提高工作效率。实践中比较常见的是招标人因重新调整标段划分、改变投标人资格条件或者招标范围、已发布的招标项目基本信息不准确等原因而终止招标，这些情形反映了招标准备工作的不充分。

尽管如此，招标过程中出现了非招标人原因无法继续招标的特殊情况的，招标人可以终止招标。这些特殊情况主要有：一是招标项目所必需的条件发生了变化。例如，符合《招标投标法》第九条规定的招标条件可能因国家产业政策调整、规划改变、用地性质变更等非招标人原因而发生变化，导致招标工作不得不终止。二是因不可抗力取消招标项目，否则继续招标将使当事人遭受更大损失。这类原因包括自然因素和社会因素，其中自然因素包括地震、洪水、海啸、火灾。社会因素包括颁布新的法律、政策、行政措施以及罢工、骚乱等。

根据诚实信用原则，招标人启动招标后应当依法履行先合同义务。无正当理由终止招标或者因自身原因必须终止招标给投标人造成损失的，招标人违反了先合同义务，应承担缔约过失责任，依法赔偿损失。

特别需要指出的是，《招标投标法实施条例》第三十一条规定的招标终止有别于暂停或者中止招标投标活动。暂停或者中止招标投标活动也是实践中难以避免的现象。招标过程中出现应当暂停的特殊情况的，招标投标活动应当中止或者暂停，待暂停的原因消除后再行恢复，以免影响招标效果，甚至造成无法挽回的或者纠正成本过大的后果。暂停招标的情形包括招标人依据《招标投标法实施条例》第二十二条规定决定暂停招标投标活动，行政监督部门根据《招标投标法实施条例》第六十二条责令招标人暂停招标投标活动，招标人在启动招标后需要调整工程设计而决定暂停等。

10. 限制、排斥投标人情形

允许潜在投标人公平地参与投标竞争，是招标投标制度发挥资源配置基础性作用的前提和保障。受地方、部门利益影响，甚至招标人为牟取不正当利益，实践中存在着以各种方式排斥、限制潜在投标人的现象，阻碍了统一开放、竞争有序的招标投标大市场的形成。针对这一情况，《招标投标法实施条例》第三十二条在《招标投标法》第十八条第二款规定的基础上，对限制、排斥潜在投标人的行为做了细化规定，为行政监督部门依法查处提供了明确的依据，共列举了以不合理条件限制或者排斥潜在投标人或投标人的七种情形：

（1）就同一招标项目向潜在投标人或者投标人提供有差别的项目信息。

（2）设定的资格、技术、商务条件与招标项目的具体特点和实际需要不相适应或者与合同履行无关。

（3）依法必须进行招标的项目以特定行政区域或者特定行业的业绩、奖项作为加分条件或者中标条件。

（4）对潜在投标人或者投标人采取不同的资格审查或者评标标准。

（5）限定或者指定特定的专利、商标、品牌、原产地或者供应商。

（6）依法必须进行招标的项目非法限定潜在投标人或者投标人的所有制形式或者组织形式。

（7）以其他不合理条件限制、排斥潜在投标人或者投标人。

3.2.3 投标

1. 投标的限制

为鼓励竞争，提高竞争的充分性，《招标投标法实施条例》第三十三条规定："投标人参加依法必须进行招标的项目的投标，不受地区或者部门的限制，任何单位和个人不得非法干涉。"

但鼓励竞争不是绝对的，不意味着不加区分地允许所有人参加投标，为了维护竞争的公正性，《招标投标法实施条例》第三十四条规定："与招标人存在利害关系可能影响招标公正性的法人、其他组织或者个人，不得参加投标。单位负责人为同一人或者存在控股、管理关系的不同单位，不得参加同一标段投标或者未划分标段的同一招标项目投标。违反前两款规定的，相关投标均无效。"

《招标投标法实施条例》第三十四条规定了限制投标的具体情形为：

（1）与招标人存在利害关系可能影响招标公正性。考虑到我国经济体制改革还需要进一步深化，各行业、各地区经济社会发展水平不一，以及产业政策与竞争政策的协调，本条没有一概禁止与招标人存在利害关系的法人、其他组织或者个人参与投标，构成本条第一款规定情形需要同时满足"存在利害关系"和"可能影响招标公正性"两个条件。即使投标人与招标人存在某种利害关系，但如果招标投标活动依法进行、程序规范，该利害关系并不影响其公正性的，可以参加投标。

（2）单位负责人为同一人的不同单位不得参加同一标段投标或者未划分标段的同一招标项目投标。单位负责人，是指单位法定代表人或者法律、行政法规规定代表单位行使职权的主要负责人。法定代表人，是指由法律或者法人组织章程规定，代表法人对外行使民事权利、履行民事义务的负责人。

（3）存在控股或者管理关系的不同单位不得参加同一标段投标或者未划分标段的同一招标项目投标。控股关系，是指其出资额占有限责任公司资本总额百分之五十以上或者其持有的股份占股份有限公司股本总额百分之五十以上的股东；出资额或者持有股份的比例虽然不足百分之五十，但依其出资额或者持有的股份所享有的表决权已足以对股东会、股东大会的决议产生重大影响的股东。管理关系，是指不具有出资持股关系的其他单位之间存在的管理与被管理关系，如一些事业单位。存在控股或者管理关系的两个单位在同一标段或者同一招标项目中投标，容易发生事先沟通、私下串通等现象，影响竞争的公平，因此有必要加以禁止。

需要说明三点：一是潜在投标人负有主动披露其可能存在本条第二款规定情形的义务，不主动披露构成弄虚作假。二是本条第二款规定不适用于资格预审。单位负责人为同一人或者存在控股、管理关系的不同单位，可以在同一招标项目中参加资格预审，但招标人只能选择其中一家符合资格条件的单位参加投标。具体选择方法，招标人应当在资格预审文件中载明。三是为防止利益冲突，限制投标人参与投标不限于本条规定的三种情形。例如，《招标投标法实施条例》第十三条第二款规定，招标代理机构不得在所代理的招标项目中投标或者代理投标，也不得为所代理的招标项目的投标人提供咨询。第二十七条第二款规定，接受委托编制标底的中介机构不得参加受托编制标底项目的投标，也不得为该项目的投标人编制投标文件或者提供咨询。第三十七条第三款规定，联合体各方在同一招标项目中以自己名义单独投标或者参加其他联合体投标的，相关投标均无效。

无效，是指自始无效。只要存在《招标投标法实施条例》第三十四条前两款规定的情形，不论于何时发现，相关投标均应作无效处理。具体说来，评标时，评标委员会应当否决其投标；中标公示后，招标人应当取消其中标资格；合同签订后，相关合同无效，应当恢复原状，不能恢复原状的中标人应当赔偿因此造成的损失。

《招标投标法》只规定了中标无效。《招标投标法实施条例》增加规定投标无效，一方面可以进一步明确相关投标的法律后果，减少纠纷；另一方面也便于招标投标活动当事人及时采取相应处理措施，进而提高招标投标效率。

2. 投标的撤回

《招标投标法实施条例》第三十五条规定："投标人撤回已提交的投标文件，应当在投标截止时间前书面通知招标人。招标人已收取投标保证金的，应当自收到投标人书面撤回通知之日起5日内退还。投标截止后投标人撤销投标文件的，招标人可以不退还投标保证金。"

《招标投标法》第二十九条赋予了投标人在投标截止时间前撤回投标文件的权利。从合同订立的角度，投标属于要约。投标截止时间就是投标（要约）生效的时间，也是投标有效期开始起算的时间。潜在投标人是否作出要约，完全取决于自己的意愿。因此，在投标截止时间前，允许投标人撤回其投标，但投标人应当书面通知招标人。

3. 投标的拒收

《招标投标法实施条例》第三十六条规定："未通过资格预审的申请人提交的投标文件，以及逾期送达或者不按照招标文件要求密封的投标文件，招标人应当拒收。招标人应当如实记载投标文件的送达时间和密封情况，并存档备查。"

本条规定了招标人应当拒收投标文件的三种情形：一是未通过资格预审的申请人提交的投标文件；二是逾期送达的投标文件；三是未按招标文件要求密封的投标文件。

4. 联合体投标

《招标投标法实施条例》第三十七条规定："招标人应当在资格预审公告、招标公告或者投标邀请书中载明是否接受联合体投标。招标人接受联合体投标并进行资格预审的，联合体应当在提交资格预审申请文件前组成。资格预审后联合体增减、更换成员的，其投标无效。联合体各方在同一招标项目中以自己名义单独投标或者参加其他联合体投标的，相关投标均无效。"

本条规定明确要求：（1）是否接受联合体投标由招标人决定并在招标公告或者投标邀请书中载明。（2）通过资格预审的联合体的组成不得改变，联合体成员发生变化的，联合体投标人应当按照《招标投标法实施条例》第三十八条规定，及时书面告知招标人。（3）联合体成员不得在同一招标项目中同时投标，联合体成员以自己的名义在同一招标项目中投标的，联合体和联合体成员的投标均无效。联合体成员又加入其他联合体，在同一招标项目中投标的，有该成员参加的所有联合体投标均无效，该规定的目的是避免投标人滥用联合体，以多重身份参与投标，导致不公平竞争。需要说明的是，本条规定并没有限制联合体成员在其他标段投标。

5. 投标告知

招标投标活动需要经历一定的时间阶段,在此过程中投标人可能会发生合并、分立、破产等影响其资格条件或者招标公正性的变化,危害招标人的利益。为保证招标投标活动的顺利进行及其公正性,投标人有告知义务。对此,《招标投标法实施条例》第三十八条规定:"投标人发生合并、分立、破产等重大变化的,应当及时书面告知招标人。投标人不再具备资格预审文件、招标文件规定的资格条件或者其投标影响招标公正性的,其投标无效。"

6. 串通或虚假投标

《招标投标法实施条例》第三十九条规定:"禁止投标人相互串通投标。有下列情形之一的,属于投标人相互串通投标:(一)投标人之间协商投标报价等投标文件的实质性内容;(二)投标人之间约定中标人;(三)投标人之间约定部分投标人放弃投标或者中标;(四)属于同一集团、协会、商会等组织成员的投标人按照该组织要求协同投标;(五)投标人之间为谋取中标或者排斥特定投标人而采取的其他联合行动。"

《招标投标法实施条例》第四十条规定:"有下列情形之一的,视为投标人相互串通投标:(一)不同投标人的投标文件由同一单位或者个人编制;(二)不同投标人委托同一单位或者个人办理投标事宜;(三)不同投标人的投标文件载明的项目管理成员为同一人;(四)不同投标人的投标文件异常一致或者投标报价呈规律性差异;(五)不同投标人的投标文件相互混装;(六)不同投标人的投标保证金从同一单位或者个人的账户转出。"

《招标投标法实施条例》第四十一条规定:"禁止招标人与投标人串通投标。有下列情形之一的,属于招标人与投标人串通投标:(一)招标人在开标前开启投标文件并将有关信息泄露给其他投标人;(二)招标人直接或者间接向投标人泄露标底、评标委员会成员等信息;(三)招标人明示或者暗示投标人压低或者抬高投标报价;(四)招标人授意投标人撤换、修改投标文件;(五)招标人明示或者暗示投标人为特定投标人中标提供方便;(六)招标人与投标人为谋求特定投标人中标而采取的其他串通行为。"

《招标投标法实施条例》第四十二条规定:"使用通过受让或者租借等方式获取的资格、资质证书投标的,属于招标投标法第三十三条规定的以他人名义投标。投标人有下列情形之一的,属于招标投标法第三十三条规定的以其他方式弄虚作假的行为:(一)使用伪造、变造的许可证件;(二)提供虚假的财务状况或者业绩;(三)提供虚假的项目负责人或者主要技术人员简历、劳动关系证明;(四)提供虚假的信用状况;(五)其他弄虚作假的行为。"

3.2.4 开标、评标和定标

1. 开标

《招标投标法实施条例》第四十四条规定:"招标人应当按照招标文件规定的时间、地点开标。投标人少于3个的,不得开标;招标人应当重新招标。投标人对开标有异议的,应当在开标现场提出,招标人应当当场作出答复,并制作记录。"

开标现场可能出现对投标文件提交、截标时间、开标程序、投标文件密封检查和开封、唱标内容、开标记录、唱标次序等的争议，以及投标人和招标人或者投标人相互之间是否存在《招标投标法实施条例》第三十四条规定的利益冲突的情形，这些争议和问题如不及时加以解决，将影响招标投标的有效性以及后续评标工作，事后纠正存在困难或者无法纠正。因此，第四十四条规定，对于开标中的问题，投标人认为不符合有关规定的，应当在开标现场提出异议。异议成立的，招标人应当及时采取纠正措施，或者提交评标委员会评审确认；投标人异议不成立的，招标人应当当场给予解释说明。异议和答复应记入开标会记录或者制作专门记录以备查。

2. 评标

（1）评标委员会的组成。

《招标投标法实施条例》第四十五条规定："国家实行统一的评标专家专业分类标准和管理办法。具体标准和办法由国务院发展改革部门会同国务院有关部门制定。省级人民政府和国务院有关部门应当组建综合评标专家库。"

评标专家专业分类标准详见《关于印发〈公共资源交易评标专家专业分类标准〉的通知》（发改法规〔2018〕316号）的内容，评标专家管理办法详见《评标委员会和评标办法暂行规定》。

《招标投标法实施条例》第四十六条规定："除招标投标法第三十七条第三款规定的特殊招标项目外，依法必须进行招标的项目，其评标委员会的专家成员应当从评标专家库内相关专业的专家名单中以随机抽取方式确定。任何单位和个人不得以明示、暗示等任何方式指定或者变相指定参加评标委员会的专家成员。依法必须进行招标的项目的招标人非因招标投标法和本条例规定的事由，不得更换依法确定的评标委员会成员。更换评标委员会的专家成员应当依照前款规定进行。评标委员会成员与投标人有利害关系的，应当主动回避。有关行政监督部门应当按照规定的职责分工，对评标委员会成员的确定方式、评标专家的抽取和评标活动进行监督。行政监督部门的工作人员不得担任本部门负责监督项目的评标委员会成员。"

回避制度的主要目的是保证评标专家独立、客观公正地履行评标职责。因此，与投标人有利害关系的评标委员会成员应当回避，不得进入评标委员会，已经进入的应当更换。利害关系主要指以下情形：一是投标人或者投标人主要负责人的近亲属；二是与投标人有经济利益关系，可能影响对投标公正评审的。由于招标人不清楚评标委员会成员是否具有回避情形，因此《招标投标法实施条例》规定，评标委员会成员有上述规定情形之一的，应当主动申请回避。实践中，招标人可以要求评标委员会成员签署承诺书，确认其不存在上述回避情形。

《招标投标法实施条例》第四十七条规定："招标投标法第三十七条第三款所称特殊招标项目，是指技术复杂、专业性强或者国家有特殊要求，采取随机抽取方式确定的专家难以保证胜任评标工作的项目。"本条是关于特殊招标项目直接确定评标专家的规定。由于《招标投标法》没有对特殊招标项目作出界定，为避免该规定被滥用，《招标投标法》第三十七条第三款规定，特殊招标项目的评标专家可以由招标人直接确定。

（2）评标的准备。

《招标投标法实施条例》第四十八条规定："招标人应当向评标委员会提供评标所必需的信息，但不得明示或者暗示其倾向或者排斥特定投标人。招标人应当根据项目规模和技术复杂程度等因素合理确定评标时间。超过三分之一的评标委员会成员认为评标时间不够的,招标人应当适当延长。评标过程中,评标委员会成员有回避事由、擅离职守或者因健康等原因不能继续评标的,应当及时更换。被更换的评标委员会成员作出的评审结论无效,由更换后的评标委员会成员重新进行评审。"

上述规定,明确了在评审开始前,招标人应当向评标委员会提供评标所必需的信息和确定合理的评标时间。

(3) 评标的规定。

《招标投标法实施条例》第四十九条规定:"评标委员会成员应当依照招标投标法和本条例的规定,按照招标文件规定的评标标准和方法,客观、公正地对投标文件提出评审意见。招标文件没有规定的评标标准和方法不得作为评标的依据。评标委员会成员不得私下接触投标人,不得收受投标人给予的财物或者其他好处,不得向招标人征询确定中标人的意向,不得接受任何单位或者个人明示或者暗示提出的倾向或者排斥特定投标人的要求,不得有其他不客观、不公正履行职务的行为。"

《招标投标法实施条例》第五十条规定:"招标项目设有标底的,招标人应当在开标时公布。标底只能作为评标的参考,不得以投标报价是否接近标底作为中标条件,也不得以投标报价超过标底上下浮动范围作为否决投标的条件。"

《招标投标法实施条例》第五十一条规定:"有下列情形之一的,评标委员会应当否决其投标:(一)投标文件未经投标单位盖章和单位负责人签字;(二)投标联合体没有提交共同投标协议;(三)投标人不符合国家或者招标文件规定的资格条件;(四)同一投标人提交两个以上不同的投标文件或者投标报价,但招标文件要求提交备选投标的除外;(五)投标报价低于成本或者高于招标文件设定的最高投标限价;(六)投标文件没有对招标文件的实质性要求和条件作出响应;(七)投标人有串通投标、弄虚作假、行贿等违法行为。"

为了保证评标的客观公正,评标委员会应当依法进行评标。《招标投标法》和《招标投标法实施条例》有关评标的规定主要有:一是评标委员会可以要求投标人对投标文件中含义不明确的内容作必要的澄清或者说明,并书面通知投标人(详见《招标投标法》第三十九条、《招标投标法实施条例》第五十二条)。二是评标委员会应当按照招标文件确定的评标标准和方法,对投标文件进行评审和比较,并向招标人提出书面评标报告和推荐合格的中标候选人,招标文件没有规定的评标标准和方法不得作为评标的依据(详见《招标投标法》第四十条、《招标投标法实施条例》第四十九条)。三是评标委员会对存在《招标投标法实施条例》第五十一条列举情形的投标文件,应当予以否决(详见《招标投标法实施条例》第五十一条)。四是评标委员会经评审认为所有投标都不符合招标文件要求的,可以否决所有投标(详见《招标投标法》第四十二条)。五是评标委员会成员应当客观公正地履行职务,遵守职业道德,对所提出的评审意见承担个人责任(详见《招标投标法》第四十四条第一款)。

3. 投标的澄清

《招标投标法实施条例》第五十二条规定:"投标文件中有含义不明确的内容、明显文字或者计算错误,评标委员会认为需要投标人作出必要澄清、说明的,应当书面通知该投标人。投标人的澄清、说明应当采用书面形式,并不得超出投标文件的范围或者改变投标文件的实质性内容。评标委员会不得暗示或者诱导投标人作出澄清、说明，不得接受投标人主动提出的澄清、说明。"

根据本条规定，实践过程中应注意以下四点：

(1) 投标文件澄清、说明程序是由评标委员会发起的，主要表现为：

第一，评标委员会是澄清、说明工作的启动者。根据《招标投标法》第三十九条规定，评标委员会可以要求投标人对投标文件含义不明确的内容进行澄清、说明。本条进一步规定，投标文件中有含义不明确的内容、明显文字或者计算错误，评标委员会认为需要投标人作出必要澄清、说明的，可以启动澄清、说明程序。

第二，评标委员会启动澄清、说明程序具有一定前提条件。当投标文件中出现含义不明、明显文字或者计算错误等内容且评标委员会不能准确了解投标人真实意思表示时，评标委员会应当启动澄清、说明工作。评标委员会不能滥用澄清、说明机制。对于投标文件中意思表示明确或者根据投标文件的上下文能够准确判断其含义的内容，评标委员会不得要求投标人进行澄清或者说明。

第三，评标委员会要求投标人给予澄清、说明的范围限于投标文件中含义不明、明显文字或者计算错误等内容。

(2) 澄清、说明应当以书面形式进行。投标人进行澄清、说明的通知和投标人的澄清、说明均应采用书面形式。一是根据《招标投标法》第三十七条和第三十八条规定，评标应当在严格保密的情况下进行，且评标委员会名单在中标结果确定前应当严格保密。二是评标委员会以书面形式通知投标人有关澄清、说明的内容和要求，有利于准确传递信息，保证投标人准确把握。投标人应评标委员会要求所作的澄清、说明对投标人有约束力，在一定意义上应等同于投标文件，理应采用书面形式。

(3) 澄清、说明的内容不得超出投标文件的范围或者改变投标文件的实质性内容。所谓投标文件的实质性内容包括投标报价、质量标准、履行期限等。根据《招标投标法》规定，招标投标是一个轮次的要约和承诺，超出投标文件范围或者改变投标文件实质性内容的澄清、说明是对投标文件的修改和补充，将构成新的要约，不符合《招标投标法》第二十九条规定。不仅如此，开标后投标人已经掌握了其他投标人的投标信息，如果澄清、说明超出投标文件范围或者改变投标文件的实质性内容，甚至使原本不合格的投标成为合格的投标，违背招标投标活动应当遵循的公正和公平原则。

(4) 不接受投标人主动提出的澄清、说明。

4. 评标报告

《招标投标法实施条例》第五十三条规定："评标完成后，评标委员会应当向招标人提交书面评标报告和中标候选人名单。中标候选人应当不超过3个，并标明排序。评标报告应当由评标委员会全体成员签字。对评标结果有不同意见的评标委员会成员应当以书面形式说明其不同意见和理由，评标报告应当注明该不同意见。评标委员会成员拒绝在评标报告上签字又不书面说明其不同意见和理由的，视为同意评标结果。"

根据《招标投标法》第四十条第二款的规定，招标人根据评标委员会提出的书面评标报告和推荐的中标候选人确定中标人。据此，书面评标报告是招标人确定中标人的依据。评标委员会完成评标后，应当向招标人提交书面报告，为招标人确定中标人提供所必需的评标信息。评标报告作为招标人定标的重要依据，通常包括基本情况和数据表；

评标委员会成员名单；开标记录；符合要求的投标一览表；否决投标情况说明；评标标准、评标方法或者评标因素一览表；经评审的价格或者评分比较一览表；经评审的投标人排序；推荐的中标候选人名单与签订合同前要处理的事宜；澄清、说明纪要等。

5. 中标公示

《招标投标法实施条例》第五十四条规定："依法必须进行招标的项目，招标人应当自收到评标报告之日起 3 日内公示中标候选人，公示期不得少于 3 日。投标人或者其他利害关系人对依法必须进行招标的项目的评标结果有异议的，应当在中标候选人公示期间提出。招标人应当自收到异议之日起 3 日内作出答复；作出答复前，应当暂停招标投标活动。"

本条规定中将公示中标候选人的项目范围限于依法必须进行招标的项目。公示中标候选人符合公开原则，有利于进一步加强社会监督，保证评标结果的公正和公平。本条将需要公示中标候选人的项目范围限定在依法必须进行招标的项目，其他招标项目是否公示中标候选人由招标人自主决定，体现了《招标投标法实施条例》对招标项目实行差别化管理，以突出监管重点的立法精神。

《招标投标法实施条例》第五十五条规定："国有资金占控股或者主导地位的依法必须进行招标的项目，招标人应当确定排名第一的中标候选人为中标人。排名第一的中标候选人放弃中标、因不可抗力不能履行合同、不按照招标文件要求提交履约保证金，或者被查实存在影响中标结果的违法行为等情形，不符合中标条件的，招标人可以按照评标委员会提出的中标候选人名单排序依次确定其他中标候选人为中标人，也可以重新招标。"

本条之所以规定招标人可以依次选择其他中标候选人为中标人，也可以重新招标，而没有规定招标人必须选择排名第二的中标候选人为中标人，主要是为了与《招标投标法》第六十四条规定保持一致，防范中标候选人之间串通，以及减少恶意投诉。

6. 履约能力审查

《招标投标法实施条例》第五十六条规定："中标候选人的经营、财务状况发生较大变化或者存在违法行为，招标人认为可能影响其履约能力的，应当在发出中标通知书前由原评标委员会按照招标文件规定的标准和方法审查确认。"

上述规定的目的是确保中标人具备履约能力，同时，适用本条规定需要满足规定条件：

（1）在启动原因上，必须是中标候选人的经营状况、财务状况发生较大变化或者存在违法行为，且招标人认为可能影响其履约能力的。经营状况发生较大变化既包括因为市场行情改变、管理不善，或者经营决策失误而导致的经营困难，也包括所承担业务已超出经营能力，或者主要技术人员离职、不再满足招标文件规定的资格条件等情形。财务状况发生较大变化，通常指资不抵债、流动资金紧张等情形。本条所指违法行为，不限于本次招标活动中发生的，只要发生违法行为的后果对本次招标的评标结果和合同的履行产生影响，也应包括在内。一般说来，中标候选人违法行为可能导致丧失中标资格以及丧失履约能力两种后果。前者如存在串通投标、弄虚作假、行贿的，其投标应当被否决，或者在中标通知书发出后宣布中标无效；后者如因违法而被责令停产停业、查封冻结财产等。中标候选人虽有违法行为，但招标人认为不影响中标结果或者履约能力的，不需要启动该程序。

（2）在时间阶段上，该程序适用于评标结束后中标通知书发出前。如果在评标过程中出现相关情形，由评标委员会在评审时一并审查即可。如果中标通知书已经发出，表明合同已经成立，按照《民法典》的相关规定执行。

（3）在审查主体上，履约能力审查的主体为原评标委员会。这样规定是为了防止招标人擅自变更评标结果，同时也有利于评审尺度的统一。

（4）在审查依据上，履约能力审查的标准和方法，应当为招标文件规定的标准和方法，不得另搞一套。

7. 合同签订及履约担保

《招标投标法实施条例》第五十七条规定："招标人和中标人应当依照招标投标法和本条例的规定签订书面合同，合同的标的、价款、质量、履行期限等主要条款应当与招标文件和中标人的投标文件的内容一致。招标人和中标人不得再行订立背离合同实质性内容的其他协议。招标人最迟应当在书面合同签订后5日内向中标人和未中标的投标人退还投标保证金及银行同期存款利息。"

《招标投标法实施条例》第五十八条规定："招标文件要求中标人提交履约保证金的，中标人应当按照招标文件的要求提交。履约保证金不得超过中标合同金额的10%。"

《招标投标法》第四十六条第二款规定："招标文件要求中标人提交履约保证金的，中标人应当提交。"履约保证金属于中标人向招标人提供的用以保障其履行合同义务的担保。中标人不履行合同义务的，招标人将按照合同约定扣除其全部或部分履约保证金，或由担保人承担担保责任。如果中标人违约给招标人造成的损失超过履约保证金的，还应该依法赔偿超过部分的损失。履约保证金的设立使得招标投标与合同履行紧密结合，相互支撑。既可以保证中标合同的履行，又有助于择优选择中标人，对于预防和遏制招标投标活动中弄虚作假行为和低于成本报价的恶性竞争，防范合同履行风险具有积极作用。

需要明确的是，履约保证金的形式通常为中标人出具的银行汇票、支票、现金等，以及由银行或第三方担保机构出具的履约担保函。招标人应当给中标人留有选择履约保证金形式的余地，不能借此排斥投标人。

履约保证金作为合同订立的条件，要在合同签订前提交。履约保证金的有效期自合同生效之日起至合同约定的中标人主要义务履行完毕止。中标人合同主要义务履行完毕，招标人应按合同约定及时退还履约保证金，履约担保函自行失效。履约保证金使用现金等形式的，可以根据需要约定利息计取办法，招标人不得将履约保证金挪作他用。

8. 禁止转包和违法分包

《招标投标法实施条例》第五十九条规定："中标人应当按照合同约定履行义务，完成中标项目。中标人不得向他人转让中标项目，也不得将中标项目肢解后分别向他人转让。中标人按照合同约定或者经招标人同意，可以将中标项目的部分非主体、非关键性工作分包给他人完成。接受分包的人应当具备相应的资格条件，并不得再次分包。中标人应当就分包项目向招标人负责，接受分包的人就分包项目承担连带责任。"

本条是关于禁止转包和违法分包的规定。招标项目层层转包、违法分包，是造成最后实际用于招标项目的费用大为减少，导致偷工减料，留下严重质量隐患甚至造成重大质量事故的主要原因之一。对此，《招标投标法实施条例》重申了《招标投标法》关于中标人应当依法履行合同，禁止中标人转包和违法分包的规定。

原则上讲，合同约定的中标人义务，都应当由中标人自行完成。但是，对一些招标项目而言，如结构复杂的工程，实行总承包与分包相结合的方式，允许承包人在一定的条件下，将总承包工程项目中的部分劳务工程或者自己不擅长的专业工程分包给其他承包人，不仅有利于发挥各自优势，对于提高工作效率，降低工程造价，保证工程质量以及缩短工期等也是必要的。因此，《建筑法》第二十九条、《招标投标法》第四十八条，允许中标人按照合同约定或者经招标人同意，将中标项目的部分非主体、非关键性工作分包给他人完成。但是为了确保质量，《招标投标法实施条例》对分包行为作了四点限制性规定：一是分包的内容只能是非主体、非关键性的工作，主体和关键性工作不得分包。二是接受分包的单位应当具有相应资格条件和履约能力。三是分包应按照合同约定或者取得招标人同意后进行。四是接受分包的人不得再次分包，即分包只能进行一次。

在总包与分包相结合的承包模式中，存在两个不同的合同关系：一个是招标人和中标人签订的总承包合同，另一个是中标人和分包人之间签订的分包合同。对总承包人（中标人）而言，尽管分包工作是根据合同约定或者经招标人同意进行分包的，但由于分包工作已经纳入了总承包范围，总承包人应根据总承包合同就分包工作向招标人负责。对分包人而言，他只与总承包人签订分包合同，与招标人之间并不存在合同关系。根据合同的相对性，分包人只对总承包人负责，并不直接向招标人承担责任。换句话说，因分包工作出现的问题，招标人只能向总承包人追究责任，而不能直接向分包人追偿。为了维护招标人的权益，《招标投标法实施条例》规定，中标人与分包人应当就分包工作向招标人承担连带责任。换句话说，分包人不履行分包合同时，招标人既可以要求总承包人承担责任，也可以直接要求分包人承担责任。

3.2.5 投诉与处理

《招标投标法实施条例》第六十条规定："投标人或者其他利害关系人认为招标投标活动不符合法律、行政法规规定的，可以自知道或者应当知道之日起10日内向有关行政监督部门投诉。投诉应当有明确的请求和必要的证明材料。就本条例第二十二条、第四十四条、第五十四条规定事项投诉的，应当先向招标人提出异议，异议答复期间不计算在前款规定的期限内。"

上述规定主要明确了五方面内容：一是投诉的主体是投标人和其他利害关系人；二是投诉应当有明确的请求和必要的证明材料；三是投诉应当在投诉人知道或者应当知道之日起10日内提出；四是受理投诉的机关为有管辖权的行政监督部门；五是本条为特定事项的投诉规定了异议前置条件，即有关《招标投标法实施条例》第二十二条、第四十四条和第五十四条规定事项的投诉，应当以向招标人提出异议为前提。第二十二条、第四十四条和第五十四条规定的事项包括资格预审文件、招标文件、开标和评标结果。对资格预审文件有异议的，应当在资格预审申请截止时间二日前提出；对招标文件有异议的,应当在投标截止时间十日前提出;对开标的异议应当在开标会上当场提出;对依法必须进行招标项目的评标结果有异议的,应当在中标候选人公示期间提出。其主要考虑:一是鼓励投标人和其他利害关系人通过异议方式解决招标投标争议,异议一般通过招标人的解释说明可以快捷地得到化解,而投诉处理则必须经过调查,履行法定程序。二是减轻行政负担,以便有效利用有限的行政资源处理异议程序无法解决的投诉。

《招标投标法实施条例》第六十一条规定:"投诉人就同一事项向两个以上有权受理的行政监督部门投诉的,由最先收到投诉的行政监督部门负责处理。行政监督部门应当自收到投诉之日起3个工作日内决定是否受理投诉,并自受理投诉之日起30个工作日内作出书面处理决定;需要检验、检测、鉴定、专家评审的,所需时间不计算在内。投诉人捏造事实、伪造材料或者以非法手段取得证明材料进行投诉的,行政监督部门应当予以驳回。"

《招标投标法实施条例》第六十二条规定:"行政监督部门处理投诉,有权查阅、复制有关文件、资料,调查有关情况,相关单位和人员应当予以配合。必要时,行政监督部门可以责令暂停招标投标活动。行政监督部门的工作人员对监督检查过程中知悉的国家秘密、商业秘密,应当依法予以保密。"

3.2.6 法律责任

根据参与招标投标活动的相关当事人,主要从招标人、投标人、招标代理机构、评标委员会、行政监督部门角度阐述相关的法律责任。

1. 招标人的法律规定

《招标投标法实施条例》第六十三条规定:"招标人有下列限制或者排斥潜在投标人行为之一的,由有关行政监督部门依照招标投标法第五十一条的规定处罚:(一)依法应当公开招标的项目不按照规定在指定媒介发布资格预审公告或者招标公告;(二)在不同媒介发布的同一招标项目的资格预审公告或者招标公告的内容不一致,影响潜在投标人申请资格预审或者投标。依法必须进行招标的项目的招标人不按照规定发布资格预审公告或者招标公告,构成规避招标的,依照招标投标法第四十九条的规定处罚。"

《招标投标法实施条例》第六十四条规定:"招标人有下列情形之一的,由有关行政监督部门责令改正,可以处10万元以下的罚款:(一)依法应当公开招标而采用邀请招标;(二)招标文件、资格预审文件的发售、澄清、修改的时限,或者确定的提交资格预审申请文件、投标文件的时限不符合招标投标法和本条例规定;(三)接受未通过资格预审的单位或者个人参加投标;(四)接受应当拒收的投标文件。招标人有前款第一项、第三项、第四项所列行为之一的,对单位直接负责的主管人员和其他直接责任人员依法给予处分。"

《招标投标法实施条例》第七十条规定:"依法必须进行招标的项目的招标人不按照规定组建评标委员会,或者确定、更换评标委员会成员违反招标投标法和本条例规定的,由有关行政监督部门责令改正,可以处10万元以下的罚款,对单位直接负责的主管人员和其他直接责任人员依法给予处分;违法确定或者更换的评标委员会成员作出的评审结论无效,依法重新进行评审。国家工作人员以任何方式非法干涉选取评标委员会成员的,依照本条例第八十条的规定追究法律责任。"

《招标投标法实施条例》第七十三条规定:"依法必须进行招标的项目的招标人有下列情形之一的,由有关行政监督部门责令改正,可以处中标项目金额10‰以下的罚款;给他人造成损失的,依法承担赔偿责任;对单位直接负责的主管人员和其他直接责任人员依法给予处分:(一)无正当理由不发出中标通知书;(二)不按照规定确定中标人;(三)中标通知书发出后无正当理由改变中标结果;(四)无正当理由不与中标人订立合同;(五)在订立合同时向中标人提出附加条件。"

《招标投标法实施条例》第七十五条规定:"招标人和中标人不按照招标文件和中标人的投标文件订立合同,合同的主要条款与招标文件、中标人的投标文件的内容不一致,或者招标人、中标人订立背离合同实质性内容的协议的,由有关行政监督部门责令改正,可以处中标项目金额5‰以上10‰以下的罚款。"

2. 投标人的法律规定

《招标投标法实施条例》第六十七条规定:"投标人相互串通投标或者与招标人串通投标的,投标人向招标人或者评标委员会成员行贿谋取中标的,中标无效;构成犯罪的,依法追究刑事责任;尚不构成犯罪的,依照招标投标法第五十三条的规定处罚。投标人未中标的,对单位的罚款金额按照招标项目合同金额依照招标投标法规定的比例计算。投标人有下列行为之一的,属于招标投标法第五十三条规定的情节严重行为,由有关行政监督部门取消其1年至2年内参加依法必须进行招标的项目的投标资格:(一)以行贿谋取中标;(二)3年内2次以上串通投标;(三)串通投标行为损害招标人、其他投标人或者国家、集体、公民的合法利益,造成直接经济损失30万元以上;(四)其他串通投标情节严重的行为。投标人自本条第二款规定的处罚执行期限届满之日起3年内又有该款所列违法行为之一的,或者串通投标、以行贿谋取中标情节特别严重的,由工商行政管理机关吊销营业执照。法律、行政法规对串通投标报价行为的处罚另有规定的,从其规定。"

《招标投标法实施条例》第六十八条规定:"投标人以他人名义投标或者以其他方式弄虚作假骗取中标的,中标无效;构成犯罪的,依法追究刑事责任;尚不构成犯罪的,依照招标投标法第五十四条的规定处罚。依法必须进行招标的项目的投标人未中标的,对单位的罚款金额按照招标项目合同金额依照招标投标法规定的比例计算。投标人有下列行为之一的,属于招标投标法第五十四条规定的情节严重行为,由有关行政监督部门取消其1年至3年内参加依法必须进行招标的项目的投标资格:(一)伪造、变造资格、资质证书或者其他许可证件骗取中标;(二)3年内2次以上使用他人名义投标;(三)弄虚作假骗取中标给招标人造成直接经济损失30万元以上;(四)其他弄虚作假骗取中标情节严重的行为。

投标人自本条第二款规定的处罚执行期限届满之日起3年内又有该款所列违法行为之一的,或者弄虚作假骗取中标情节特别严重的,由工商行政管理机关吊销营业执照。"

《招标投标法实施条例》第六十九条规定:"出让或者出租资格、资质证书供他人投标的,依照法律、行政法规的规定给予行政处罚;构成犯罪的,依法追究刑事责任。"

《招标投标法实施条例》第七十四条规定:"中标人无正当理由不与招标人订立合同,在签订合同时向招标人提出附加条件,或者不按照招标文件要求提交履约保证金的,取消其中标资格,投标保证金不予退还。对依法必须进行招标的项目的中标人,由有关行政监督部门责令改正，可以处中标项目金额10‰以下的罚款。"

《招标投标法实施条例》第七十六条规定："中标人将中标项目转让给他人的，将中标项目肢解后分别转让给他人的，违反招标投标法和本条例规定将中标项目的部分主体、关键性工作分包给他人的，或者分包人再次分包的，转让、分包无效，处转让、分包项目金额5‰以上10‰以下的罚款；有违法所得的，并处没收违法所得；可以责令停业整顿；情节严重的，由工商行政管理机关吊销营业执照。"

《招标投标法实施条例》第七十七条规定："投标人或者其他利害关系人捏造事实、伪造材料或者以非法手段取得证明材料进行投诉，给他人造成损失的，依法承担赔偿责任。招标人不按照规定对异议作出答复，继续进行招标投标活动的，由有关行政监督部门责令改正，拒不改正或者不能改正并影响中标结果的，依照本条例第八十一条的规定处理。"

3. 招标代理机构的法律规定

《招标投标法实施条例》第六十五条规定："招标代理机构在所代理的招标项目中投标、代理投标或者向该项目投标人提供咨询的，接受委托编制标底的中介机构参加受托编制标底项目的投标或者为该项目的投标人编制投标文件、提供咨询的，依照招标投标法第五十条的规定追究法律责任。"

《招标投标法实施条例》第六十六条规定："招标人超过本条例规定的比例收取投标保证金、履约保证金或者不按照规定退还投标保证金及银行同期存款利息的，由有关行政监督部门责令改正，可以处5万元以下的罚款；给他人造成损失的，依法承担赔偿责任。"

4. 评标委员会的法律规定

《招标投标法实施条例》第七十一条规定："评标委员会成员有下列行为之一的，由有关行政监督部门责令改正；情节严重的，禁止其在一定期限内参加依法必须进行招标的项目的评标；情节特别严重的，取消其担任评标委员会成员的资格：（一）应当回避而不回避；（二）擅离职守；（三）不按照招标文件规定的评标标准和方法评标；（四）私下接触投标人；（五）向招标人征询确定中标人的意向或者接受任何单位或者个人明示或者暗示提出的倾向或者排斥特定投标人的要求；（六）对依法应当否决的投标不提出否决意见；（七）暗示或者诱导投标人作出澄清、说明或者接受投标人主动提出的澄清、说明；（八）其他不客观、不公正履行职务的行为。"

《招标投标法实施条例》第七十二条规定："评标委员会成员收受投标人的财物或者其他好处的，没收收受的财物，处3000元以上5万元以下的罚款，取消担任评标委员会成员的资格，不得再参加依法必须进行招标的项目的评标；构成犯罪的，依法追究刑事责任。"

5. 行政监督部门的法律规定

《招标投标法实施条例》第七十九条规定："项目审批、核准部门不依法审批、核准项目招标范围、招标方式、招标组织形式的，对单位直接负责的主管人员和其他直接责任人员依法给予处分。有关行政监督部门不依法履行职责，对违反招标投标法和本条例规定的行为不依法查处，或者不按照规定处理投诉、不依法公告对招标投标当事人违法行为的行政处理决定的,对直接负责的主管人员和其他直接责任人员依法给予处分。项目审批、核准部门和有关行政监督部门的工作人员徇私舞弊、滥用职权、玩忽职守,构成犯罪的,依法追究刑事责任。"

《招标投标法实施条例》第八十条规定:"国家工作人员利用职务便利,以直接或者间接、明示或者暗示等任何方式非法干涉招标投标活动,有下列情形之一的,依法给予记过或者记大过处分;情节严重的,依法给予降级或者撤职处分;情节特别严重的,依法给予开除处分;构成犯罪的,依法追究刑事责任:(一)要求对依法必须进行招标的项目不招标,或者要求对依法应当公开招标的项目不公开招标;(二)要求评标委员会成员或者招标人以其指定的投标人作为中标候选人或者中标人,或者以其他方式非法干涉评标活动,影响中标结果;(三)以其他方式非法干涉招标投标活动。"

6. 其他规定

《招标投标法实施条例》第七十八条规定:"国家建立招标投标信用制度。有关行政监督部门应当依法公告对招标人、招标代理机构、投标人、评标委员会成员等当事人违法行为的行政处理决定。"

《招标投标法实施条例》第八十一条规定:"依法必须进行招标的项目的招标投标活动违反招标投标法和本条例的规定,对中标结果造成实质性影响,且不能采取补救措施予以纠正的,招标、投标、中标无效,应当依法重新招标或者评标。"

3.3 招标投标相关部门规章

3.3.1 依法必须招标的工程项目规定

《招标投标法》设立了强制招标制度,将部分工程建设项目的采购活动纳入强制招标范围。依据《招标投标法》的相关规定,属于依法必须进行招标的工程建设项目,达到相应规模标准后,必须采用招标方式实施采购。

1. 依法必须招标的工程项目范围

(1)《招标投标法》的规定。

《招标投标法》第三条规定:"在中华人民共和国境内进行下列工程建设项目包括项目的勘察、设计、施工、监理以及与工程建设有关的重要设备、材料等的采购,必须进行招标:(一)大型基础设施、公用事业等关系社会公共利益、公众安全的项目;(二)全部或者部分使用国有资金投资或者国家融资的项目;(三)使用国际组织或者外国政府贷款、援助资金的项目。"

从该规定可以看出,《招标投标法》是从项目属性和资金属性两个维度来界定依法必须进行招标的工程建设项目的范围的。从项目属性来看,法律把大型基础设施和公用事业等关系社会公共利益、公众安全的工程建设项目纳入了强制招标范畴。从资金属性来看,法律把使用国有资金和涉外资金的工程建设项目纳入强制招标范畴。

(2)《招标投标法实施条例》的规定。

《招标投标法》第三条把三类工程建设项目纳入强制招标的范畴,但未就"工程建设项目"这一概念的内涵作出解释。为此，2012年颁布实施的《招标投标法实施条例》专门就"工程建设项目"作出了定义。

《招标投标法实施条例》第二条第一款规定，《招标投标法》第三条所称工程建设项目，是指工程以及与工程建设有关的货物、服务。

该法条第二款还就工程、工程建设有关的货物、与工程建设有关的服务作出了进一步解释。明确了工程是指建设工程，包括建筑物和构筑物的新建、改建、扩建及其相关的装修、拆除、修缮等；与工程建设有关的货物，是指构成工程不可分割的组成部分，且为实现工程基本功能所必需的设备、材料等；与工程建设有关的服务，是指为完成工程所需的勘察、设计、监理等服务。

(3)《必须招标的工程项目规定》的规定。

如前所述，《招标投标法》从项目属性和资金属性两个维度界定了依法必须进行招标的工程建设项目的范围，但法律对纳入强制招标范畴的三类项目的规定较为原则，实践当中不太容易准确把握和清晰地界定。

为此，原国家发展计划委根据《招标投标法》的授权，报经国务院批准后，于2000年5月颁布了《工程建设项目招标范围和规模标准规定》（国家发展计划委令第3号，以下简称原国家计委3号令），就《招标投标法》第三条规定的纳入强制招标的工程建设项目的具体范围和规模标准作了详细规定。

2018年，国家发展改革委根据我国工程招标投标领域出现的新情况、新特点，结合"放管服"要求，重新修订了必须招标的工程项目的具体范围和规模标准，报经国务院批准后，先后颁布了《必须招标的工程项目规定》（国家发展改革委令第16号，以下简称16号令）和《必须招标的基础设施和公用事业项目范围规定》（发改法规规〔2018〕843号，以下简称843号文），分别于2018年6月1日和6月6日正式施行。相较于原国家计委3号令的规定，16号令和843号文大幅缩减了必须招标的工程项目的范围。根据16号令和843号文的相关规定，修订后的依法必须进行招标的工程建设项目的具体范围如下：

第一，全部或者部分使用国有资金投资或者国家融资的项目包括：

① 使用预算资金200万元人民币以上，并且该资金占投资额10%以上的项目。

② 使用国有企业事业单位资金，并且该资金占控股或者主导地位的项目。

第二，使用国际组织或者外国政府贷款、援助资金的项目包括：

① 使用世界银行、亚洲开发银行等国际组织贷款、援助资金的项目。

② 使用外国政府及其机构贷款、援助资金的项目。

第三，不属于前述规定范围内的大型基础设施、公用事业等关系社会公共利益、公众安全的项目，必须招标的具体范围包括：

① 煤炭、石油、天然气、电力、新能源等能源基础设施项目。

② 铁路、公路、管道、水运，以及公共航空和A1级通用机场等交通运输基础设施项目。

③ 电信枢纽、通信信息网络等通信基础设施项目。

④ 防洪、灌溉、排涝、引（供）水等水利基础设施项目。

⑤ 城市轨道交通等城建项目。

2. 依法必须招标的工程项目的规模标准

16号令第五条规定,纳入强制招标范畴的工程项目,其勘察、设计、施工、监理以及与工程建设有关的重要设备、材料等的采购达到下列标准之一的,必须招标:

(1) 施工单项合同估算价在400万元人民币以上。

(2) 重要设备、材料等货物的采购,单项合同估算价在200万元人民币以上。

(3) 勘察、设计、监理等服务的采购,单项合同估算价在100万元人民币以上。

16号令第五条同时规定,同一项目中可以合并进行的勘察、设计、施工、监理以及与工程建设有关的重要设备、材料等的采购,合同估算价合计达到前述规定标准的,必须招标。

16号令在原国家计委3号令规定的基础上,把必须招标的工程项目的规模标准提高了一倍,删除了"项目总投资额超过3000万元人民币的工程项目必须招标"的规定。

需要注意的是:在执行上述规模标准时,任何单位和个人不得将依法必须进行招标的项目化整为零或以其他任何方式规避招标,否则将承担相应法律责任。

综上所述,判断一个工程项目是否属于依法必须进行招标的项目,应当从该工程项目是否"属于依法必须招标的范围"和"达到必须招标的规模标准"两个方面来判断。对于一个特定的工程项目而言,只有同时满足"属于依法必须招标的范围"和"达到必须招标的规模标准"两个条件,该项目的单项采购活动,才必须使用招标方式实施采购。

依据相关法律文件的规定,下列两种情形的工程项目,不是依法必须进行招标的项目:

(1) 属于依法必须招标的范围,但单项采购未达到必须招标的规模标准的工程项目。

(2) 单项采购金额达到必须招标的规模标准,但不属于依法必须招标范围的工程项目。

3. 免予招标的例外情形

属于依法必须进行招标项目的范围且达到相应规模标准的工程项目,如符合法定的可以不进行招标的情形的,依法免予招标,可以采用其他方式实施采购,或者采用直接委托的方式确定承接单位。

(1)《招标投标法》的规定。

《招标投标法》第六十六条规定:"涉及国家安全、国家秘密、抢险救灾或者属于利用扶贫资金实行以工代赈、需要使用农民工等特殊情况,不适宜进行招标的项目,按照国家有关规定可以不进行招标。"适用本条情形的工程项目,应当同时具备"属于法律列举的例外情形"和"不适宜进行招标"两个前提条件。

(2)《招标投标法实施条例》的规定。

《招标投标法实施条例》第九条规定:"除《招标投标法》第六十六条规定的可以不进行招标的特殊情况外,有下列情形之一的,可以不进行招标:(一)需要采用不可替代的专利或者专有技术;(二)采购人依法能够自行建设、生产或者提供;(三)已通过招标方式选定的特许经营项目投资人依法能够自行建设、生产或者提供;(四)需要向原中标人采购工程、货物或者服务，否则将影响施工或者功能配套要求；（五）国家规定的其他特殊情形。"

(3)《工程建设项目施工招标投标办法》的规定。

《工程建设项目施工招标投标办法》第十二条规定："依法必须进行施工招标的工程建设项目有下列情形之一的，可以不进行施工招标：（一）涉及国家安全、国家秘密、抢险救灾或者属于利用扶贫资金实行以工代赈需要使用农民工等特殊情况，不适宜进行招标；（二）施工主要技术采用不可替代的专利或者专有技术；（三）已通过招标方式选定的特许经营项目投资人依法能够自行建设；（四）采购人依法能够自行建设；（五）在建工程追加的附属小型工程或者主体加层工程，原中标人仍具备承包能力，并且其他人承担将影响施工或者功能配套要求；（六）国家规定的其他情形。"

结合《招标投标法实施条例》第七条和本规章第十条的规定，符合上述条件需要履行项目审批核准手续的施工项目，须经项目审批核准部门审批核准后，方可不进行施工招标。

4. 正确实施依法必须招标的工程建设项目范围和规模标准

为加强政策指导，国家发展改革委办公厅于 2020 年 10 月下发了《关于进一步做好〈必须招标的工程项目规定〉和〈必须招标的基础设施和公用事业项目范围规定〉实施工作的通知》（发改办法规〔2020〕770 号，以下简称 770 号文），要求各地省级发展改革部门和公共资源交易平台整合牵头部门要严格执行依法必须招标制度，准确理解依法必须招标的工程建设项目范围，做好 16 号令和 843 号文的实施工作。

(1) 770 号文厘清了工程招标实践当中容易混淆的五个概念：

第一，关于使用国有资金的项目。770 号文明确：16 号令中所称的"预算资金"，是指《预算法》规定的预算资金，包括一般公共预算资金、政府性基金预算资金、国有资本经营预算资金和社会保险基金预算资金。

770 号文进一步明确了 16 号令中国有资金"占控股或者主导地位"的含义。文中所称的"占控股或者主导地位"，应参照《公司法》第二百一十六条关于控股股东和实际控制人的理解执行，具体包括下列三种情形：

① 其出资额占有限责任公司资本总额百分之五十以上或者其持有的股份占股份有限公司股本总额百分之五十以上的股东。

② 出资额或者持有股份的比例虽然不足百分之五十，但依其出资额或者持有的股份所享有的表决权已足以对股东会、股东大会的决议产生重大影响的股东。

③ 国有企业事业单位通过投资关系、协议或者其他安排，能够实际支配项目建设的，也属于占控股或者主导地位。

根据 770 号文的规定，工程项目中的国有资金的比例，应当按照项目资金来源中所有国有资金之和计算。

第二，关于项目与单项采购的关系。770 号文规定，16 号令和 843 号文规定范围的项目，其勘察、设计、施工、监理以及与工程建设有关的重要设备、材料等的单项采购分别达到 16 号令第五条规定的相应单项合同价估算标准的，该单项采购必须招标。该项目中未达到前述相应标准的单项采购，不属于 16 号令规定的必须招标范畴。

第三，关于招标范围列举事项。770 号文明确，依法必须招标的工程建设项目范围和规模标准，应当严格执行《招标投标法》第三条和16号令、843号文的规定。法律、行政法规或者国务院对必须进行招标的其他项目范围有规定的，依照其规定。没有法律、行政法规或者国务院规定依据的，对16号令第五条第一款第三项中没有明确列举规定的服务事项（即勘察、设计、监理以外的其他工程服务事项）、843号文中没有明确列举规定的项目，不得强制要求招标。

第四，关于同一项目中的合并采购。770号文指出，16号令第五条规定的"同一项目中可以合并进行的勘察、设计、施工、监理以及与工程建设有关的重要设备、材料等的采购，合同估算价合计达到前款规定标准的，必须招标"，目的是防止发包方通过化整为零方式规避招标。其中"同一项目中可以合并进行"，是指根据项目实际，以及行业标准或行业惯例，符合科学性、经济性、可操作性要求，同一项目中适宜放在一起进行采购的同类采购项目。

第五，关于总承包招标的规模标准。770号文进一步明确了工程总承包项目衡量是否属于强制招标项目的判断标准：对于16号令规定范围内的项目，发包人依法对工程以及与工程建设有关的货物、服务全部或者部分实行总承包发包的，总承包中施工、货物、服务等各部分的估算价中，只要有一项达到16号令第五条规定相应标准，即施工部分估算价达到400万元以上，或者货物部分达到200万元以上，或者服务部分达到100万元以上，则整个总承包发包应当招标。

（2）770号文还就贯彻实施依法必须招标制度提出了两项要求：

第一，规范规模标准以下工程建设项目的采购。770号文强调，16号令和843号文规定范围的项目，其施工、货物、服务采购的单项合同估算价未达到16号令第五条规定规模标准的，该单项采购由采购人依法自主选择采购方式，任何单位和个人不得违法干涉。涉及政府采购的，按照政府采购法律法规规定执行。770号文同时明确，国有企业可以结合实际，建立健全规模标准以下工程建设项目采购制度，推进采购活动公开透明。

第二，严格执行依法必须招标制度。770号文要求各地方应当严格执行16号令和843号文规定的范围和规模标准，不得另行制定必须进行招标的范围和规模标准，也不得作出与16号令、843号文和770号文相抵触的规定，持续深化招标投标领域"放管服"改革，努力营造良好市场环境。

3.3.2 《招标公告和公示信息发布管理办法》

《招标投标法》第十六条规定："招标人采用公开招标方式的，应当发布招标公告。依法必须进行招标的项目的招标公告，应当通过国家指定的报刊、信息网络或者其他媒介发布。"该法条同时规定了招标公告应当载明的内容包括招标人的名称和地址、招标项目的性质、数量、实施地点和时间以及获取招标文件的办法等事项。

《招标投标法实施条例》第十五条第三款规定："依法必须进行招标的项目的资格预审公告和招标公告，应当在国务院发展改革部门依法指定的媒介发布。在不同媒介发布的同一招标项目的资格预审公告或者招标公告的内容应当一致。指定媒介发布依法必须进行招标的项目的境内资格预审公告、招标公告，不得收取费用。"

《招标投标法》颁布后，原国家发展计划委根据《招标投标法》的相关规定，先后颁布了《招标公告发布暂行办法》(国家发展计划委员会令第 4 号,以下简称原国家计委 4 号令)和《国家计委关于指定发布依法必须招标项目招标公告的媒介的通知》(计政策〔2000〕868 号,以下简称原国家计委 868 号文),指定《中国日报》《中国经济导报》《中国建设报》《中国采购与招标网》为发布依法必须招标项目的招标公告的媒介,明确了发布媒介、发布招标公告的有关行为规范。

为深化招标投标领域"放管服"改革,规范招标公告和公示信息发布活动,进一步增强招标投标活动透明度,保障公平竞争的市场秩序,2017 年 12 月,国家发展改革委印发了《招标公告和公示信息发布管理办法》(国家发展改革委令第 10 号,以下简称 10 号令),该办法于 2018 年 1 月 1 日起施行。原国家计委 4 号令和原国家计委 868 号文同时废止。

10 号令改变了以纸质媒介为主的招标公告发布制度,建立了依托电子招标投标系统发布招标公告和公示信息制度。10 号令着重规范了以下内容:

1. 信息公开的范围

10 号令将依法应当公开发布的招标项目信息由依法必须招标项目招标公告、资格预审公告发布活动扩大到中标候选人公示、中标结果公示等信息。10 号令规定,依法必须招标项目的招标公告和公示信息,除依法需要保密或者涉及商业秘密的内容外,应当按照公益服务、公开透明、高效便捷、集中共享的原则,依法向社会公开。

10 号令同时规定,对依法必须招标项目的招标公告和公示信息进行澄清或修改,或者暂停、终止招标活动,采取公告形式向社会公布的,参照执行。

2. 公告和公示信息的内容

10 号令规定,依法必须招标项目的招标公告和公示信息应当根据招标投标法律法规,以及国家发展改革委会同有关部门制定的标准文件编制,实现标准化、格式化。

(1) 资格预审公告和招标公告应当包括的内容。根据 10 号令的规定,依法必须招标项目的资格预审公告和招标公告,应当载明以下内容:

① 招标项目名称、内容、范围、规模、资金来源。
② 投标资格能力要求,以及是否接受联合体投标。
③ 获取资格预审文件或招标文件的时间、方式。
④ 递交资格预审文件或投标文件的截止时间、方式。
⑤ 招标人及其招标代理机构的名称、地址、联系人及联系方式。
⑥ 采用电子招标投标方式的,潜在投标人访问电子招标投标交易平台的网址和方法。
⑦ 其他依法应当载明的内容。

(2) 中标候选人公示应当包括的内容。10 号令明确了依法必须招标项目的中标候选人公示应当载明如下内容:

① 中标候选人排序、名称、投标报价、质量、工期(交货期),以及评标情况。
② 中标候选人按照招标文件要求承诺的项目负责人姓名及其相关证书名称和编号。
③ 中标候选人响应招标文件要求的资格能力条件。
④ 提出异议的渠道和方式。

⑤ 招标文件规定公示的其他内容。

(3) 中标结果公示应当包括的内容。10号令同时规定，依法必须招标项目的中标结果公示应当载明中标人名称。

3. 公告和公示信息的发布媒介

根据10号令的规定，依法必须招标项目的招标公告和公示信息应当在中国招标投标公共服务平台或者项目所在地省级电子招标投标公共服务平台（以下统一简称发布媒介）发布。

10号令同时规定，省级电子招标投标公共服务平台应当与中国招标投标公共服务平台对接，按规定同步交互招标公告和公示信息。对依法必须招标项目的招标公告和公示信息，发布媒介应当与相应的公共资源交易平台实现信息共享。

10号令对指定的唯一发布媒介中国招标投标公共服务平台的信息开放共享工作提出了要求，要求该平台应汇总公开全国招标公告和公示信息，以及发布媒介名称、网址、办公场所、联系方式等基本信息，并及时维护更新，与全国公共资源交易平台共享，并归集至全国信用信息共享平台，按规定通过"信用中国"网站向社会公开。

4. 公告和公示信息的发布

10号令针对招标人及其委托的代理机构、信息发布媒介和电子招标投标交易平台等不同主体，就公告和公示信息的发布，分别提出了相应要求。

(1) 针对招标人或其委托的招标代理机构的发布活动要求。10号令第十条规定，拟发布的招标公告和公示信息文本应当由招标人或其招标代理机构盖章，并由主要负责人或其授权的项目负责人签名。采用数据电文形式的，应当按规定进行电子签名。

10号令鼓励通过电子招标投标交易平台录入后交互至发布媒介核验发布依法必须招标项目的招标公告和公示信息，明确了可以直接通过发布媒介录入并核验发布相关信息。

10号令同时明确，招标人或其招标代理机构应当对其提供的招标公告和公示信息的真实性、准确性、合法性负责。10号令强调，招标人或其招标代理机构发布招标公告和公示信息，应当遵守招标投标法律法规关于时限的规定。

根据10号令的规定，依法必须招标项目的招标公告和公示信息除在发布媒介发布外，招标人或其招标代理机构也可以同步在其他媒介公开，但应确保不同媒体发布的公告和公示信息内容一致。

(2) 针对发布媒介和交易平台的发布活动要求。10号令规定，按照电子招标投标有关数据规范要求交互招标公告和公示信息文本的，发布媒介应当自收到起12小时内发布。采用电子邮件、电子介质、传真、纸质文本等其他形式提交或者直接录入招标公告和公示信息文本的，发布媒介应当自核验确认起1个工作日内发布。核验确认最长不得超过3个工作日。

根据10号令的规定，发布媒介应当免费提供依法必须招标的项目的招标公告和公示信息发布服务，并允许社会公众和市场主体免费、及时查阅前述招标公告和公示的完整信息。

10号令规定，发布媒介应当通过专门栏目发布招标公告和公示信息，并免费提供信息归类和检索服务，对新发布的招标公告和公示信息做醒目标识，方便市场主体和社会公众查阅；发布媒介应当实时统计本媒介招标公告和公示信息发布情况，及时向社会公布，并定期报送相应的省级以上发展改革部门或省级以上人民政府规定的其他部门。

10 号令明确，发布媒介和电子招标投标交易平台应当对所发布的招标公告和公示信息的及时性、完整性负责。10 号令同时规定，发布媒介应当按照规定采取有效措施，确保发布招标公告和公示信息的数据电文不被篡改、不遗漏、至少 10 年内可追溯。

根据 10 号令的规定，其他媒介可以全文转载依法必须招标项目的招标公告和公示信息，但不得改变其内容，同时必须注明信息来源。

5. 公告和公示信息发布的监督部门

10 号令规定，国家发展改革委对依法必须招标项目的招标公告和公示信息发布媒介的信息发布活动进行监督管理；省级发展改革管理部门对本行政区域内招标公告和公示信息发布活动依法进行监督管理；如省级人民政府对招标公告和公示信息发布活动的监督管理另有规定的，从其规定。

10 号令同时明确了对部分工程项目的招标公告和公示信息发布活动进行监督管理的除外情形。根据 10 号令的规定，使用国际组织或者外国政府贷款、援助资金的招标项目，贷款方、资金提供方对招标公告和公示信息的发布另有规定的，适用其规定。

6. 对公告和公示信息发布活动的社会监督

针对公告和公示信息发布的不规范行为，10 号令明确依法必须招标项目的招标公告和公示信息有下列情形之一的，潜在投标人或者投标人可以要求招标人或其招标代理机构予以澄清、改正、补充或调整。

（1）资格预审公告、招标公告载明的事项不符合规定，中标候选人公示载明的事项不符合规定。

（2）在两家以上媒介发布的同一招标项目的招标公告和公示信息内容不一致。

（3）招标公告和公示信息内容不符合法律法规规定。

10 号令要求招标人或其招标代理机构收到潜在投标人或者投标人的澄清、改正、补充或调整要求时，应认真核查，及时处理，并将处理结果告知提出意见的潜在投标人或者投标人。

10 号令明确规定，任何单位和个人认为招标人或其招标代理机构在招标公告和公示信息发布活动中存在违法违规行为的，可以依法向有关行政监督部门投诉、举报。认为发布媒介在招标公告和公示信息发布活动中存在违法违规行为的，根据有关规定可以向相应的省级以上发展改革管理部门或其他有关部门投诉、举报。

为方便市场主体和社会公众监督，10 号令还要求发布媒介设置专门栏目，以便于市场主体和社会公众就其招标公告和公示信息发布工作反映情况、提出意见。

3.3.3 《评标委员会和评标方法暂行规定》

为了规范评标活动，保证评标的公平、公正，维护招标投标活动当事人的合法权益，原国家发展计划委等 7 部委联合制定并颁布了《评标委员会和评标方法暂行规定》（国家发展计划委等 7 部委令第 12 号，以下简称 12 号令）。该规定适用于依法必须招标项目的评标活动。

12号令明确，评标活动遵循公平、公正、科学、择优的原则。评标活动依法进行，任何单位和个人不得非法干预或者影响评标过程和结果。招标人应当采取必要措施，保证评标活动在严格保密的情况下进行。评标活动及其当事人应当接受依法实施的监督。

12号令规定，有关行政监督部门依照国务院或者地方政府的职责分工，对评标活动实施监督，依法查处评标活动中的违法行为。12号令依据《招标投标法》及《招标投标法实施条例》的相关规定，着重规范了以下内容。

1. 评标委员会的组建

（1）评标委员会依法组建，负责评标活动，向招标人推荐中标候选人或者根据招标人的授权直接确定中标人。

（2）评标委员会由招标人负责组建。评标委员会成员名单一般应于开标前确定。评标委员会成员名单在中标结果确定前应当保密。

（3）评标委员会由招标人或其委托的招标代理机构熟悉相关业务的代表，以及有关技术、经济等方面的专家组成，成员人数为5人以上单数，其中技术、经济等方面的专家不得少于成员总数的2/3。

评标委员会设负责人，评标委员会负责人由评标委员会成员推举产生或者由招标人确定。评标委员会负责人与评标委员会的其他成员有同等的表决权。

（4）评标委员会的专家成员应当从依法组建的专家库内的相关专家名单中确定。评标专家可以采取随机抽取或者直接确定的方式。一般项目，可以采取随机抽取的方式；技术复杂、专业性强或者国家有特殊要求的招标项目，采取随机抽取方式确定的专家难以保证胜任的，可以由招标人直接确定。

（5）评标专家应符合下列条件：
① 从事相关专业领域工作满8年并具有高级职称或者同等专业水平。
② 熟悉有关招标投标的法律法规，并具有与招标项目相关的实践经验。
③ 能够认真、公正、诚实、廉洁地履行职责。

（6）有下列情形之一的，不得担任评标委员会成员：
① 投标人或者投标人主要负责人的近亲属。
② 项目主管部门或者行政监督部门的人员。
③ 与投标人有经济利益关系，可能影响对投标公正评审的。
④ 曾因在招标、评标以及其他与招标投标有关活动中从事违法行为而受过行政处罚或刑事处罚的。

评标委员会成员有上述规定情形之一的，应当主动提出回避。

（7）评标委员会成员应当客观、公正地履行职责，遵守职业道德，对所提出的评审意见承担个人责任。

评标委员会成员不得与任何投标人或者与招标结果有利害关系的人进行私下接触，不得收受投标人、中介人、其他利害关系人的财物或者好处，不得向招标人征询其确定中标人的意向，不得接受任何单位或者个人明示或者暗示提出的倾向或者排斥特定投标人的要求，不得有其他不客观、不公正履行职务的行为。

（8）评标委员会成员和与评标活动有关的工作人员不得透露对投标文件的评审和比

较、中标候选人的推荐情况以及与评标有关的其他情况。与评标活动有关的工作人员，包括评标委员会成员以外的因参与评标监督工作或者事务性工作而知悉有关评标情况的所有人员。

2. 评标专家的权利和义务

为加强对评标专家的监督管理，健全评标专家库制度，提高评标质量，原国家发展计划委还制定了《评标专家和评标专家库管理暂行办法》（国家发展计划委令第29号，以下简称原国家计委29号令），该办法明确了评标专家享有的权利和负有的义务。

（1）评标专家的权利。根据原国家计委29号令的规定，评标专家享有下列权利：

① 接受招标人或其招标代理机构聘请，担任评标委员会成员。

② 依法对投标文件进行独立评审，提出评审意见，不受任何单位或者个人的干预。

③ 接受参加评标活动的劳务报酬。

④ 国家规定的其他权利。

（2）评标专家的义务。根据原国家计委29号令的规定，评标专家负有下列义务：

① 有《招标投标法》《招标投标法实施条例》和《评标委员会和评标方法暂行规定》规定的回避情形的，应当主动提出回避。

② 遵守评标工作纪律，不得私下接触投标人，不得收受投标人或者其他利害关系人的财物或者其他好处，不得透露对投标文件的评审和比较、中标候选人的推荐情况以及与评标有关的其他情况。

③ 客观公正地进行评标。

④ 协助、配合有关行政监督部门的监督、检查。

⑤ 国家规定的其他义务。

3. 评标的准备与初步评审

（1）评标委员会成员应当编制供评标使用的相应表格，认真研究招标文件，至少应了解和熟悉以下内容：

① 招标的目标。

② 招标项目的范围和性质。

③ 招标文件中规定的主要技术要求、标准和商务条款。

④ 招标文件规定的评标标准、评标方法和在评标过程中考虑的相关因素。

（2）招标人或者其委托的招标代理机构应当向评标委员会提供评标所需的重要信息和数据，但不得带有明示或者暗示倾向或者排斥特定投标人的信息。

招标人设有标底的，标底在开标前应当保密，并在评标时作为参考。

（3）评标委员会应当根据招标文件规定的评标标准和方法，对投标文件进行系统的评审和比较。招标文件中没有规定的标准和方法不得作为评标的依据。

招标文件中规定的评标标准和评标方法应当合理，不得含有倾向或者排斥潜在投标人的内容，不得妨碍或者限制投标人之间的竞争。

（4）评标委员会应当按照投标报价的高低或者招标文件规定的其他方法对投标文件排序。以多种货币方式报价的，应当按照中国银行在开标当日公布的汇率中间价换算成人民币。

招标文件应当对汇率标准和汇率风险作出规定。未作规定的，汇率风险由投标人承担。

（5）评标委员会可以书面方式要求投标人对投标文件中含义不明确、对同类问题表述不一致或者有明显文字和计算错误的内容作必要的澄清、说明或者补正。澄清、说明或者补正应以书面方式进行并不得超出投标文件的范围或者改变投标文件的实质性内容。

投标文件中的大写金额和小写金额不一致的，以大写金额为准；总价金额与单价金额不一致的，以单价金额为准，但单价金额小数点有明显错误的除外；对不同文字文本投标文件的解释发生异议的，以中文文本为准。

（6）在评标过程中，评标委员会发现投标人以他人的名义投标、串通投标、以行贿手段谋取中标或者以其他弄虚作假方式投标的，应当否决该投标人的投标。

（7）在评标过程中，评标委员会发现投标人的报价明显低于其他投标报价或者在设有标底时明显低于标底，使得其投标报价可能低于其个别成本的，应当要求该投标人作出书面说明并提供相关证明材料。投标人不能合理说明或者不能提供相关证明材料的，由评标委员会认定该投标人以低于成本报价竞标，应当否决其投标。

（8）投标人资格条件不符合国家有关规定和招标文件要求的，或者拒不按照要求对投标文件进行澄清、说明或者补正的，评标委员会可以否决其投标。

（9）评标委员会应当审查每一投标文件是否对招标文件提出的所有实质性要求和条件作出响应。未能在实质上响应的投标，应当予以否决。

（10）评标委员会应当根据招标文件，审查并逐项列出投标文件的全部投标偏差。

（11）投标偏差分为重大偏差和细微偏差。

第一，下列情况属于重大偏差：
① 没有按照招标文件要求提供投标担保或者所提供的投标担保有瑕疵。
② 投标文件没有投标人授权代表签字和加盖公章。
③ 投标文件载明的招标项目完成期限超过招标文件规定的期限。
④ 明显不符合技术规格、技术标准的要求。
⑤ 投标文件载明的货物包装方式、检验标准和方法等不符合招标文件的要求。
⑥ 投标文件附有招标人不能接受的条件。
⑦ 不符合招标文件中规定的其他实质性要求。

投标文件有上述情形之一的，为未能对招标文件作出实质性响应，按否决投标处理。招标文件对重大偏差另有规定的，从其规定。

第二，细微偏差是指投标文件在实质上响应招标文件要求，但在个别地方存在漏项或者提供了不完整的技术信息和数据等情况，并且补正这些遗漏或者不完整不会对其他投标人造成不公平的结果。细微偏差不影响投标文件的有效性。

评标委员会应当书面要求存在细微偏差的投标人在评标结束前对偏差予以补正。拒不补正的，在详细评审时可以对细微偏差作不利于该投标人的量化，量化标准应当在招标文件中规定。

（12）评标委员会根据否决不合格投标后，因有效投标不足3个使得投标明显缺乏竞争的，评标委员会可以否决全部投标。

投标人少于3个或者所有投标被否决的，招标人在分析招标失败的原因并采取相应措施后，应当依法重新招标。

4. 详细评审

（1）经初步评审合格的投标文件，评标委员会应当根据招标文件确定的评标标准和方法，对其技术部分和商务部分作进一步评审、比较。

（2）评标方法包括经评审的最低投标价法、综合评估法或者法律、行政法规允许的其他评标方法。

（3）经评审的最低投标价法一般适用于具有通用技术、性能标准或者招标人对其技术、性能没有特殊要求的招标项目。

（4）根据经评审的最低投标价法，能够满足招标文件的实质性要求，并且经评审的最低投标价的投标，应当推荐为中标候选人。

（5）采用经评审的最低投标价法的，评标委员会应当根据招标文件中规定的评标价格调整方法，对所有投标人的投标报价以及投标文件的商务部分做必要的价格调整。

采用经评审的最低投标价法的，中标人的投标应当符合招标文件规定的技术要求和标准，但评标委员会无须对投标文件的技术部分进行价格折算。

（6）根据经评审的最低投标价法完成详细评审后，评标委员会应当拟定一份"标价比较表"，连同书面评标报告提交招标人。"标价比较表"应当载明投标人的投标报价、对商务偏差的价格调整和说明以及经评审的最终投标价。

（7）不宜采用经评审的最低投标价法的招标项目，一般应当采取综合评估法进行评审。

（8）根据综合评估法，最大限度地满足招标文件中规定的各项综合评价标准的投标，应当推荐为其中标候选人。

衡量投标文件是否最大限度地满足招标文件中规定的各项评价标准，可以采取折算为货币的方法、打分的方法或者其他方法。需量化的因素及其权重应当在招标文件中明确规定。

（9）评标委员会对各个评审因素进行量化时，应当将量化指标建立在同一基础或者同一标准上，使各投标文件具有可比性。

对技术部分和商务部分进行量化后，评标委员会应当对这两部分的量化结果进行加权，计算出每一投标的综合评估价或者综合评估分。

（10）根据综合评估法完成评标后，评标委员会应当拟定一份"综合评估比较表"，连同书面评标报告提交招标人。"综合评估比较表"应当载明投标人的投标报价、所做的任何修正、对商务偏差的调整、对技术偏差的调整、对各评审因素的评估以及对每一投标的最终评审结果。

（11）根据招标文件的规定，允许投标人投备选标的，评标委员会可以对中标人所投的备选标进行评审，以决定是否采纳备选标。不符合中标条件的投标人的备选标不予考虑。

（12）对于划分有多个单项合同的招标项目，招标文件允许投标人为获得整个项目合同而提出优惠的，评标委员会可以对投标人提出的优惠进行审查，以决定是否将招标项目作为整体合同授予中标人。将招标项目作为一个整体合同授予的，整体合同中标人的投标应当最有利于招标人。

（13）评标和定标应当在投标有效期内完成。不能在投标有效期内完成评标和定标的，招标人应当通知所有投标人延长投标有效期。拒绝延长投标有效期的投标人有权收回投标保证金。同意延长投标有效期的投标人应当相应延长其投标担保的有效期，但不得修改投标文件的实质性内容。因延长投标有效期造成投标人损失的，招标人应当给予补偿，但因不可抗力需延长投标有效期的除外。

招标文件应当载明投标有效期。投标有效期从提交投标文件截止日起计算。

5. 评标报告

评标委员会在评标过程中发现的问题，应当及时作出处理或者向招标人提出处理建议，并作书面记录。评标委员会完成评标后，应当向招标人提出书面评标报告，并抄送有关行政监督部门。评标报告应当如实记载以下内容：

（1）基本情况和数据表。

（2）评标委员会成员名单。

（3）开标记录。

（4）符合要求的投标一览表。

（5）否决投标的情况说明。

（6）评标标准、评标方法或者评标因素一览表。

（7）经评审的价格或者评分比较一览表。

（8）经评审的投标人排序。

（9）推荐的中标候选人名单与签订合同前要处理的事宜。

（10）澄清、说明、补正事项纪要。

评标报告由评标委员会全体成员签字。对评标结论持有异议的评标委员会成员可以书面方式阐述其不同意见和理由。评标委员会成员拒绝在评标报告上签字且不陈述其不同意见和理由的，视为同意评标结论。评标委员会应当对此作出书面说明并记录在案。向招标人提交书面评标报告后，评标委员会应将评标过程中使用的文件、表格以及其他资料应当及时归还招标人。评标委员会推荐的中标候选人应当限定在一至三人，并标明排列顺序。

6. 定标与签订合同

12号令规定，中标人的投标应当符合下列条件之一：①能够最大限度满足招标文件中规定的各项综合评价标准。②能够满足招标文件的实质性要求，并且经评审的投标价格最低；但是投标价格低于成本的除外。

招标人不得与投标人就投标价格、投标方案等实质性内容进行谈判。

国有资金占控股或者主导地位的项目，招标人应当确定排名第一的中标候选人为中标人。排名第一的中标候选人放弃中标或因不可抗力提出不能履行合同，或者招标文件规定应当提交履约保证金而其在规定的期限内未能提交，或者其被查实存在影响中标结果的违法行为等情形，不符合中标条件的，招标人可以按照评标委员会提出的中标候选人名单排序依次确定其他中标候选人为中标人。依次确定其他中标候选人与招标人预期差距较大，或者对招标人明显不利的，招标人可以重新招标。招标人可以授权评标委员会直接确定中标人。国务院对中标人的确定另有规定的,从其规定。

中标人确定后,招标人应当向中标人发出中标通知书,同时通知未中标人,并与中标人在投标有效期内以及中标通知书发出之日起三十日之内签订合同。中标通知书对招标人和中标人具有法律约束力。

中标通知书发出后,招标人改变中标结果或者中标人放弃中标的,应当承担法律责任。招标人应当与中标人按照招标文件和中标人的投标文件订立书面合同。招标人与中标人不得再行订立背离合同实质性内容的其他协议。

招标人与中标人签订合同后五日内,应当向中标人和未中标的投标人退还投标保证金。

3.3.4 《工程建设项目施工招标投标办法》

工程建设项目的施工招标投标活动,往往是整个工程建设项目中,招标投标工程量和标的最大的,影响着工程建设项目的投资、质量、安全、进度等方方面面。

根据《招标投标法》等法律法规规定,原国家发展计划委等7部委于2003年发布了《工程建设项目施工招标投标办法》(国家发展计划委等7部委令第30号,以下简称30号令)。2013年,国家发展改革委等9部委对30号令进行了修正,修正后的30号令,共6章92条,自2013年5月1日起施行,适用在中华人民共和国境内进行的工程施工招标投标活动。

1. 总则

工程施工招标投标活动依法由招标人负责。应当遵循公开、公平、公正和诚实信用的原则,任何单位和个人不得以任何方式非法干涉工程施工招标投标活动。

施工招标投标活动不受地区或者部门的限制。

各级政府行政管理部门依照职责分工,对工程施工招标投标活动实施监督,依法查处工程施工招标投标活动中的违法行为。

2. 招标

工程施工招标人是依法提出施工招标项目、进行招标的法人或者其他组织。

(1) 招标条件。

依法必须招标的工程建设项目应当具备下列条件:

① 招标人已经依法成立。
② 初步设计及概算应当履行审批手续的,已经批准。
③ 有相应资金或资金来源已经落实。
④ 有招标所需的设计图纸及技术资料。

(2) 招标方式。

工程施工招标分为公开招标和邀请招标。

按照规定需要履行项目审批、核准手续的依法必须进行施工招标的工程建设项目,其招标范围、招标方式、招标组织形式应当报项目审批部门审批、核准。项目审批、核准部门应当及时将审批、核准确定的招标内容通报有关行政监督部门。

第一，依法必须进行公开招标的项目，有下列情形之一的，可以邀请招标：

① 项目技术复杂或有特殊要求，或者受自然地域环境限制，只有少量潜在投标人可供选择。

② 涉及国家安全、国家秘密或者抢险救灾，适宜招标但不宜公开招标（本款所列情形，由项目审批、核准部门在审批、核准项目时作出认定；其他项目由招标人申请有关行政监督部门作出认定）。

③ 采用公开招标方式的费用占项目合同金额的比例过大。

全部使用国有资金投资或者国有资金投资占控股或者主导地位的并需要审批的工程建设项目的邀请招标，应当经项目审批部门批准；项目审批部门只审批立项的，由有关行政监督部门批准。

第二，依法必须进行施工招标的工程建设项目有下列情形之一的，可以不进行施工招标：

① 涉及国家安全、国家秘密、抢险救灾或者属于利用扶贫资金实行以工代赈需要使用农民工等特殊情况，不适宜进行招标。

② 施工主要技术采用不可替代的专利或者专有技术。

③ 已通过招标方式选定的特许经营项目投资人依法能够自行建设。

④ 采购人依法能够自行建设。

⑤ 在建工程追加的附属小型工程或者主体加层工程，原中标人仍具备承包能力，并且其他人承担将影响施工或者功能配套要求。

⑥ 国家规定的其他情形。

（3）招标公告和投标邀请书。

采用公开招标方式的，招标人应当发布招标公告，邀请不特定的法人或者其他组织投标。依法必须进行施工招标项目的招标公告，应当在国家指定的报刊和信息网络上发布。

采用邀请招标方式的，招标人应当向三家以上具备承担施工招标项目的能力、资信良好的特定的法人或者其他组织发出投标邀请书。

招标公告或者投标邀请书应当至少载明下列内容：

① 招标人的名称和地址。

② 招标项目的内容、规模、资金来源。

③ 招标项目的实施地点和工期。

④ 获取招标文件或者资格预审文件的地点和时间。

⑤ 对招标文件或者资格预审文件收取的费用。

⑥ 对招标人的资质等级的要求。

招标人应当按招标公告或者投标邀请书规定的时间、地点出售招标文件或资格预审文件。出售时间最短不得少于五日。

（4）资格审查。

第一，资格审查分为资格预审和资格后审。

① 资格预审，是指在投标前对潜在投标人进行的资格审查。招标人应当发布资格预审公告，在资格预审文件中载明资格预审的条件、标准和方法并且不得改变；资格预

审不合格的潜在投标人不得参加投标。

② 资格后审，是指在开标后对投标人进行的资格审查。招标人应当在招标文件中载明对投标人资格要求的条件、标准和方法。

进行资格预审的，除招标文件另有规定的，一般不再进行资格后审。经资格预审后，招标人应当向资格预审合格的潜在投标人发出资格预审合格通知书，告知其获取招标文件的时间、地点和方法，并同时向资格预审不合格的潜在投标人告知资格预审结果。

第二，资格审查应主要审查潜在投标人或者投标人是否符合下列条件：

① 具有独立订立合同的权利。

② 具有履行合同的能力，包括专业、技术资格和能力，资金、设备和其他物质设施状况，管理能力，经验、信誉和相应的从业人员。

③ 没有处于被责令停业，投标资格被取消，财产被接管、冻结，破产状态。

④ 在最近三年内没有骗取中标和严重违约及重大工程质量问题。

⑤ 国家规定的其他资格条件。

资格审查时，招标人不得以不合理的条件限制、排斥潜在投标人或者投标人，不得对潜在投标人或者投标人实行歧视待遇。任何单位和个人不得以各种方式限制投标人的数量。

(5) 自行招标和委托招标。

招标人符合法律规定的自行招标条件的，可自行办理招标事宜。任何单位和个人不得强制其委托招标代理机构办理招标事宜。

招标代理机构在招标人委托的范围内可以承担下列招标事宜：

① 拟订招标方案，编制和出售招标文件、资格预审文件。

② 审查投标人资格。

③ 编制标底。

④ 组织投标人踏勘现场。

⑤ 组织开标、评标，协助招标人定标。

⑥ 草拟合同。

⑦ 招标人委托的其他事项。

招标代理机构不得无权代理、越权代理，不得明知委托事项违法而进行代理；不得在其所代理的招标项目中投标或者代理投标，也不得为所代理的招标项目的投标人提供咨询；未经招标人同意，不得转让招标代理业务。

工程招标代理机构与招标人应当签订书面委托合同，并按约定的标准收取代理费。

(6) 招标文件。

招标人可以通过信息网络或者其他媒介发布招标文件，法律效力与书面招标文件同等，如不一致时以书面招标文件为准，国家另有规定的除外。

对招标文件或者资格预审文件的收费应当限于补偿印刷、邮寄的成本支出，不得以营利为目的。对于所附的设计文件，招标人可以向投标人酌收押金；对于开标后投标人退还设计文件的，招标人应当向投标人退还押金。

招标文件或者资格预审文件售出后，不予退还。除不可抗力原因外，招标人在发布招标公告、发出投标邀请书后或者售出招标文件或资格预审文件后不得终止招标。

招标人根据施工招标项目的特点和需要编制招标文件。招标文件一般包括下列内容：

① 招标公告或投标邀请书。
② 投标人须知。
③ 合同主要条款。
④ 投标文件格式。
⑤ 采用工程量清单招标的，应当提供工程量清单。
⑥ 技术条款。
⑦ 设计图纸。
⑧ 评标标准和方法。
⑨ 投标辅助材料。

招标人应当在招标文件中规定实质性要求和条件，并用醒目的方式标明。

招标人可以要求投标人在提交符合招标文件规定要求的投标文件外，提交备选投标方案，但应当在招标文件中作出说明，并提出相应的评审和比较办法。

招标文件规定的各项技术标准应符合国家强制性标准；不得要求或标明某一特定的专利、商标、名称、设计、原产地或生产供应者；不得含有倾向或者排斥潜在投标人的其他内容。如果必须引用某一生产供应者的技术标准才能准确或清楚地说明拟招标项目的技术标准时，则应当在参照后面加上"或相当于"的字样。

施工招标项目需要划分标段、确定工期的，招标人应当合理划分标段、确定工期，并在招标文件中载明。对工程技术上紧密相连、不可分割的单位工程不得分割标段。招标人不得以不合理的标段或工期限制或者排斥潜在投标人或者投标人。依法必须进行施工招标的项目，其招标人不得利用划分标段规避招标。

招标文件应当明确规定的所有评标因素并且加以量化或者评估，在评标过程中，不得改变招标文件中规定的评标标准、方法和中标条件。

招标文件应有保证招标人有足够的时间完成评标和与中标人签订合同的投标有效期。投标有效期从投标人提交投标文件截止之日起计算。在原投标有效期结束前，出现特殊情况的，招标人可以书面形式要求所有投标人延长投标有效期。投标人同意延长的，不得要求或被允许修改其投标文件的实质性内容，但应当相应延长其投标保证金的有效期；投标人拒绝延长的，其投标失效，但投标人有权收回其投标保证金。因延长投标有效期造成投标人损失的，招标人应当给予补偿，但因不可抗力需要延长投标有效期的除外。

施工招标项目工期较长的，招标文件中可以规定工程造价指数体系、价格调整因素和调整方法。

招标人应当确定投标人编制投标文件所需要的合理时间。但是，依法必须进行招标的项目，自招标文件开始发出之日起至投标人提交投标文件截止之日止，最短不得少于二十日。

招标人在发布招标公告、发出投标邀请书或者售出招标文件或资格预审文件后终止招标的，应当及时退还所收取的资格预审文件、招标文件的费用，以及所收取的投标保证金及银行同期存款利息。招标人给潜在投标人或者投标人造成损失的，应当赔偿损失。

招标人根据招标项目的具体情况，可以组织潜在投标人踏勘项目现场。潜在投标人依据情况作出的判断和决策，由投标人自行负责。招标人不得单独或者分别组织任何一个投标人进行现场踏勘。

对于潜在投标人在阅读招标文件和现场踏勘中提出的疑问，招标人可以书面形式或召开投标预备会的方式解答，但需同时将解答以书面方式通知所有购买招标文件的潜在投标人。该解答的内容为招标文件的组成部分。

招标人可根据项目特点决定是否编制标底。标底应根据批准的初步设计、投资概算，依据有关计价办法，参照有关工程定额，结合市场供求状况，综合考虑投资、工期和质量等方面的因素合理确定。标底编制过程和标底在开标前必须保密。一个工程只能编制一个标底。

任何单位和个人不得强制招标人编制或报审标底，或干预其确定标底。招标项目可以不设标底，进行无标底招标。

招标人设有最高投标限价的，应当在招标文件中明确最高投标限价或者最高投标限价的计算方法。招标人不得规定最低投标限价。

依法必须进行施工招标的项目提交投标文件的投标人少于三个的，招标人在分析招标失败的原因并采取相应措施后，应当依法重新招标。重新招标后投标人仍少于三个的，属于必须审批、核准的工程建设项目，报经原审批、核准部门审批、核准后可以不再进行招标。其他工程建设项目，招标人可自行决定不再进行招标。

3. 投标

投标人是响应招标、参加投标竞争的法人或者其他组织。招标人的任何不具独立法人资格的附属机构（单位），或者为招标项目的前期准备或者监理工作提供设计、咨询服务的任何法人及其任何附属机构（单位），都无资格参加该招标项目的投标。

（1）投标文件。

投标人的投标文件应当对招标文件提出的实质性要求和条件作出响应，一般包括下列内容：

① 投标函。
② 投标报价。
③ 施工组织设计。
④ 商务和技术偏差表。

投标人拟在中标后将中标项目的部分非主体、非关键性工作进行分包的，应当在投标文件中载明。

投标人应当在招标文件要求提交投标文件的截止时间前，将投标文件密封送达投标地点。招标人收到投标文件后，应当向投标人出具标明签收人和签收时间的凭证，在开标前任何单位和个人不得开启投标文件。在招标文件要求提交投标文件的截止时间后送达的投标文件，招标人应当拒收。

投标人在招标文件要求提交投标文件的截止时间前，可以补充、修改、替代或者撤回已提交的投标文件，并书面通知招标人。补充、修改的内容为投标文件的组成部分。

招标人在开标前应妥善保管好已接收的相关投标资料。

在提交投标文件截止时间后到招标文件规定的投标有效期终止之前，投标人不得撤销其投标文件，否则招标人可以不退还其投标保证金。

(2) 投标保证金。

招标人可以在招标文件中要求投标人提交投标保证金。投标保证金不得超过项目估算价的百分之二，但最高不得超过八十万元人民币。投标保证金有效期应当与投标有效期一致。投标人应当按照招标文件要求的方式和金额，将投标保证金随投标文件提交给招标人或其委托的招标代理机构。

依法必须进行施工招标的项目的境内投标单位，以现金或者支票形式提交的投标保证金应当从其基本账户转出。

(3) 联合体投标。

联合体以一个投标人的身份共同投标的，联合体各方签订共同投标协议后，不得再以自己名义单独投标，也不得组成新的联合体或参加其他联合体在同一项目中投标。

招标人接受联合体投标并进行资格预审的，联合体应当在提交资格预审申请文件前组成。资格预审后联合体增减、更换成员的，其投标无效。

联合体各方应当指定牵头人，授权其代表所有联合体成员负责投标和合同实施阶段的主办、协调工作，并应当向招标人提交由所有联合体成员法定代表人签署的授权书。

联合体投标的，应当以联合体各方或者联合体中牵头人的名义提交投标保证金。以联合体中牵头人名义提交的投标保证金，对联合体各成员具有约束力。

(4) 串通投标。

属投标人串通投标报价的行为有：

① 投标人之间相互约定抬高或压低投标报价。

② 投标人之间相互约定，在招标项目中分别以高、中、低价位报价。

③ 投标人之间先进行内部竞价，内定中标人，然后参加投标。

④ 投标人之间其他串通投标报价的行为。

属招标人与投标人串通投标的行为有：

① 招标人在开标前开启投标文件并将有关信息泄露给其他投标人，或者授意投标人撤换、修改投标文件。

② 招标人向投标人泄露标底、评标委员会成员等信息。

③ 招标人明示或者暗示投标人压低或抬高投标报价。

④ 招标人明示或者暗示投标人为特定投标人中标提供方便。

⑤ 招标人与投标人为谋求特定中标人中标而采取的其他串通行为。

投标人不得通过挂靠其他施工单位，或从其他单位通过受让或租借的方式获取资格或资质证书，或者由其他单位及其法定代表人在自己编制的投标文件上加盖印章和签字等行为的方式来以他人名义投标。

4. 开标、评标和定标

开标应在招标文件确定的提交投标文件截止时间的同一时间公开进行。开标地点应为招标文件中确定的地点。投标人对开标有异议的，应在开标现场提出，招标人应当场作出答复，并制作记录。

(1) 投标文件拒收情形。

投标文件有下列情形之一的，招标人应当拒收：

第一，逾期送达。

第二，未按招标文件要求密封。

(2) 否决投标情形。

下列情形之一的，评标委员会应当否决其投标：

第一，投标文件未经投标单位盖章和单位负责人签字。

第二，投标联合体没有提交共同投标协议。

第三，投标人不符合国家或者招标文件规定的资格条件。

第四，同一投标人提交两个以上不同的投标文件或者投标报价，但招标文件要求提交备选投标的除外。

第五，投标报价低于成本或者高于招标文件设定的最高投标限价。

第六，投标文件没有对招标文件的实质性要求和条件作出响应。

第七，投标人有串通投标、弄虚作假、行贿等违法行为。

评标委员会可以书面方式要求投标人对投标文件中含义不明确、对同类问题表述不一致或者有明显文字和计算错误的内容作必要的澄清、说明或补正。但不得向投标人提出带有暗示性或诱导性的问题，或向其明确投标文件中的遗漏和错误。

投标文件不响应招标文件的实质性要求和条件的，评标委员会不得允许投标人通过修正或撤销其不符合要求的差异或保留，使之成为具有响应性的投标。

(3) 投标报价修正原则。

评标委员会在对实质上响应招标文件要求的投标进行报价评估时，除招标文件另有约定外，应当按下述原则进行修正：

第一，用数字表示的数额与用文字表示的数额不一致时，以文字数额为准。

第二，单价与工程量的乘积与总价之间不一致时，以单价为准。若单价有明显的小数点错位，应以总价为准，并修改单价。

按上述调整后的报价经投标人确认后产生约束力。投标文件中没有列入的价格和优惠条件在评标时不予考虑。

对于投标人提交的优越于招标文件中技术标准的备选投标方案所产生的附加收益，不得考虑进评标价中。符合招标文件的基本技术要求且评标价最低或综合评分最高的投标人，其所提交的备选方案方可予以考虑。

招标人设有标底的，标底在评标中应当作为参考，但不得作为唯一依据。

(4) 评标报告。

评标委员会完成评标后，应向招标人提出书面评标报告。评标报告由评标委员会全体成员签字。依法必须进行招标的项目，招标人应当自收到评标报告之日起三日内公示中标候选人，公示期不得少于三日。中标通知书由招标人发出。

评标委员会推荐的中标候选人应当符合规定要求。

(5) 定标。

招标人可以授权评标委员会直接确定中标人。国务院对中标人的确定另有规定的，从其规定。

招标人不得向中标人提出压低报价、增加工作量、缩短工期或其他违背中标人意愿的要求，以此作为发出中标通知书和签订合同的条件。

中标通知书对招标人和中标人具有法律效力。中标通知书发出后，招标人改变中标结果或者中标人放弃中标项目的，应当依法承担法律责任。

招标人全部或者部分使用非中标单位投标文件中的技术成果或技术方案时，须征得其书面同意，并给予一定的经济补偿。

招标人和中标人应当在投标有效期内并在自中标通知书发出之日起三十日内，按照招标文件和中标人的投标文件订立书面合同。招标人和中标人不得再行订立背离合同实质性内容的其他协议。招标人要求中标人提供履约保证金或其他形式履约担保的，招标人应当同时向中标人提供工程款支付担保。招标人不得擅自提高履约保证金，不得强制要求中标人垫付中标项目建设资金。

招标人最迟应当在与中标人签订合同后五日内，向中标人和未中标的投标人退还投标保证金及银行同期存款利息。

合同中确定的建设规模、建设标准、建设内容、合同价格应当控制在批准的初步设计及概算文件范围内。确需超出规定范围的，应当在中标合同签订前，报原项目审批部门审查同意。凡应报经审查而未报的，在初步设计及概算调整时，原项目审批部门一律不予承认。

（6）招标投标书面情况报告。

依法必须进行施工招标的项目，招标人应当自发出中标通知书之日起十五日内，向有关行政监督部门提交至少应包括下列招标投标情况的书面报告：

第一，招标范围。

第二，招标方式和发布招标公告的媒介。

第三，招标文件中投标人须知、技术条款、评标标准和方法、合同主要条款等内容。

第四，评标委员会的组成和评标报告。

第五，中标结果。

（7）转包和分包规定。

招标人不得直接指定分包人。

对于不具备分包条件或者不符合分包规定的，招标人有权在签订合同或者中标人提出分包要求时予以拒绝。发现中标人转包或违法分包时，可要求其改正；中标人拒不改正的，招标人可终止合同，并报请有关行政监督部门查处。监理人员和有关行政部门发现中标人违反合同约定进行转包或违法分包的，应当要求中标人改正，或者告知招标人要求其改正；对于拒不改正的，应当报请有关行政监督部门查处。

5. 法律责任

根据参与招标投标活动的相关当事人，主要从招标人、投标人、招标代理机构、评标委员会、行政监督部门角度阐述相关的法律责任。

（1）招标人的相关规定。

30号令第六十八条规定："依法必须进行招标的项目而不招标的，将必须进行招标的项目化整为零或者以其他任何方式规避招标的，有关行政监督部门责令限期改正，可以处项目合同金额千分之五以上千分之十以下的罚款;对全部或者部分使用国有资金的项目,项目审批部门可以暂停项目执行或者暂停资金拨付;对单位直接负责的主管人员和其他直接责任人员依法给予处分。"

30号令第七十条规定:"招标人以不合理的条件限制或者排斥潜在投标人的,对潜在投标人实行歧视待遇的,强制要求投标人组成联合体共同投标的,或者限制投标人之间竞争的,有关行政监督部门责令改正,可处一万元以上五万元以下罚款。"

30号令第七十一条规定:"依法必须进行招标项目的招标人向他人透露已获取招标文件的潜在投标人的名称、数量或者可能影响公平竞争的有关招标投标的其他情况的,或者泄露标底的,有关行政监督部门给予警告,可以并处一万元以上十万元以下的罚款;对单位直接负责的主管人员和其他直接责任人员依法给予处分;构成犯罪的,依法追究刑事责任。若影响中标结果的,中标无效。"

30号令第七十二条规定:"招标人在发布招标公告、发出投标邀请书或者售出招标文件或资格预审文件后终止招标的,应当及时退还所收取的资格预审文件、招标文件的费用,以及所收取的投标保证金及银行同期存款利息。给潜在投标人或者投标人造成损失的,应当赔偿损失。"

30号令第七十三条规定:"招标人有下列限制或者排斥潜在投标人行为之一的,由有关行政监督部门依照招标投标法第五十一条的规定处罚;其中,构成依法必须进行施工招标的项目的招标人规避招标的,依照《招标投标法》第四十九条的规定处罚:招标人有前款第一项、第三项、第四项所列行为之一的,对单位直接负责的主管人员和其他直接责任人员依法给予处分。(一)依法应当公开招标的项目不按照规定在指定媒介发布资格预审公告或者招标公告;(二)在不同媒介发布的同一招标项目的资格预审公告或者招标公告的内容不一致,影响潜在投标人申请资格预审或者投标。招标人有下列情形之一的,由有关行政监督部门责令改正,可以处10万元以下的罚款:(一)依法应当公开招标而采用邀请招标;(二)招标文件、资格预审文件的发售、澄清、修改的时限,或者确定的提交资格预审申请文件、投标文件的时限不符合招标投标法和招标投标法实施条例规定;(三)接受未通过资格预审的单位或者个人参加投标;(四)接受应当拒收的投标文件。"

30号令第七十六条规定:"依法必须进行招标的项目,招标人违法与投标人就投标价格、投标方案等实质性内容进行谈判的,有关行政监督部门给予警告,对单位直接负责的主管人员和其他直接责任人员依法给予处分。若影响中标结果的,中标无效。"

30号令第七十九条规定:"依法必须进行招标的项目的招标人不按照规定组建评标委员会,或者确定、更换评标委员会成员违反招标投标法和招标投标法实施条例规定的,由有关行政监督部门责令改正,可以处10万元以下的罚款,对单位直接负责的主管人员和其他直接责任人员依法给予处分;违法确定或者更换的评标委员会成员作出的评审决定无效,依法重新进行评审。"

30号令第八十条规定:"依法必须进行招标的项目的招标人有下列情形之一的,由有关行政监督部门责令改正,可以处中标项目金额千分之十以下的罚款;给他人造成损失的,依法承担赔偿责任;对单位直接负责的主管人员和其他直接责任人员依法给予处分:(一)无正当理由不发出中标通知书;(二)不按照规定确定中标人;(三)中标通知书发出后无正当理由改变中标结果；（四）无正当理由不与中标人订立合同；（五）在订立合同时向中标人提出附加条件。"

30号令第八十三条规定："招标人与中标人不按照招标文件和中标人的投标文件订立合同的，合同的主要条款与招标文件、中标人的投标文件的内容不一致，或者招标人、中标人订立背离合同实质性内容的协议的，有关行政监督部门责令改正；可以处中标项目金额千分之五以上千分之十以下的罚款。"

30号令第八十五条规定："招标人不履行与中标人订立的合同的，应当返还中标人的履约保证金，并承担相应的赔偿责任；没有提交履约保证金的，应当对中标人的损失承担赔偿责任。因不可抗力不能履行合同的，不适用前两款规定。"

（2）投标人的相关规定。

30号令第七十四条规定："投标人相互串通投标或者与招标人串通投标的，投标人以向招标人或者评标委员会成员行贿的手段谋取中标的，中标无效，由有关行政监督部门处中标项目金额千分之五以上千分之十以下的罚款，对单位直接负责的主管人员和其他直接责任人员处单位罚款数额百分之五以上百分之十以下的罚款；有违法所得的，并处没收违法所得；情节严重的，取消其一至二年的投标资格，并予以公告，直至由国家行政管理机关吊销营业执照；构成犯罪的，依法追究刑事责任。给他人造成损失的，依法承担赔偿责任。投标人未中标的，对单位的罚款金额按照招标项目合同金额依照招标投标法规定的比例计算。"

30号令第七十五条规定："投标人以他人名义投标或者以其他方式弄虚作假，骗取中标的，中标无效，给招标人造成损失的，依法承担赔偿责任；构成犯罪的，依法追究刑事责任。

依法必须进行招标项目的投标人有前款所列行为尚未构成犯罪的，有关行政监督部门处中标项目金额千分之五以上千分之十以下的罚款，对单位直接负责的主管人员和其他直接责任人员处单位罚款数额百分之五以上百分之十以下的罚款；有违法所得的，并处没收违法所得；情节严重的，取消其一至三年投标资格，并予以公告，直至由国家行政管理机关吊销营业执照。投标人未中标的，对单位的罚款金额按照招标项目合同金额依照招标投标法规定的比例计算。"

30号令第八十一条规定："中标通知书发出后，中标人放弃中标项目的，无正当理由不与招标人签订合同的，在签订合同时向招标人提出附加条件或者更改合同实质性内容的，或者拒不提交所要求的履约保证金的，取消其中标资格，投标保证金不予退还；给招标人的损失超过投标保证金数额的，中标人应当对超过部分予以赔偿；没有提交投标保证金的，应当对招标人的损失承担赔偿责任。对依法必须进行施工招标的项目的中标人，由有关行政监督部门责令改正，可以处中标金额千分之十以下罚款。"

30号令第八十二条规定："中标人将中标项目转让给他人的，将中标项目肢解后分别转让给他人的，违法将中标项目的部分主体、关键性工作分包给他人的，或者分包人再次分包的，转让、分包无效，有关行政监督部门处转让、分包项目金额千分之五以上千分之十以下的罚款；有违法所得的，并处没收违法所得；可以责令停业整顿；情节严重的，由工商行政管理机关吊销营业执照。"

30号令第八十四条规定："中标人不履行与招标人订立的合同的，履约保证金不予退还，给招标人造成的损失超过履约保证金数额的，还应当对超过部分予以赔偿；没有提交履约保证金的，应当对招标人的损失承担赔偿责任。

中标人不按照与招标人订立的合同履行义务，情节严重的，有关行政监督部门取消其二至五年参加招标项目的投标资格并予以公告，直至由国家行政管理机关吊销营业执照。因不可抗力不能履行合同的，不适用前两款规定。"

（3）招标代理机构的相关规定。

30号令第六十九条规定："招标代理机构违法泄露应当保密的与招标投标活动有关的情况和资料的，或者与招标人、投标人串通损害国家利益、社会公共利益或者他人合法权益的，由有关行政监督部门处五万元以上二十五万元以下罚款，对单位直接负责的主管人员和其他直接责任人员处单位罚款数额百分之五以上百分之十以下罚款；有违法所得的，并处没收违法所得；情节严重的，有关行政监督部门可停止其一定时期内参与相关领域的招标代理业务，资格认定部门可暂停直至取消招标代理资格；构成犯罪的，由司法部门依法追究刑事责任。给他人造成损失的，依法承担赔偿责任。前款所列行为影响中标结果，并且中标人为前款所列行为的受益人的，中标无效。"

（4）评标委员会的相关规定。

30号令第七十七条规定："评标委员会成员收受投标人的财物或者其他好处的，没收收受的财物，可以并处三千元以上五万元以下的罚款，取消担任评标委员会成员的资格并予以公告，不得再参加依法必须进行招标的项目的评标；构成犯罪的，依法追究刑事责任。"

30号令第七十八条规定："评标委员会成员应当回避而不回避，擅离职守，不按照招标文件规定的评标标准和方法评标，私下接触投标人，向招标人征询确定中标人的意向或者接受任何单位或者个人明示或者暗示提出的倾向或者排斥特定投标人的要求，对依法应当否决的投标不提出否决意见，暗示或者诱导投标人作出澄清、说明或者接受投标人主动提出的澄清、说明，或者有其他不能客观公正地履行职责行为的，有关行政监督部门责令改正；情节严重的，禁止其在一定期限内参加依法必须进行招标的项目的评标；情节特别严重的，取消其担任评标委员会成员的资格。"

（5）行政监督部门的相关规定。

30号令第八十八条规定："对招标投标活动依法负有行政监督职责的国家机关工作人员徇私舞弊、滥用职权或者玩忽职守，构成犯罪的，依法追究刑事责任；不构成犯罪的，依法给予行政处分。"

（6）其他有关规定的相关规定。

30号令第八十六条规定："依法必须进行施工招标的项目违反法律规定，中标无效的，应当依照法律规定的中标条件从其余投标人中重新确定中标人或者依法重新进行招标。中标无效的，发出的中标通知书和签订的合同自始没有法律约束力，但不影响合同中独立存在的有关解决争议方法的条款的效力。"

30号令第八十七条规定："任何单位违法限制或者排斥本地区、本系统以外的法人或者其他组织参加投标的，为招标人指定招标代理机构的，强制招标人委托招标代理机构办理招标事宜的，或者以其他方式干涉招标投标活动的，有关行政监督部门责令改正；对单位直接负责的主管人员和其他直接责任人员依法给予警告、记过、记大过的处分，情节较重的，依法给予降级、撤职、开除的处分。个人利用职权进行前款违法行为的，依照前款规定追究责任。"

30 号令第八十九条规定："投标人或者其他利害关系人认为工程建设项目施工招标投标活动不符合国家规定的，可以自知道或者应当知道之日起 10 日内向有关行政监督部门投诉。投诉应当有明确的请求和必要的证明材料。"

3.3.5 《工程建设项目勘察设计招标投标办法》

工程建设项目的勘察设计招标投标活动，一般是整个工程建设项目中，最先开始进行的招标投标活动。该招标投标活动进行顺利与否，对后续工程建设项目的其他招标投标活动和相关工作推进影响较大。

根据《招标投标法》等法律法规规定，国家发展改革委等 8 部委于 2003 年发布了《工程建设项目勘察设计招标投标办法》（国家发展改革委等 8 部委令第 2 号，以下简称 2 号令）。2013 年，国家发展改革委等 9 部委对 2 号令进行了修正，修正后的 2 号令，共 6 章 60 条，适用在中华人民共和国境内进行的工程建设项目勘察设计招标投标活动。

1. 总则

工程建设项目符合规定的范围和标准的，必须依据本办法进行招标。任何单位和个人不得将依法必须进行招标的项目化整为零或者以其他任何方式规避招标。

按照国家规定需要履行项目审批、核准手续的依法必须进行勘察设计招标的项目，有下列情形之一的，经项目审批、核准部门审批、核准，可以不进行招标：

（1）涉及国家安全、国家秘密、抢险救灾或者属于利用扶贫资金实行以工代赈、需要使用农民工等特殊情况，不适宜进行招标。

（2）主要工艺、技术采用不可替代的专利或者专有技术，或者其建筑艺术造型有特殊要求。

（3）采购人依法能够自行勘察、设计。

（4）已通过招标方式选定的特许经营项目投资人依法能够自行勘察、设计。

（5）技术复杂或专业性强，能够满足条件的勘察设计单位少于三家，不能形成有效竞争。

（6）已建成项目需要改、扩建或者技术改造，由其他单位进行设计影响项目功能配套性。

（7）国家规定其他特殊情形。

勘察设计招标工作由招标人负责。任何单位和个人不得以任何方式非法干涉招标投标活动。

各级政府行政主管部门依照规定的职责分工，对工程建设项目勘察设计招标投标活动实施监督，依法查处招标投标活动中的违法行为。

2. 招标

招标人可以依据工程建设项目的不同特点，实行勘察设计一次性总体招标；也可以在保证项目完整性、连续性的前提下，按照技术要求实行分段或分项招标（依法必须进行招标的项目不得以此规避招标）。招标人不得规定限制或者排斥潜在投标人或者投标。

依法必须招标的工程建设项目，招标人可以对项目的勘察、设计、施工以及与工程建设有关的重要设备、材料的采购，实行总承包招标。

(1) 招标条件。

依法必须进行勘察设计招标的工程建设项目应当具备下列条件：

第一，招标人已经依法成立。

第二，按照国家有关规定需要履行项目审批、核准或者备案手续的，已经审批、核准或者备案。

第三，勘察设计有相应资金或者资金来源已经落实。

第四，所必需的勘察设计基础资料已经收集完成。

第五，法律法规规定的其他条件。

(2) 招标方式。

国有资金投资占控股或者主导地位的工程建设项目，以及国务院发展和改革部门确定的国家重点项目和省、自治区、直辖市人民政府确定的地方重点项目，除符合规定条件并依法获得批准外，应当公开招标。

依法必须进行公开招标的项目，在下列情况下可以进行邀请招标：

第一，技术复杂、有特殊要求或者受自然环境限制，只有少量潜在投标人可供选择。

第二，采用公开招标方式的费用占项目合同金额的比例过大。

上述两种情形，属于按照国家有关规定需要履行项目审批、核准手续的项目，由项目审批、核准部门在审批、核准项目时作出认定；其他项目由招标人申请有关行政监督部门作出认定。

招标人采用邀请招标方式的，应保证有三个以上具备承担招标项目勘察设计的能力，并具有相应资质的特定法人或者其他组织参加投标。

(3) 招标文件。

招标人应当按照资格预审公告、招标公告或者投标邀请书规定的时间、地点出售招标文件或者资格预审文件。自招标文件或者资格预审文件出售之日起至停止出售之日止，最短不得少于五日。

进行资格预审的，招标人只向资格预审合格的潜在投标人发售招标文件，并同时向资格预审不合格的潜在投标人告知资格预审结果。

凡是资格预审合格的潜在投标人都应被允许参加投标。

招标人不得以抽签、摇号等不合理条件限制或者排斥资格预审合格的潜在投标人参加投标。

招标人的勘察设计招标文件应当包括下列内容：

① 投标须知。

② 投标文件格式及主要合同条款。

③ 项目说明书，包括资金来源情况。

④ 勘察设计范围，对勘察设计进度、阶段和深度要求。

⑤ 勘察设计基础资料。

⑥ 勘察设计费用支付方式，对未中标人是否给予补偿及补偿标准。

⑦ 投标报价要求。
⑧ 对投标人资格审查的标准。
⑨ 评标标准和方法。
⑩ 投标有效期。

投标有效期，从提交投标文件截止日起计算。招标文件的收费应仅限于补偿印刷、邮寄的成本支出，招标人不得通过出售招标文件牟取利益。

招标人负责提供与招标项目有关的基础资料，并保证所提供资料的真实性、完整性。涉及国家秘密的除外。

对于潜在投标人在阅读招标文件和踏勘现场中提出的疑问，招标人可以书面形式或召开投标预备会的方式解答，但需同时将解答以书面方式通知所有招标文件收受人。该解答的内容为招标文件的组成部分。

招标人可以要求投标人在提交符合招标文件规定要求的投标文件外，提交备选投标文件，但应当在招标文件中作出说明，并提出相应的评审和比较办法。

招标人应当确定潜在投标人编制投标文件所需要的合理时间。

依法必须进行勘察设计招标的项目，自招标文件发出之日起至投标人提交投标文件截止之日止，最短不得少于二十日。

除不可抗力原因外，招标人在发布招标公告或者发出投标邀请书后不得终止招标，也不得在出售招标文件后终止招标。

（4）重新招标。

在下列情况下，依法必须招标项目的招标人在分析招标失败的原因并采取相应措施后，应当依照2号令重新招标：

① 资格预审合格的潜在投标人不足三个的；
② 在投标截止时间前提交投标文件的投标人少于三个的；
③ 所有投标均被否决的；
④ 评标委员会否决不合格投标后，因有效投标不足三个使得投标明显缺乏竞争，评标委员会决定否决全部投标的；
⑤ 同意延长投标有效期的投标人少于三个的。

招标人重新招标后，发生2号令规定重新招标情形之一的，属于按照国家规定需要政府审批、核准的项目，报经原项目审批、核准部门审批、核准后可以不再进行招标；其他工程建设项目，招标人可自行决定不再进行招标。

3. 投标

投标人是响应招标、参加投标竞争的法人或者其他组织。在其本国注册登记，从事建筑、工程服务的国外设计企业参加投标的，必须符合中华人民共和国缔结或者参加的国际条约、协定中所作的市场准入承诺以及有关勘察设计市场准入的管理规定。投标人应当符合国家规定的资质条件。

（1）投标文件。

投标人应当按照招标文件或者投标邀请书的要求编制投标文件。

投标人在投标文件有关技术方案和要求中不得指定与工程建设项目有关的重要设备、材料的生产供应者，或者含有倾向或者排斥特定生产供应者的内容。

在提交投标文件截止时间后到招标文件规定的投标有效期终止之前，投标人不得撤销其投标文件，否则招标人可以不退还投标保证金。

投标人在投标截止时间前提交的投标文件，补充、修改或撤回投标文件的通知，备选投标文件等，都必须加盖所在单位公章，并且由其法定代表人或授权代表签字，但招标文件另有规定的除外。招标人在接收上述材料时，应检查其密封或签章是否完好，并向投标人出具标明签收人和签收时间的回执。

（2）投标保证金。

招标文件要求投标人提交投标保证金的，保证金数额不得超过勘察设计估算费用的百分之二，最多不超过十万元人民币。依法必须进行招标的项目的境内投标单位，以现金或者支票形式提交的投标保证金应当从其基本账户转出。

（3）联合体投标。

以联合体形式投标的，联合体各方应签订共同投标协议，连同投标文件一并提交招标人。招标人接受联合体投标并进行资格预审的，联合体应当在提交资格预审文件前组成。资格预审后联合体增减、更换成员的，其投标无效。

联合体中标的，应指定牵头人或代表，授权其代表所有联合体成员与招标人签订合同，负责整个合同实施阶段的协调工作。但是，需要向招标人提交由所有联合体成员法定代表人签署的授权委托书。

（4）其他相关规定。

投标人不得以他人名义投标，也不得利用伪造、转让、无效或者租借的资质证书参加投标，或者以任何方式请其他单位在自己编制的投标文件代为签字盖章，损害国家利益、社会公共利益和招标人的合法权益。

投标人不得通过故意压低投资额、降低施工技术要求、减少占地面积，或者缩短工期等手段弄虚作假，骗取中标。

4. 开标、评标和定标

（1）开标。

开标应当在招标文件确定的提交投标文件截止时间的同一时间公开进行；除不可抗力原因外，招标人不得以任何理由拖延开标，或者拒绝开标。

投标人对开标有异议的，应当在开标现场提出，招标人应当当场作出答复，并制作记录。

（2）评标。

评标工作由评标委员会负责。评标委员会的组成方式及要求，按有关法律法规的规定执行。

勘察设计评标一般采取综合评估法进行。评标委员会应当按照招标文件确定的评标标准和方法，结合经批准的项目建议书、可行性研究报告或者上阶段设计批复文件，对投标人的业绩、信誉和勘察设计人员的能力以及勘察设计方案的优劣进行综合评定。招标文件中没有规定的标准和方法，不得作为评标的依据。

评标委员会可以要求投标人对其技术文件进行必要的说明或介绍，但不得提出带有暗示性或诱导性的问题，也不得明确指出其投标文件中的遗漏和错误。

根据招标文件的规定，允许投标人投备选标的，评标委员会可以对中标人所提交的备选标进行评审,以决定是否采纳备选标。不符合中标条件的投标人的备选标不予考虑。

第一,否决投标情形。

① 投标文件有下列情况之一的,评标委员会应当否决其投标:

a. 经投标单位盖章和单位负责人签字。

b. 投标报价不符合国家颁布的勘察设计取费标准,或者低于成本,或者高于招标文件设定的最高投标限价。

c. 未响应招标文件的实质性要求和条件。

② 投标人有下列情况之一的,评标委员会应当否决其投标:

a. 不符合国家或者招标文件规定的资格条件。

b. 与其他投标人或者与招标人串通投标。

c. 以他人名义投标,或者以其他方式弄虚作假。

d. 以向招标人或者评标委员会成员行贿的手段谋取中标。

e. 以联合体形式投标,未提交共同投标协议。

f. 提交两个以上不同的投标文件或者投标报价,但招标文件要求提交备选投标的除外。

第二,评标报告。

评标委员会完成评标后,应当向招标人出具书面评标报告,推荐合格的中标候选人。评标委员会如果决定否决所有投标的,应在评标报告中详细说明理由。

(3) 定标。

评标委员会推荐的中标候选人应当能够最大限度地满足招标文件中规定的各项综合评价标准的投标人。

招标人应在接到评标委员会的书面评标报告之日起三日内公示中标候选人,公示期不少于三日。

招标人和中标人在投标有效期内并在自中标通知书发出之日起三十日内,按照招标文件和中标人的投标文件订立书面合同。中标人履行合同应当遵守《民法典》以及《建设工程勘察设计管理条例》中关于勘察设计文件编制实施的有关规定。

招标人不得以压低勘察设计费、增加工作量、缩短勘察设计周期等作为发出中标通知书的条件,也不得与中标人再行订立背离合同实质性内容的其他协议。

招标人与中标人签订合同后五日内,应当向中标人和未中标人一次性退还投标保证金及银行同期存款利息。招标文件中规定给予未中标人经济补偿的,也应在此期限内一并给付。招标文件要求中标人提交履约保证金的,中标人应当提交;经中标人同意,可将其投标保证金抵作履约保证金。

招标人或者中标人采用其他未中标人投标文件中技术方案的,应当征得未中标人的书面同意,并支付合理的使用费。

评标定标工作如不能如期完成的,招标人应当通知所有投标人延长投标有效期。同意延长投标有效期的投标人应当相应延长其投标担保的有效期,但不得修改投标文件的实质性内容。拒绝延长投标有效期的投标人有权收回投标保证金。招标文件中规定给予未中标人补偿的,拒绝延长的投标人有权获得补偿。

(4) 招标投标书面情况报告。

依法必须进行勘察设计招标的项目，招标人应当在确定中标人之日起十五日内，向有关行政监督部门提交包括以下招标投标情况的书面报告：

① 招标项目基本情况。
② 投标人情况。
③ 评标委员会成员名单。
④ 开标情况。
⑤ 评标标准和方法。
⑥ 否决投标情况。
⑦ 评标委员会推荐的经排序的中标候选人名单。
⑧ 中标结果。
⑨ 未确定排名第一的中标候选人为中标人的原因。
⑩ 其他需要说明的问题。

5. 罚则

根据参与招标投标活动的相关当事人，主要从招标人、投标人、评标委员会、角度阐述相关的罚则。

(1) 招标人的相关罚则。

2号令第五十条规定："招标人有下列限制或者排斥潜在投标人行为之一的，由有关行政监督部门依照招标投标法第五十一条的规定处罚；其中，构成依法必须进行勘察设计招标的项目的招标人规避招标的，依照招标投标法第四十九条的规定处罚：(一) 依法必须公开招标的项目不按照规定在指定媒介发布资格预审公告或者招标公告；(二) 在不同媒介发布的同一招标项目的资格预审公告或者招标公告的内容不一致，影响潜在投标人申请资格预审或者投标。"

2号令第五十一条规定："招标人有下列情形之一的，由有关行政监督部门责令改正，可以处10万元以下的罚款：(一) 依法应当公开招标而采用邀请招标；(二) 招标文件、资格预审文件的发售、澄清、修改的时限，或者确定的提交资格预审申请文件、投标文件的时限不符合招标投标法和招标投标法实施条例规定；(三) 接受未通过资格预审的单位或者个人参加投标；(四) 接受应当拒收的投标文件。招标人有前款第一项、第三项、第四项所列行为之一的，对单位直接负责的主管人员和其他直接责任人员依法给予处分。"

2号令第五十三条规定："招标人以抽签、摇号等不合理的条件限制或者排斥资格预审合格的潜在投标人参加投标，对潜在投标人实行歧视待遇的，强制要求投标人组成联合体共同投标的，或者限制投标人之间竞争的，责令改正，可以处一万元以上五万元以下的罚款。

依法必须进行招标的项目的招标人不按照规定组建评标委员会，或者确定、更换评标委员会成员违反招标投标法和招标投标法实施条例规定的，由有关行政监督部门责令改正，可以处10万元以下的罚款，对单位直接负责的主管人员和其他直接责任人员依法给予处分；违法确定或者更换的评标委员会成员作出的评审结论无效，依法重新进行评审。"

2号令第五十五条规定："招标人与中标人不按照招标文件和中标人的投标文件订立合同，责令改正，可以处中标项目金额千分之五以上千分之十以下的罚款。"

（2）投标人的相关罚则。

2号令第五十二条规定："依法必须进行招标的项目的投标人以他人名义投标，利用伪造、转让、租借、无效的资质证书参加投标，或者请其他单位在自己编制的投标文件上代为签字盖章，弄虚作假，骗取中标的，中标无效。尚未构成犯罪的，处中标项目金额千分之五以上千分之十以下的罚款，对单位直接负责的主管人员和其他直接责任人员处单位罚款数额百分之五以上百分之十以下的罚款；有违法所得的，并处没收违法所得；情节严重的，取消其一年至三年内参加依法必须进行招标的项目的投标资格并予以公告，直至由国家行政管理机关吊销营业执照。"

（3）评标委员会的相关罚则。

2号令第五十四条规定："评标委员会成员有下列行为之一的，由有关行政监督部门责令改正；情节严重的，禁止其在一定期限内参加依法必须进行招标的项目的评标；情节特别严重的，取消其担任评标委员会成员的资格：（一）不按照招标文件规定的评标标准和方法评标；（二）应当回避而不回避；（三）擅离职守；（四）私下接触投标人；（五）向招标人征询确定中标人的意向或者接受任何单位或者个人明示或者暗示提出的倾向或者排斥特定投标人的要求；（六）对依法应当否决的投标不提出否决意见；（七）暗示或者诱导投标人作出澄清、说明或者接受投标人主动提出的澄清、说明；（八）其他不客观、不公正履行职务的行为。"

本办法对违法行为及其处罚措施未作规定的，依据《招标投标法》《招标投标法实施条例》和有关法律、行政法规。

3.3.6 《工程建设项目货物招标投标办法》

工程建设项目的货物招标投标活动，是整个工程建设项目中，招标投标活动的重要组成部分。

根据《招标投标法》等法律法规规定，国家发展改革委等7部委于2005年发布了《工程建设项目货物招标投标办法》（国家发展改革委等7部委令第27号，以下简称27号令），2013年，国家发展改革委等9部委对27号令进行了修正，修正后的27号令，共6章64条，适用在中华人民共和国境内进行的工程建设项目货物招标投标活动，属于固定资产投资的货物招标投标活动，参照本办法执行。

1. 总则

工程建设项目符合16号令规定的范围和标准的，必须通过招标选择货物供应单位。任何单位和个人不得将依法必须招标的项目以任何方式规避招标。

工程建设项目货物招标投标活动应遵循公开、公平、公正和诚实信用的原则，不受地区或者部门的限制。

工程建设项目货物招标投标活动由招标人负责。工程建设项目实行总承包招标时，未包括在总承包范围内的货物属于依法必须招标的项目范围且达到国家规定规模标准的，应当由招标人依法组织招标；以暂估价形式包括在总承包范围内的货物属于依法必须招标的项目范围且达到国家规定规模标准的，应当依法组织招标。

各级政府行政主管部门依照国务院和地方各级人民政府关于工程建设项目行政监督的职责分工，对工程建设项目货物招标投标活动实施监督，依法查处招标投标活动中的违法行为。

2. 招标

工程建设项目招标人是依法提出招标项目、进行招标的法人或者其他组织。实行总承包的中标人单独或者共同招标时，也为招标人。

（1）招标条件。

依法必须招标的工程建设项目，具备下列条件才能进行货物招标：

① 招标人已经依法成立。

② 按照国家有关规定应当履行项目审批、核准或者备案手续的，已经履行完成。

③ 有相应资金或者资金来源已经落实。

④ 能够提出货物的使用与技术要求。

依法必须招标的工程建设项目，按国家有关规定需要履行审批、核准手续的，招标人应当在报送的可行性研究报告、资金申请报告或者项目申请报告中将货物招标范围、招标方式、招标组织形式等有关招标内容报项目审批、核准部门审批、核准。项目审批、核准部门应当将审批、核准的招标内容通报有关行政监督部门。

（2）招标方式。

货物招标分为公开招标和邀请招标。

依法应当公开招标的项目有下列情形之一的，可以进行邀请招标：

第一，技术复杂、有特殊要求或者受自然环境限制，只有少量潜在投标人可供选择。

第二，采用公开招标方式的费用占项目合同金额的比例过大（属按规定需履行项目审批、核准手续的依法必须招标的项目，由项目审批、核准部门认定；其他项目由招标人申请有关行政监督部门作出认定）。

第三，涉及国家安全、国家秘密或者抢险救灾，适宜招标但不宜公开招标。

采用公开招标方式的，招标人应当发布资格预审公告或者招标公告。依法必须进行货物招标的招标公告应当在国家指定的报刊或者信息网络上发布。采用邀请招标方式的，招标人应当向三家以上具备货物供应的能力、资信良好的特定的法人或者其他组织发出投标邀请书。

（3）招标公告和投标邀请书。

招标公告或者投标邀请书应当载明下列内容：

① 招标人的名称和地址。

② 招标货物的名称、数量、技术规格、资金来源。

③ 交货的地点和时间。

④ 获取招标文件或者资格预审文件的地点和时间。

⑤ 对招标文件或者资格预审文件收取的费用。

⑥ 提交资格预审申请书或者投标文件的地点和截止日期。

⑦ 对投标人的资格要求。

招标人应按照资格预审公告、招标公告或者投标邀请书规定的时间、地点发售招标文件或者资格预审文件。发售时间最短不得少于五日。招标人可以通过信息网络或者其他媒介发布招标文件（与书面招标文件具有同等法律效力），如出现不一致时以书面招标文件为准。招标文件或者资格预审文件的收费应当限于补偿印刷、邮寄的成本支出，不得以营利为目的。

除不可抗力原因外，招标文件或者资格预审文件发出后不予退还；招标人在发布招标公告、发出投标邀请书后或者发出招标文件或资格预审文件后不得终止招标。招标人终止招标应当及时发布公告，或者以书面形式通知被邀请的或者已经获取资格预审文件、招标文件的潜在投标人。已经发售资格预审文件、招标文件或者已经收取投标保证金的，招标人应当及时退还所收取的资格预审文件、招标文件的费用，以及投标保证金及银行同期存款利息。

（4）资格审查。

招标人可以根据招标货物的特点和需要，对潜在投标人或者投标人进行资格审查。

第一，资格预审和资格后审。

资格审查分为资格预审和资格后审。

资格预审，是指招标人出售招标文件或者发出投标邀请书前对潜在投标人进行的资格审查（一般适用于潜在投标人较多或者大型、技术复杂货物的招标）。采取资格预审的，招标人应当发布资格预审公告。

资格后审，是指在开标后对投标人进行的资格审查。资格后审一般在评标过程中的初步评审开始时进行。招标人应当在招标文件中详细规定资格审查的标准和方法。

第二，资格预审文件。

资格预审文件一般包括下列内容：

① 资格预审公告。

② 申请人须知。

③ 资格要求。

④ 其他业绩要求。

⑤ 资格审查标准和方法。

⑥ 资格预审结果的通知方式。

招标人在进行资格审查时，不得改变或补充载明的资格审查标准和方法或者以没有载明的资格审查标准和方法对潜在投标人或者投标人进行资格审查。

第三，资格预审结果。

经资格预审后，招标人应当向资格预审合格的潜在投标人发出资格预审合格通知书，告知获取招标文件的时间、地点和方法，并同时向资格预审不合格的潜在投标人告知资格预审结果。依法必须招标的项目通过资格预审的申请人不足三个的，招标人在分析招标失败的原因并采取相应措施后应当重新招标。评标委员会应当对资格后审不合格的投标人的投标作否决投标处理。

（5）招标文件。

招标文件一般包括下列内容：

① 招标公告或者投标邀请书。

② 投标人须知。

③ 投标文件格式。
④ 技术规格、参数及其他要求。
⑤ 评标标准和方法。
⑥ 合同主要条款。

招标人应当在招标文件中规定实质性要求和条件，并用醒目的方式标明不满足其中任何一项实质性要求和条件的投标将被拒绝；没有标明的要求和条件在评标时不得作为实质性要求和条件。非实质性要求和条件应规定允许偏差的最大范围、最高项数，以及对这些偏差进行调整的方法。国家对招标货物的技术、标准、质量等有规定的，招标人应按照规定在招标文件中提出相应要求。

招标货物需要划分标包的，招标人应合理划分标包，确定各标包的交货期，并在招标文件中载明。招标人不得以不合理的标包限制或者排斥潜在投标人或者投标人。依法必须进行招标项目的招标人不得利用标包划分规避招标。

招标人允许中标人对非主体货物进行分包的，应当在招标文件中载明。主要设备、材料或者供货合同的主要部分不得要求或者允许分包。除招标文件要求不得改变标准货物的供应商外，中标人经招标人同意改变标准货物的供应商的，不应视为转包和违法分包。

招标人可以要求投标人在提交符合招标文件规定要求的投标文件外，提交备选投标方案，但应当在招标文件中作出说明。不符合中标条件的投标人的备选投标方案不予考虑。

招标文件规定的各项技术规格应当符合国家技术法规的规定。招标文件中规定的各项技术规格均不得要求或标明某一特定的专利技术、商标、名称、设计、原产地或供应者等，不得含有倾向或者排斥潜在投标人的其他内容。如必须引用某一供应者的技术规格才能准确或清楚地说明拟招标货物的技术规格时，应当在参照后面加上"或相当于"的字样。

招标文件应当明确规定评标时包含价格在内的所有评标因素，以及据此进行评估的方法。

在评标过程中，不得改变招标文件中规定的评标标准、方法和中标条件。

招标人应当解答潜在投标人在阅读招标文件中提出的疑问，并同时将解答以书面方式通知所有潜在投标人。该解答的内容为招标文件的组成部分。除招标文件明确要求外，出席投标预备会不是强制性的，由潜在投标人自行决定并承担由此可能产生的风险。

(6) 两阶段招标。

对无法精确拟定其技术规格的货物，招标人可以采用两阶段招标程序。

第一阶段，招标人可以首先要求潜在投标人提交技术建议，详细阐明货物的技术规格、质量和其他特性。招标人可以与投标人就其建议的内容进行协商和讨论，达成一个统一的技术规格后编制招标文件。

第二阶段，招标人应当向第一阶段提交了技术建议的投标人提供包含统一技术规格的正式招标文件，投标人根据正式招标文件的要求提交包括价格在内的最后投标文件。要求投标人提交投标保证金的，应当在第二阶段提出。

3. 投标

投标人是响应招标、参加投标竞争的法人或者其他组织。法定代表人为同一个人的两个及两个以上法人，母公司、全资子公司及其控股公司，都不得在同一货物招标中同时投标。

否则相关投标均无效。一个制造商对同一品牌同一型号的货物，仅能委托一个代理商参加投标。

依法必须进行招标的货物，投标人提交投标文件的最短时间不得少于二十日。

（1）投标文件。

投标人应当对招标文件提出的实质性要求和条件作出响应。投标文件一般包括下列内容：

① 投标函。
② 投标一览表。
③ 技术性能参数的详细描述。
④ 商务和技术偏差表。
⑤ 投标保证金。
⑥ 有关资格证明文件。
⑦ 招标文件要求的其他内容。

投标人拟在中标后将供货合同中的非主要部分进行分包的，应当在投标文件中载明。

投标人应当在提交投标文件的截止时间前，将投标文件密封送达招标文件中规定的地点。招标人收到投标文件后，应当向投标人出具标明签收人和签收时间的凭证，在开标前任何单位和个人不得开启投标文件。在提交投标文件的截止时间后送达的投标文件应当拒收。依法必须进行招标的项目，提交投标文件的投标人少于三个的，招标人在分析招标失败的原因并采取相应措施后，应当依法重新招标。重新招标后投标人仍少于三个的，按国家有关规定需要履行审批、核准手续的依法必须进行招标的项目，报项目审批、核准部门审批、核准后可以不再进行招标。

投标人在招标文件要求提交投标文件的截止时间前，可以补充、修改、替代或者撤回已提交的投标文件，并书面通知招标人。补充、修改的内容为投标文件的组成部分。招标人应妥善保管并严格保密。

在提交投标文件截止时间后，投标人不得撤销其投标文件，否则招标人可以不退还其投标保证金。

（2）联合体投标。

联合体可以以一个投标人的身份共同投标。联合体各方签订共同投标协议后，不得再以自己名义单独投标，也不得组成或参加其他联合体在同一项目中投标；否则相关投标均无效。联合体中标的，应当指定牵头人或代表，授权其代表所有联合体成员与招标人签订合同，负责整个合同实施阶段的协调工作。但是需要向招标人提交由所有联合体成员法定代表人签署的授权委托书。

招标人接受联合体投标并进行资格预审的，联合体应当在提交资格预审申请文件前组成，资格预审后联合体增减、更换成员的，其投标无效。招标人不得强制资格预审合格的投标人组成联合体。

(3) 投标保证金。

招标人可以在招标文件中要求投标人以自己的名义提交投标保证金。投标保证金可以是招标人认可的合法形式。依法必须招标的项目的境内投标单位，以现金或者支票形式提交的投标保证金应当从其基本账户转出。投标保证金一般不得超过项目估算价的百分之二，但最高不得超过八十万元人民币。投标保证金有效期应当与投标有效期一致。投标人应当按照招标文件要求的方式和金额，在提交投标文件截止时间前将投标保证金提交给招标人或招标代理机构。

(4) 投标有效期。

招标文件的投标有效期，应保证招标人有足够的时间完成评标和与中标人签订合同。投标有效期从招标文件规定的提交投标文件截止之日起计算。在原投标有效期结束前，出现特殊情况的，招标人可以书面形式要求所有投标人延长投标有效期。投标人同意延长的，不得要求或被允许修改其投标文件的实质性内容，但应当相应延长其投标保证金的有效期；投标人拒绝延长的，其投标失效，但投标人有权收回其投标保证金及银行同期存款利息。依法必须进行招标的项目同意延长投标有效期的投标人少于三个的，招标人在分析招标失败的原因并采取相应措施后，应重新招标。

4. 开标、评标和定标

(1) 开标。

开标应当在招标文件确定的提交投标文件截止时间的同一时间公开进行；开标地点应当为招标文件中确定的地点。投标人或其授权代表可以自主决定是否参加开标会。投标人对开标有异议的，应当在开标现场提出，招标人应当当场作出答复，并制作记录。

(2) 投标文件拒收情形。

投标文件有下列情形之一的，招标人应当拒收：逾期送达；未按招标文件要求密封。

(3) 否决投标情形。

有下列情形之一的，评标委员会应当否决其投标：

① 投标文件未经投标单位盖章和单位负责人签字。

② 投标联合体没有提交共同投标协议。

③ 投标人不符合国家或者招标文件规定的资格条件。

④ 同一投标人提交两个以上不同的投标文件或者投标报价，但招标文件要求提交备选投标的除外。

⑤ 投标标价低于成本或者高于招标文件设定的最高投标限价。

⑥ 投标文件没有对招标文件的实质性要求和条件作出响应。

⑦ 投标人有串通投标、弄虚作假、行贿等违法行为。

依法必须招标的项目评标委员会否决所有投标的，或者评标委员会否决一部分投标后其他有效投标不足三个使得投标明显缺乏竞争，决定否决全部投标的，招标人在分析招标失败的原因并采取相应措施后，应当重新招标。

(4) 评标。

评标委员会可以书面方式要求投标人对投标文件中含义不明确、对同类问题表述不一致或者有明显文字和计算错误的内容作必要的澄清、说明或补正。评标委员会不得向投标人提出带有暗示性或诱导性的问题,或向其明确投标文件中的遗漏和错误。

投标文件不响应招标文件的实质性要求和条件的,评标委员会不得允许投标人通过修正或撤销其不符合要求的差异或保留,使之成为具有响应性的投标。

技术简单或技术规格、性能、制作工艺要求统一的货物,一般采用经评审的最低投标价法进行评标。技术复杂或技术规格、性能、制作工艺要求难以统一的货物,一般采用综合评估法进行评标。

(5) 定标。

符合招标文件要求且评标价最低或综合评分最高而被推荐为中标候选人的投标人,其所提交的备选投标方案方可予以考虑。

评标委员会完成评标后,应向招标人推荐的中标候选人,评标委员会全体成员应当在书面评标报告签字。

依法必须进行招标的项目,招标人应当自收到评标报告之日起三日内公示中标候选人,公示期不得少于三日。

招标人不得向中标人提出任何超出招标文件规定的违背中标人意愿的要求,以此作为发出中标通知书和签订合同的条件。

中标通知书对招标人和中标人具有法律效力。中标通知书发出后,招标人改变中标结果的,或者中标人放弃中标项目的,应当依法承担法律责任。中标通知书由招标人或者招标代理机构发出。

招标人和中标人应当在投标有效期内并在自中标通知书发出三十日内,按照招标文件和中标人的投标文件订立书面合同。招标人和中标人不得再行订立背离合同实质性内容的其他协议。

招标文件要求中标人提交履约保证金或者其他形式履约担保的,中标人应当提交;拒绝提交的,视为放弃中标项目。招标人要求中标人提供履约保证金或其他形式履约担保,招标人应当同时向中标人提供货物款支付担保。履约保证金不得超过中标合同金额的百分之十。

招标人最迟应当在书面合同签订后五日内,向中标人和未中标的投标人一次性退还投标保证金及银行同期存款利息。

必须审批的工程建设项目,货物合同价格应当控制在批准的概算投资范围内;确需超出范围的,应当在中标合同签订前,报原项目审批部门审查同意。项目审批部门应当及时作出批准与否的决定;项目审批部门不予批准的,招标人应当自行平衡超出的概算。

(6) 招标投标书面情况报告。

依法必须进行货物招标的项目,招标人应当自确定中标人之日起十五日内,向有关行政监督部门提交至少包括下列招标投标情况内容的书面报告:

① 招标货物基本情况。

② 招标方式和发布招标公告或者资格预审公告的媒介。

③ 招标文件中投标人须知、技术条款、评标标准和方法、合同主要条款等内容。

④ 评标委员会的组成和评标报告。

⑤ 中标结果。

5. 罚则

根据参与招标投标活动的相关当事人，主要从招标人、投标人、评标委员会、角度阐述相关的罚则。

（1）招标人的相关罚则。

27号令第五十五条规定："招标人有下列限制或者排斥潜在投标行为之一的，由有关行政监督部门依照招标投标法第五十一条的规定处罚；其中，构成依法必须进行招标的项目的招标人规避招标的，依照招标投标法第四十九条的规定处罚：（一）依法应当公开招标的项目不按照规定在指定媒介发布资格预审公告或者招标公告；（二）在不同媒介发布的同一招标项目的资格预审公告或者招标公告内容不一致，影响潜在投标人申请资格预审或者投标。"

27号令第五十六条规定："招标人有下列情形之一的，由有关行政监督部门责令改正，可以处10万元以下的罚款：（一）依法应当公开招标而采用邀请招标；（二）招标文件、资格预审文件的发售、澄清、修改的时限，或者确定的提交资格预审申请文件、投标文件的时限不符合招标投标法和招标投标法实施条例规定；（三）接受未通过资格预审的单位或者个人参加投标；（四）接受应当拒收的投标文件。招标人有前款第一项、第三项、第四项所列行为之一的，对单位直接负责的主管人员和其他直接责任人员依法给予处分。"

27号令第五十八条第一款规定："依法必须进行招标的项目的招标人有下列情形之一的，由有关行政监督部门责令改正，可以处中标项目金额千分之十以下的罚款；给他人造成损失的，依法承担赔偿责任；对单位直接负责的主管人员和其他直接责任人员依法给予处分：（一）无正当理由不发出中标通知书；（二）不按照规定确定中标人；（三）中标通知书发出后无正当理由改变中标结果；（四）无正当理由不与中标人订立合同；（五）在订立合同时向中标人提出附加条件。"

27号令第五十九条规定："招标人不履行与中标人订立的合同的，应返还中标人的履约保证金，并承担相应的赔偿责任；没有提交履约保证金的，应对中标人的损失承担赔偿责任。因不可抗力不能履行合同的，不适用前款规定。"

（2）投标人的相关罚则。

27号令第五十八条第二款规定："中标通知书发出后，中标人放弃中标项目的，无正当理由不与招标人签订合同的，在签订合同时向招标人提出附加条件或者更改合同实质性内容的，或者拒不提交所要求的履约保证金的，取消其中标资格，投标保证金不予退还；给招标人的损失超过投标保证金数额的，中标人应当对超过部分予以赔偿；没有提交投标保证金的，应当对招标人的损失承担赔偿责任。对依法必须进行招标的项目的中标人，由有关行政监督部门责令改正，可以处中标金额千分之十以下罚款。"

（3）评标委员会的相关罚则。

27号令第五十七条规定："评标委员会成员有下列行为之一的，由有关行政监督部门责令改正；情节严重的，禁止其在一定期限内参加依法必须进行招标的项目的评标；情节特别严重的，取消其担任评标委员会成员的资格：（一）应当回避而不回避；（二）擅离职守；（三）不按照招标文件规定的评标标准和方法评标；（四）私下接触投标人；(五)向招标人征询确定中标人的意向或者接受任何单位或者个人明示或者暗示提出的倾向或者排斥特定投标人的要求；(六)对依法应当否决的投标不提出否决意见；(七)暗示或者诱导投标人作出澄清、说明或者接受投标人主动提出的澄清、说明；(八)其他不客观、不公正履行职务的行为。"

(4) 其他相关规定。

27号令第六十条规定："中标无效的，发出的中标通知书和签订的合同自始没有法律约束力，但不影响合同中独立存在的有关解决争议方法的条款的效力。"

3.3.7 《建筑工程方案设计招标投标管理办法》

建筑工程方案设计作为一个工程建设起步的源头，特别是在方案设计中能否体现使用功能、建筑节能、周边环境融合等基本要求，对整个工程建设后期的实施显得至关重要。2007年1月，原建设部、国家发展和改革委员会等5部委印发了《关于加强大型公共建筑工程建设管理的若干意见》(以下简称《若干意见》)，对大型公共建筑建设提出了严格的建设标准，同时对规范建设设计方案的评选以及强化大型公共建筑的节能管理、推进工程建设实施方式改革等提出了明确的要求，其中规范建筑设计方案评选，增强评审与决策透明度是加强大型公共建筑管理的关键环节，因此《建筑工程方案设计招标投标管理办法》(建市〔2008〕63号，以下简称《管理办法》)对落实《若干意见》以及确保大型公共建筑工程建设项目的监管落到实处起到了很好的推动作用，同时也使设计方案招标过程中遇到的一些问题得到了进一步的规范，主要表现在：

一是促进建筑设计协调性和重视建筑节能的问题。近年来，我国经济取得了快速发展，给建筑设计行业带来巨大的发展机遇。但是一些建筑工程的设计片面追求视觉冲击效果，忽视建筑的使用功能、节能环保、环境景观、经济实用等基本要素。《管理办法》的实施有利于促进节能建筑设计、繁荣建筑创作、全面贯彻落实可持续发展的客观要求。

二是知识产权保护以及投标补偿问题。一些业主通过设计方案招标，然后进行所谓"优化组合"，骗取设计方案，设计企业的知识产权不能得到有效保护，这成为当今制约设计招标健康发展的一个关键因素。同时，由于工程设计属于咨询服务业，企业在设计招标投标活动中提交的技术文件已付出了很多的智力劳动，可以说所提交的投标文件已是重要的设计成果，如何对此给予补偿，尤其对未中标人给予适当补偿也是目前设计招标投标市场重点研究的课题。《管理办法》针对这些问题专门规定了知识产权保护条款，明确设计投标方案的产权归属和投标补偿标准，保障了投标人的利益，促进了设计招标投标活动的健康发展。

三是防止给境外企业超国民待遇。一些地方盲目追求境外设计，片面求洋，忽视了地方风貌。在设计收费上，国内外标准不统一，对国内设计单位不公正，对境外企业超国民待遇的问题频发。同时一些境外企业不顾中国国情，设计方案功能不合理，造价超预算，与周边景观极不协调的建筑屡有出现。为了规范和加强境外企业进入中国市场的管理，《管理办法》强调，境内外投标企业享受同等待遇，防止给境外企业超国民待遇。

《管理办法》于2008年5月1日施行，并于2019年3月18日《住房城乡建设部关于修改有关文件的通知》(建法规〔2019〕3号)中予以修订。

1. 总则

为规范建筑工程方案设计招标投标活动，提高建筑工程方案设计质量，体现公平有序竞争，根据《建筑法》《招标投标法》及相关法律法规和规章，制定本办法。

（1）适用范围。

在中华人民共和国境内从事建筑工程方案设计招标投标及其管理活动的，适用本办法。

学术性的项目方案设计竞赛或不对某工程项目下一步设计工作的承接具有直接因果关系的"创意征集"等活动，不适用本办法。

本办法所称建筑工程方案设计招标投标，是指在建筑工程方案设计阶段，按照有关招标投标法律法规和规章等规定进行的方案设计招标投标活动。

（2）可以不进行招标的情形。

按照国家规定需要政府审批的建筑工程项目，有下列情形之一的，经有关部门批准，可以不进行招标：

① 涉及国家安全、国家秘密的。

② 涉及抢险救灾的。

③ 主要工艺、技术采用特定专利、专有技术，或者建筑艺术造型有特殊要求的。

④ 技术复杂或专业性强，能够满足条件的设计机构少于三家，不能形成有效竞争的。

⑤ 项目的改、扩建或者技术改造，由其他设计机构设计影响项目功能配套性的。

⑥ 法律法规规定可以不进行设计招标的其他情形。

（3）监督管理及遵循原则

国务院建设主管部门负责全国建筑工程方案设计招标投标活动统一监督管理。县级以上人民政府建设主管部门依法对本行政区域内建筑工程方案设计招标投标活动实施监督管理。

建筑工程方案设计应按照科学发展观，全面贯彻适用、经济，尽可能注意美观的原则。建筑工程设计方案要与当地经济发展水平相适应，积极鼓励采用节能、节地、节水、节材、环保技术的建筑工程设计方案。

建筑工程方案设计招标投标活动应遵循公开、公平、公正、择优和诚实信用的原则。

建筑工程方案设计应严格执行《建设工程质量管理条例》《建设工程勘察设计管理条例》和国家强制性标准条文；满足现行的建筑工程建设标准、设计规范（规程）和本办法规定的相应设计文件编制深度要求。

2. 招标

（1）招标方式。

建筑工程方案设计招标方式分为公开招标和邀请招标。

全部使用国有资金投资或者国有资金投资占控股或者主导地位的建筑工程项目，以及国务院发展和改革部门确定的国家重点项目和省、自治区、直辖市人民政府确定的地方重点项目，除符合本办法可以不进行招标的条件及邀请招标条件并依法获得批准外，均应当公开招标。

依法必须进行公开招标的建筑工程项目，在下列情形下可以进行邀请招标：

① 项目的技术性、专业性强，或者环境资源条件特殊，符合条件的潜在投标人数量有限的。

② 如采用公开招标，所需费用占建筑工程项目总投资额比例过大的。

③ 受自然因素限制，如采用公开招标，影响建筑工程项目实施时机的。

④ 法律法规规定不宜公开招标的。

招标人采用邀请招标的方式，应保证有三个以上具备承担招标项目设计能力，并具有相应资质的机构参加投标。

根据设计条件及设计深度，建筑工程方案设计招标类型分为建筑工程概念性方案设计招标和建筑工程实施性方案设计招标两种类型。

招标人应在招标公告或者投标邀请函中明示采用何种招标类型。

（2）招标条件。

建筑工程方案设计招标时应当具备下列条件：

① 按照国家有关规定需要履行项目审批手续的，已履行审批手续，取得批准。

② 设计所需要资金已经落实。

③ 设计基础资料已经收集完成。

④ 符合相关法律法规规定的其他条件。

（3）招标公告和招标文件发售。

公开招标的项目，招标人应当在指定的媒介发布招标公告。大型公共建筑工程的招标公告应当按照有关规定在指定的全国性媒介发布，详见10号令。

招标人填写的招标公告或投标邀请函应当内容真实、准确和完整。招标公告或投标邀请函的主要内容应当包括：工程概况，招标方式，招标类型，招标内容及范围，投标人承担设计任务范围，对投标人资质、经验及业绩的要求，投标人报名要求，招标文件工本费收费标准，投标报名时间，提交资格预审申请文件的截止时间，投标截止时间等。

招标人应当按招标公告或者投标邀请函规定的时间、地点发出招标文件或者资格预审文件。自招标文件或者资格预审文件发出之日起至停止发出之日止，不得少于5个工作日。

此处需要明确的是，建筑工程方案设计招标文件的发售时间有别于《招标投标法实施条例》第十六条规定："招标人应当按照资格预审公告、招标公告或者投标邀请书规定的时间、地点发售资格预审文件或者招标文件。资格预审文件或者招标文件的发售期不得少于5日。"

（4）资格预审。

大型公共建筑工程项目或投标人报名数量较多的建筑工程项目招标可以实行资格预审。采用资格预审的，招标人应在招标公告中明示，并发出资格预审文件。招标人不得通过资格预审排斥潜在投标人。对于投标人数量过多，招标人实行资格预审的情形，招标人应在招标公告中明确进行资格预审所需达到的投标人报名数量。招标人未在招标公告中明确或实际投标人报名数量未达到招标公告中规定的数量时，招标人不得进行资格预审。资格预审必须由专业人员评审。资格预审不采用打分的方式评审，结果只有"通过"和"未通过"两种。如果通过资格预审的投标人的数量不足三家，招标人应修订并公布新的资格预审条件，重新进行资格预审，直至三家或三家以上投标人通过资格预审为止。在特殊情况下，招标人不能重新制订新的资格预审条件的，必须依据国家相关法律法规规定执行。

（5）招标文件。

招标人应当根据建筑工程特点和需要编制招标文件。招标文件包括以下方面内容：

① 投标须知。

② 投标技术文件要求。

③ 投标商务文件要求。

④ 评标、定标标准及方法说明。

⑤ 设计合同授予及投标补偿费用说明。

招标人应在招标文件中明确执行国家规定的设计收费标准或提供投标人设计收费的统一计算基价。

对政府或国有资金投资的大型公共建筑工程项目，招标人应当在招标文件中明确参与投标的设计方案必须包括有关使用功能、建筑节能、工程造价、运营成本等方面的专题报告。

各级建设主管部门对招标投标活动实施监督。

概念性方案设计招标或者实施性方案设计招标的中标人应按招标文件要求承担方案及后续阶段的设计和服务工作。但中标人为中华人民共和国境外企业的，若承担后续阶段的设计和服务工作应按照《关于外国企业在中华人民共和国境内从事建设工程设计活动的管理暂行规定》（建市〔2004〕78号）执行。

如果招标人只要求中标人承担方案阶段设计，而不再委托中标人承接或参与后续阶段工程设计业务的，应在招标公告或投标邀请函中明示，并说明支付中标人的设计费用。采用建筑工程实施性方案设计招标的，招标人应按照国家规定方案阶段设计付费标准支付中标人。采用建筑工程概念性方案设计招标的，招标人应按照国家规定方案阶段设计付费标准的百分之八十支付给中标人。

（6）重新招标。

有下列情形之一的，招标人应当依法重新招标：

① 所有投标均作废标处理或被否决的。

② 评标委员会界定为不合格标或废标后，因有效投标人不足3个使得投标明显缺乏竞争，评标委员会决定否决全部投标的。

③ 同意延长投标有效期的投标人少于3个的。

符合"所有投标均作废标处理或被否决的"情形的，评标委员会应在评标纪要中详细说明所有投标均作废标处理或被否决的理由。招标人依法重新招标的，应对有串标、欺诈、行贿、压价或弄虚作假等违法或严重违规行为的投标人取消其重新投标的资格。

3. 投标

（1）投标人资格要求。

参加建筑工程项目方案设计的投标人应具备下列主体资格：

第一，在中华人民共和国境内注册的企业，应当具有建设主管部门颁发的建筑工程设计资质证书或建筑专业事务所资质证书，并按规定的等级和范围参加建筑工程项目方案设计投标活动。

第二，注册在中华人民共和国境外的企业，应当是其所在国或者所在地区的建筑设计行业协会或组织推荐的会员。其行业协会或组织的推荐名单应由建设单位确认。

第三，各种形式的投标联合体各方应符合上述要求。招标人不得强制投标人组成联合体共同投标，不得限制投标人组成联合体参与投标。

招标人可以根据工程项目实际情况，在招标公告或投标邀请函中明确投标人其他资格条件。

采用国际招标的，不应人为设置条件排斥境内投标人。

（2）投标文件。

投标人应按照招标文件确定的内容和深度提交投标文件。

招标人要求投标人提交备选方案的，应当在招标文件中明确相应的评审和比选办法。

凡招标文件中未明确规定允许提交备选方案的，投标人不得提交备选方案。如投标人擅自提交备选方案的，招标人应当拒绝该投标人提交的所有方案。

建筑工程概念性方案设计投标文件编制一般不少于二十日，其中大型公共建筑工程概念性方案设计投标文件编制一般不少于四十日；建筑工程实施性方案设计投标文件编制一般不少于四十五日。招标文件中规定的编制时间不符合上述要求的，建设主管部门对招标文件不予备案。

4. 开标、评标和定标

（1）开标。

开标应在招标文件规定提交投标文件截止时间的同一时间公开进行；除不可抗力外，招标人不得以任何理由拖延开标，或者拒绝开标。

投标文件出现下列情形之一的，其投标文件作为无效标处理，招标人不予受理：

① 逾期送达的或者未送达指定地点的。
② 投标文件未按招标文件要求予以密封的。
③ 违反有关规定的其他情形。

（2）评标委员会的组建要求。

招标人或招标代理机构根据招标建筑工程项目特点和需要组建评标委员会，其组成应当符合有关法律法规和本办法的规定：

第一，评标委员会的组成应包括招标人以及与建筑工程项目方案设计有关的建筑、规划、结构、经济、设备等专业专家。大型公共建筑工程项目应增加环境保护、节能、消防专家。评委应以建筑专业专家为主，其中技术、经济专家人数应占评委总数的三分之二以上。

第二，评标委员会人数为 5 人以上单数组成，其中大型公共建筑工程项目评标委员会人数不应少于 9 人。

第三，大型公共建筑工程或具有一定社会影响的建筑工程，以及技术特别复杂、专业性要求特别高的建筑工程，采取随机抽取确定的专家难以胜任的，经主管部门批准，招标人可以从设计类资深专家库中直接确定，必要时可以邀请外地或境外资深专家参加评标。

（3）评标原则及标准。

评标委员会必须严格按照招标文件确定的评标标准和评标办法进行评审。评委应遵循公平、公正、客观、科学、独立、实事求是的评标原则。

评审标准主要包括以下方面：

① 对方案设计符合有关技术规范及标准规定的要求进行分析、评价。

② 对方案设计水平、设计质量高低、对招标目标的响应度进行综合评审。

③ 对方案社会效益、经济效益及环境效益的高低进行分析、评价。

④ 对方案结构设计的安全性、合理性进行分析、评价。

⑤ 对方案投资估算的合理性进行分析、评价。

⑥ 对方案规划及经济技术指标的准确度进行比较、分析。

⑦ 对保证设计质量、配合工程实施，提供优质服务的措施进行分析、评价。

⑧ 对招标文件规定废标或被否决的投标文件进行评判。

（4）评标活动要求。

评标方法主要包括记名投票法、排序法和百分制综合评估法等，招标人可根据项目实际情况确定评标方法。

第一，设计招标投标评审活动应当符合以下规定：

① 招标人应确保评标专家有足够时间审阅投标文件，评审时间安排应与工程的复杂程度、设计深度、提交有效标的投标人数量和投标人提交设计方案的数量相适应。

② 评审应由评标委员会负责人主持，负责人应从评标委员会中确定一名资深技术专家担任，并从技术评委中推荐一名评标会议纪要人。

③ 评标应严格按照招标文件中规定的评标标准和办法进行，除了有关法律法规以及国家标准中规定的强制性条文外，不得引用招标文件规定以外的标准和办法进行评审。

④ 在评标过程中，当评标委员会对投标文件有疑问，需要向投标人质疑时，投标人可以到场解释或澄清投标文件有关内容。

⑤ 在评标过程中，一旦发现投标人有对招标人、评标委员会成员或其他有关人员施加不正当影响的行为，评标委员会有权拒绝该投标人的投标。

⑥ 投标人不得以任何形式干扰评标活动，否则评标委员会有权拒绝该投标人的投标。

⑦ 对于国有资金投资或国家融资的有重大社会影响的标志性建筑，招标人可以邀请人大代表、政协委员和社会公众代表列席，接受社会监督。但列席人员不发表评审意见，也不得以任何方式干涉评标委员会独立开展评标工作。

第二，大型公共建筑工程项目如有下列情况之一的，招标人可以在评标过程中对其中有关规划、安全、技术、经济、结构、环保、节能等方面进行专项技术论证：

① 对于重要地区主要景观道路沿线，设计方案是否适合周边地区环境条件兴建的。

② 设计方案中出现的安全、技术、经济、结构、材料、环保、节能等有重大不确定因素的。

③ 有特殊要求，需要进行设计方案技术论证的。

一般建筑工程项目，必要时，招标人也可进行涉及安全、技术、经济、结构、材料、环保、节能中的一个或多个方面的专项技术论证，以确保建筑方案的安全性和合理性。

(5) 废标或否决投标情形。

投标文件有下列情形之一的，经评标委员会评审后按废标处理或被否决：

第一，投标文件中的投标函无投标人公章（有效签署）、投标人的法定代表人有效签章及未有相应资格的注册建筑师有效签章的；或者投标人的法定代表人授权委托人没有经有效签章的合法、有效授权委托书原件的。

第二，以联合体形式投标，未向招标人提交共同签署的联合体协议书的。

第三，投标联合体通过资格预审后在组成上发生变化的。

第四，投标文件中标明的投标人与资格预审的申请人在名称和组织结构上存在实质性差别的。

第五，未按招标文件规定的格式填写，内容不全，未响应招标文件的实质性要求和条件的，经评标委员会评审未通过的。

第六，违反编制投标文件的相关规定，可能对评标工作产生实质性影响的。

第七，与其他投标人串通投标，或者与招标人串通投标的。

第八，以他人名义投标，或者以其他方式弄虚作假的。

第九，未按招标文件的要求提交投标保证金的。

第十，投标文件中承诺的投标有效期短于招标文件规定的。

第十一，在投标过程中有商业贿赂行为的。

第十二，其他违反招标文件规定实质性条款要求的。

评标委员会对投标文件确认为废标的，应当由三分之二以上评委签字确认。

(6) 定标。

第一，评标委员会按如下规定向招标人推荐合格的中标候选人：

① 采取公开和邀请招标方式的，推荐一至三名。

② 招标人也可以委托评标委员会直接确定中标人。

③ 经评标委员会评审，认为各投标文件未最大程度响应招标文件要求，重新招标时间又不允许的，经评标委员会同意，评委可以以记名投票方式，按自然多数票产生三名或三名以上投标人进行方案优化设计。评标委员会重新对优化设计方案评审后，推荐合格的中标候选人。

第二，公示。

各级建设主管部门应在评标结束后十五天内在指定媒介上公开排名顺序，并对推荐中标方案、评标专家名单及各位专家评审意见进行公示，公示期为五个工作日。

第三，定标。

推荐中标方案在公示期间没有异议、异议不成立、没有投诉或投诉处理后没有发现问题的，招标人应当根据招标文件中规定的定标方法从评标委员会推荐的中标候选方案中确定中标人。定标方法主要包括：

① 招标人委托评标委员会直接确定中标人。

② 招标人确定评标委员会推荐的排名第一的中标候选人为中标人。排名第一的中标候选人放弃中标、因不可抗力提出不能履行合同、招标文件规定应当提交履约保证金而在规定的期限内未提交的，或者存在违法行为被有关部门依法查处，且其违法行为影响中标结果的，招标人可以确定排名第二的中标候选人为中标人。如排名第二的中标候选人也发生上述问题，依次可确定排名第三的中标候选人为中标人。

③ 招标人根据评标委员会的书面评标报告，组织审查评标委员会推荐的中标候选方案后，确定中标人。

依法必须进行设计招标的项目，招标人应当在确定中标人之日起十五日内，向有关建设主管部门提交招标投标情况的书面报告。

5. 其他

招标人和中标人应当自中标通知书发出之日起三十日内，依据《民法典》及有关工程设计合同管理规定的要求，按照不违背招标文件和中标人的投标文件内容签订设计委托合同，并履行合同约定的各项内容。合同中确定的建设标准、建设内容应当控制在经审批的可行性报告规定范围内。

国家制定的设计收费标准上下浮动百分之二十是签订建筑工程设计合同的依据。招标人不得以压低设计费、增加工作量、缩短设计周期等作为发出中标通知书的条件，也不得与中标人再订立背离合同实质性内容的其他协议。如招标人违反上述规定，其签订的合同效力按《民法典》有关规定执行，同时建设主管部门对设计合同不予备案，并依法予以处理。

实际上，上述"国家制定的设计收费标准上下浮动百分之二十是签订建筑工程设计合同的依据"的条款，已不符合现行有关规定，根据《国家发展改革委关于进一步放开建设项目专业服务价格的通知》（发改价格〔2015〕299号）文件内容，勘察设计费应实行市场调节价，经营者应严格遵守《价格法》《关于商品和服务实行明码标价的规定》等法律法规规定，告知委托人有关服务项目、服务内容、服务质量，以及服务价格等，并在相关服务合同中约定。经营者提供的服务，应当符合国家和行业有关标准规范，满足合同约定的服务内容和质量等要求。不得违反标准规范规定或合同约定，通过降低服务质量、减少服务内容等手段进行恶性竞争，扰乱正常市场秩序。

招标人应在签订设计合同起7个工作日内，将设计合同报项目所在地建设或规划主管部门备案。

对于达到设计招标文件要求但未中标的设计方案，招标人应给予不同程度的补偿。

若采用公开招标，招标人应在招标文件中明确其补偿标准。若投标人数量过多，招标人可在招标文件中明确对一定数量的投标人进行补偿。

若采用邀请招标，招标人应给予每个未中标的投标人经济补偿，并在投标邀请函中明确补偿标准。

招标人可根据情况设置不同档次的补偿标准，以便对评标委员会评选出的优秀设计方案给予适当鼓励。

境内外设计企业在中华人民共和国境内参加建筑工程设计招标的设计收费，应按照同等国民待遇原则，严格执行中华人民共和国的设计收费标准。

工程设计中采用投标人自有专利或者专有技术的，其专利和专有技术收费由招标人和投标人协商确定。

招标人应保护投标人的知识产权。投标人拥有设计方案的著作权（版权）。未经投标人书面同意，招标人不得将交付的设计方案向第三方转让或用于本招标范围以外的其他建设项目。

招标人与中标人签署设计合同后，招标人在该建设项目中拥有中标方案的使用权。中标人应保护招标人一旦使用其设计方案不能受到来自第三方的侵权诉讼或索赔，否则中标人应承担由此而产生的一切责任。

招标人或者中标人使用其他未中标人投标文件中的技术成果或技术方案的，应当事先征得该投标人的书面同意，并按规定支付使用费。未经相关投标人书面许可，招标人或者中标人不得擅自使用其他投标人投标文件中的技术成果或技术方案。

联合体投标人合作完成的设计方案，其知识产权由联合体成员共同所有。

设计单位应对其提供的方案设计的安全性、可行性、经济性、合理性、真实性及合同履行承担相应的法律责任。

由于设计原因造成工程项目总投资超出预算的，建设单位有权依法对设计单位追究责任。但设计单位根据建设单位要求，仅承担方案设计，不承担后续阶段工程设计业务的情形除外。

各级建设主管部门应加强对建设单位、招标代理机构、设计单位及取得执业资格注册人员的诚信管理。在设计招标投标活动中对招标代理机构、设计单位及取得执业资格注册人员的各种失信行为和违法违规行为记录在案，并建立招标代理机构、设计单位及取得执业资格注册人员的诚信档案。

各级政府部门不得干预正常的招标投标活动和无故否决依法按规定程序评出的中标方案。

各级政府相关部门应加强监督国家和地方建设方针、政策、标准、规范的落实情况，查处不正当竞争行为。

在建筑工程方案设计招标投标活动中，对违反《招标投标法》、《工程建设项目勘察设计招标投标办法》和本办法规定的，建设主管部门应当依法予以处理。

6. 附则

本办法所称大型公共建筑工程一般指建筑面积 2 万平方米以上的办公建筑、商业建筑、旅游建筑、科教文卫建筑、通信建筑以及交通运输用房等。

使用国际组织或者外国政府贷款、援助资金的建筑工程进行设计招标时，贷款方、资金提供方对招标投标的条件和程序另有规定的，可以适用其规定，但违背中华人民共和国社会公共利益的除外。

3.3.8 《建筑工程设计招标投标管理办法》

《建筑工程设计招标投标管理办法》（住房城乡建设部令第 33 号，以下简称 33 号令）经中华人民共和国住房和城乡建设部第 32 次部常务会议审议通过，2017 年 5 月 1 日起施行。为规范建筑工程设计市场，提高建筑工程设计水平，促进公平竞争，繁荣建筑创作，根据《建筑法》《招标投标法》《建设工程勘察设计管理条例》和《招标投标法实施条例》等法律法规，制定了 33 号令。

1. 适用范围及监督机构

依法必须进行招标的各类房屋建筑工程，其设计招标投标活动，适用 33 号令。

国务院住房城乡建设主管部门依法对全国建筑工程设计招标投标活动实施监督。

县级以上地方人民政府住房城乡建设主管部门依法对本行政区域内建筑工程设计招标投标活动实施监督，依法查处招标投标活动中的违法违规行为。

2. 可以不进行招标的情形

建筑工程设计招标范围和规模标准按照国家有关规定执行，有下列情形之一的，可以不进行招标：

（1）采用不可替代的专利或者专有技术的。

（2）对建筑艺术造型有特殊要求，并经有关主管部门批准的。

（3）建设单位依法能够自行设计的。

（4）建筑工程项目的改建、扩建或者技术改造，需要由原设计单位设计，否则将影响功能配套要求的。

（5）国家规定的其他特殊情形。

3. 招标

（1）招标方式。

建筑工程设计招标应当依法进行公开招标或者邀请招标。

建筑工程设计招标可以采用设计方案招标或者设计团队招标，招标人可以根据项目特点和实际需要选择。

设计方案招标，是指主要通过对投标人提交的设计方案进行评审确定中标人。

设计团队招标，是指主要通过对投标人拟派设计团队的综合能力进行评审确定中标人。

公开招标的，招标人应当发布招标公告。邀请招标的，招标人应当向 3 个以上潜在投标人发出投标邀请书。招标公告或者投标邀请书应当载明招标人名称和地址、招标项目的基本要求、投标人的资质要求以及获取招标文件的办法等事项。

招标人一般应当将建筑工程的方案设计、初步设计和施工图设计一并招标。确需另行选择设计单位承担初步设计、施工图设计的，应当在招标公告或者投标邀请书中明确。

鼓励建筑工程实行设计总包。实行设计总包的，按照合同约定或者经招标人同意，设计单位可以不通过招标方式将建筑工程非主体部分的设计进行分包。

（2）招标文件。

招标文件应当满足设计方案招标或者设计团队招标的不同需求，主要包括以下内容：

① 项目基本情况。

② 城乡规划和城市设计对项目的基本要求。

③ 项目工程经济技术要求。

④ 项目有关基础资料。

⑤ 招标内容。

⑥ 招标文件答疑、现场踏勘安排。
⑦ 投标文件编制要求。
⑧ 评标标准和方法。
⑨ 投标文件送达地点和截止时间。
⑩ 开标时间和地点。
⑪ 拟签订合同的主要条款。
⑫ 设计费或者计费方法。
⑬ 未中标方案补偿办法。

招标人应当在资格预审公告、招标公告或者投标邀请书中载明是否接受联合体投标。采用联合体形式投标的，联合体各方应当签订共同投标协议，明确约定各方承担的工作和责任，就中标项目向招标人承担连带责任。

招标人可以对已发出的招标文件进行必要的澄清或者修改。澄清或者修改的内容可能影响投标文件编制的，招标人应当在投标截止时间至少 15 日前，以书面形式通知所有获取招标文件的潜在投标人，不足 15 日的，招标人应当顺延提交投标文件的截止时间。潜在投标人或者其他利害关系人对招标文件有异议的，应当在投标截止时间 10 日前提出。招标人应当自收到异议之日起 3 日内作出答复；作出答复前，应当暂停招标投标活动。

招标人应当确定投标人编制投标文件所需要的合理时间，自招标文件开始发出之日起至投标人提交投标文件截止之日止，时限最短不少于 20 日。

4. 投标

投标人应当具有与招标项目相适应的工程设计资质。境外设计单位参加国内建筑工程设计投标的，按照国家有关规定执行。

投标人应当按照招标文件的要求编制投标文件。投标文件应当对招标文件提出的实质性要求和条件作出响应。

5. 评标

(1) 评标委员会的组建。

评标由评标委员会负责。评标委员会由招标人代表和有关专家组成。评标委员会人数为 5 人以上单数，其中技术和经济方面的专家不得少于成员总数的 2/3。建筑工程设计方案评标时，建筑专业专家不得少于技术和经济方面专家总数的 2/3。评标专家一般从专家库随机抽取，对于技术复杂、专业性强或者国家有特殊要求的项目，招标人也可以直接邀请相应专业的中国科学院院士、中国工程院院士、全国工程勘察设计大师以及境外具有相应资历的专家参加评标。投标人或者与投标人有利害关系的人员不得参加评标委员会。

(2) 否决投标情形。

有下列情形之一的，评标委员会应当否决其投标：
① 投标文件未按招标文件要求经投标人盖章和单位负责人签字。
② 投标联合体没有提交共同投标协议。
③ 投标人不符合国家或者招标文件规定的资格条件。

④ 同一投标人提交两个以上不同的投标文件或者投标报价，但招标文件要求提交备选投标的除外。

⑤ 投标文件没有对招标文件的实质性要求和条件作出响应。

⑥ 投标人有串通投标、弄虚作假、行贿等违法行为。

⑦ 法律法规规定的其他应当否决投标的情形。

（3）评标要求。

评标委员会应当按照招标文件确定的评标标准和方法，对投标文件进行评审。

采用设计方案招标的，评标委员会应当在符合城乡规划、城市设计以及安全、绿色、节能、环保要求的前提下，重点对功能、技术、经济和美观等进行评审。

采用设计团队招标的，评标委员会应当对投标人拟从事项目设计的人员构成、人员业绩、人员从业经历、项目解读、设计构思、投标人信用情况和业绩等进行评审。

6. 定标

评标委员会应当在评标完成后，向招标人提出书面评标报告，推荐不超过 3 个中标候选人，并标明顺序。

招标人应当公示中标候选人。采用设计团队招标的，招标人应当公示中标候选人投标文件中所列主要人员、业绩等内容。

招标人根据评标委员会的书面评标报告和推荐的中标候选人确定中标人。招标人也可以授权评标委员会直接确定中标人。采用设计方案招标的，招标人认为评标委员会推荐的候选方案不能最大限度满足招标文件规定的要求的，应当依法重新招标。

招标人应当在确定中标人后及时向中标人发出中标通知书，并同时将中标结果通知所有未中标人。

招标人应当自确定中标人之日起 15 日内，向县级以上地方人民政府住房城乡建设主管部门提交招标投标情况的书面报告。

县级以上地方人民政府住房城乡建设主管部门应当自收到招标投标情况的书面报告之日起 5 个工作日内，公开专家评审意见等信息，涉及国家秘密、商业秘密的除外。

招标人和中标人应当自中标通知书发出之日起 30 日内，按照招标文件和中标人的投标文件订立书面合同。

招标人、中标人使用未中标方案的，应当征得提交方案的投标人同意并付给使用费。

国务院住房城乡建设主管部门，省、自治区、直辖市人民政府住房城乡建设主管部门应当加强建筑工程设计评标专家和专家库的管理。建筑专业专家库应当按建筑工程类别细化分类。

住房城乡建设主管部门应当加快推进电子招标投标，完善招标投标信息平台建设，促进建筑工程设计招标投标信息化监管。

7. 法律责任

根据参与招标投标活动的相关当事人，主要从招标人、投标人、评标委员会、行政监督部门角度阐述相关的法律责任。

（1）招标人的法律责任。

33 号令第二十九条规定："招标人以不合理的条件限制或者排斥潜在投标人的，对潜在投标人实行歧视待遇的,强制要求投标人组成联合体共同投标的,或者限制投标人之间竞争的,由县级以上地方人民政府住房城乡建设主管部门责令改正,可以处1万元以上5万元以下的罚款。"

33号令第三十条规定:"招标人澄清、修改招标文件的时限,或者确定的提交投标文件的时限不符合本办法规定的,由县级以上地方人民政府住房城乡建设主管部门责令改正,可以处10万元以下的罚款。"

33号令第三十一条规定:"招标人不按照规定组建评标委员会,或者评标委员会成员的确定违反本办法规定的,由县级以上地方人民政府住房城乡建设主管部门责令改正,可以处10万元以下的罚款,相应评审结论无效,依法重新进行评审。"

33号令第三十二条规定:"招标人有下列情形之一的,由县级以上地方人民政府住房城乡建设主管部门责令改正,可以处中标项目金额10‰以下的罚款;给他人造成损失的,依法承担赔偿责任;对单位直接负责的主管人员和其他直接责任人员依法给予处分:(一)无正当理由未按本办法规定发出中标通知书;(二)不按照规定确定中标人;(三)中标通知书发出后无正当理由改变中标结果;(四)无正当理由未按本办法规定与中标人订立合同;(五)在订立合同时向中标人提出附加条件。"

(2)投标人的法律责任。

33号令第三十三条规定:"投标人以他人名义投标或者以其他方式弄虚作假,骗取中标的,中标无效,给招标人造成损失的,依法承担赔偿责任;构成犯罪的,依法追究刑事责任。

投标人有前款所列行为尚未构成犯罪的,由县级以上地方人民政府住房城乡建设主管部门处中标项目金额5‰以上10‰以下的罚款,对单位直接负责的主管人员和其他直接责任人员处单位罚款数额5%以上10%以下的罚款;有违法所得的,并处没收违法所得;情节严重的,取消其1年至3年内参加依法必须进行招标的建筑工程设计招标的投标资格,并予以公告,直至由国家行政管理机关吊销营业执照。"

(3)评标委员会的法律责任。

33号令第三十四条规定:"评标委员会成员收受投标人的财物或者其他好处的,评标委员会成员或者参加评标的有关工作人员向他人透露对投标文件的评审和比较、中标候选人的推荐以及与评标有关的其他情况的,由县级以上地方人民政府住房城乡建设主管部门给予警告,没收收受的财物,可以并处3000元以上5万元以下的罚款。

评标委员会成员有前款所列行为的,由有关主管部门通报批评并取消担任评标委员会成员的资格,不得再参加任何依法必须进行招标的建筑工程设计招标投标的评标;构成犯罪的,依法追究刑事责任。"

33号令第三十五条规定:"评标委员会成员违反本办法规定,对应当否决的投标不提出否决意见的,由县级以上地方人民政府住房城乡建设主管部门责令改正;情节严重的,禁止其在一定期限内参加依法必须进行招标的建筑工程设计招标投标的评标;情节特别严重的,由有关主管部门取消其担任评标委员会成员的资格。"

(4)行政监督部门的法律责任。

33号令第三十六条规定:"住房城乡建设主管部门或者有关职能部门的工作人员徇私舞弊、滥用职权或者玩忽职守,构成犯罪的,依法追究刑事责任;不构成犯罪的,依法给予行政处分。"

(5) 其他相关规定

33号令第三十七条规定："市政公用工程及园林工程设计招标投标参照本办法执行。"

3.3.9 《房屋建筑和市政基础设施工程施工招标投标管理办法》

为了规范房屋建筑和市政基础设施工程施工招标投标活动，维护招标投标当事人的合法权益，依据《建筑法》《招标投标法》等法律、行政法规，制定了《房屋建筑和市政基础设施工程施工招标投标管理办法》（2001年6月1日建设部令第89号发布，2018年9月28日住房城乡建设部令第43号第一次修正，2019年3月13日住房城乡建设部令第47号第二次修正，以下简称43号令）。

1. 适用范围及监督

依法必须进行招标的房屋建筑和市政基础设施工程，其施工招标投标活动，适用本办法。本办法所称房屋建筑工程，是指各类房屋建筑及其附属设施和与其配套的线路、管道、设备安装工程及室内外装修工程。本办法所称市政基础设施工程，是指城市道路、公共交通、供水、排水、燃气、热力、园林、环卫、污水处理、垃圾处理、防洪、地下公共设施及附属设施的土建、管道、设备安装工程。

施工招标投标活动及其当事人应当依法接受监督。建设行政主管部门依法对施工招标投标活动实施监督，查处施工招标投标活动中的违法行为。

2. 招标

工程施工招标由招标人依法组织实施。招标人不得以不合理条件限制或者排斥潜在投标人，不得对潜在投标人实行歧视待遇，不得对潜在投标人提出与招标工程实际要求不符的过高的资质等级要求和其他要求。

(1) 招标条件。

工程施工招标应当具备下列条件：

① 按照国家有关规定需要履行项目审批手续的，已经履行审批手续。

② 工程资金或者资金来源已经落实。

③ 有满足施工招标需要的设计文件及其他技术资料。

④ 法律、法规、规章规定的其他条件。

(2) 招标方式。

工程施工招标分为公开招标和邀请招标。

依法必须进行施工招标的工程，全部使用国有资金投资或者国有资金投资占控股或者主导地位的，应当公开招标，但经国家计委或者省、自治区、直辖市人民政府依法批准可以进行邀请招标的重点建设项目除外；其他工程可以实行邀请招标。

招标人采用邀请招标方式的，应当向3个以上符合资质条件的施工企业发出投标邀请书。

(3) 可以不进行招标的情形。

工程有下列情形之一的，经县级以上地方人民政府建设行政主管部门批准，可以不

进行施工招标:
　　① 停建或者缓建后恢复建设的单位工程,且承包人未发生变更的。
　　② 施工企业自建自用的工程,且该施工企业资质等级符合工程要求的。
　　③ 在建工程追加的附属小型工程或者主体加层工程,且承包人未发生变更的。
　　④ 法律法规、规章规定的其他情形。
　　(4) 自行招标和委托招标。
　　依法必须进行施工招标的工程,招标人自行办理施工招标事宜的,应当具有编制招标文件和组织评标的能力,包括有专门的施工招标组织机构;有与工程规模、复杂程度相适应并具有同类工程施工招标经验、熟悉有关工程施工招标法律法规的工程技术、概预算及工程管理的专业人员。不具备上述条件的,招标人应当委托工程招标代理机构代理施工招标。
　　招标人自行办理施工招标事宜的,应当在发布招标公告或者发出投标邀请书的5日前,向工程所在地县级以上地方人民政府建设行政主管部门备案,并报送下列材料:
　　① 按照国家有关规定办理审批手续的各项批准文件。
　　② 本办法有关条款所列条件的证明材料,包括专业技术人员的名单、职称证书或者执业资格证书及其工作经历的证明材料。
　　③ 法律法规、规章规定的其他材料。
　　招标人不具备自行办理施工招标事宜条件的,建设行政主管部门应当自收到备案材料之日起5日内责令招标人停止自行办理施工招标事宜。
　　(5) 资格预审。
　　招标人可以根据招标工程的需要,对投标申请人进行资格预审,也可以委托工程招标代理机构对投标申请人进行资格预审。实行资格预审的招标工程,招标人应当在招标公告或者投标邀请书中载明资格预审的条件和获取资格预审文件的办法。
　　资格预审文件一般应当包括资格预审申请书格式、申请人须知,以及需要投标申请人提供的企业资质、业绩、技术装备、财务状况和拟派出的项目经理与主要技术人员的简历、业绩等证明材料。
　　经资格预审后,招标人应当向资格预审合格的投标申请人发出资格预审合格通知书,告知获取招标文件的时间、地点和方法,并同时向资格预审不合格的投标申请人告知资格预审结果。
　　在资格预审合格的投标申请人过多时,可以由招标人从中选择不少于7家资格预审合格的投标申请人。
　　(6) 招标公告。
　　依法必须进行施工公开招标的工程项目,应当在国家或者地方指定的报刊、信息网络或者其他媒介上发布招标公告,并同时在中国工程建设和建筑业信息网上发布招标公告。
　　招标公告应当载明招标人的名称和地址,招标工程的性质、规模、地点以及获取招标文件的办法等事项。
　　(7) 招标文件。
　　招标人应当根据招标工程的特点和需要,自行或者委托工程招标代理机构编制招标文件。招标文件应当包括下列内容：

① 投标须知，包括工程概况，招标范围，资格审查条件，工程资金来源或者落实情况，标段划分，工期要求，质量标准，现场踏勘和答疑安排，投标文件编制、提交、修改、撤回的要求，投标报价要求，投标有效期，开标的时间和地点，评标的方法和标准等。

② 招标工程的技术要求和设计文件。

③ 采用工程量清单招标的，应当提供工程量清单。

④ 投标函的格式及附录。

⑤ 拟签订合同的主要条款。

⑥ 要求投标人提交的其他材料。

依法必须进行施工招标的工程，招标人应当在招标文件发出的同时，将招标文件报工程所在地的县级以上地方人民政府建设行政主管部门备案，但实施电子招标投标的项目除外。建设行政主管部门发现招标文件有违反法律、法规内容的，应当责令招标人改正。

招标人对已发出的招标文件进行必要的澄清或者修改的，应当在招标文件要求提交投标文件截止时间至少15日前，以书面形式通知所有招标文件收受人，并同时报工程所在地的县级以上地方人民政府建设行政主管部门备案，但实施电子招标投标的项目除外。该澄清或者修改的内容为招标文件的组成部分。

招标人设有标底的，应当依据国家规定的工程量计算规则及招标文件规定的计价方法和要求编制标底，并在开标前保密。一个招标工程只能编制一个标底。

招标人对于发出的招标文件可以酌收工本费。其中的设计文件，招标人可以酌收押金。对于开标后将设计文件退还的，招标人应当退还押金。

(8) 其他相关规定。

全部使用国有资金投资或者国有资金投资占控股或者主导地位，依法必须进行施工招标的工程项目，应当进入有形建筑市场进行招标投标活动。

政府有关管理机关可以在有形建筑市场集中办理有关手续，并依法实施监督。

3. 投标

施工招标的投标人是响应施工招标、参与投标竞争的施工企业。

投标人应当具备相应的施工企业资质，并在工程业绩、技术能力、项目经理资格条件、财务状况等方面满足招标文件提出的要求。

投标人对招标文件有疑问需要澄清的，应当以书面形式向招标人提出。

(1) 投标文件。

投标人应当按照招标文件的要求编制投标文件，对招标文件提出的实质性要求和条件作出响应。招标文件允许投标人提供备选标的，投标人可以按照招标文件的要求提交替代方案，并作出相应报价作备选标。

投标文件应当包括下列内容：

① 投标函。

② 施工组织设计或者施工方案。

③ 投标报价。

④ 招标文件要求提供的其他材料。

(2) 投标保证金。

招标人可以在招标文件中要求投标人提交投标担保。投标担保可以采用投标保函或者投标保证金的方式。投标保证金可以使用支票、银行汇票等，一般不得超过投标总价的 2%，最高不得超过 50 万元。投标人应当按照招标文件要求的方式和金额，将投标保函或者投标保证金随投标文件提交招标人。

(3) 投标文件递交。

投标人应当在招标文件要求提交投标文件的截止时间前，将投标文件密封送达投标地点。招标人收到投标文件后，应当向投标人出具标明签收人和签收时间的凭证，并妥善保存投标文件。在开标前，任何单位和个人均不得开启投标文件。在招标文件要求提交投标文件的截止时间后送达的投标文件，为无效的投标文件，招标人应当拒收。提交投标文件的投标人少于 3 个的，招标人应当依法重新招标。

投标人在招标文件要求提交投标文件的截止时间前，可以补充、修改或者撤回已提交的投标文件。补充、修改的内容为投标文件的组成部分，并应当按照本办法相关规定送达、签收和保管。在招标文件要求提交投标文件的截止时间后送达的补充或者修改的内容无效。

(4) 联合体投标。

两个以上施工企业可以组成一个联合体，签订共同投标协议，以一个投标人的身份共同投标。联合体各方均应当具备承担招标工程的相应资质条件。相同专业的施工企业组成的联合体，按照资质等级低的施工企业的业务许可范围承揽工程。招标人不得强制投标人组成联合体共同投标，不得限制投标人之间的竞争。

(5) 投标禁止行为。

投标人不得相互串通投标，不得排挤其他投标人的公平竞争，损害招标人或者其他投标人的合法权益。投标人不得与招标人串通投标，损害国家利益、社会公共利益或者他人的合法权益。禁止投标人以向招标人或者评标委员会成员行贿的手段谋取中标。

投标人不得以低于其企业成本的报价竞标，不得以他人名义投标或者以其他方式弄虚作假，骗取中标。

4. 开标

开标应当在招标文件确定的提交投标文件截止时间的同一时间公开进行；开标地点应当为招标文件中预先确定的地点。

开标由招标人主持，邀请所有投标人参加。开标应当按照下列规定进行：

① 由投标人或者其推选的代表检查投标文件的密封情况，也可以由招标人委托的公证机构进行检查并公证。经确认无误后，由有关工作人员当众拆封，宣读投标人名称、投标价格和投标文件的其他主要内容。

② 招标人在招标文件要求提交投标文件的截止时间前收到的所有投标文件，开标时都应当当众予以拆封、宣读。

③ 开标过程应当记录，并存档备查。

在开标时，投标文件出现下列情形之一的，应当作为无效投标文件，不得进入评标：

① 投标文件未按照招标文件的要求予以密封的。

② 投标文件中的投标函未加盖投标人的企业及企业法定代表人印章的，或者企业法定代表人委托代理人没有合法、有效的委托书（原件）及委托代理人印章的。

③ 投标文件的关键内容字迹模糊、无法辨认的。

④ 投标人未按照招标文件的要求提供投标保函或者投标保证金的。

⑤ 组成联合体投标的，投标文件未附联合体各方共同投标协议的。

5. 评标

评标由招标人依法组建的评标委员会负责。依法必须进行施工招标的工程，其评标委员会由招标人的代表和有关技术、经济等方面的专家组成，成员人数为5人以上单数，其中招标人、招标代理机构以外的技术、经济等方面专家不得少于成员总数的三分之二。评标委员会的专家成员，应当由招标人从建设行政主管部门及其他有关政府部门确定的专家名册或者工程招标代理机构的专家库内相关专业的专家名单中确定。确定专家成员一般应当采取随机抽取的方式。与投标人有利害关系的人不得进入相关工程的评标委员会。评标委员会成员的名单在中标结果确定前应当保密。

建设行政主管部门的专家名册应当拥有一定数量规模并符合法定资格条件的专家。省、自治区、直辖市人民政府建设行政主管部门可以将专家数量少的地区的专家名册予以合并或者实行专家名册计算机联网。建设行政主管部门应当对进入专家名册的专家组织有关法律和业务培训，对其评标能力、廉洁公正等进行综合评估，及时取消不称职或者违法违规人员的评标专家资格。被取消评标专家资格的人员，不得再参加任何评标活动。

评标委员会应当按照招标文件确定的评标标准和方法，对投标文件进行评审和比较，并对评标结果签字确认；设有标底的，应当参考标底。

评标委员会可以用书面形式要求投标人对投标文件中含义不明确的内容作必要的澄清或者说明。投标人应当采用书面形式进行澄清或者说明，其澄清或者说明不得超出投标文件的范围或者改变投标文件的实质性内容。

评标委员会经评审，认为所有投标文件都不符合招标文件要求的，可以否决所有投标。依法必须进行施工招标工程的所有投标被否决的，招标人应当依法重新招标。

评标可以采用综合评估法、经评审的最低投标价法或者法律法规允许的其他评标方法。

采用综合评估法的，应当对投标文件提出的工程质量、施工工期、投标价格、施工组织设计或者施工方案、投标人及项目经理业绩等，能否最大限度地满足招标文件中规定的各项要求和评价标准进行评审和比较。以评分方式进行评估的，对于各种评比奖项不得额外计分。

采用经评审的最低投标价法的，应当在投标文件能够满足招标文件实质性要求的投标人中，评审出投标价格最低的投标人，但投标价格低于其企业成本的除外。

有下列情形之一的，评标委员会可以要求投标人作出书面说明并提供相关材料：

① 设有标底的，投标报价低于标底合理幅度的。

② 不设标底的，投标报价明显低于其他投标报价，有可能低于其企业成本的。

经评标委员会论证，认定该投标人的报价低于其企业成本的，不能推荐为中标候选人或者中标人。

6. 定标

评标委员会完成评标后,应当向招标人提出书面评标报告,阐明评标委员会对各投标文件的评审和比较意见,并按照招标文件中规定的评标方法,推荐不超过 3 名有排序的合格的中标候选人。招标人根据评标委员会提出的书面评标报告和推荐的中标候选人确定中标人。使用国有资金投资或者国家融资的工程项目,招标人应当按照中标候选人的排序确定中标人。当确定中标的中标候选人放弃中标或者因不可抗力提出不能履行合同的,招标人可以依序确定其他中标候选人为中标人。招标人也可以授权评标委员会直接确定中标人。

招标人应当在投标有效期截止时限 30 日前确定中标人。投标有效期应当在招标文件中载明。

依法必须进行施工招标的工程,招标人应当自确定中标人之日起 15 日内,向工程所在地的县级以上地方人民政府建设行政主管部门提交施工招标投标情况的书面报告。书面报告应当包括下列内容:

① 施工招标投标的基本情况,包括施工招标范围、施工招标方式、资格审查、开评标过程和确定中标人的方式及理由等。

② 相关的文件资料,包括招标公告或者投标邀请书、投标报名表、资格预审文件、招标文件、评标委员会的评标报告(设有标底的,应当附标底)、中标人的投标文件。委托工程招标代理的,还应当附工程施工招标代理委托合同。

已按照本办法的规定办理了备案的文件资料,不再重复提交。

建设行政主管部门自收到书面报告之日起 5 日内未通知招标人在招标投标活动中有违法行为的,招标人可以向中标人发出中标通知书,并将中标结果通知所有未中标的投标人。

招标人和中标人应当自中标通知书发出之日起 30 日内,按照招标文件和中标人的投标文件订立书面合同;招标人和中标人不得再行订立背离合同实质性内容的其他协议。中标人不与招标人订立合同的,投标保证金不予退还并取消其中标资格,给招标人造成的损失超过投标保证金数额的,应当对超过部分予以赔偿;没有提交投标保证金的,应当对招标人的损失承担赔偿责任。招标人无正当理由不与中标人签订合同,给中标人造成损失的,招标人应当给予赔偿。

招标文件要求中标人提交履约担保的,中标人应当提交。招标人应当同时向中标人提供工程款支付担保。

7. 罚则

有违反《招标投标法》行为的,县级以上地方人民政府建设行政主管部门应当按照《招标投标法》的规定予以处罚。

招标投标活动中有《招标投标法》规定中标无效情形的,由县级以上地方人民政府建设行政主管部门宣布中标无效,责令重新组织招标,并依法追究有关责任人责任。

应当招标未招标的,应当公开招标未公开招标的,县级以上地方人民政府建设行政主管部门应当责令改正,拒不改正的,不得颁发施工许可证。

招标人不具备自行办理施工招标事宜条件而自行招标的,县级以上地方人民政府建设行政主管部门应当责令改正,处1万元以下的罚款。

评标委员会的组成不符合法律、法规规定的,县级以上地方人民政府建设行政主管部门应当责令招标人重新组织评标委员会。

招标人未向建设行政主管部门提交施工招标投标情况书面报告的,县级以上地方人民政府建设行政主管部门应当责令改正。

3.3.10 《工程建设项目招标投标活动投诉处理办法》

随着社会经济的发展,招标投标作为一项重要的经济活动,越来越受到社会各界的关注,在工程建设项目招标投标活动中,也随之产生了大量的投诉。为建立公正、高效的招标投标投诉处理机制,规范招标投标活动,依据《招标投标法》,国家发展改革委等7部委制定《工程建设项目招标投标活动投诉处理办法》(国家发展改革委等7部委令第11号,以下简称11号令),于2004年8月1日起施行。2013年,为落实《国务院办公厅转发发展改革委法制办监察部关于做好招标投标法实施条例贯彻实施工作意见的通知》(国办发〔2012〕21号),国家发展改革委等9部委联合颁布了《关于废止和修改部分招标投标规章和规范性文件的规定》,对本办法中部分条款予以修改。

本办法对投诉的主体、时效、形式以及处理等进行了规定。行政监督部门在招标投标投诉处理过程中,要准确判定投诉主体、时效、形式等要件的合法性,凡不符合规定的投诉行为一律不受到法律的保护。

1. 投诉主体和事由

11号令第三条规定:"投标人和其他利害关系人认为招标投标活动不符合法律、法规和规章规定的,有权依法向有关行政监督部门投诉。

前款所称其他利害关系人是指投标人以外的,与招标项目或者招标活动有直接和间接利益关系的法人、其他组织和自然人。"

(1)投诉主体。

本条规定的投诉主体与异议的提出主体不同。投诉的提出主体除了投标人或者其他利害关系人外,还应当包括招标人。投标人即《招标投标法》第二十五条规定的已对招标项目作出响应,提交投标文件,参加投标竞争的法人或者其他组织,以及参加科研招标项目投标的个人。其他利害关系人,主要是指投标人以外的,与招标项目或者招标活动有直接或者间接利益关系的法人、其他组织和自然人。主要有:一是有意参加资格预审或者投标的潜在投标人,在资格预审公告或者招标公告存在排斥潜在投标人等情况,致使其不能参加投标时,其合法权益即受到侵害,是招标投标活动的利害关系人。二是在市场经济条件下,只要符合招标文件规定,投标人为控制投标风险,在准备投标文件时可能采用订立附条件生效协议的方式与符合招标项目要求的特定分包人和供应商绑定投标,这些分包人和供应商与投标人有共同的利益,与招标投标活动存在利害关系。三是投标人的项目负责人一般是投标工作的组织者,中标与否与其个人职业发展等存在相对较大关系,也是招标投标活动的利害关系人。招标人是招标投标活动的主要当事人,是招标项目和招标活动毫无争议的利害关系人。招标人当然可以就招标投标活动中的违法行为向行政监督部门提起投诉。招标人投诉的问题,应当限于招标人不能自行处理,需要通过行政救济途径才能够解决的问题。例如，投标人或者其他利害关系人有关某中标候选人存在业绩弄虚作假的异议，经招标人核实后情况属实，而评标委员会又无法根据投标文件的内容给予认定，评标时又缺少进行查证的必要手段，如果由招标人自行决定或者自行否定又容易被滥用，必须向行政监督部门提出投诉，由行政监督部门依法作出认定。还有招标人在评标过程中发现投标人存在相互串通投标、行贿评标委员会成员谋取中标等违法行为的，都必须向行政监督部门提出投诉，但是招标人不得滥用投诉，从而影响招标项目实施进度。

根据本办法规定，投诉人可以自己直接投诉，也可以委托代理人办理投诉事务。代理人办理投诉事务时，应将授权委托书连同投诉书一并提交给行政监督部门。授权委托书应当明确有关委托代理权限和事项。

与招标投标活动没有直接利害关系的其他人，不属于投诉的主体，不能向行政监督部门进行投诉，但是，可以对招标投标活动中的违法行为进行检举、揭发。

（2）投诉事由。

根据本办法的规定，投诉的事由，是招标投标活动中不符合法律、法规和规章规定的行为。法规和规章应当包括行政法规、部门规章、地方性法规、地方政府规章等，招标投标活动还应当遵守规范性文件的规定，当事人违反规定的，投标人或者其他利害关系人应当有权进行投诉，否则将无法保证这些规范性文件的遵守和执行。由于提出投诉的主体限于投标人或者其他利害关系人，因此，投诉的事由，还须是使投诉人的利益受到损害的招标投标中的违法行为。例如，招标人违反法律法规规定，对投标人实行歧视待遇的行为，招标人与投标人或者投标人之间串通投标的行为等。有些违反《招标投标法》规定的行为，不涉及损害招标人、投标人或者潜在投标人的利益的，不属于提出投诉的事由。

2. 投诉形式

11号令第七条规定："投诉人投诉时，应当提交投诉书。投诉书应当包括下列内容：（一）投诉人的名称、地址及有效联系方式；（二）被投诉人的名称、地址及有效联系方式；（三）投诉事项的基本事实；（四）相关请求及主张；（五）有效线索和相关证明材料。投诉人是法人的，投诉书必须由其法定代表人或者授权代表签字并盖章；其他组织或者自然人投诉的，投诉书必须由其主要负责人或者投诉人本人签字，并附有效身份证明复印件。对招标投标法实施条例规定应先提出异议的事项进行投诉的，应当附提出异议的证明文件。已向有关行政监督部门投诉的，应当一并说明。投诉书有关材料是外文的，投诉人应当同时提供其中文译本。"

与异议制度不同，本办法对投诉人提交投诉书的格式有严格的要求。投诉是一项严肃和谨慎的法律行为，应采用书面形式向行政监督部门提出，投诉书应当有明确的投诉事项、相关请求及主张、有效线索和相关证明材料。一方面投诉属于行政救济手段，行政监督部门作出投诉处理决定必须经由法定的调查处理程序，明确的请求和相关证据有利于保证行政效率。行政监督部门在调查处理投诉的过程中有权责令暂停招标投标活动，因此投诉不能空穴来风，更不能捏造事实恶意投诉，必须基于投诉人有相应材料证明的事实。而且投诉处理决定一旦作出，有可能对招标投标活动以及相关责任人造成较大影响，必须保证投诉事实的真实性、有效性。另一方面，投诉人投诉时必须署名，用以证明投诉人与招标投标活动的关系，投诉人匿名投诉，或者投诉时没有附带证明材料的，行政监督部门有权拒绝受理。

3. 投诉时间

11号令第九条规定："投诉人认为招标投标活动不符合法律行政法规规定的，可以在知道或者应当知道之日起十日内提出书面投诉。依照有关行政法规提出异议的，异议答复期间不计算在内。"

为了既保证投标人或者其他利害关系人的投诉权利，又不影响招标投标活动的正常进行，需要对提出投诉的时间加以限制。十日内提出投诉是基于效率考虑和维护法律关系的稳定性。本办法明确规定，投标人或者其他利害关系人自知道或者应当知道违法行为之日起十日内投诉。需要说明的是，对资格预审文件或者招标文件的异议、开标、评标结果规定事项进行投诉的，应当先向招标人提出异议。具体而言，对于资格预审文件有异议的，应当在提交资格预审申请文件截止时间二日前提出，对招标文件有异议的，应当在投标截止时间十日前提出，招标人应当自收到异议之日起三日内作出答复；对开标有异议的，应当在开标现场提出，招标人当场答复；对依法必须进行招标项目的评标结果有异议的，应当在中标候选人公示期间提出，招标人应当自收到异议之日起三日内作出答复。投标人或者其他利害关系人对于招标人的答复不满意的，才能够提出投诉。其主要考虑：一是鼓励投标人或者其他利害关系人通过异议方式解决招标投标争议，异议一般通过招标人的解释说明即可以快捷地得到化解，而投诉处理则必须经过调查，履行法定程序。二是减轻行政负担，以便有效利用有限的行政资源处理异议程序无法解决的投诉。此处的"十日"并不包括提出异议和答复异议的时间，投诉时间在异议提出和答复时间之外单独计算。将异议处理时间单独计算，是为了避免招标人故意拖延对异议的回复而导致异议人丧失投诉权的情况发生，有利于保证异议的及时回复和投诉人的投诉权。

本条款的"应当知道"，是指投诉人根据公布的信息或者参加的招标投标活动正常情况下应当能够了解到的。例如，资格预审公告或者招标公告发布后，投诉人应当知道其是否存在排斥、限制潜在投标人的条款；投标人获得资格预审文件或者招标文件后，应当知道是否存在违反法律法规规定的内容；开标时，投标人当场应当知道开标环节是否违法或者有违反《招标投标法实施条例》第三十四条规定的情形；中标候选人公示后，投标人应当知道评标结果是否存在违反法律法规规定和招标文件要求的情形等。

按照本办法规定，投诉超过投诉时间的，行政监督部门将不予受理。

4. 投诉受理

（1）投诉受理部门。

11号令第四条规定："各级发展改革、工业和信息化、住房城乡建设、水利、交通运输、铁道、商务、民航等招标投标活动行政监督部门，依照《国务院办公厅印发国务院有关部门实施招标投标活动行政监督的职责分工的意见的通知》（国办发〔2000〕34号）和地方各级人民政府规定的职责分工，受理投诉并依法作出处理决定。对国家重大建设项目（含工业项目）招标投标活动的投诉，由国家发展改革委受理并依法作出处理决定。对国家重大建设项目招标投标活动的投诉，有关行业行政监督部门已经收到的，应当通报国家发展改革委,国家发展改革委不再受理。"

根据《招标投标法实施条例》第四条规定,国务院各部门有明确的职责分工,地方政府也有类似的职责分工,投诉人应当根据确定有管辖权的行政监督部门并向其提出投诉。

投诉人就同一事项向两个或者两个以上有权受理的行政监督部门投诉的,由最先收到投诉的行政监督部门负责处理。此处的"收到",是指行政监督部门接收投诉人提交的投诉书及相关证明材料。此处的"处理",是指行政监督部门对投诉人的投诉进行审查后,对符合法定受理条件的投诉决定立案调查,开展投诉调查的行为。收到投诉和受理投诉是两种不同性质却又密切联系的行为,前者是受理的前提,后者是收到投诉后的处理结果。投诉由最先收到投诉的行政监督部门负责处理意味着,最先收到投诉的行政监督部门不得以尚未作出受理决定拒绝处理。该规定有利于有效防止行政监督部门之间推诿扯皮,提高投诉处理效率;能够避免投诉人多头投诉后出现多头调查处理,既影响招标项目的实施进度,又浪费行政资源,有利于行政监督部门之间形成良性制约,保护当事人的合法权益。

(2) 投诉受理相关规定。

行政监督部门应当自收到投诉之日起三个工作日内决定是否受理投诉。

11号令第十一条规定:"行政监督部门收到投诉书后,应当在三个工作日内进行审查,视情况分别作出以下处理决定:(一)不符合投诉处理条件的,决定不予受理,并将不予受理的理由书面告知投诉人;(二)对符合投诉处理条件,但不属于本部门受理的投诉,书面告知投诉人向其他行政监督部门提出投诉。对于符合投诉处理条件并决定受理的,收到投诉书之日即为正式受理。"

11号令第十二条规定:"有下列情形之一的投诉,不予受理:(一)投诉人不是所投诉招标投标活动的参与者,或者与投诉项目无任何利害关系;(二)投诉事项不具体,且未提供有效线索,难以查证的;(三)投诉书未署具投诉人真实姓名、签字和有效联系方式的;以法人名义投诉的,投诉书未经法定代表人签字并加盖公章的;(四)超过投诉时效的;(五)已经作出处理决定,并且投诉人没有提出新的证据的;(六)投诉事项应先提出异议没有提出异议、已进入行政复议或行政诉讼程序的。"

第十一条规定,行政监督部门收到投诉书后,视情况作出的两种处理决定,对于符合投诉处理条件并决定受理的,收到投诉书之日即为正式受理。第十二条列出不予受理的六种投诉情形,其中第六款,根据九部委联合颁布的《关于废止和修改部分招标投标规章和规范性文件的规定》要求,增加了投诉事项应先提出异议没有提出异议不予受理的前置性条件。异议应当在异议期限内提出,超出异议期限没有提出异议的,投标人或者其他利害关系人将丧失提出异议的权利,不得提出异议。由于提出异议是进行投诉的前置性条件,在设置异议程序的事项中,超出异议期限没有提出异议的,不得投诉。

5. 投诉处理措施

11号令第十八条规定:"行政监督部门处理投诉,有权查阅、复制有关文件、资料,调查有关情况,相关单位和人员应当予以配合。必要时,行政监督部门可以责令暂停招标投标活动。对行政监督部门依法进行的调查,投诉人、被投诉人以及评标委员会成员等与投诉事项有关的当事人应当予以配合,如实提供有关资料及情况,不得拒绝、隐匿或者伪报。"

（1）为了客观公正地处理投诉，保障投诉处理工作顺利开展，行政监督部门在处理投诉过程中，有权查阅、复制有关文件、资料，调查有关情况，对行政监督部门依法进行的调查，投诉人、被投诉人以及评标委员会成员等与投诉事项有关的当事人应当予以配合，如实提供有关资料及情况，不得拒绝、隐匿或者伪报，不得以任何借口设置障碍，进行阻挠。

（2）行政监督部门可以视情况责令暂停招标投标活动。招标投标活动具有很强的时效性、程序性和不可逆转性。为了防止违法违规行为的影响进一步扩大，避免造成无法挽回的损失，本办法赋予行政监督部门责令暂停招标投标活动的权力。鉴于暂停招标投标活动会严重影响招标项目的开展，行政监督部门在采取该项措施时，必须慎重，在确有必要时才责令暂停。

6. 保密义务

11号第十七条规定："行政监督部门负责处理投诉的人员应当严格遵守保密规定，对于在投诉处理过程中所接触到的国家秘密、商业秘密应当予以保密，也不得将投诉事项透露给与投诉无关的其他单位和个人。"

行政监督部门的工作人员对投诉处理过程中知悉的国家秘密、商业秘密，应当依法予以保密。此处的"国家秘密"，是指关系国家安全和利益，依照法定程序确定，在一定时间内只限一定范围的人员知悉的事项。我国《保守国家秘密法》规定了严格的保密制度和法律责任，一切国家机关、武装力量、政党、社会团体、企业事业单位和公民都应当遵守。此处的"商业秘密"，是指不为公众所知悉、能为权利人带来经济利益、具有实用性并经权利人采取保密措施的技术信息和经营信息。国家机关及其公务人员在履行公务时，不得披露或者允许他人使用权利人的商业秘密。因此，行政监督部门负责处理投诉的人员应当严格遵守保密规定，对于在投诉处理过程中所接触到的国家秘密、商业秘密应当予以保密，不得将投诉事项透露给与投诉无关的其他单位和个人。本办法明确规定了行政监督人员的保密义务，以消除行政相对人的顾虑，积极配合行政监督部门做好投诉调查和处理工作。

7. 处理决定

11号令第二十条规定："行政监督部门应当根据调查和取证情况，对投诉事项进行审查，按照下列规定作出处理决定：（一）投诉缺乏事实根据或者法律依据的，或者投诉人捏造事实、伪造材料或者以非法手段取得证明材料进行投诉的，驳回投诉；（二）投诉情况属实，招标投标活动确实存在违法行为的，依据《中华人民共和国招标投标法》《中华人民共和国招标投标法实施条例》及其他有关法规、规章作出处罚。"

（1）投诉驳回。

行政监督部门受理投诉后，经过审查确定投诉人存在捏造事实、伪造证明材料提出投诉是实践中恶意投诉的主要表现之一。尽管投诉是投诉人在自身合法权益受到侵害时寻求行政救济的手段，但由于涉及其他当事人的合法权益，投诉人行使权利时不能损害他人利益。投诉人捏造事实、伪造证明材料提出投诉，不仅可能损害他人权益，而且会阻碍招标投标活动的正常进行，影响了行政监督资源的合理使用，增加行政监督成本。

投标人以非法手段取得证明材料的应当驳回。实践中投标人利用非法手段,通过招标人、招标代理机构或者评标委员会成员获取应当保密的信息和资料进行投诉,是各地投诉案件数量居高不下的根源之一。尤其是在公示中标候选人阶段,有的投标人甚至采取欺骗、胁迫、偷窃等极端方式从招标人或者其他投标人处获得其他投标人的投标文件,用以证明其投诉理由。这些通过非法手段取得的证明材料不但不被采信,还有可能使投诉人承担本办法第二十六条和《招标投标法实施条例》第七十七条规定的法律责任。投诉人在取证时,一定要重视证明材料来源的正当性和取证程序的合法性。这些以非法手段取得的证明材料要么违反了《招标投标法》《招标投标法实施条例》等法律法规的禁止性规定,要么侵害了他人的合法权益,据此提出的投诉应当予以驳回。

(2) 投诉处理决定相关要求。

11号令第二十一条规定:"负责受理投诉的行政监督部门应当自受理投诉之日起三十个工作日内,对投诉事项作出处理决定,并以书面形式通知投诉人、被投诉人和其他与投诉处理结果有关的当事人。需要检验、检测、鉴定、专家评审的,所需时间不计算在内。"

11号令第二十二条规定:"投诉处理决定应当包括下列主要内容:(一)投诉人和被投诉人的名称、住址;(二)投诉人的投诉事项及主张;(三)被投诉人的答辩及请求;(四)调查认定的基本事实;(五)行政监督部门的处理意见及依据。"

投诉是投标人或者其他利害关系人的权利。不论提出的投诉是否成立,行政监督部门均应在规定的时间内作出答复。对于投诉的答复,应当以书面处理决定的形式通知投诉人、被投诉人和其他与投诉处理结果有关的当事人,内容应当明确,对投诉的内容进行实质性回应和解释,并明确给出投诉是否成立的结论。

本办法规定的投诉处理时限,即行政监督部门应当自受理投诉之日起三十个工作日内作出书面处理决定。突出体现了行政监督工作的效率原则,以保证招标项目的实施进度。由于投诉案件调查处理过程中可能需要进行必要的检验、检测、鉴定、专家评审,而该类工作需要委托有专业资格或者技能的单位完成,其所需时间不是行政监督部门能够控制的,所以,投诉处理过程中的检验、检测、鉴定、专家评审时间不计算在投诉处理期限内。

行政监督部门在处理投诉过程中,发现被投诉人单位直接负责的主管人员和其他直接责任人员有违法、违规或者违纪行为的,应当建议其行政主管机关、纪检监察部门给予处分;情节严重构成犯罪的,移送司法机关处理。对招标代理机构有违法违规行为,依法依规处理。

行政监督部门工作人员在处理投诉过程中徇私舞弊、滥用职权或者玩忽职守,对投诉人打击报复的,依法给予行政处分;构成犯罪的,依法追究刑事责任。行政监督部门在处理投诉过程中,不得向投诉人和被投诉人收取任何费用。对于性质恶劣、情节严重的投诉事项,行政监督部门可以将投诉处理结果在有关媒体上公布,接受舆论和公众监督。

8. 投诉撤回

11号令第十九条规定:"投诉处理决定作出前,投诉人要求撤回投诉的,应当以书面形式提出并说明理由,由行政监督部门视以下情况,决定是否准予撤回:(一)已经查实有明显违法行为的,应当不准撤回,并继续调查直至作出处理决定;(二)撤回投诉不损害国家利益、社会公共利益或者其他当事人合法权益的,应当准予撤回,投诉处理过程终止。投诉人不得以同一事实和理由再提出投诉。"

投诉是否可以撤回,由行政监督部门视具体情况决定。本办法规定,投诉处理决定作出前,投诉人要求撤回投诉的,应当以书面形式提出并说明理由,由行政监督部门视具体情况作出是否准予撤回的决定。

3.3.11 《电子招标投标办法》

推行电子招标投标,是中央惩防体系规划、工程专项治理,以及《招标投标法实施条例》明确要求的一项重要任务,对于提高采购透明度、节约资源和交易成本、促进政府职能转变具有非常重要的意义,特别是在利用技术手段解决弄虚作假、暗箱操作、串通投标、限制排斥潜在投标人等招标投标领域突出问题方面,有着独特优势。为推动电子招标投标长远健康发展,国家发展改革委等8部委发布了《电子招标投标办法》(国家发展改革委等8部委令第20号,以下简称20号令)。

1. 适用范围及监督

20号令所称电子招标投标活动是指以数据电文形式,依托电子招标投标系统完成的全部或者部分招标投标交易、公共服务和行政监督活动。数据电文形式与纸质形式的招标投标活动具有同等法律效力。适用于中华人民共和国境内进行电子招标投标活动。

电子招标投标系统根据功能的不同,分为交易平台、公共服务平台和行政监督平台。交易平台是以数据电文形式完成招标投标交易活动的信息平台。公共服务平台是满足交易平台之间信息交换、资源共享需要,并为市场主体、行政监督部门和社会公众提供信息服务的信息平台。行政监督平台是行政监督部门和监察机关在线监督电子招标投标活动的信息平台。电子招标投标系统的开发、检测、认证、运营应当遵守20号令及所附《电子招标投标系统技术规范》(以下简称《技术规范》)。

国务院发展改革部门负责指导协调全国电子招标投标活动,各级地方人民政府发展改革部门负责指导协调本行政区域内电子招标投标活动。各级人民政府发展改革、工业和信息化、住房城乡建设、交通运输、铁道、水利、商务等部门,按照规定的职责分工,对电子招标投标活动实施监督,依法查处电子招标投标活动中的违法行为。依法设立的招标投标交易场所的监管机构负责督促、指导招标投标交易场所推进电子招标投标工作,配合有关部门对电子招标投标活动实施监督。省级以上人民政府有关部门对本行政区域内电子招标投标系统的建设、运营,以及相关检测、认证活动实施监督。监察机关依法对与电子招标投标活动有关的监察对象实施监察。

2. 电子招标投标交易平台

电子招标投标交易平台按照标准统一、互联互通、公开透明、安全高效的原则以及市场化、专业化、集约化方向建设和运营。依法设立的招标投标交易场所、招标人、招标代理机构以及其他依法设立的法人组织可以按行业、专业类别,建设和运营电子招标投标交易平台。国家鼓励电子招标投标交易平台平等竞争。

电子招标投标交易平台应当按照20号令和《技术规范》规定,具备下列主要功能:

① 在线完成招标投标全部交易过程。
② 编辑、生成、对接、交换和发布有关招标投标数据信息。
③ 提供行政监督部门和监察机关依法实施监督和受理投诉所需的监督通道。
④ 本办法和技术规范规定的其他功能。

电子招标投标交易平台应当按照《技术规范》规定，执行统一的信息分类和编码标准，为各类电子招标投标信息的互联互通和交换共享开放数据接口、公布接口要求。电子招标投标交易平台接口应当保持技术中立，与各类需要分离开发的工具软件相兼容对接，不得限制或者排斥符合技术规范规定的工具软件与其对接。

电子招标投标交易平台应当允许社会公众、市场主体免费注册登录和获取依法公开的招标投标信息，为招标投标活动当事人、行政监督部门和监察机关按照各自职责和注册权限登录使用交易平台提供必要条件。

电子招标投标交易平台应当依照《中华人民共和国认证认可条例》等有关规定进行检测、认证，通过检测、认证的电子招标投标交易平台应当在省级以上电子招标投标公共服务平台上公布。

电子招标投标交易平台服务器应当设在中华人民共和国境内。

电子招标投标交易平台运营机构应当是依法成立的法人，拥有一定数量的专职信息技术、招标专业人员。

电子招标投标交易平台运营机构应当根据国家有关法律法规及《技术规范》，建立健全电子招标投标交易平台规范运行和安全管理制度，加强监控、检测，及时发现和排除隐患。

电子招标投标交易平台运营机构应当采用可靠的身份识别、权限控制、加密、病毒防范等技术，防范非授权操作，保证交易平台的安全、稳定、可靠。

电子招标投标交易平台运营机构应当采取有效措施，验证初始录入信息的真实性，并确保数据电文不被篡改、不遗漏和可追溯。

电子招标投标交易平台运营机构不得以任何手段限制或者排斥潜在投标人，不得泄露依法应当保密的信息，不得弄虚作假、串通投标或者为弄虚作假、串通投标提供便利。

3. 电子招标

招标人或者其委托的招标代理机构应当在其使用的电子招标投标交易平台注册登记，选择使用除招标人或招标代理机构之外第三方运营的电子招标投标交易平台的，还应当与电子招标投标交易平台运营机构签订使用合同，明确服务内容、服务质量、服务费用等权利和义务，并对服务过程中相关信息的产权归属、保密责任、存档等依法作出约定。

电子招标投标交易平台运营机构不得以技术和数据接口配套为由，要求潜在投标人购买指定的工具软件。

招标人或者其委托的招标代理机构应当在资格预审公告、招标公告或者投标邀请书中载明潜在投标人访问电子招标投标交易平台的网络地址和方法。依法必须进行公开招标项目的上述相关公告应当在电子招标投标交易平台和国家指定的招标公告媒介同步发布。

招标人或者其委托的招标代理机构应当及时将数据电文形式的资格预审文件、招标文件加载至电子招标投标交易平台，供潜在投标人下载或者查阅。数据电文形式的资格预审公告、招标公告、资格预审文件、招标文件等应当标准化、格式化，并符合有关法律法规以及国家有关部门颁发的标准文本的要求。

除20号令和《技术规范》规定的注册登记外，任何单位和个人不得在招标投标活动中设置注册登记、投标报名等前置条件限制潜在投标人下载资格预审文件或者招标文件。

在投标截止时间前，电子招标投标交易平台运营机构不得向招标人或者其委托的招标代理机构以外的任何单位和个人泄露下载资格预审文件、招标文件的潜在投标人名称、数量以及可能影响公平竞争的其他信息。

招标人对资格预审文件、招标文件进行澄清或者修改的，应当通过电子招标投标交易平台以醒目的方式公告澄清或者修改的内容，并以有效方式通知所有已下载资格预审文件或者招标文件的潜在投标人。

4. 电子投标

电子招标投标交易平台的运营机构，以及与该机构有控股或者管理关系可能影响招标公正性的任何单位和个人，不得在该交易平台进行的招标项目中投标和代理投标。

投标人应当在资格预审公告、招标公告或者投标邀请书载明的电子招标投标交易平台注册登记，如实递交有关信息，并经电子招标投标交易平台运营机构验证。

投标人应当通过资格预审公告、招标公告或者投标邀请书载明的电子招标投标交易平台递交数据电文形式的资格预审申请文件或者投标文件。

电子招标投标交易平台应当允许投标人离线编制投标文件，并且具备分段或者整体加密、解密功能。投标人应当按照招标文件和电子招标投标交易平台的要求编制并加密投标文件。投标人未按规定加密的投标文件，电子招标投标交易平台应当拒收并提示。

投标人应当在投标截止时间前完成投标文件的传输递交，并可以补充、修改或者撤回投标文件。投标截止时间前未完成投标文件传输的，视为撤回投标文件。投标截止时间后送达的投标文件，电子招标投标交易平台应当拒收。

电子招标投标交易平台收到投标人送达的投标文件，应当及时向投标人发出确认回执通知，并妥善保存投标文件。在投标截止时间前，除投标人补充、修改或者撤回投标文件外，任何单位和个人不得解密、提取投标文件。

资格预审申请文件的编制、加密、递交、传输、接收确认等，适用20号令关于投标文件的规定。

5. 电子开标

电子开标应当按照招标文件确定的时间，在电子招标投标交易平台上公开进行，所有投标人均应当准时在线参加开标。

开标时，电子招标投标交易平台自动提取所有投标文件，提示招标人和投标人按招标文件规定方式按时在线解密。解密全部完成后，应当向所有投标人公布投标人名称、投标价格和招标文件规定的其他内容。

因投标人原因造成投标文件未解密的，视为撤销其投标文件；因投标人之外的原因造成投标文件未解密的，视为撤回其投标文件，投标人有权要求责任方赔偿因此遭受的直接损失。部分投标文件未解密的，其他投标文件的开标可以继续进行。

招标人可以在招标文件中明确投标文件解密失败的补救方案，投标文件应按照招标文件的要求作出响应。

电子招标投标交易平台应当生成开标记录并向社会公众公布，但依法应当保密的除外。

6. 电子评标

电子评标应当在有效监控和保密的环境下在线进行。

根据国家规定应当进入依法设立的招标投标交易场所的招标项目，评标委员会成员应当在依法设立的招标投标交易场所登录招标项目所使用的电子招标投标交易平台进行评标。评标中需要投标人对投标文件澄清或者说明的，招标人和投标人应当通过电子招标投标交易平台交换数据电文。评标委员会完成评标后，应当通过电子招标投标交易平台向招标人提交数据电文形式的评标报告。

7. 电子定标

依法必须进行招标的项目中标候选人和中标结果应当在电子招标投标交易平台进行公示和公布。

招标人确定中标人后，应当通过电子招标投标交易平台以数据电文形式向中标人发出中标通知书，并向未中标人发出中标结果通知书。

招标人应当通过电子招标投标交易平台，以数据电文形式与中标人签订合同。

鼓励招标人、中标人等相关主体及时通过电子招标投标交易平台递交和公布中标合同履行情况的信息。

资格预审申请文件的解密、开启、评审、发出结果通知书等，适用本办法关于投标文件的规定。

投标人或者其他利害关系人依法对资格预审文件、招标文件、开标和评标结果提出异议，以及招标人答复，均应当通过电子招标投标交易平台进行。

招标投标活动中的下列数据电文应当按照《中华人民共和国电子签名法》和招标文件的要求进行电子签名并进行电子存档：

① 资格预审公告、招标公告或者投标邀请书。
② 资格预审文件、招标文件及其澄清、补充和修改。
③ 资格预审申请文件、投标文件及其澄清和说明。
④ 资格审查报告、评标报告。
⑤ 资格预审结果通知书和中标通知书。
⑥ 合同。
⑦ 国家规定的其他文件。

8. 信息共享与公共服务

电子招标投标交易平台应当依法及时公布下列主要信息：

① 招标人名称、地址、联系人及联系方式。
② 招标项目名称、内容范围、规模、资金来源和主要技术要求。
③ 招标代理机构名称、资格、项目负责人及联系方式。

④ 投标人名称、资质和许可范围、项目负责人。
⑤ 中标人名称、中标金额、签约时间、合同期限。
⑥ 国家规定的公告、公示和技术规范规定公布和交换的其他信息。

鼓励招标投标活动当事人通过电子招标投标交易平台公布项目完成质量、期限、结算金额等合同履行情况。

各级人民政府有关部门应当按照《中华人民共和国政府信息公开条例》等规定，在本部门网站及时公布并允许下载下列信息：
① 有关法律法规规章及规范性文件。
② 取得相关工程、服务资质证书或货物生产、经营许可证的单位名称、营业范围及年检情况。
③ 取得有关职称、职业资格的从业人员的姓名、电子证书编号。
④ 对有关违法行为作出的行政处理决定和招标投标活动的投诉处理情况。
⑤ 依法公开的工商、税务、海关、金融等相关信息。

设区的市级以上人民政府发展改革部门会同有关部门，按照政府主导、共建共享、公益服务的原则，推动建立本地区统一的电子招标投标公共服务平台，为电子招标投标交易平台、招标投标活动当事人、社会公众和行政监督部门、监察机关提供信息服务。

电子招标投标公共服务平台应当按照 20 号令和《技术规范》规定，具备下列主要功能：
① 链接各级人民政府及其部门网站，收集、整合和发布有关法律法规规章及规范性文件、行政许可、行政处理决定、市场监管和服务的相关信息。
② 连接电子招标投标交易平台、国家规定的公告媒介，交换、整合和发布 20 号令第四十一条规定的信息。
③ 连接依法设立的评标专家库，实现专家资源共享。
④ 支持不同电子认证服务机构数字证书的兼容互认。
⑤ 提供行政监督部门和监察机关依法实施监督、监察所需的监督通道。
⑥ 整合分析相关数据信息，动态反映招标投标市场运行状况、相关市场主体业绩和信用情况。

属于依法必须公开的信息，公共服务平台应当无偿提供。

公共服务平台应同时遵守本办法相关规定。

电子招标投标交易平台应当按照本办法和技术规范规定，在任一电子招标投标公共服务平台注册登记，并向电子招标投标公共服务平台及时提供 20 号令第四十一条规定的信息，以及双方协商确定的其他信息。

电子招标投标公共服务平台应当按照 20 号令和《技术规范》规定，开放数据接口、公布接口要求，与电子招标投标交易平台及时交换招标投标活动所必需的信息，以及双方协商确定的其他信息。

电子招标投标公共服务平台应当按照 20 号令和《技术规范》规定，开放数据接口、公布接口要求，与上一层级电子招标投标公共服务平台连接并注册登记，及时交换 20 号令相关规定的信息，以及双方协商确定的其他信息。

电子招标投标公共服务平台应当允许社会公众、市场主体免费注册登录和获取依法公开的招标投标信息，为招标人、投标人、行政监督部门和监察机关按照各自职责和注册权限登录使用公共服务平台提供必要条件。

9. 监督管理

电子招标投标活动及相关主体应当自觉接受行政监督部门、监察机关依法实施的监督、监察。

行政监督部门、监察机关结合电子政务建设，提升电子招标投标监督能力，依法设置并公布有关法律法规规章、行政监督的依据、职责权限、监督环节、程序和时限、信息交换要求和联系方式等相关内容。

电子招标投标交易平台和公共服务平台应当按照20号令和《技术规范》规定，向行政监督平台开放数据接口、公布接口要求，按有关规定及时对接交换和公布有关招标投标信息。

行政监督平台应当开放数据接口，公布数据接口要求，不得限制和排斥已通过检测认证的电子招标投标交易平台和公共服务平台与其对接交换信息，并参照执行20号令相关规定。

电子招标投标交易平台应当依法设置电子招标投标工作人员的职责权限，如实记录招标投标过程、数据信息来源，以及每一操作环节的时间、网络地址和工作人员，并具备电子归档功能。

电子招标投标公共服务平台应当记录和公布相关交换数据信息的来源、时间并进行电子归档备份。任何单位和个人不得伪造、篡改或者损毁电子招标投标活动信息。

行政监督部门、监察机关及其工作人员，除依法履行职责外，不得干预电子招标投标活动，并遵守有关信息保密的规定。

投标人或者其他利害关系人认为电子招标投标活动不符合有关规定的，通过相关行政监督平台进行投诉。

行政监督部门和监察机关在依法监督检查招标投标活动或者处理投诉时，通过其平台发出的行政监督或者行政监察指令，招标投标活动当事人和电子招标投标交易平台、公共服务平台的运营机构应当执行，并如实提供相关信息，协助调查处理。

10. 法律责任

根据参与电子招标投标活动的相关当事人，主要从招标人、电子招标投标系统、行政监督部门角度阐述相关的法律责任。

（1）招标人的法律责任。

20号令第五十四条规定："招标人或者电子招标投标系统运营机构存在以下情形的，视为限制或者排斥潜在投标人，依照《招标投标法》第五十一条规定处罚。（一）利用技术手段对享有相同权限的市场主体提供有差别的信息；（二）拒绝或者限制社会公众、市场主体免费注册并获取依法必须公开的招标投标信息；（三）违规设置注册登记、投标报名等前置条件；（四）故意与各类需要分离开发并符合技术规范规定的工具软件不兼容对接；（五）故意对递交或者解密投标文件设置障碍。"

（2）电子招标投标系统的法律责任。

20号令第五十三条规定："电子招标投标系统有下列情形的，责令改正；拒不改正的，不得交付使用，已经运营的应当停止运营。（一）不具备本办法及技术规范规定的主要功能；（二）不向行政监督部门和监察机关提供监督通道；（三）不执行统一的信息分类和编码标准；（四）不开放数据接口、不公布接口要求；（五）不按照规定注册登记、对接、交换、公布信息；（六）不满足规定的技术和安全保障要求；（七）未按照规定通过检测和认证。"

20号令第五十五条规定："电子招标投标交易平台运营机构有下列情形的，责令改正，并按照有关规定处罚。（一）违反规定要求投标人注册登记、收取费用；（二）要求投标人购买指定的工具软件；（三）其他侵犯招标投标活动当事人合法权益的情形。"

20号令第五十六规定："电子招标投标系统运营机构向他人透露已获取招标文件的潜在投标人的名称、数量、投标文件内容或者对投标文件的评审和比较以及其他可能影响公平竞争的招标投标信息，参照《招标投标法》第五十二条关于招标人泄密的规定予以处罚。"

20号令第五十九条规定："电子招标投标系统运营机构未按照本办法和技术规范规定履行初始录入信息验证义务，造成招标投标活动当事人损失的，应当承担相应的赔偿责任。"

（3）行政监督部门的法律责任。

20号令第六十条规定："有关行政监督部门及其工作人员不履行职责，或者利用职务便利非法干涉电子招标投标活动的，依照有关法律法规处理。"

（4）其他相关规定。

20号令第五十七条规定："招标投标活动当事人和电子招标投标系统运营机构协助招标人、投标人串通投标的，依照《招标投标法》第五十三条和《招标投标法实施条例》第六十七条规定处罚。"

20号令第五十八条规定："招标投标活动当事人和电子招标投标系统运营机构伪造、篡改、损毁招标投标信息，或者以其他方式弄虚作假的，依照《招标投标法》第五十四条和《招标投标法实施条例》第六十八条规定处罚。"

3.4 招标投标相关规范性文件

1.《房屋建筑和市政基础设施项目工程总承包管理办法》概述

工程总承包模式，是由国际上流行的EPC（Engineering Procurement Construction）模式借鉴吸收而来。EPC模式在国际工程中通过FIDIC银皮书的形式广泛应用，具有设计、采购、施工由工程总承包单位统一安排和实施的特点，有利于工程质量的统一协调、工期推进快于传统模式、避免发生工程责任推诿等，这些性质对于项目经验较少的建设单位来说尤为突出。

我国此前并未在法律和行政法规、部委规章的层级对工程总承包模式进行规定，并且在《建筑法》中，"工程总承包"指的是施工总承包，而非EPC语境下的"设计、采购、施工总承包"，即使在我国《建筑法》2019年4月的修订过程中，也未对"施工总承包"和"工程总承包"这两个概念加以区分。因此，各级政府主管部门对于工程总承包模式的管理缺少明确的规范性文件依据。

住房城乡建设部于 2016 年 5 月 20 日出台了《关于进一步推进工程总承包发展的若干意见》(建市〔2016〕93 号)。工程总承包是指从事工程总承包的企业按照与建设单位签订的合同,对工程项目的设计、采购、施工等实行全过程的承包,并对工程的质量、安全、工期和造价等全面负责的承包方式。工程总承包一般采用设计—采购—施工总承包或者设计—施工总承包模式。建设单位也可以根据项目特点和实际需要,按照风险合理分担原则和承包工作内容采用其他工程总承包模式。

(1) 出台背景。

2016 年 2 月 6 日,中共中央、国务院印发《中共中央、国务院关于进一步加强城市规划建设管理工作的若干意见》,提出城市建设要推广工程总承包制。

2016 年 5 月 20 日,住房城乡建设部下发《关于进一步推进工程总承包发展的若干意见》(建市〔2016〕93 号),提出了推动工程总承包的二十条具体措施。

2017 年 2 月 21 日,国务院办公厅下发《关于促进建筑业持续健康发展的意见》(国办发〔2017〕19 号),再次提出加快推行工程总承包。装配式建筑原则上应采用工程总承包模式。政府投资工程应完善建设管理模式,带头推行工程总承包。

2017 年 12 月 26 日,住房城乡建设部组织起草了《房屋建筑和市政基础设施项目工程总承包管理办法》(征求意见稿)(第一稿)。

2019 年 5 月 10 日,住房城乡建设部组织起草了《房屋建筑和市政基础设施项目工程总承包管理办法》(征求意见稿)(第二稿)。

2019 年 12 月 23 日,住房城乡建设部、国家发展改革委联合颁布《房屋建筑和市政基础设施项目工程总承包管理办法》(建市规〔2019〕12 号,以下简称《管理办法》),于 2020 年 3 月 1 日正式施行。

《管理办法》包括总则、工程总承包项目的发包和承包、工程总承包项目实施、附则,共 4 章 28 条。《管理办法》的颁布施行,必将对参与工程总承包活动的建设单位、施工企业、设计企业、分包企业等主体调整经营模式、合规管理具有重要意义。

(2) 适用范围。

建设内容明确、技术方案成熟的项目,适宜采用工程总承包方式。

与此前的征求意见稿相比,《管理办法》删除了关于装配式建筑和政府投资项目采用工程总承包方式的规定,将征求意见稿中的"建设范围、建设规模、建设标准、功能要求等前期条件明确"的要求,简化为了"建设内容明确、技术方案成熟",给予了建设单位更大的选择权,即未来工程总承包市场更为广阔,并将推动工程总承包市场的良性健康发展。

2. 工程总承包模式

工程总承包模式是国际上广泛采用的成熟的建设工程模式,其本身具有精简招标程序、减少管理层级、化解项目风险、统一权利责任、提升推进效率、降低工程造价、缩短建设工期、保证工程质量等优点。

本办法所称工程总承包,是指承包单位按照与建设单位签订的合同,对工程设计、采购、施工或者设计、施工等阶段实行总承包,并对工程的质量、安全、工期和造价等全面负责的工程建设组织实施方式。

实践中,工程总承包的模式有很多,例如 EPC 设计+采购+施工总承包、DB 设计＋施工总承包、EP设计＋采购总承包以及PC采购＋施工总承包等。从上述《管理办法》的规定可以看出，《管理办法》将工程总承包模式主要限制为EPC和DB两种模式。

3. 工程总承包项目的发包

建设单位应当在发包前完成项目审批、核准或者备案程序。采用工程总承包方式的企业投资项目，应当在核准或者备案后进行工程总承包项目发包。采用工程总承包方式的政府投资项目，原则上应当在初步设计审批完成后进行工程总承包项目发包；其中，按照国家有关规定简化报批文件和审批程序的政府投资项目，应当在完成相应的投资决策审批后进行工程总承包项目发包。

工程总承包单位可以采用直接发包的方式进行分包。但以暂估价形式包括在总承包范围内的工程、货物、服务分包时，属于依法必须进行招标的项目范围且达到国家规定规模标准的，应当依法招标。

本条是关于工程总承包单位可以直接分包的规定。除以暂估价形式包括在总包范围内属于依法必须进行招标的项目范围且达到国家规定规模标准必须招标的工程、货物、服务之外，工程总承包人可以直接将有关的工程、货物和服务进行分包。该规定扩大了非工程总承包模式下总包人可以分包的工程范围。在工程总承包模式下，总包单位取代了大部分建设单位的职责，也承担了更大的责任和风险。

4. 工程总承包单位的资质

（1）工程总承包单位。

工程总承包单位应当同时具有与工程规模相适应的工程设计资质和施工资质，或者由具有相应资质的设计单位和施工单位组成联合体。工程总承包单位应当具有相应的项目管理体系和项目管理能力、财务和风险承担能力，以及与发包工程相类似的设计、施工或者工程总承包业绩。

设计单位和施工单位组成联合体的，应当根据项目的特点和复杂程度，合理确定牵头单位，并在联合体协议中明确联合体成员单位的责任和权利。联合体各方应当共同与建设单位签订工程总承包合同，就工程总承包项目承担连带责任。

鼓励设计单位申请取得施工资质，已取得工程设计综合资质、行业甲级资质、建筑工程专业甲级资质的单位，可以直接申请相应类别施工总承包一级资质。鼓励施工单位申请取得工程设计资质，具有一级及以上施工总承包资质的单位可以直接申请相应类别的工程设计甲级资质。完成的相应规模工程总承包业绩可以作为设计、施工业绩申报。

在新出台的《管理办法》之中，要求承接工程总承包项目的企业应具备"设计＋施工"的双资质：即工程总承包单位需同时具备设计与施工资质，或者应当是由具有资质的设计单位和施工单位组成的联合体。

在联合体模式下，由联合体承担项目的设计和施工等责任，联合体内部需共同对建设单位承担连带责任，除出具的联合体协议外，联合体内部之间应就项目建设、管理、资金投入、各方责任、款项支出与利益分配、责任承担与追偿等签署的具体的合作协议对于保障项目正常建设和联合体的正常运营将尤为重要，这样就降低了建设单位的风险。这样的规定，反映了管理部门对于严控工程总承包项目质量和强化责任归一性的意图，回归了工程总承包项目单一责任制的初衷，也便于建设单位统一管理，为具备勘察、设计、施工综合资质的大型建设企业参与工程总承包项目提供了法律依据。

（2）项目经理的资质。

工程总承包项目经理应当具备下列条件：

① 取得相应工程建设类注册执业资格，包括注册建筑师、勘察设计注册工程师、注册建造师或者注册监理工程师等；未实施注册执业资格的，取得高级专业技术职称。

② 担任过与拟建项目相类似的工程总承包项目经理、设计项目负责人、施工项目负责人或者项目总监理工程师。

③ 熟悉工程技术和工程总承包项目管理知识以及相关法律法规、标准规范。

④ 具有较强的组织协调能力和良好的职业道德。

工程总承包项目经理不得同时在两个或两个以上工程项目担任工程总承包项目经理、施工项目负责人。

上述四个条件属于强制标准，若不满足上述条件的项目经理在投标中将导致否决投标风险，在合同履约过程中则会承担违约风险。项目经理是工程项目施工过程全面负责的项目管理者，是工程项目的代表人，其以工程项目部名义对外签署的文件均视为代表企业所为。因此，加强对项目经理的管控是工程总承包项目能否顺利完成的关键因素之一，建立相应管控制度是防范项目经理履职不当、职务侵占等法律风险的重要举措。同时我们在工程总承包转型过程中，更要注重工程总承包项目经理设计、施工管理经验交叉融合的能力培养。

5. 工程总承包项目的合同价格形式

企业投资项目的工程总承包宜采用总价合同，政府投资项目的工程总承包应当合理确定合同价格形式。采用总价合同的，除合同约定可以调整的情形外，合同总价一般不予调整。

建设单位和工程总承包单位可以在合同中约定工程总承包计量规则和计价方法。

依法必须进行招标的项目，合同价格应当在充分竞争的基础上合理确定。

建设单位和工程总承包单位应当加强设计、施工等环节管理，确保建设地点、建设规模、建设内容等符合项目审批、核准、备案要求。

政府投资项目所需资金应当按照国家有关规定确保落实到位，不得由工程总承包单位或者分包单位垫资建设。政府投资项目建设投资原则上不得超过经核定的投资概算。

《管理办法》规定了工程总承包模式下，工程价格的确定方式。对于企业投资项目鼓励采取总价合同；对于政府投资项目，并未限定计价方式，政府投资项目可以根据项目实际采取固定单价、固定总价等多种计价方式。

《管理办法》未对固定总价进行强制规定，即表示合同价格可以随着工程建设过程中出现的不同情况进行调整，那么，需要业主对整个工程进行全方位的参与，此举可以提升业主的参与度，给予其充分参与并进行管理的空间。

6. 工程总承包项目风险管理

建设单位和工程总承包单位应当加强风险管理，合理分担风险。

(1) 建设单位承担的风险主要包括：

① 主要工程材料、设备、人工价格与招标时基期价相比，波动幅度超过合同约定幅度的部分。

② 因国家法律法规政策变化引起的合同价格的变化。

③ 不可预见的地质条件造成的工程费用和工期的变化。

④ 因建设单位原因产生的工程费用和工期的变化。

⑤ 不可抗力造成的工程费用和工期的变化。

(2) 具体风险分担内容由双方在合同中约定。

(3) 鼓励建设单位和工程总承包单位运用保险手段增强防范风险能力。

(4) 为防止因发包方滥用优势地位导致双方权利失衡，上述条款对发承包双方风险分担进行了平衡，明确了发包人需要承担的风险，避免后期合同结算产生争议。

(5) 该条款既规定建设单位承担的主要风险，又强调"具体风险分担内容由双方在合同中约定"。以目前市场竞争的残酷程度，很难保证建设单位不把更多的风险通过合同条款的形式转嫁给总承包单位。作为总承包单位在签约时应当对此特别予以关注，并通过对项目、工程技术指标、设计文件的深刻理解，通过合同条款、完善履约文件等化解和降低相应风险。

7. 工程总承包项目实施

工程总承包单位不得是工程总承包项目的代建单位、项目管理单位、监理单位、造价咨询单位、招标代理单位。

政府投资项目的项目建议书、可行性研究报告、初步设计文件编制单位及其评估单位，一般不得成为该项目的工程总承包单位。政府投资项目招标人公开已经完成的项目建议书、可行性研究报告、初步设计文件的，上述单位可以参与该工程总承包项目的投标，经依法评标、定标，成为工程总承包单位。

该条款区分了政府投资项目和企业投资项目。政府投资项目按照《政府投资条例》第九条规定执行。政府投资项目采取审批制，因为涉及财政预算资金的使用，关系国家利益，所以对于项目的各前期文件需要进行审批。而企业投资项目分情况采取核准制和备案制，在《管理办法》中规定较为宽容，不受约束。

需注意的是，上述条款只对代建单位、项目管理单位、监理单位、造价咨询单位和招标代理单位进行了限定，并未设定已参与项目前期工作的其他单位不能参与工程总承包项目投标的规定。

对于本条款不得成为工程总承包单位的规定，可分两个层面理解：第一个层面是，为招标项目提供代建、项目管理、监理、造价咨询、招标代理单位等无论是企业投资项目还是政府投资项目，均不得成为招标项目的工程总承包单位；第二个层面是，对于提供项目建议书、可研报告、初步设计文件的编制单位，一般不得成为工程总承包单位。对于政府投资项目提供建议书、可研报告、初步设计文件的编制单位，如相关文件已经完成且招标人已经公开的，参与单位可以投标，成为工程总承包单位，此规定是为了保证政府投资项目招标的公平、公正。

第4章 建设工程招标采购相关法律法规

4.1 《中华人民共和国政府采购法》

《政府采购法》经2002年6月29日全国人民代表大会常务委员会第二十八次会议通过，根据2014年8月31日第十二届全国人民代表大会常务委员会《关于修改等五部法律的决定》修正。

《政府采购法》是规范政府采购活动的一部重要法律，出台《政府采购法》对于规范我国政府采购活动，维护国家利益和社会公共利益，保护政府采购当事人各方的合法权益等方面，都发挥了重要作用。

本节重点介绍政府采购活动实践中主要涉及的内容，包括总则、政府采购当事人、政府采购方式、政府采购程序、政府采购合同、质疑与投诉等。

4.1.1 总则

1. 立法目的

立法目的包括规范政府采购行为，提高政府采购资金的使用效益，维护国家利益和社会公共利益，保护政府采购当事人的合法权益，促进廉政建设五方面内容。

规范政府采购行为是指通过立法约束政府采购当事人的行为，约束其依法从事有关采购活动，自觉维护采购秩序，维护国家和有关当事人的利益。

提高政府采购资金的使用效益实际上就是政府采购所体现的经济性，也就是指以最有利的价格等条件采购符合质量要求的货物、工程或服务。

维护国家利益和社会公共利益可以说是对国内产业的保护，政府采购是政府行为，有维护国家利益和社会公共利益的责任和义务。

保护政府采购当事人的合法权益体现在法律规定的遵循透明原则、公平竞争原则、公正原则和诚实信用原则，还体现在采购活动的过程采用招标投标的方式，以及采购当事人利害关系的回避制度，采购信息公开发布等具体措施上。

促进廉政建设是指政府采购纳入法制范围后，强化了对采购行为的约束力，有效地抑制政府采购中各种腐败现象的滋生，从源头上抑制腐败现象的发生，促进廉政建设。

2. 适用范围

适用范围包括采购地域、采购主体、采购资金、采购项目和采购标的五方面内容。

（1）采购地域。

在中华人民共和国境内进行的政府采购活动按照《政府采购法》规定执行，我国的香港、澳门两个特别行政区的政府采购活动不适用《政府采购法》。

(2) 采购主体。

采购主体，是指各级国家机关、事业单位、团体组织。根据我国宪法规定，国家机关包括国家权力机关、国家行政机关、国家审判机关、国家检察机关、军事机关等。事业单位是指政府为实现特定目的而批准设立的事业法人。团体组织是指各党派及政府批准的社会团体。

《政府采购法》规定的采购主体不包括国有企业。

(3) 采购资金。

使用财政性资金，财政性资金是界定政府采购范围的重要因素之一。财政性资金包括财政预算资金和预算外资金。采购人全部使用非财政性资金开展的采购活动，不受《政府采购法》约束。

(4) 采购项目。

采购项目范围包括两方面内容：一是纳入集中采购目录以内的采购项目；二是排除在集中采购目录之外，但在规定的采购限额标准以上的采购项目。

(5) 采购标的。

采购标的，是指集中采购目录以内的或者采购限额标准以上的货物、工程和服务。

《政府采购法》所称货物，是指各种形态和种类的物品，包括原材料、燃料、设备、产品等。

《政府采购法》所称工程，是指建设工程，包括建筑物和构筑物的新建、改建、扩建、装修、拆除、修缮等。

《政府采购法》所称服务，是指除货物和工程以外的其他政府采购对象。

综上，采购主体使用财政性资金采购规定的采购项目的，则纳入《政府采购法》的适用范围；反之，则不纳入政府采购管理范围。

此外，鉴于政府采购客观上存在一些特殊情况，《政府采购法》在确定适用范围时，在附则中作了例外规定。一是军事采购；二是采购人使用国际组织和外国政府贷款进行的政府采购，贷款方、资金提供方与中方达成的协议对采购的具体条件另有规定的，可以适用其规定；三是对因严重自然灾害和其他不可抗力事件所实施的紧急采购和涉及国家安全和秘密的采购，不适用《政府采购法》。

3. 政府采购原则

政府采购应当遵循的四项基本原则是公开透明原则、公平竞争原则、公正原则、诚实信用原则。四项基本原则是《政府采购法》的重要内容，其精神贯穿全法。在这些原则中，公平竞争是核心，公开透明是体现，公正和诚实信用是保障。

4. 政府采购工程

政府采购工程进行招标投标的，适用《招标投标法》。政府采购工程实行招标投标的，在执行《招标投标法》规定的同时，要按照《政府采购法》规定，严格预算管理，加强信息管理，如在政府采购监督管理部门指定的媒体上公告有关信息，落实政府有关经济和社会政策目标。

《政府采购法》第四条所称工程，是指建设工程，包括建筑物和构筑物的新建、改建、扩建及其相关的装修、拆除、修缮等属于《招标投标法》的适用范围。政府采购工程中的与建筑物和构筑物新建、改建、扩建无关，单独的装修、拆除、修缮等则不属于《招标投标法》第三条所称的必须进行招标的工程建设项目，而属于《政府采购法》的调整范围。

根据《政府采购法》及《中华人民共和国政府采购法实施条例》（以下简称《政府采购法实施条例》）有关规定，工程招标限额标准以上、与建筑物和构筑物新建、改建、扩建项目无关的单独的装修、拆除、修缮项目，以及政府集中采购目录以内或者政府采购工程限额标准以上、工程招标限额标准以下的政府采购工程项目，不属于依法必须进行招标的项目，政府采购此类项目时，应当按照《政府采购法实施条例》第二十五条的规定，采用竞争性谈判、竞争性磋商或者单一来源等方式进行采购。

5. 公平对待供应商

任何单位和个人不得采用任何方式，阻挠和限制供应商自由进入本地区和本行业的政府采购市场。旨在消除国内有关政府采购的任何歧视行为，促进依法采购，建立统一的国内政府采购大市场，创造充分竞争的环境，保护采购人和供应商的合法权益。

6. 政府采购政策

政府采购应当有助于实现国家的经济和社会发展政策目标，包括保护环境，扶持不发达地区和少数民族地区，促进中小企业发展等。政府采购政策内容将在《政府采购法实施条例》中详细介绍。

7. 政府采购应当采购本国货物、工程和服务

政府采购应当采购本国货物、工程和服务。购买国货是政府采购制度的内在要求。政府采购除特殊情况外应当采购本国货物、工程和服务。《政府采购法》规定了有下列情形之一的除外：

① 需要采购的货物、工程或者服务在中国境内无法获取或者无法以合理的商业条件获取的。

② 为在中国境外使用而进行采购的。

③ 其他法律、行政法规另有规定的。

8. 政府采购信息公开

政府采购的信息应当在政府采购监督管理部门指定的媒体上及时向社会公开发布，但涉及商业秘密的除外。

为了提高政府采购的透明度，规定政府采购信息公开的途径及有关要求。2019年财政部公布《政府采购信息发布管理办法》（财政部令第101号，以下简称101号令）。

《政府采购信息发布管理办法》所称政府采购信息，是指依照政府采购有关法律制度规定应予公开的公开招标公告、资格预审公告、单一来源采购公示、中标（成交）结果公告、政府采购合同公告等政府采购项目信息，以及投诉处理结果、监督检查处理结果、集中采购机构考核结果等政府采购监管信息。

《政府采购信息发布管理办法》规定政府采购信息发布应当遵循格式规范统一、渠道相对集中、便于查找获得的原则。政府采购信息应当按照财政部规定的格式编制。

2020年财政部办公厅印发了《政府采购公告和公示信息格式规范（2020年版）》（财办库〔2020〕50号），包括政府采购意向公告、资格预审公告、招标公告、竞争性谈判（竞争性磋商、询价）公告、中标（成交）结果公告、更正公告、终止公告、合同公告、公共服务项目验收结果公告、单一来源采购公示、投诉处理结果公告、监督检查处理结果公告、集中采购机构考核结果公告。各部门、各地区要高度重视政府采购信息公开工作，督促指导采购单位和采购代理机构自 2020 年 7 月 1 日起按照本格式规范编制发布政府采购信息。

9. 政府采购回避制度

《政府采购法》规定了政府采购的回避制度，在政府采购活动中，采购人员及其相关人员与供应商有利害关系的，必须回避。相关人员，包括招标采购中评标委员会的组成人员，竞争性谈判采购中谈判小组的组成人员，询价采购中询价小组的组成人员等。

《政府采购法》结合《政府采购法实施条例》，明确政府采购活动需要回避的具体情形：

在政府采购活动中，采购人员及相关人员与供应商有下列利害关系之一的，应当回避：

① 参加采购活动前 3 年内与供应商存在劳动关系。

② 参加采购活动前 3 年内担任供应商的董事、监事。

③ 参加采购活动前 3 年内是供应商的控股股东或者实际控制人。

④ 与供应商的法定代表人或者负责人有夫妻、直系血亲、三代以内旁系血亲或者近姻亲关系。

⑤ 与供应商有其他可能影响政府采购活动公平、公正进行的关系。

⑥ 供应商认为采购人员及相关人员与其他供应商有利害关系的，可以向采购人或者采购代理机构书面提出回避申请，并说明理由。采购人或者采购代理机构应当及时询问被申请回避人员，有利害关系的被申请回避人员应当回避。

4.1.2 政府采购当事人

《政府采购法》规定政府采购当事人是指在政府采购活动中享有权利和承担义务的各类主体，包括采购人、供应商和采购代理机构等。

1. 采购人

《政府采购法》明确了采购人是指依法进行政府采购的国家机关、事业单位、团体组织。关于采购人的责任和义务、采购人的禁止行为将在《政府采购法实施条例》中明确。

2. 供应商

《政府采购法》规定供应商是指在我国境内注册登记的向采购人提供货物、工程或者服务的法人和其他组织或者自然人，不包括在我国境外注册登记的法人和其他组织以及外国公民。

(1) 供应商参加政府采购活动必须具备的资格条件。

第一，应具有独立承担民事责任的能力。

对于法人或者其他组织来讲，独立承担民事责任是指法人或者以其经营管理或者所有的财产对其债务承担连带责任。法人或者其他组织独立承担民事责任，是其作为独立民事主体的体现。供应商参加政府活动,应当具有独立承担民事责任的能力。

第二,应具有良好的商业信誉和健全的财务会计制度。

良好的商业信誉有利于企业在市场活动顺利进行,健全的财务会计制度是企业经营能力的重要保障。

第三,应具有履行合同所必需的设备和专业技术能力。

供应商要为采购提供货物、工程和服务,履行合同时必然涉及有关设备和专业技术能力,这与供应商能否按照合同约定履行义务有着密切联系。

第四,应具备依法纳税和缴纳社会保障资金的良好记录。

依法纳税是法律规定的义务,任何单位和个人必须依法履行纳税的义务。社会保障具有强制性,目的是保证社会成员基本生活。

第五,参加政府采购活动前三年内,在经营活动中没有重大违法记录。

合法经营、诚实守信应当是供应商参加经济活动的基本原则。本项规定参加政府采购活动前三年内,在此期间有重大违法记录的供应商,不得参加政府采购活动。

第六,法律、行政法规规定的其他条件。

如符合国家的产业政策,履行环保义务,保护妇女和残疾人利益等。对于特殊行业的供应商,国家还有特别要求。例如,建筑行业的供应商,应当取得建筑资质。至于这些特定条件,应根据采购项目的特殊性而定。本条虽然允许采购人对供应商提出特定条件,但采购人不得通过设定特定资格要求来妨碍充分竞争和公平竞争,制造人为的歧视政策。

(2) 供应商组成联合体参加投标。

《政府采购法》和《政府采购法实施条例》对供应商组成联合体参加投标作出了具体的规定。

《政府采购法》规定两个以上自然人、法人或者其他组织可以组成一个联合体,以一个供应商的身份共同参加政府采购;以联合体形式进行政府采购的,参加联合体的供应商均应当具备《政府采购法》第二十二条规定的条件,并应当向采购人提交联合协议,载明联合体各方承担的工作和义务。

《政府采购法实施条例》规定联合体中有同类资质的供应商按照联合体分工承担相同工作的,应当按照资质等级较低的供应商确定资质等级;以联合体形式参加政府采购活动的,联合体各方不得再单独参加或者与其他供应商另外组成联合体参加同一项下的政府采购活动。

是否允许联合体参加政府采购活动由采购人或采购代理机构根据采购项目的实际情况和潜在供应商的数量自主决定。采购项目是否接受以联合体形式参加采购活动的,采购人或采购代理机构应当在采购公告中载明。

3. 采购代理机构

采购代理机构有两类,一是政府依法设立的集中采购机构;二是集中采购机构以外的采购代理机构。关于采购代理机构的具体规定将在《政府采购法实施条例》中明确。

4. 采购人自行选择采购代理机构

采购人有权自行选择采购代理机构,采购人委托采购代理机构属于自愿委托,委托采购代理机构由采购人自行决定，采购人自行选择采购代理机构的自主权不受任何单位和个人的限制，任何单位和个人不得以摇号、抽签、遴选等方式干预采购人自行选择采购代理机构。

签订委托代理协议，采购人和采购代理机构是委托代理关系，采购人应当与采购代理机构签订委托代理协议明确委托代理事项，约定双方的权利和义务，采购代理机构在采购人委托的范围内办理采购事宜。委托代理协议应当明确采购代理范围、权限、期限、档案保存、代理费用收取方式及标准、协议解除及终止、违约责任等具体事项，约定双方权利义务。采购代理机构应当严格按照委托代理协议的约定依法依规开展政府采购代理业务。

4.1.3 政府采购方式

政府采购分为以下方式：公开招标、邀请招标、竞争性谈判、单一来源采购、询价和国务院政府采购监督管理部门认定的其他采购方式。

财政部 2014 年 2 月 1 日实施《政府采购非招标采购方式管理办法》（财政部令第 74 号），2014 年 12 月 31 日实施《政府采购竞争性磋商采购方式管理暂行办法》（财库〔2014〕214 号），2022 年 3 月 1 日实施《政府采购框架协议采购方式管理暂行办法》（财政部令第 110 号）。

上述采购方式都属于政府采购方式。

1. 公开招标

公开招标是指采购人按照法定程序，通过发布招标公告的方式，邀请所有潜在的不特定的供应商参加投标，采购人通过事先确定的标准从中择优评选中标供应商，并与之签订政府采购合同的一种采购方式。

公开招标应作为政府采购主要采购方式。

2. 邀请招标

邀请招标是指采购人根据供应商的资信和业绩，选择不少于三家供应商向其发出投标邀请书，由被邀请的供应商投标竞争，从中选定中标供应商。

邀请招标适用的情形：

（1）采购项目具有特殊性，只能从有限范围的供应商处采购的。

（2）采用公开招标方式的费用占政府采购项目总价值比例过大的。

3. 竞争性谈判

竞争性谈判采购是指谈判小组通过与多家供应商进行谈判，采购人从谈判小组提出的成交候选人中根据符合采购需求、质量和服务相等且报价最低的原则确定成交供应商。

竞争性谈判采购适用的情形：

（1）招标后没有供应商投标或者没有合格标的或者重新招标未能成立的。

（2）技术复杂或者性质特殊，不能确定详细规格或者具体要求的。

（3）非采购人所能预见的原因或者非采购人拖延造成采用招标所需时间不能满足用户紧急需要的。

（4）因艺术品采购、专利、专有技术或者服务的时间、数量事先不能确定等原因不能事先计算出价格总额的。

4. 询价

询价采购是指采购人根据符合采购需求、质量和服务相等且报价最低的原则确定成交供应商，参加询价的供应商一次报出不得更改的价格。

询价采购适用的情形：采购的货物规格、标准统一、现货货源充足且价格变化幅度小的政府采购项目。

5. 单一来源

单一来源采购是指虽然达到了招标采购的数额标准，但由于采购项目的来源渠道单一，或者发生了不可预见的紧急情况不能从其他供应商处采购，以及必须保证原有采购项目一致性或者服务配套的要求，需要继续从原供应商处添购资金总额不大等特殊情况，只能由一家供应商提供的采购方式。

单一来源采购适用的情形：
（1）只能从唯一供应商处采购的。
（2）发生了不可预见的紧急情况不能从其他供应商处采购的。
（3）必须保证原有采购项目一致性或者服务配套的要求，需要继续从原供应商处添购，且添购资金总额不超过原合同采购金额百分之十的。

6. 竞争性磋商

竞争性磋商采购方式是指采购人、政府采购代理机构通过组建竞争性磋商小组与符合条件的供应商就采购货物、工程和服务事宜进行磋商，供应商按照磋商文件的要求提交响应文件和报价，采购人从磋商小组评审后提出的候选供应商名单中确定成交供应商的采购方式。

竞争性磋商采购适用的情形：
（1）政府购买服务项目。
（2）技术复杂或者性质特殊，不能确定详细规格或者具体要求的。
（3）因艺术品采购、专利、专有技术或者服务的时间、数量事先不能确定等原因不能事先计算出价格总额的。
（4）市场竞争不充分的科研项目，以及需要扶持的科技成果转化项目。
（5）按照招标投标法及其实施条例必须进行招标的工程建设项目以外的工程建设项目。

7. 框架协议

框架协议采购方式是指集中采购机构或者主管预算单位对技术、服务等标准明确、统一，需要多次重复采购的货物和服务，通过公开征集程序，确定第一阶段入围供应商并订立框架协议，采购人或者服务对象按照框架协议约定规则，在入围供应商范围内确定第二阶段成交供应商并订立采购合同的采购方式。所称主管预算单位是指负有编制部门预算职责，向本级财政部门申报预算的国家机关、事业单位和团体组织。

框架协议采购适用的情形：
（1）集中采购目录以内品目，以及与之配套的必要耗材、配件等，属于小额零星采购的。

(2) 集中采购目录以外，采购限额标准以上，本部门、本系统行政管理所需的法律、评估、会计、审计等鉴证咨询服务，属于小额零星采购的（主管预算单位能够归集需求形成单一项目进行采购，通过签订时间、地点、数量不确定的采购合同满足需求的，不得采用框架协议采购方式）。

(3) 集中采购目录以外，采购限额标准以上，为本部门、本系统以外的服务对象提供服务的政府购买服务项目，需要确定2家以上供应商由服务对象自主选择的。

(4) 国务院财政部门规定的其他情形。

所称采购限额标准以上，是指同一品目或者同一类别的货物、服务年度采购预算达到采购限额标准以上。

4.1.4 政府采购程序

《政府采购法》规定了采用竞争性谈判、询价采购方式的基本程序，本文结合《政府采购法实施条例》、《政府采购非招标采购方式管理办法》（财政部令第74号）、《政府采购竞争性磋商采购方式管理暂行办法》（财库〔2014〕214号）的具体内容介绍采购人采用不同采购方式应当遵循的采购程序。

1. 竞争性谈判

(1) 竞争性谈判采购程序。

第一，制订谈判文件。

谈判文件应当根据采购项目的特点和采购人的实际需求制订，并经采购人书面同意。采购人应当以满足实际需求为原则，不得擅自提高经费预算和资产配置等采购标准。

谈判文件不得要求或者标明供应商名称或者特定货物的品牌，不得含有指向特定供应商的技术、服务等条件。

谈判文件应当包括供应商资格条件、采购邀请、采购方式、采购预算、采购需求、采购程序、价格构成或者报价要求、响应文件编制要求、提交响应文件截止时间及地点、保证金交纳数额和形式、评定成交的标准等。

谈判文件还应当明确谈判小组根据与供应商谈判情况可能实质性变动的内容，包括采购需求中的技术、服务要求以及合同草案条款。

第二，发布谈判公告。

采用公告方式邀请供应商的，采购人、采购代理机构应当在省级以上人民政府财政部门指定的政府采购信息发布媒体发布竞争性谈判公告。竞争性谈判公告应当包括以下主要内容：采购人、采购代理机构的名称、地点和联系方法；采购项目的名称、数量、简要规格描述或项目基本概况介绍；采购项目的预算；供应商资格条件；获取谈判文件的时间、地点、方式及谈判文件售价；响应文件提交的截止时间、开启时间及地点；采购项目联系人姓名和电话。

第三，成立谈判小组。

谈判小组成员由采购人代表和有关专家三个以上的单数组成，其中专家人数不得少于成员总数的三分之二。采购人不得以评审专家身份参加本部门或本单位采购项目的评审。采购代理机构人员不得参加本机构代理的采购项目的评审。

达到公开招标数额标准的货物或者服务采购项目，或者达到招标规模标准的政府采购工程，竞争性谈判小组应当由5人以上单数组成。

采用竞争性谈判采购的政府采购项目，评审专家应当从政府采购评审专家库内相关专业的专家名单中随机抽取。技术复杂、专业性强的竞争性谈判采购项目，通过随机方式难以确定合适的评审专家的，经主管预算单位同意，可以自行选定评审专家。技术复杂、专业性强的竞争性谈判采购项目，评审专家中应当包含1名法律专家。

第四，开展谈判。

谈判小组所有成员集中与单一供应商分别进行谈判。在谈判过程中，谈判小组可以根据谈判文件和谈判情况实质性变动采购需求中的技术、服务要求以及合同草案条款，但不得变动谈判文件中的其他内容。实质性变动的内容，须经采购人代表确认。

对谈判文件作出的实质性变动是谈判文件的有效组成部分，谈判小组应当及时以书面形式同时通知所有参加谈判的供应商。

供应商应当按照谈判文件的变动情况和谈判小组的要求重新提交响应文件，并由其法定代表人或授权代表签字或者加盖公章。由授权代表签字的，应当附法定代表人授权书。供应商为自然人的，应当由本人签字并附身份证明。

谈判文件能够详细列明采购标的的技术、服务要求的，谈判结束后，谈判小组应当要求所有继续参加谈判的供应商在规定时间内提交最后报价，提交最后报价的供应商不得少于3家；谈判文件不能详细列明采购标的的技术、服务要求，需经谈判由供应商提供最终设计方案或解决方案的，谈判结束后，谈判小组应当按照少数服从多数的原则投票推荐3家以上供应商的设计方案或者解决方案，并要求其在规定时间内提交最后报价。需要注意的是，公开招标的货物、服务采购项目，招标过程中提交投标文件或者经评审实质性响应招标文件要求的供应商只有两家时，采购人、采购代理机构经本级财政部门批准后可以与该两家供应商进行竞争性谈判采购，采购人、采购代理机构应当根据招标文件中的采购需求编制谈判文件，成立谈判小组，由谈判小组对谈判文件进行确认。符合此情形的，供应商最低数量可以为两家。

有一种特殊情形需注意：需求不确定的竞争性谈判程序。若谈判文件不能完整、明确列明采购需求，需要由供应商提供最终设计方案或者解决方案的，在谈判结束后，谈判小组应当按照少数服从多数的原则投票推荐3家以上供应商的设计方案或者解决方案，并要求其在规定时间内提交最后报价。

第五，确定成交供应商。

谈判小组在谈判结束后，要求所有参加谈判的供应商在规定时间内进行最后报价，最后报价是供应商响应文件的有效组成部分。谈判小组应当从质量和服务均能满足采购文件实质性响应要求的供应商中，按照最后报价由低到高的顺序提出3名以上成交候选人，并编写评审报告。采购人从成交候选人名单中按照符合采购需求、质量和服务相等且报价最低的原则确定成交供应商，并将结果通知所有参加谈判的未成交供应商。

（2）竞争性谈判时间要求。

从谈判文件发出之日起至供应商提交首次响应文件截止之日止不得少于3个工作日。

提交首次响应文件截止之日前,采购人、采购代理机构或者谈判小组可以对已发出的谈判文件进行必要的澄清或者修改,澄清或者修改的内容作为谈判文件的组成部分。澄清或者修改的内容可能影响响应文件编制的,采购人、采购代理机构或者谈判小组应当在提交首次响应文件截止之日3个工作日前,以书面形式通知所有接收谈判文件的供应商,不足3个工作日的,应当顺延提交首次响应文件截止之日。

采购代理机构应当在评审结束后2个工作日内将评审报告送采购人确认。

采购人应当在收到评审报告后5个工作日内,从评审报告提出的成交候选人中,根据质量和服务均能满足采购文件实质性响应要求且最后报价最低的原则确定成交供应商,也可以书面授权谈判小组直接确定成交供应商。

采购人或者采购代理机构应当在成交供应商确定后2个工作日内,在省级以上财政部门指定的媒体上公告成交结果,同时向成交供应商发出成交通知书,并将竞争性谈判文件、询价通知书随成交结果同时公告。

采购人与成交供应商应当在成交通知书发出之日起30日内,按照采购文件确定的合同文本以及采购标的、规格型号、采购金额、采购数量、技术和服务要求等事项签订政府采购合同。

2. 单一来源采购

(1) 单一来源采购公示。

只能从唯一供应商处采购,且达到公开招标数额的货物、服务项目,拟采用单一来源采购方式的,采购人、采购代理机构在省级以上财政部门指定媒体上公示,并将公示情况一并报财政部门。公示期不得少于5个工作日。公示内容应当包括:采购人、采购项目名称和内容;拟采购的货物或者服务的说明;采用单一来源采购方式的原因及相关说明;拟定的唯一供应商名称、地址。

专业人员对相关供应商因专利、专有技术等原因具有唯一性的具体论证意见,以及专业人员的姓名、工作单位和职称;公示的期限;采购人、采购代理机构、财政部门的联系地址、联系人和联系电话。

(2) 单一来源采购公示异议处理。

任何供应商、单位或者个人对采用单一来源采购方式公示有异议的,可以在公示期内将书面意见反馈给采购人、采购代理机构,并同时抄送相关财政部门。

采购人、采购代理机构收到对采用单一来源采购方式公示的异议后,应当在公示期满后5个工作日内,组织补充论证,论证后认为异议成立的,应当依法采取其他采购方式;论证后认为异议不成立的,应当将异议意见、论证意见与公示情况一并报相关财政部门。

采购人、采购代理机构应当将补充论证的结论告知提出异议的供应商、单位或者个人。

(3) 编写协商情况记录。

主要内容包括:依据规定进行公示的,公示情况说明;协商日期和地点,采购人员名单;供应商提供的采购标的成本、同类项目合同价格以及相关专利、专有技术等情况说明;合同主要条款及价格商定情况。

(4) 确定成交供应商。

采用单一来源采购方式采购的,采购人、采购代理机构应当组织具有相关经验的专业人员与供应商商定合理的成交价格并保证采购项目质量。

（5）重新采购。

出现下列情形之一的，采购人或者采购代理机构应当终止采购活动，发布项目终止公告并说明原因，重新开展采购活动：

① 因情况变化，不再符合规定的单一来源采购方式适用情形的。

② 出现影响采购公正的违法、违规行为的。

③ 报价超过采购预算的。

3. 询价

询价采购程序、询价谈判小组组成、询价通知书构成、询价时间要求与竞争性谈判要求一致。

与竞争性谈判不同的是，询价小组在询价过程中，不得改变询价通知书所确定的技术和服务等要求、评审程序、评定成交的标准和合同文本等事项。询价通知书应当根据采购需求确定政府采购合同条款。在询价过程中，询价小组不得改变询价通知书所确定的政府采购合同条款。

参加询价采购活动的供应商，应当按照询价通知书的规定一次报出不得更改的价格。询价小组应当从质量和服务均能满足采购文件实质性响应要求的供应商中，按照报价由低到高的顺序提出 3 名以上成交候选人，并编写评审报告。

4. 竞争性磋商

（1）竞争性磋商采购程序。

第一，制订磋商文件。

竞争性磋商文件应当根据采购项目的特点和采购人的实际需求制定，并经采购人书面同意。采购人应当以满足实际需求为原则，不得擅自提高经费预算和资产配置等采购标准。

竞争性磋商文件不得要求或者标明供应商名称或者特定货物的品牌，不得含有指向特定供应商的技术、服务等条件。

竞争性磋商文件应当包括供应商资格条件、采购邀请、采购方式、采购预算、采购需求、政府采购政策要求、评审程序、评审方法、评审标准、价格构成或者报价要求、响应文件编制要求、保证金交纳数额和形式以及不予退还保证金的情形、磋商过程中可能实质性变动的内容、响应文件提交的截止时间、开启时间及地点以及合同草案条款等。

第二，发布磋商公告。

采用公告方式邀请供应商的，采购人、采购代理机构应当在省级以上人民政府财政部门指定的政府采购信息发布媒体发布竞争性磋商公告。竞争性磋商公告应当包括以下主要内容：采购人、采购代理机构的名称、地点和联系方法；采购项目的名称、数量、简要规格描述或项目基本概况介绍；采购项目的预算；供应商资格条件；获取磋商文件的时间、地点、方式及磋商文件售价；响应文件提交的截止时间、开启时间及地点；采购项目联系人姓名和电话。

第三，成立磋商小组。

磋商小组由采购人代表和评审专家共 3 人以上单数组成，其中评审专家人数不得少于磋商小组成员总数的2/3。采购人代表不得以评审专家身份参加本部门或本单位采购项目的评审。采购代理机构人员不得参加本机构代理的采购项目的评审。

采用竞争性磋商方式的政府采购项目,评审专家应当从政府采购评审专家库内相关专业的专家名单中随机抽取。情况特殊、通过随机方式难以确定合适的评审专家的项目,经主管预算单位同意,可以自行选定评审专家。技术复杂、专业性强的采购项目,评审专家中应当包含1名法律专家。

第四,评审。

磋商小组在评审过程中发现供应商有行贿、提供虚假材料或者串通等违法行为的,应当及时向财政部门报告。

磋商小组成员应当按照客观、公正、审慎的原则,根据竞争性磋商文件规定的评审程序、评审方法和评审标准进行独立评审。未实质性响应竞争性磋商文件的响应文件按无效响应处理,磋商小组应当告知提交响应文件的供应商。

竞争性磋商文件内容违反国家有关强制性规定的,磋商小组应当停止评审并向采购人或者采购代理机构说明情况。

磋商小组在对响应文件的有效性、完整性和响应程度进行审查时,可以要求供应商对响应文件中含义不明确、同类问题表述不一致或者有明显文字和计算错误的内容等作出必要的澄清、说明或者更正。供应商的澄清、说明或者更正不得超出响应文件的范围或者改变响应文件的实质性内容。

磋商小组要求供应商澄清、说明或者更正响应文件应当以书面形式作出。供应商的澄清、说明或者更正应当由法定代表人或其授权代表签字或者加盖公章。由授权代表签字的,应当附法定代表人授权书。供应商为自然人的,应当由本人签字并附身份证明。

第五,磋商。

磋商小组所有成员应当集中与单一供应商分别进行磋商,并给予所有参加磋商的供应商平等的磋商机会。

在磋商过程中,磋商小组可以根据磋商文件和磋商情况实质性变动采购需求中的技术、服务要求以及合同草案条款,但不得变动磋商文件中的其他内容。实质性变动的内容,须经采购人代表确认。对磋商文件作出的实质性变动是磋商文件的有效组成部分,磋商小组应当及时以书面形式同时通知所有参加磋商的供应商。

供应商应当按照磋商文件的变动情况和磋商小组的要求重新提交响应文件,并由其法定代表人或授权代表签字或者加盖公章。由授权代表签字的,应当附法定代表人授权书。供应商为自然人的,应当由本人签字并附身份证明。

竞争性磋商文件能够详细列明采购标的的技术、服务要求的,磋商结束后,磋商小组应当要求所有实质性响应的供应商在规定时间内提交最后报价,提交最后报价的供应商不得少于3家。竞争性磋商文件不能详细列明采购标的的技术、服务要求,需经磋商由供应商提供最终设计方案或解决方案的,磋商结束后,磋商小组应当按照少数服从多数的原则投票推荐3家以上供应商的设计方案或者解决方案,并要求其在规定时间内提交最后报价。

最后报价是供应商响应文件的有效组成部分。特殊情形,提交最后报价的供应商可以为2家。

第六，编写评审报告。

评审报告应当包括以下主要内容：邀请供应商参加采购活动的具体方式和相关情况；响应文件开启日期和地点；获取磋商文件的供应商名单和磋商小组成员名单；评审情况记录和说明，包括对供应商的资格审查情况、供应商响应文件评审情况、磋商情况、报价情况等；提出的成交候选供应商的排序名单及理由。

评审报告应当由磋商小组全体人员签字认可。磋商小组成员对评审报告有异议的，磋商小组按照少数服从多数的原则推荐成交候选供应商，采购程序继续进行。对评审报告有异议的磋商小组成员，应当在报告上签署不同意见并说明理由，由磋商小组书面记录相关情况。磋商小组成员拒绝在报告上签字又不书面说明其不同意见和理由的，视为同意评审报告。

第七，确定成交供应商。

经磋商确定最终采购需求和提交最后报价的供应商后，由磋商小组采用综合评分法对提交最后报价的供应商的响应文件和最后报价进行综合评分。

磋商小组应当根据综合评分情况，按照评审得分由高到低顺序推荐3名以上成交候选供应商，得分最高的供应商即为中标候选供应商。特殊情形，可以推荐2家成交候选供应商。评审得分相同的，按照最后报价由低到高的顺序推荐。评审得分且最后报价相同的，按照技术指标优劣顺序推荐。

出现下列情形之一的，采购人或者采购代理机构应当终止竞争性磋商采购活动，发布项目终止公告并说明原因，重新开展采购活动：

因情况变化，不再符合规定的竞争性磋商采购方式适用情形的；出现影响采购公正的违法、违规行为的；除《政府采购竞争性磋商采购方式管理暂行办法》（财库〔2014〕214号）第二十一条第三款规定的情形外，在采购过程中符合要求的供应商或者报价未超过采购预算的供应商不足3家的。

拒绝签订政府采购合同的成交供应商不得参加对该项目重新开展的采购活动。

（2）竞争性磋商时间要求。

从竞争性磋商文件发出之日起至供应商提交首次响应文件截止之日止不得少于10日。

竞争性磋商文件的发售期限自开始之日起不得少于5个工作日。

提交首次响应文件截止之日前，采购人、采购代理机构或者磋商小组可以对已发出的竞争性磋商文件进行必要的澄清或者修改，澄清或者修改的内容作为磋商文件的组成部分。澄清或者修改的内容可能影响响应文件编制的，采购人、采购代理机构应当在提交首次响应文件截止时间至少5日前，以书面形式通知所有获取磋商文件的供应商；不足5日的，采购人、采购代理机构应当顺延提交首次响应文件截止时间。

采购代理机构应当在评审结束后2个工作日内将评审报告送采购人确认。

采购人应当在收到评审报告后5个工作日内，从评审报告提出的成交候选供应商中，按照排序由高到低的原则确定成交供应商，也可以书面授权磋商小组直接确定成交供应商。采购人逾期未确定成交供应商且不提出异议的，视为确定评审报告提出的排序第一的供应商为成交供应商。

采购人或者采购代理机构应当在成交供应商确定后2个工作日内，在省级以上财政部门指定的政府采购信息发布媒体上公告成交结果,同时向成交供应商发出成交通知书,并将磋商文件随成交结果同时公告。

采购人与成交供应商应当在成交通知书发出之日起 30 日内,按照磋商文件确定的合同文本以及采购标的、规格型号、采购金额、采购数量、技术和服务要求等事项签订政府采购合同。采购人不得向成交供应商提出超出磋商文件以外的任何要求作为签订合同的条件,不得与成交供应商订立背离磋商文件确定的合同文本以及采购标的、规格型号、采购金额、采购数量、技术和服务要求等实质性内容的协议。

(3) 竞争性磋商与竞争性谈判的比较。

第一,提交响应性文件时间的比较。

竞争性磋商:从磋商文件发出之日起至供应商提交首次响应文件截止之日止不得少于 10 日。磋商文件的发售期限自开始之日起不得少于 5 个工作日。

竞争性谈判:从谈判文件发出之日起至供应商提交首次响应文件截止之日止不得少于 3 个工作日。

第二,澄清修改时限的比较。

竞争性磋商:在提交首次响应文件截止之日至少 5 日前,以书面形式通知所有获取磋商文件的供应商,若不足 5 日,则应当顺延供应商递交首次响应文件的截止时间。

竞争性谈判:在递交首次响应文件截止之日 3 个工作日前,以书面形式通知所有接收谈判文件的供应商,如果不足 3 个工作日,则应当顺延供应商递交首次响应文件截止之日。

第三,确定成交供应商的比较。

竞争性磋商:竞争性磋商采取综合评分法。经磋商确定最终采购需求和提交最后报价的供应商后,由磋商小组采用综合评分法对提交最后报价的供应商的响应文件和最后报价进行综合评分,得分最高的供应商即为中标候选供应商。

竞争性谈判:竞争性谈判采取最低价法。采购人从成交候选人名单中按照符合采购需求、质量和服务相等且报价最低的原则确定成交供应商。

5. 谈判(磋商)保证金

(1) 谈判(磋商)保证金的交纳。

采购人、采购代理机构可以要求供应商在提交响应文件截止时间之前交纳保证金。保证金应当采用支票、汇票、本票、网上银行支付或者金融机构、担保机构出具的保函等非现金形式交纳。保证金数额应当不超过采购项目预算的 2%。

供应商为联合体的,可以由联合体中的一方或者多方共同交纳保证金,其交纳的保证金对联合体各方均具有约束力。

(2) 谈判(磋商)保证金的退还。

未成交供应商的保证金应当在成交通知书发出后 5 个工作日内退还,成交供应商的保证金应当在采购合同签订后 5 个工作日内退还。

已提交响应文件的供应商,在提交最后报价之前,可以根据谈判情况退出谈判。采购人、采购代理机构应当退还退出谈判的供应商的保证金。

(3) 谈判(磋商)保证金不予退还的情形。

有下列情形之一的,保证金不予退还:

① 供应商在提交响应文件截止时间后撤回响应文件的。

② 供应商在响应文件中提供虚假材料的。

③ 除因不可抗力或谈判文件（磋商文件）认可的情形以外，成交供应商不与采购人签订合同的。

④ 供应商与采购人、其他供应商或者采购代理机构恶意串通的。

⑤ 采购文件规定的其他情形。

6. 成交结果公告内容

成交结果公告的内容包括：

① 采购人和采购代理机构的名称、地址和联系方式。

② 项目名称和项目编号。

③ 成交供应商名称、地址和成交金额。

④ 主要成交标的的名称、规格型号、数量、单价、服务要求。

⑤ 谈判小组、询价小组、磋商小组成员名单及单一来源采购人员名单。

采用书面推荐供应商参加采购活动的，还应当公告采购人和评审专家的推荐意见。

7. 废标

《政府采购法》规定的废标，不是对某一投标人的投标不合格而作无效标处理，而是针对整个招标活动的，废止的是正在进行的投标活动。

根据《政府采购法》规定，在政府采购活动中，出现下列四种情形之一的，应当作出废标。

（1）有效投标人不足三家的。

有效投标人是指符合《政府采购法》规定条件的供应商或者符合招标文件规定并作出实质性响应的供应商。有效投标人不足三家，就没有达到采用招标采购方式的基本要求，表明竞争性不强，难以实现招标目标。

（2）出现影响采购公正的违法、违规行为的。

在采购活动中，有可能发生下列情形：采购人与供应商为排挤其他供应商而串通；供应商之间相互串通，哄抬价格或者排挤其他供应商；招标文件明显有歧视性条款；招标活动受到了外界强烈干扰等。上述这些情形破坏了招标要求的公正、公平的环境，如果继续下去，将严重损害有关当事人的利益。

（3）投标报价均超过了采购预算，采购人不能支付的。

政府采购应当严格按照批准的预算执行，其中就包括政府采购项目不得突破预算额度。一旦各投标人的报价都超过了采购预算，表明投标人的报价超过了采购人的支付能力，应停止招标活动。

（4）因重大变故，采购任务取消的。

发生重大变故，采购任务取消，也就是此项政府采购活动已经取消，这样的情形应当废标。

招标项目废标后，采购人应当将废标原因及时通知所有的投标人。

废标后，除采购任务取消情形外，应当重新组织招标；需要采取其他方式采购的，应当在采购活动开始前获得设区的市、自治州以上人民政府采购监督管理部门或者政府有关部门批准。

8. 验收

对供应商履约的验收是指采购人在供应商依据采购合同履行供货义务后，依据合同对供应商履行情况进行验收，是采购活动的最后一个环节，在这一阶段，采购人要最终检验采购成果并结束采购任务。

对供应商履约情况的验收，应由采购人或由其委托的采购代理机构具体组织，大型或者复杂的采购项目，因为其具有专门性、复杂性，依靠采购人或者其委托的代理机构一般难以完成验收工作，在此情况下，应当邀请国家认可的质量检测机构参加验收工作。验收方成员应当在验收书上签字，对违法验收，要依法追究其相应的责任。

9. 采购文件的保存

采购文件是指政府采购全部过程中每一阶段所作出并使用的具有法律效力的文件和资料，具体包括采购活动记录、采购预算、招标文件、投标文件、评标标准、评标报告、合同文本、验收证明、质疑答复、投诉处理决定及其他有关文件、资料等。采购人和采购代理机构有义务保存采购文件。

采购文件的保存期限为从采购结束之日起至少保存十五年。采购人和采购代理机构要高度重视采购文件的保存工作，接受财政等部门的监督检查。

4.1.5 政府采购合同

《政府采购法》规定了签订政府采购合同，政府采购合同分包履行，政府采购合同追加，政府采购合同的变更、中止或者终止的情形和责任等内容。

1. 签订政府采购合同

《政府采购法》明确采购人和供应商之间的权利和义务，应当按照平等、自愿的原则以合同方式约定。所谓平等原则，是指合同当事人的法律地位平等，合同中的权利义务平等，合同当事人必须就合同条款充分协商，取得一致，合同才能成立。所谓自愿原则，是指合同当事人通过协商，自愿决定和调整相互权利义务关系。

政府采购合同应当采用书面形式。政府采购合同是指采购人与供应商达成的具有法律竞争力的承诺，是双方当事人明确其在授予合同后的法律文本。

采购人与中标、成交供应商应当在中标、成交通知书发出之日起三十日内，按照采购文件确定的事项签订政府采购合同。

2. 政府采购合同分包履行

所谓政府采购合同分包履行，是指中标、成交供应商将中标、成交项目中的一部分或几部分发包给其他供应商完成。分包履行时，中标、成交供应商应与分包供应商签订分包合同。

分包履行应经采购人同意并依法进行。分包履行的前提条件是必须经采购人同意，未经采购人同意，中标、成交供应商不得分包履行合同；中标成交供应商与分包供应商签订合同要依法进行，分包供应商要依法履行分包合同。

中标、成交供应商应对采购项目和分包项目向采购人负责。分包供应商对分包项目承担责任。

《政府采购法》第四十九条对政府采购补充合同问题作出了特别规定："政府采购合同履行中,采购人需追加与合同标的相同的货物、工程或者服务的,在不改变合同其他条款的前提下,可以与供应商协商签订补充合同,但所有补充合同的采购金额不得超过原合同采购金额的百分之十。"

3. 合同变更、中止或者终止

(1) 禁止擅自变更、中止或者终止合同。

政府采购合同的双方当事人不得擅自变更、中止或者终止合同。采购人与中标、成交供应商的任何一方,都无权擅自变更、中止或者终止合同。在政府采购合同履行中,如果没有出现继续履行合同将损害国家利益和社会公共利益的情况,采购人与中标、成交供应商双方即使协商一致,也不得变更、中止或者终止合同。

(2) 变更、中止或者终止合同的情形及责任。

政府采购合同继续履行将损害国家利益和社会公共利益的,双方当事人应当变更、中止或者终止合同。这是采购人和供应商应当履行的法定义务。无论什么原因,一旦出现政府采购合同继续履行将损害国家利益和社会公共利益的情况,采购人和供应商双方都有义务变更、中止或者终止合同。有过错的一方应当承担赔偿责任,双方都有过错的,各自承担相应的责任。

4.1.6 质疑与投诉

1. 询问与答复

供应商对政府采购活动事项有疑问的,可以向采购人提出询问。政府采购活动事项包括采购文件、采购过程和中标、成交结果等。

采购人应当及时作出答复,但答复的内容不得涉及商业秘密。

2. 质疑与答复

(1) 供应商提出质疑。

《政府采购法》对供应商如何就政府采购活动事项提出质疑问题作出了规定："供应商认为采购文件、采购过程和中标、成交结果使自己的权益受到损害的,可以在知道或者应知其权益受到损害之日起七个工作日内,以书面形式向采购人提出质疑。"

质疑的前提条件是指供应商认为采购文件、采购过程和中标、成交结果使自己的权益受到损害。如供应商认为采购人的采购方式不当,采购人发布的采购文件或者补充文件不明确等,从而导致了自身利益受到损害,供应商可以向采购人提出质疑。

质疑期限是指供应商应当在知道或者应知其权益受到损害之日起七个工作日内向采购人提出,逾期不行使该权利的,视为该供应商对该权利的放弃。

质疑形式是指供应商应当以书面形式向采购人提出质疑。供应商以口头方式向采购人提出质疑的,不具有法律效力,采购人可以不予回复。

(2) 对供应商质疑的答复。

《政府采购法》对采购人答复供应商质疑的问题作出了规定："采购人应当在收到供应商的书面质疑后七个工作日内作出答复,并以书面形式通知质疑供应商和其他有关供应商,但答复的内容不得涉及商业秘密。"

3. 投诉与投诉处理决定

（1）质疑供应商提出投诉。

质疑供应商对采购人、采购代理机构的答复不满意或者采购人、采购代理机构未在规定的时间内作出答复的，可以在答复期满后十五个工作日内向同级政府采购监督管理部门投诉。

供应商投诉的事项仅限于可以提出质疑的事项范围内，即采购文件、采购过程和中标、成交结果；供应商认为采购文件、采购过程和中标、成交结果使自己的权益受到损害的，必须先向采购人提出书面质疑；质疑供应商只有在对采购人、采购代理机构的答复不满意或者采购人、采购代理机构未在规定的时间内作出答复的情况下，才能提出投诉；供应商只能向采购人或者采购代理机构的同级政府采购监督管理部门投诉，不可能越级投诉，也不可以向其他部门投诉；如果超过答复期满后十五个工作日，其投诉应视为无效，不应受理。

（2）投诉处理决定。

政府采购监督管理部门应当在收到投诉后 30 个工作日内，对投诉事项作出决定，并以书面形式通知投诉人和与投诉事项有关的当事人。

政府采购监督管理部门在处理投诉事项期间，可以视具体情况书面通知采购人暂停采购活动，但暂停时间最长不得超过 30 日。

4. 行政复议和行政诉讼

投诉人对政府采购监督管理部门作出的投诉决定如有不服，或者政府采购监督管理部门逾期未作处理的，可以依法先行申请行政复议。对行政复议决定不服的，再依法向人民法院提起行政诉讼。投诉人对政府采购监督管理部门作出的投诉处理决定如有不服，或者政府采购监督管理部门逾期未处理的，也可以不经过复议程序而直接向人民法院提起行政诉讼。

投诉人申请行政复议，应当向作出投诉处理决定的政府采购监督管理部门的同级人民政府或者上一级政府采购监督管理部门提出。

接受复议申请的人民政府或政府采购监督管理部门的法制机构应当依法作出复议决定。

4.1.7 监督检查的内容

1. 监督检查有关政府采购的法律、行政法规和规章的执行情况

政府采购监督管理部门监督检查的重点是有关单位和人员是否执行法律、行政法规、规章的强制性规定，是否履行各项法定义务，如有违反行为，监督管理部门应当依法作出处理。

2. 监督检查采购范围、采购方式和采购程序的执行情况

采购范围是指在政府采购中实行集中采购或者分散采购的货物、工程和服务的范围划分标准。采购方式是指《政府采购法》及《政府采购法实施条例》规定的公开招标、邀请招标、竞争性谈判、单一来源采购、询价、竞争性磋商及国务院政府采购监督管理部门认定的其他采购方式。采购人必须按照《政府采购法》规定的采购方式和采购程序进行采购，任何单位和个人不得违反《政府采购法》规定，要求采购人或者采购工作人员向其指定的供应商进行采购。

3. 监督检查政府采购人员的职业素质和专业技能

政府采购是一项专业性较强的工作，采购人员需要具备一定专业技能，这样才能达到政府采购的目的，使财政资金高效运用。

4.1.8　法律责任

《政府采购法》规定了政府采购当事人、政府采购监督管理部门等违反《政府采购法》规定应当依法承担的法律责任。

4.2　《中华人民共和国政府采购法实施条例》

2015 年 1 月 30 日，国务院颁布《政府采购法实施条例》，自 2015 年 3 月 1 日起施行。制定出台《政府采购法实施条例》，是更好地实施《政府采购法》，落实党的十八大、十八届三中、四中全会要求，进一步深化改革的一项重要内容。

《政府采购法实施条例》针对政府采购实践中存在的问题，进一步促进政府采购的规范化、法治化，构建规范透明、公平竞争、监督到位、严格问责的政府采购工作机制。

4.2.1　总则

1. 立法依据

《政府采购法实施条例》严格依据《政府采购法》制定，在制定过程中，始终严格遵循《政府采购法》的规定，细化了《政府采购法》的规定，增强了具体可操作性。

2. 财政性资金的规定

《政府采购法实施条例》第二条规定："《政府采购法》第二条所称财政性资金是指纳入预算管理的资金；以财政性资金作为还款来源的借贷资金，视同财政性资金；国家机关、事业单位和团体组织的采购项目既使用财政性资金又使用非财政性资金的，使用财政性资金采购的部分，适用《政府采购法》及《政府采购法实施条例》；财政性资金与非财政性资金无法分割采购的，统一适用《政府采购法》及《政府采购法实施条例》。"

《政府采购法实施条例》将财政性资金明确为"纳入预算管理的资金"，通过"预算管理"来界定财政性资金。《中华人民共和国预算法》规定，政府的全部收入和支出都应当纳入预算。预算包括一般公共预算、政府性基金预算、国有资本经营预算、社会保险基金预算。各级政府、各部门、各单位应当依照《中华人民共和国预算法》的规定，将所有政府收入全部列入预算。行政单位、事业单位的各项收入和各项支出应当全部纳入单位预算，统一核算，统一管理。行政单位依法取得的非偿还性资金为行政单位的收入，包括财政拨款收入和其他收入。事业单位为开展业务及其他活动依法取得的非偿还性资金收入为事业单位的收入，包括财政补助收入、事业收入、上级补助收入、附属单位上缴收入、经营收入和其他收入。

《政府采购法实施条例》将政府采购与预算管理通过"财政性资金"紧密联系在一起，在政府采购管理中，凡使用纳入部门预算管理的资金，不论来源，包括部分事业收入、经营性收入和其他收入等"自有收入"，都应当纳入政府采购管理范畴。

实践中，采购项目与使用财政性资金的对应关系情况比较复杂，有必要对混合资金来源的情况加以明确。对于既使用财政性资金又使用非财政性资金的采购项目，执行中应首先判断采购项目是否能够按资金来源不同进行分割。能够分割的，也就是说采购项目可以分成不同的独立的子项目的，则使用财政性资金采购的部分，适用《政府采购法》及《政府采购法实施条例》，使用非财政性资金的部分，则可以不适用；不能分割的，无论财政性资金与非财政性资金的比例如何，只要使用了财政性资金，则整个采购项目都必须统一适用《政府采购法》及《政府采购法实施条例》。

以财政性资金作为还款来源的借贷资金，最终为预算支出，实质上相当于使用财政性资金，也应当纳入政府采购范围。因此，《政府采购法实施条例》规定以财政性资金作为还款来源的借贷资金视同为财政性资金，在采购时应当按照《政府采购法》及《政府采购法实施条例》的规定进行采购。

需要注意的是，《政府采购法实施条例》对"财政性资金"的定义是对《政府采购法》中规定的"财政性资金"的解释，仅适用于界定政府采购适用范围，不是一般意义上"财政性资金"的定义，不适用于其他财政管理领域。

3. 政府采购政策

政府采购政策目标大致可以划分为四大类：一是对特殊人群，如残疾人、少数民族、贫困地区企业的扶持政策；二是鼓励产业发展方面的扶持政策，如促进中小企业发展、支持本国产品、创新型产品、节能环保产品等；三是对供应商履行社会责任方面的规定；四是对保障国家安全的相关要求。

政府采购政策的实施具体包括制定采购需求标准、预留采购份额、价格评审优惠、优先采购等措施。采购需求标准是采购政策实施中最常用，也是最直接的措施，就是通过对采购产品或服务的技术标准或质量标准的规定，实现政府采购的政策目标。预留采购份额是指采购人在某一采购项目或者全部采购项目中预留出一定的份额，专门面向特定供应商如中小企业开展采购，以支持、促进该类型企业通过政府采购市场获得更好的发展。价格评审优惠是指在价格作为评审因素的政府采购评审过程中，对某类特定供应商的报价给予一定比例的价格扣除优惠，用扣除后的价格作为其参与评审的价格。《财政部关于进一步加大政府采购支持中小企业力度的通知》（财库〔2022〕19号）中规定货物服务采购项目给予小微企业的价格扣除优惠，由《政府采购促进中小企业发展管理办法》（财库〔2020〕46号）文件规定的6%～10%提高至10%～20%；大中型企业与小微企业组成联合体或者大中型企业向小微企业分包的，评审优惠幅度由2%～3%提高至4%～6%；政府采购工程的价格评审优惠按照财库〔2020〕46号文件的规定执行。优先采购是指在政府采购过程中，优先采购某类特定供应商的货物、工程或者服务（列明清单），使得该类供应商获得更多的政府采购市场份额，帮助其持续发展。

4. 电子化政府采购

电子化采购是政府采购发展的趋势，是提高政府采购效率和透明度的必然要求。电子化采购有利于促进采购的公开、公平、公正和信息透明，也有利于提高政府采购效率，降低采购人和供应商成本。

4.2.2 政府采购当事人

政府采购当事人的分类、定义已在《政府采购法》中介绍，《政府采购法实施条例》在《政府采购法》的基础上细化了当事人的责任和义务、禁止行为等。

1. 采购人

（1）采购人的责任和义务。

采购人要维护国家利益和社会公共利益，执行政府采购政策；建立政府采购内部管理制度；公正廉洁，诚实守信；厉行节约，科学合理确定采购需求。

（2）采购人的禁止行为。

禁止采购人向供应商索要或者接受其给予的赠品、回扣或者与采购无关的其他商品、服务。

2. 采购代理机构及其工作人员

（1）采购代理机构分类。

采购代理有两类：一是政府依法设立的集中采购机构；二是集中采购机构以外的采购代理机构。

集中采购机构和集中采购机构以外的采购代理机构的区别在于：一是设立的主体和机构的性质不同。集中采购机构是设区的市、自治州以上人民政府根据本级政府采购项目组织集中采购的需要设立的，单位性质是非营利事业法人。而集中采购机构以外的采购代理机构，则是由其自愿依法申请成立，单位性质是社会中介机构。二是两者所代理的政府采购业务范围有所不同。集中采购机构实行的是法定强制委托代理，即纳入集中采购目录中的集中采购机构采购项目，必须委托集中采购机构代为采购。而集中采购机构以外的采购代理机构则是根据采购人自愿委托，可以代理集中采购机构目录内的部门集中采购项目和分散采购项目。

（2）对采购代理机构的要求。

采购代理机构应当建立完善的政府采购内部监督管理制度，具备开展政府采购业务所需的评审条件和设施。

采购代理机构应当提高确定采购需求，编制招标文件、谈判文件、询价通知书，拟订合同文本和优化采购程序的专业化服务水平，根据采购人委托在规定的时间内及时组织采购人与中标或者成交供应商签订政府采购合同，及时协助采购人对采购项目进行验收。

2018年财政部关于印发《政府采购代理机构管理暂行办法》（财库〔2018〕2号）的规定，采购代理机构代理政府采购业务应当具备以下条件："具有独立承担民事责任的能力；建立完善的政府采购内部监督管理制度；拥有不少于5名熟悉政府采购法律法规、具备编制采购文件和组织采购活动等相应能力的专职从业人员；具备独立办公场所和代理政府采购业务所必需的办公条件；在自有场所组织评审工作的，应当具备必要的评审场地和录音录像等监控设备设施并符合省级人民政府规定的标准。"

(3) 采购代理机构及其工作人员的禁止行为。

采购代理机构不得以不正当手段获取政府采购代理业务；采购代理机构不得与采购人、供应商恶意串通操纵政府采购活动；采购代理机构工作人员不得接受采购人或者供应商组织的宴请、旅游、娱乐，不得收受礼品、现金、有价证券等，不得向采购人或者供应商报销应当由个人承担的费用。

3. 供应商

《政府采购法实施条例》明确了供应商参加政府采购活动应当提交的证明材料，规定了对供应商的限制。

(1) 供应商的资格条件材料。

参加政府采购活动的供应商应当具备《政府采购法》第二十二条第一款规定的条件，供应商参加政府采购活动必须提供具备资格条件的证明材料的规定如下：

第一，法人或者其他组织的营业执照等证明文件、自然人的身份证明。

法人包括企业法人、机关法人、事业单位法人和社会团体法人；其他组织主要包括合伙企业、非企业专业服务机构、个体工商户、农村承包经营户；自然人是指具有完全民事行为能力、能够承担民事责任和义务的公民。如供应商是企业（包括合伙企业），应要求其提供在工商部门注册的有效"企业法人营业执照"或"营业执照"；如供应商是事业单位，应要求其提供有效的"事业单位法人证书"；供应商是非企业专业服务机构的，如律师事务所，应要求其提供执业许可证等证明文件；如供应商是个体工商户，应要求其提供有效的"个体工商户营业执照"；如供应商是自然人，应要求其提供有效的自然人身份证明。

需要注意两方面内容：一是尽管"其他组织"可以参加政府采购活动，但法人的分支机构由于其不能独立承担民事责任，不能以分支机构的身份参加政府采购，只能以法人身份参加。但银行、保险、石油石化、电力、电信等有行业特殊情况的，采购人、采购代理机构可按照其特点在采购文件中作出专门规定。二是自然人可以参加政府采购活动，但是按照现行规定和国际惯例，只有中国公民才能以自然人的身份参加我国的政府采购活动。

第二，财务状况报告，依法缴纳税收和社会保障资金的相关材料。

依法作出的财务状况报告包括经审计的财务报告、银行出具的资信证明，能够清晰准确反映供应商的商业信誉情况，间接反映供应商是否有健全的财务会计制度。供应商是法人的，应提供经审计的财务报告，包括"四表一注"，即资产负债表、利润表、现金流量表、所有者权益变动表及其附注，或其基本开户银行出具的资信证明。部分其他组织和自然人，没有经审计的财务报告，可以提供银行出具的资信证明。供应商缴纳税收的证明材料主要是指供应商税务登记证和参加政府采购活动前一段时间内缴纳增值税、营业税和企业所得税的凭据。供应商缴纳社会保障资金的证明材料主要是指社会保险登记证和参加政府采购活动前一段时间内缴纳社会保险的凭据（专用收据或社会保险缴纳清单），其他组织和自然人也需要提供缴纳税收的凭据和缴纳社会保险的凭据。依法免税或不需要缴纳社会保障资金的供应商，应提供相应文件证明其依法免税或不需要缴纳社会保障资金。

第三，履行合同所必需的设备和专业技术能力的证明材料。

为保证政府采购项目合同的顺利履行，供应商必须具备履行合同的设备和专业技术能力，这是供应商保质保量完成政府采购项目必备的物质和技术基础。

第四，参与采购活动前三年内在经营活动中没有重大违法记录的书面声明。

重大违法记录，是指供应商因违法经营受到刑事处罚或者责令停产停业、吊销许可证或者执照、较大数额罚款等行政处罚。

（2）对供应商的限制。

第一，关联供应商不得参加同一合同项下采购活动的情形。

单位负责人为同一人或者存在直接控股、管理关系的不同供应商，不得参加同一合同项下的政府采购活动。

单位负责人是指单位法定代表人或者法律、行政法规规定代表单位行使职权的主要负责人。

控股关系是指单位或个人股东的控股关系。控股股东，是指其出资额占有限责任公司资本总额百分之五十以上或者其持有的股份占股份有限公司股本总额百分之五十以上的股东；出资额或者持有股份的比例虽然不足百分之五十，但依其出资额或者持有股份所享有的表决权已足以对股东会、股东大会的决议产生重大影响的股东。管理关系，是指不具有出资持股关系的其他单位之间存在的管理与被管理关系，如一些上下级关系的事业单位和团体组织。需要注意的是，本条所规定的控股、管理关系仅限于直接控股、直接管理关系，而不包括间接的控股或管理关系。例如，不是公司的股东，但通过投资关系、协议或者其他安排，能够实际支配公司行为的公司实际控制人。公司实际控制人与公司之间的关系不属于本条所规定的直接控股关系。

第二，为采购项目提供过有关服务的供应商不得再参加该采购项目的其他采购活动的情形。

为采购项目提供整体设计、规范编制或者项目管理、监理、检测等服务的供应商，不得再参加该采购项目的其他采购活动。为采购项目提供过整体设计、规范编制服务的供应商，不仅在理解及把握采购内容方面具有一定优势，而且如果允许其参加该项目的其他采购活动，则其在进行整体设计、规范编制时可能暗含有利于自身参加竞争的内容。因此，为采购项目提供整体设计、规范编制服务的供应商与其他供应商不是处于同等条件下的竞争，违反了公平竞争的原则。

对采用单一来源方式采购的采购项目作了例外规定。即在采用单一来源采购方式的情况下，为采购项目提供整体设计、规范编制等服务的供应商，可以参加该采购项目的其他采购活动。主要原因是按照法律规定，单一来源采购的适用情形最终都是只能从唯一供应商处采购，不存在与其他供应商进行竞争的问题。

4. 重大违法记录

供应商因违法经营受到刑事处罚，是指供应商在经营活动中违法，如采取假报或虚报资格等手段骗取政府采购合同等与经营活动有关的行为而受到的刑事处罚，也包括因在与政府采购无关的经营活动中的违法行为而受到的刑事处罚，如《中华人民共和国刑法》中的生产、销售伪劣商品罪、走私罪、破坏金融管理秩序罪、金融诈骗罪、危害税收征管罪、侵犯知识产权罪、扰乱市场秩序罪等各项破坏社会主义市场经济秩序罪。

供应商受到行政处罚，是指行政管理部门按照《中华人民共和国行政处罚法》的规定，对供应商处以警告、罚款、没收违法所得或者非法财物、责令停产停业、暂扣或者吊销许可证或者执照等行政处罚的情形。只有供应商被处以责令停产停业、暂扣或者吊销许可证或者执照、较大数额的罚款等行政处罚的，才属于《政府采购法》第二十二条第一款第五项规定的"重大违法记录"。

供应商在参加政府采购活动前三年内因违法经营被禁止在一定期限内参加政府采购活动，期限届满的，可以参加政府采购活动，是指供应商在参与政府采购活动中，因违法经营被政府采购监督管理部门禁止在一定期限内参加政府采购活动的，不纳入《政府采购法》第二十二条第一款第五项所称重大违法记录范围，处罚期限届满后，不受《政府采购法》第二十二条第一款第五项所称重大违法记录的限制，可以参加政府采购活动。

5. 对供应商实行差别待遇或者歧视待遇的情形

（1）就同一采购项目向供应商提供有差别的项目信息。

信息公开是开展政府采购的基础，是保证公平竞争的前提。在实践中，采购人或采购代理机构对供应商提供有差别的信息，排斥、限制潜在供应商，主要表现在采购公告的发布、采购文件或有关资料的提供、现场踏勘、采购文件的澄清修改等方面。例如公告内容与采购文件内容不一致，公告内容不完整，变更内容不详细；采购人单独或者分别组织潜在供应商踏勘项目现场和项目答疑，有差别地向潜在供应商介绍需求目标和采购文件的澄清与修改内容等。信息不透明以及差别化，会导致供应商在参与政府采购过程中竞争基础的不平等，妨碍了供应商之间的公平竞争。

（2）设定的资格、技术、商务条件与采购项目的具体特点和实际需要不相适应或者与合同履行无关。

采购人可在采购公告和采购文件中要求潜在供应商具有相应的资格、技术和商务条件，但不得脱离采购项目的具体特点和实际需要。不得随意、盲目和出于不正当利益设定某一供应商特定的资格、技术、商务条件，排斥合格的潜在供应商。

（3）采购需求中的技术、服务等要求指向特定供应商、特定产品。

实践中，少数采购人或者采购代理机构在设定技术、服务要求时，设定某一特定供应商或特定产品独有的技术或服务要求，从而达到排斥其他潜在供应商的目的。

（4）以特定行政区域或者特定行业的业绩、奖项作为加分条件或者中标、成交条件。

采购项目需要供应商具有类似业绩、奖项作为加分条件或者中标、成交条件的，可以设置全国性的非特定行业的类似业绩或奖项作为加分条件或者中标、成交条件。采购人或者采购代理机构可以从项目本身具有的技术管理特点和实际需要，对供应商提出类似业绩要求作为资格条件或者评审加分标准。

（5）对供应商采取不同的资格审查或者评审标准。

主要表现是采购人或者采购代理机构在资格预审文件和采购文件中载明的资格审查标准和评标标准模棱两可，在实际资格审查和评审过程中，通过另行制订倾向性或排斥性的评审细则，或者掌握的宽严尺度不一，对不同的供应商采取不同的资格审查或评审标准。

（6）限定或者指定特定的专利、商标、品牌或者供应商。

主要表现在采购人或采购代理机构在采购公告、资格预审文件或采购文件中限定或者指定特定的专利、商标、品牌或者供应商。这是典型的以不合理条件、限制或排斥其他潜在供应商行为。采购文件不得特定标明某一个或者某几个特定的专利、商标、品牌或生产供应商，不得有倾向或者排斥潜在供应商的其他内容。如果必须引用某一品牌或生产商才能准确清楚地说明采购项目的技术标准和要求，则应当在引用某一品牌或生产供应商名称前加上"参照或相当于"的字样，而且所引用的货物品牌或生产供应商在市场上应具有可替代性。

（7）非法限定供应商的所有制形式、组织形式或者所在地。

我国所有制形式分为公有制和非公有制，供应商的组织形式分为法人、其他组织或自然人。

（8）以其他不合理条件限制或者排斥潜在供应商。

实践中，以其他不合理条件限制或者排斥潜在供应商的情形有：资格预审公告或者采购公告中获取资格预审文件或者采购文件的要求不合理的，如在获取资格预审文件或采购文件前，要求经采购人同意或与采购人签订协议；以各种借口阻挠潜在供应商取得资格预审文件或者采购文件；资格预审文件和采购文件的发售期限、投标截止时间和采购文件澄清或者修改的通知时间不符合规定；要求供应商缴纳各种不合理参与采购活动费用以及超过规定比例的保证金等。

6. 资格预审

《政府采购法实施条例》明确了政府采购活动采取资格预审方式的信息公开等方面的要求。

采购人或者采购代理机构对供应商进行资格预审的，资格预审公告应当在省级以上人民政府财政部门指定的媒体上发布。已进行资格预审的，评审阶段可以不再对供应商资格进行审查。通过资格预审的供应商在评审阶段资格发生变化的，应当通知采购人和采购代理机构。

资格预审公告应当包括采购人和采购项目名称、采购需求、对供应商的资格要求以及供应商提交资格预审申请文件的时间和地点。提交资格预审申请文件的时间自公告发布之日起不得少于5个工作日。

4.2.3 政府采购方式

公开招标、邀请招标、竞争性谈判、单一来源、询价、竞争性磋商等采购方式已在《政府采购法》章节中介绍，《政府采购法实施条例》中关于采购方式的概念、适用情形等不再赘述，主要介绍政府采购工程及化整为零的内容。

1. 政府采购工程

依法必须进行招标的工程建设项目具体范围以内规模标准以上的政府采购工程适用《招标投标法》及《招标投标法实施条例》，其他政府采购工程适用《政府采购法》及《政府采购法实施条例》。

目前，依法不进行招标的政府采购工程可以适用的采购方式包括竞争性谈判、竞争性磋商和单一来源等采购方式。

2. 化整为零

在一个财政年度内,采购人将一个预算项目下的同一品目或者类别的货物、服务采用公开招标以外的方式多次采购,累计资金数额超过公开招标数额标准的,属于以化整为零方式规避公开招标,但项目预算调整或者经批准采用公开招标以外方式采购除外。

《政府采购法实施条例》所称化整为零,是指采购人把达到公开招标数额标准的政府采购项目人为分割为数个小项目,使得每个项目的预算金额都低于法定的公开招标数额标准,以此来达到逃避公开招标的目的。

《政府采购法实施条例》所称项目预算调整的除外,是指因预算调整原因,导致在同一财政年度内,一个预算项目下的同一品目或者类别的货物、服务采用公开招标以外的方式实施多次采购,累计资金数额超过公开招标数额标准的,不属于以化整为零方式规避公开招标的情形。

《政府采购法实施条例》所称经批准采用公开招标以外方式采购除外,是指经财政部门批准同意,某一预算项目下的同一品目或者类别的超过公开招标数额标准的部分货物、服务采用公开招标以外的方式实施采购,其他部分未超过公开招标数额标准的同一品目或者类别的货物、服务采购人依法通过非招标方式采购,虽然两者累计资金数额超过公开招标数额标准,也不属于《政府采购法实施条例》所规定的以化整为零方式规避公开招标的情形。

4.2.4 政府采购程序

公开招标、邀请招标、竞争性谈判、单一来源、询价、竞争性磋商等采购程序已在《政府采购法》中介绍,《政府采购法实施条例》不再重复介绍采购程序,主要介绍以下几方面内容。

1. 政府采购实施计划

《政府采购法实施条例》明确了采购人是政府采购实施计划的编制主体。因此,采购人对于本单位政府采购实施计划的完整性、准确性承担着第一责任人的角色。采购人应当在部门预算批复后,及时编制政府采购实施计划,不能用部门预算代替政府采购实施计划。

采购人编制政府采购实施计划的依据包括两方面:一方面是集中采购目录和采购限额标准;另一方面是财政部门批复的本部门、本单位的部门预算。

《政府采购法实施条例》明确了对政府采购实施计划实行备案制,而不是审批制。

2. 采购项目预算

采购人或者采购代理机构应当在采购文件中公开采购项目预算金额。

在采购实践中,部分工作量不确定的服务类政府采购项目,以及协议供货、定点采购等选定入围供应商等采购活动,没有项目预算金额或采购时项目预算金额无法确定。这类项目需要在招标文件、谈判文件或询价通知书中明确告知供应商关于项目预算的情况,并载明有关超预算废标和重新开展采购活动的规定不适用。

3. 招标文件

(1) 招标文件的提供期限。

《政府采购法实施条例》规定："招标文件的提供期限自招标文件开始发出之日起不得少于5个工作日。"

采购人或采购代理机构提供招标文件期限以工作日计算，这不同于《招标投标法实施条例》规定的以日历日计算。

(2) 对已发出招标文件的澄清或修改。

《政府采购法实施条例》规定："采购人或者采购代理机构可以对已发出的招标文件进行必要的澄清或者修改。澄清或者修改的内容可能影响投标文件编制的，采购人或者采购代理机构应当在投标截止时间至少15日前，以书面形式通知所有获取招标文件的潜在投标人，不足15日的，采购人或者采购代理机构应当顺延提交投标文件的截止时间。"

对于已经发出的招标文件，采购人或采购代理机构可以进行必要的澄清或者修改，澄清或者修改要做到依法和公正。要维护招标文件的严肃性；澄清或者修改已发出的招标文件要给投标人留出一定的响应时间；要以书面形式通知，书面形式通知包括纸质的文件、信件，也包括电报、电传、传真、电子数据交换和电子邮件等数据电文，采购人或者采购代理机构应当保证澄清或者修改的通知被潜在投标人接收，必要时应能够提供相应证据；对投标人资格条件的修改是招标文件修改的一个特例。当放宽投标人的资格条件时，属于新的要约邀请，相应的要将投标截止时间延长至满20日，这样才符合《政府采购法》自招标文件开始发出之日起至投标人提交投标文件截止之日止，不得少于20日的规定，同时还要延长招标文件的提供期限不少于5个工作日。

招标文件的提供期限和澄清修改的规定同样适用于电子招标，采用电子方式招标的，招标文件的下载期限不得少于5个工作日。招标文件的澄清或者修改，除了可以电子邮件方式通知外，也可以在招标文件中规定，以法定网站上公告方式通知和下载。澄清或修改的内容可能影响投标文件编制的，从澄清或修改的发出时间到投标截止时间，也不得少于15日。

(3) 招标文件应当使用标准文本。

《政府采购法实施条例》规定："采购人或者采购代理机构应当按照国务院财政部门制定的招标文件标准文本编制招标文件。"

采购人或者采购代理机构在编制招标文件时，要按照相应标准文本的规定，结合项目招标的实际情况，编写相应内容。标准文本中未注明可以改变的内容均不得更改。

(4) 招标文件内容。

《政府采购法实施条例》规定："招标文件应当包括采购项目的商务条件、采购需求、投标人的资格条件、投标报价要求、评标方法、评标标准以及拟签订的合同文本等。"

第一，商务条件。

商务条件是指在商业事务方面对供应商的要求。通常包括：合同生效条款、履约保证金条款、原产地要求，合同标的交付时间、地点和条件，合同标的工作进度要求，运输、保险条款，安装、调试和验收条款，合同标的支付的方式、币种、进度比例和条件，责任划分条款，质量保证期要求，合同修改条款，违约和索赔条款，专利、技术转让和知识产权要求，仲裁、诉讼条款等。

编写招标文件的商务条件，首先要考虑采购人的需求条件，如合同标的交付、工作进度要求，安装、调试和验收，质量保证期等要满足采购需求。

第二，采购需求。

根据采购需求编制招标文件是实现采购目标和物有所值的基础。采购需求应当完整、明确。采购需求的编制是否准确、详细，功能、性能指标是否全面，是实现采购目标和物有所值的判断标准。

确定采购需求的具体要求：采购人应当以满足实际需求为原则，不得擅自提高经费预算和资产配置等采购标准。招标文件不得要求或者标明供应商名称或者特定货物的品牌，不得含有指向特定供应商的技术、服务等条件。

在开展政府采购活动中如何落实政府采购政策，是采购人和采购代理机构编制招标文件时必须考虑的一项重要内容。《政府采购法实施条例》为落实政府采购政策对编制采购文件提出了具体要求，即招标文件编制应明确载明政府采购政策要求。

第三，投标人的资格条件。

《政府采购法》对供应商及其资格条件有明确的规定，主要包括三个部分：一是《政府采购法》第二十一条关于供应商的规定："向采购人提供货物、工程或者服务的法人、其他组织或者自然人"；二是《政府采购法》第二十二条第一款关于供应商条件的六项规定："具有独立承担民事责任的能力；具有良好的商业信誉和健全的财务会计制度；具有履行合同所必需的设备和专业技术能力；有依法缴纳税收和社会保障资金的良好记录；参加政府采购活动前三年内，在经营活动中没有重大违法记录；法律、行政法规规定的其他条件"；三是《政府采购法》第二十二条第二款供应商特定条件的规定："采购人可以根据采购项目的特殊要求，规定供应商的特定条件，但不得以不合理的条件对供应商实行差别待遇或者歧视待遇。"

《政府采购法实施条例》和政府采购相关的法规政策中，规定了对供应商的限制性条款，如"单位负责人为同一人或者存在直接控股、管理关系的不同供应商，不得参加同一合同项下的政府采购活动""除单一来源采购项目外，为采购项目提供整体设计、规范编制或者项目管理、监理、检测等服务的供应商，不得再参加该采购项目的采购活动"；"联合体各方不得再单独参加或者与其他供应商另外组成联合体参加同一合同项下的政府采购活动""在单一品目的货物采购招标中，同一品牌同一型号的产品有多家供应商参加投标，只能按照一家供应商计算""专门面向中小微企业采购的项目，只能由中小企业或者微型企业参加"，对于这些限制性规定，需要在招标文件中明确，并规定供应商违反规定的处理办法。

第四，投标报价要求。

投标的报价要求也与采购需求紧密联系，采购标的不同，报价要求也不相同，采购人或者采购代理机构在编写报价要求时要涵盖采购需求的全部。

第五，评标方法。

政府采购评标方法有两种：最低评标价法和综合评分法。最低评标价法，是指投标文件满足招标文件全部实质性要求且投标报价最低的供应商为中标候选人的评标方法。综合评分法，是指投标文件满足招标文件全部实质性要求且按照评审因素的量化指标评审得分最高的供应商为中标候选人的评标方法。

招标文件中没有规定的评标标准不得作为评审的依据。

技术、服务等标准统一的货物和服务项目，应当采用最低评标价法。

采用综合评分法的，评审标准中的分值设置应当与评审因素的量化指标相对应。评审因素一般包括价格、商务、技术和服务四部分内容。

第六，拟签订合同的合同文本。

合同文本是招标文件的重要组成部分，是未来招标成果的载体。因此招标文件中拟签订合同的合同文本应当能够记载所有招标成果，包括商务、采购需求、价格等。合同文本要针对采购项目，对政府采购合同标准文本的内容逐项完善，使合同文本有利于政府采购合同的履行。

4. 中标、成交的确定和公告

《政府采购法实施条例》对确定中标、成交阶段的时间规定更加详细，进一步提高了采购效率。采购代理机构应当自评审结束之日起 2 个工作日内将评审报告送交采购人。采购人应当自收到评审报告之日起 5 个工作日内在评审报告推荐的中标或者成交候选人中按顺序确定中标或者成交供应商。采购人或者采购代理机构应当自中标、成交供应商确定之日起 2 个工作日内，发出中标、成交通知书。

《政府采购法实施条例》规范了中标、成交结果公告的内容。中标、成交结果公告内容应当包括采购人和采购代理机构的名称、地址、联系方式，项目名称和项目编号，中标或者成交供应商名称、地址和中标或者成交金额，主要中标或者成交标的的名称、规格型号、数量、单价、服务要求以及评审专家名单。采购人或者采购代理机构应当在省级以上人民政府财政部门指定的媒体上公告中标、成交结果，招标文件，竞争性谈判文件，询价通知书随中标、成交结果同时公告。

5. 重新评审、改变评审结果的规定

除国务院财政部门规定的情形外，采购人、采购代理机构不得以任何理由组织重新评审。

评审结束后，除财政部《关于进一步规范政府采购评审工作有关问题的通知》（财库〔2012〕69 号）规定的情形外，采购人、采购代理机构不得组织重新评审。

（1）可以重新评审的情形。

对于招标和竞争性磋商项目，评审结束后，当发现可能出现资格性检查认定错误、分值汇总计算错误、分项评分超出评分标准范围、客观分评分不一致、经评标委员会或磋商小组一致认定评分畸高或畸低、政策功能价格计算错误等情形时，采购人或者采购代理机构可以组织原评标委员会或磋商小组进行重新评审。

对于竞争性谈判和询价项目，评审结束后，当发现可能出现资格性审查认定错误和价格计算错误两种情形时，采购人或者采购代理机构可以组织原谈判小组或者询价小组进行重新评审。

上述错误可以是采购人或者采购代理机构自行发现，或者供应商依法提出质疑后发现，也可以是财政部门监督检查中发现。

重新评审与复核的区别是两者发生的时间段不同。以评审报告签署完成为界，评审

未结束的是复核,评审结束后的是重新评审。

(2) 对重新评审的要求。

采购方式不同,重新评审的要求也不同。

招标或竞争性磋商方式。采购人或采购代理机构应当组织原评标委员会或磋商小组,按照招标、磋商文件中载明的评审办法和标准,对原评审意见中资格性检查是否正确、分值汇总和政策功能价格计算是否有误、分项评分是否超出评分标准范围、客观分评分是否一致、是否存在评分畸高或畸低进行审查。

竞争性谈判或者询价方式。采购人或采购代理机构应当组织原谈判小组或者询价小组,按照竞争性谈判文件或询价通知书中载明的评审办法和标准,对原评审意见中的资格性审查认定和政策功能价格计算进行审查。

(3) 经重新评审确定原评审报告中存在错误的处理。

经重新评审确定原评审报告中存在错误的应当纠正错误。改变原中标、成交结果的,采购人或采购代理机构应当书面报告本级财政部门。其中质疑事项确实存在评审错误,因而改变原中标、成交结果的,应当将相关情况报财政部门备案;其他事项的错误造成改变原中标、成交结果的,应当报请财政部门认定原中标、成交结果无效。

(4) 其他改变评审结果的禁止行为。

在采购实践中,除了通过重新评审推翻原评审结论外,个别采购人或采购代理机构在评审结束后,还通过样品检测、对供应商现场考察,以及所谓的资格后审、背景调查等方式找出供应商的问题,从而推翻评审结果,包括不要排名靠前的供应商,选取排名靠后的供应商,或推翻整个评审结果。这种做法背离了通过评审选择供应商的政府采购基本竞争准则。《政府采购法实施条例》对此作出了禁止性规定。评审结果的产生,只能依照招标文件、竞争性谈判文件等采购文件中载明的评审办法和标准,不能在评审结束后通过其他环节改变。

6. 电子档案

《政府采购法》规定采购文件可以用电子档案方式保存。采购人和采购代理机构在采购活动和日常管理中,要有具体制度和措施,保证电子档案真实可信,特别是要保证档案具备证据价值。

电子档案要符合《中华人民共和国档案法》和《中华人民共和国电子签名法》的规定。数据电文满足原件形式要求。

采用电子方式采购的,招标文件、投标文件、澄清变更文件等采购过程文件的数据电文签名要符合可靠电子签名的条件。

4.2.5 政府采购合同

与《政府采购法》中关于政府采购合同规定不同的是,《政府采购法实施条例》规定了政府采购合同文本、供应商拒签合同、政府采购合同公开等内容。

1. 政府采购合同

(1) 合同标准文本。

《政府采购法实施条例》规定了国务院财政部门应当会同国务院有关部门制定政府

采购合同标准文本。合同标准文本与合同示范文本的最大区别在于其法律效力不同。合同示范文本是示范性的，由合同当事人根据需要自主选用。

政府采购合同标准文本与招标文件标准文本一样具有强制性，采购人或者采购代理机构必须按照国务院财政部门制定的合同标准文本与供应商签订政府采购合同。

（2）供应商拒签合同。

《政府采购法实施条例》规定了中标或成交供应商拒绝与采购人签订合同的，采购人可以按照评审报告提出的中标或者成交候选人名单排序，确定下一候选人为中标或者成交供应商，也可以重新开展采购活动。

（3）政府采购合同公开。

《政府采购法实施条例》规定采购人应当自政府采购合同签订之日起2个工作日内，将政府采购合同在省级以上人民政府财政部门指定的媒体上公告，但政府采购合同中涉及国家秘密、商业秘密的内容除外。

为了便于社会监督，提高监督的及时性，《政府采购法实施条例》对政府采购合同公开的时间作出了规定："采购人应当在政府采购合同签订之日起2个工作日内，将政府采购合同在省级以上人民政府财政部门指定的媒体上公告。"

2. 履约保证金

采购人或采购代理机构可以根据合同履行的需要，在采购文件中要求中标或成交供应商在签订合同前提交或不提交履约保证金。《政府采购法实施条例》规定："采购文件要求中标或者成交供应商提交履约保证金的，供应商应当以支票、汇票、本票或者金融机构、担保机构出具的保函等非现金形式提交。履约保证金的数额不得超过政府采购合同金额的10％。"

履约保证金通常作为合同订立的条件，要在合同签订前提交。履约保证金的有效期自合同生效之日起至合同约定的中标或成交供应商主要义务履行完毕止。中标或成交供应商合同主要义务履行完毕，采购人或采购代理机构应按合同约定及时退还履约保证金。如果是银行保函或履约担保书，一般在到期后自行失效。

履约保证金是中标或成交供应商按照采购文件要求而向采购人或采购代理机构提供的用以保障其履行合同义务的一种担保。履约保证金的目的是促使中标或成交供应商全面履行与采购人或采购代理机构订立的合同，确保合同目标的实现。中标或成交供应商违约的，采购人或采购代理机构将按照合同约定扣除其全部或部分履约保证金，或由担保人承担担保责任。如果中标或成交供应商违约给采购人造成的损失超过履约保证金的，还应当依法赔偿超过部分的损失。

4.2.6 质疑与投诉

关于质疑与投诉，《政府采购法实施条例》对《政府采购法》中关于询问答复的时间、质疑时效期间的起算、对供应商提起质疑与投诉的要求、特定情形的投诉处理等内容进行了细化。

1. 询问和答复

《政府采购法实施条例》规定："采购人或者采购代理机构应当在3个工作日内对供

应商依法提出的询问作出答复。"采购人或采购代理机构应当从保证政府采购活动正常进行、预防和减少供应商质疑投诉、树立政府部门良好形象、维护供应商合法权益的角度，认真对待供应商的询问，并依法、及时、准确、实事求是地做好答复工作。需要注意的是，只有供应商依法提出的询问，采购人或者采购代理机构才有义务如期作出答复。

供应商提出的询问或者质疑超出采购人对采购代理机构委托授权范围的，采购代理机构应当告知供应商向采购人提出。此规定强调了采购代理机构只能在采购人委托授权范围内答复供应商提出的询问或质疑，对超出采购人委托授权范围的询问或者质疑，采购代理机构不得越权答复，并告知供应商向采购人提出。

政府采购评审专家应当配合采购人或者采购代理机构答复供应商的询问和质疑。明确了政府采购评审专家配合采购人或者采购代理机构答复供应商询问和质疑的法定义务。

2. 质疑时效期间的起算

《政府采购法》第五十二条规定的供应商应知其权益受到损害之日："对可以质疑的采购文件提出质疑的，为收到采购文件之日或者采购文件公告期限届满之日；对采购过程提出质疑的，为各采购程序环节结束之日；对中标或者成交结果提出质疑的，为中标或者成交结果公告期限届满之日。"

设定质疑时效的目的和意义：政府采购活动是一个连续不断的过程，供应商如果认为采购文件、采购过程和中标、成交结果使自己的权益受到损害，应当及时提出质疑；否则，就可能给采购过程的连续性带来不利影响。同时，供应商及时提出质疑，在质疑事项成立的情况下，采购人或采购代理机构还能及时地依法纠正，从而避免供应商的合法权益受到进一步的损害乃至无可挽回。

3. 对供应商提起质疑、投诉的要求

供应商投诉的事项不得超出已质疑事项的范围。这一规定是对《政府采购法》有关质疑是投诉的前置程序这一原则的细化。将质疑作为投诉的前置程序，主要考虑：一是鼓励供应商与采购人、采购代理机构通过自主协商快速解决争议；二是减轻行政负担，以便财政部门有效利用有限的行政资源处理质疑程序无法解决的重大、复杂事项。

质疑前置原则包含以下两层含义：第一，供应商只有在向采购人、采购代理机构提出质疑，并且对采购人、采购代理机构的答复不满意或者采购人、采购代理机构逾期未答复的，才可以向同级财政部门投诉。第二，供应商投诉的事项必须是已经过质疑的事项。

4. 特定情形的投诉处理

（1）恶意投诉的处理。

投诉人捏造事实、提供虚假材料或者以非法手段取得证明材料进行投诉的，财政部门应当予以驳回。

投诉人无端捏造事实、提供虚假证明材料进行投诉是实践中最常见的恶意投诉情形之一。而投诉人捏造事实、提供虚假证明材料进行投诉，不仅损害被投诉人和与投诉事项有关的其他当事人的合法权益，而且可能损害国家利益和社会公共利益。更严重的是，捏造事实、提供虚假证明材料具有明显的主观恶意，在性质上属于"诬告"，必须坚决加以遏制。

投诉人以非法手段取得证明材料进行投诉，最常见的表现形式是，投诉人采用不正当手段从采购人、采购代理机构或者评审专家处获取政府采购活动中依法应当保密的有关信息和资料，然后以此为依据进行投诉。

需要说明的是：对于以上两类恶意投诉的情形，其行为后果并不仅限于驳回投诉。为了有效遏制恶意投诉，《政府采购法实施条例》第七十三条还专门规定了这类行为的法律责任："供应商捏造事实、提供虚假材料或者以非法手段取得证明材料进行投诉的，由财政部门列入不良行为记录名单，禁止其1至3年内参加政府采购活动。"

如果投诉符合法律法规规定的形式要件和内容要件，财政部门予以受理后，经过调查核实判断出属于上述两类情形的恶意投诉的，财政部门应当书面作出驳回投诉的处理决定。

（2）撤回投诉的处理。

财政部门受理投诉后，投诉人书面申请撤回投诉的，财政部门应当终止投诉处理程序。需要注意的是：一是投诉人撤回投诉必须采用书面形式，如果投诉人口头作出撤回投诉表示的，财政部门应当告知其书面提出，否则不能按撤回投诉处理。二是只要投诉人书面申请撤回投诉，财政部门就应当终止投诉处理程序。

4.3 《建设工程质量管理条例》

《建设工程质量管理条例》（中华人民共和国国务院令第279号），经2000年1月10日国务院第25次常务会议通过，2000年1月30日发布起施行。2017年10月7日《国务院关于修改部分行政法规的决定》第一次修订，2019年4月23日《国务院关于修改部分行政法规的决定》第二次修订。

4.3.1 总则

1. 立法目的和立法依据

《建设工程质量管理条例》第一条明确了立法目的：即为了加强对建设工程质量的管理，保证建设工程质量，保护人民生命和财产安全。

立法依据：《建筑法》。《建设工程质量管理条例》是《建筑法》颁布实施后制定的第一部配套的行政法规，也是我国第一部建设工程质量条例。

2. 适用范围

《建设工程质量管理条例》第二条规定："凡在中华人民共和国境内从事建设工程新建、扩建、改建的活动以及对建设工程质量进行监督管理的活动。本条例所称建设工程，是指土木工程、建筑工程、线路管道和设备安装工程及装修工程。"

对于建设工程活动来讲，无论投资主体是谁，也无论建设工程项目的种类，只要在中华人民共和国境内实施，都要遵守《建设工程质量管理条例》。

《建设工程质量管理条例》中的建设工程是指土木工程、建筑工程、线路管道、设备安装工程及装修工程。这里所指的土木工程包括矿山、铁路、公路、隧道、桥梁、堤坝、电站、码头、飞机场、运动场、营造林、海洋平台等工程;建筑工程是指房屋建筑工程,即有顶盖、梁柱、墙壁、基础以及能够形成内部空间,满足人们生产、生活、公共活动的工程实体,包括厂房、剧院、旅馆、商店、学校、医院和住宅等工程;线路、管道和设备安装工程包括电力、通信线路、石油、燃气、给水、排水、供热等管道系统和各类机构设备、装置的安装活动;装修工程包括对建筑物内、外进行以美化、舒适化、增加使用功能为目的工程建设活动。

3. 政府管理部门和各类建设主体必须遵守基本建设程序

《建设工程质量管理条例》第五条规定:"从事建设工程活动,必须严格执行基本建设程序,坚持先勘察、后设计、再施工的原则。"

县级以上人民政府及其有关部门不得超越权限审批建设项目或者擅自简化基本建设程序。

基本建设程序一般包括:(1)项目建议书,主要从宏观上衡量项目建设的必要性,评估其是否符合国家的长远方针和产业政策,同时初步分析建设的可行性。(2)可行性研究,它是运用多种科学成果和手段,对建设项目在技术、工程、经济、社会和外部协作条件等必要性、可行性、合理性进行全面论证分析,作多方案比选,推荐最佳方案,为决策提供科学依据。(3)立项审批,投资主管部门根据可行性研究报告和国家经济政策,作立项审批,列入国家固定资产投资计划。(4)规划审批,在城市规划区内的项目要向规划部门申请定点,核定其用地位置和界限,提供规划设计条件,核发建设用地规划许可证。(5)勘察,获取拟建项目的水文地质资料。(6)设计,根据立项审批的设计任务书和勘察结果编制设计文件。(7)施工,是将投资转化为现实生产力的实施阶段。(8)验收和交付,全面检查设计和施工质量,及时发现解决问题,保证按设计要求的技术经济指标正常生产,并分析概预算执行情况,考核投资效果各项指标,移交固定资产等。在以上每一个程序内,又包含若干子程序,如在设计环节,就有方案设计阶段、初步设计阶段、施工图设计阶段、设计审查等;在施工环节,就包含《招标投标法》中规定的招标投标的程序,即从招标、投标、评标、定标到签订合同等,还有《建筑法》中规定的建筑工程开工前,建设单位应当按照国家规定申请领取施工许可证的程序等。这些程序和规则,在进行工程建设的过程中都要必须严格遵守的。

工程建设活动按照基本建设程序进行,对于保证建设工程质量起着两个方面的作用:一是使工程建设建立在可靠的可行性研究、勘察、设计工作的基础上,从而保证建设工程质量;二是使政府的监督管理能够得到落实。建设程序除了建设过程的自然要求,也反映了政府有关部门管理要求,遵守基本建设程序,实际上也是在接受政府有关部门的监督管理,从而保证建设工程质量。

4.3.2 建设单位的质量责任和义务

1. 建设单位应当依法发包

(1)建设单位应当将工程发包给具有相应资质等级的单位。建设单位不得将建设工程肢解发包。

根据《建筑法》相关规定，承包建筑工程的单位应当持有依法取得的资质证书，并在其资质等级许可的业务范围内承揽工程。

禁止建筑施工企业超越本企业资质等级许可的业务范围或者以任何形式用其他建筑施工企业的名义承揽工程。禁止建筑施工企业以任何形式允许其他单位或者个人使用本企业的资质证书、营业执照，以本企业的名义承揽工程。

（2）建设单位应当依法对工程建设项目的勘察、设计、施工、监理以及与工程建设有关的重要设备、材料等的采购进行招标。

建设单位应当按照《招标投标法》《招标投标法实施条例》《必须招标的工程项目规定》等相关规定对工程建设项目的勘察、设计、施工、监理以及与工程建设有关的重要设备、材料等的采购进行招标。

（3）建设工程发包单位，不得迫使承包方以低于成本的价格竞标，不得任意压缩合理工期。建设单位不得明示或者暗示设计单位或者施工单位违反工程建设强制性标准，降低建设工程质量。

按照国家有关规定，保证结构完全和功能的标准大多数属强制性标准。强制性标准包括：工程建设勘察、规划、设计、施工（包括安装）及验收等通用的综合标准和重要的通用的质量标准；工程建设通用的有关安全、卫生和环境保护的标准；工程建设重要的通用术语、符号、代号、量与单位、建筑模数和制图方法标准；工程建设重要的通用试验、检验和评定方法等标准；工程建设重要的通用信息技术标准；国家需要控制的其他工程建设通用的标准。

强制性标准是保证建设工程结构安全可靠的基础性要求，违反了这类标准，必然会给建设工程带来重大质量隐患。在实践中，一些建设单位为了自身的经济利益，明示或暗示承包单位违反强制性标准的要求，降低了工程质量标准，如要求设计单位减少层高，增大容积率；要求施工单位采用建设单位采购的不合格材料设备等，这种行为是法律所不允许的。

强制性标准以外的标准是推荐性标准。对于这类标准，甲乙双方可根据情况选用，并在合同中约定，一经约定，甲乙双方在勘察、设计、施工中也要严格执行。

2. 建设单位对实行监理的建设工程质量责任和义务

建设单位应当委托具有相应资质等级的工程监理单位进行监理，也可以委托具有工程监理相应资质等级并与被监理工程的施工承包单位没有隶属关系或者其他利害关系的该工程的设计单位进行监理。

下列建设工程必须实行监理：

① 国家重点建设工程。
② 大中型公用事业工程。
③ 成片开发建设的住宅小区工程。
④ 利用外国政府或者国际组织贷款、援助资金的工程。
⑤ 国家规定必须实行监理的其他工程。

必须实行监理的建设工程一般由国家投资，或由国家担保的外资投资，与国民经济发展和人民生活关系密切，必须强制实行监理。强制监理工程具体标准的划分，将由国务院建设行政主管部门报国务院批准后颁布执行。

3. 建设单位的其他质量责任和义务

(1) 建设单位必须向有关的勘察、设计、施工、工程监理等单位提供与建设工程有关的原始资料。原始资料必须真实、准确、安全。

(2) 建设单位在开工前，应当按照国家有关规定办理工程质量监督手续，工程质量监督手续可以与施工许可证或者开工报告合并办理。

(3) 按照合同约定，由建设单位采购建筑材料、建筑构配件和设备的，建设单位应当保证建筑材料、建筑构配件和设备符合设计文件和合同要求。建设单位不得明示或者暗示施工单位使用不合格的建筑材料、建筑构配件和设备。

(4) 涉及建筑主体和承重结构变动的装修工程，建设单位应当在施工前委托原设计单位或者具有相应资质等级的设计单位提出设计方案；没有设计方案的，不得施工。房屋建筑使用者在装修过程中，不得擅自变动房屋建筑主体和承重结构。

(5) 建设单位收到建设工程竣工报告后，应当组织设计、施工、工程监理等有关单位进行竣工验收。

(6) 建设单位应当严格按照国家有关档案管理的规定，及时收集、整理建设项目各环节的文件资料，建立、健全建设项目档案，并在建设工程竣工验收后，及时向建设行政主管部门或者其他有关部门移交建设项目档案。

4.3.3 勘察、设计单位的质量责任和义务

1. 勘察、设计单位应当依法取得资质证书

从事建设工程勘察、设计的单位应当依法取得相应等级的资质证书，并在其资质等级许可的范围内承揽工程。

禁止勘察、设计单位超越其资质等级许可的范围或者以其他勘察、设计单位的名义承揽工程。禁止勘察、设计单位允许其他单位或者个人以本单位名义承揽工程。

勘察、设计单位不得转包或者违法分包所承揽的工程。

《建筑法》第十三条规定："从事建筑活动的建筑施工企业、勘察单位、设计单位和工程监理单位，按照其拥有的注册资本、专业技术人员、技术装备和已完成的建筑工程业绩等资质条件，划分为不同的资质等级，经资质审查合格，取得相应等级的资质证书后，方可在其资质等级许可的范围内从事建筑活动。"

根据《建设工程勘察设计资质管理规定》，工程勘察资质分为工程勘察综合资质、工程勘察专业资质、工程勘察劳务资质。

工程勘察综合资质只设甲级；工程勘察专业资质设甲级、乙级，根据工程性质和技术特点，部分专业可以设丙级；工程勘察劳务资质不分等级。

取得工程勘察综合资质的企业，可以承接各专业（海洋工程勘察除外）、各等级工程勘察业务；取得工程勘察专业资质的企业，可以承接相应等级相应专业的工程勘察业务；取得工程勘察劳务资质的企业，可以承接岩土工程治理、工程钻探、凿井等工程勘察劳务业务。

工程设计资质分为工程设计综合资质、工程设计行业资质、工程设计专业资质和工程设计专项资质。

工程设计综合资质只设甲级；工程设计行业资质、工程设计专业资质、工程设计专项资质设甲级、乙级。

根据工程性质和技术特点，个别行业、专业、专项资质可以设丙级，建筑工程专业资质可以设丁级。取得工程设计综合资质的企业，可以承接各行业、各等级的建设工程设计业务；取得工程设计行业资质的企业，可以承接相应行业相应等级的工程设计业务及本行业范围内同级别的相应专业、专项（设计施工一体化资质除外）工程设计业务；取得工程设计专业资质的企业，可以承接本专业相应等级的专业工程设计业务及同级别的相应专项工程设计业务（设计施工一体化资质除外）；取得工程设计专项资质的企业，可以承接本专项相应等级的专项工程设计业务。

2. 勘察、设计单位的质量成果要求

（1）勘察、设计单位必须按照工程建设强制性标准进行勘察、设计，并对其勘察、设计的质量负责。

注册建筑师、注册结构工程师等注册执业人员应当在设计文件上签字，对设计文件负责。

（2）勘察单位提供的地质、测量、水文等勘察成果必须真实、准确。

工程勘察工作是建设工程的基础工作，工程勘察成果文件是设计和施工的基础资料和重要依据，真实准确的勘察成果对设计和施工的安全性和是否保守浪费有直接的影响，因此工程勘察成果必须真实准确、安全可靠、经济合理。

（3）设计单位应当根据勘察成果文件进行建设工程设计。设计文件应当符合国家规定的设计深度要求，注明工程合理使用年限。

工程合理使用年限是指从工程竣工验收合格之日起，工程的地基基础、主体结构能保证在正常情况下安全使用的年限。建设工程的承包人应当在该建设工程合理使用年限内对工程的质量承担责任，工程勘察、设计单位要在此期间对因工程勘察、设计的原因而造成的质量问题负责相应的责任，因此可以说工程合理使用年限也就是勘察、设计单位的责任年限。

具体各类建设工程的合理使用年限，要根据建筑物、设备的结构、使用功能、所处的自然环境等因素，由有关技术部门作出判断，有关部门目前正在加紧研究制定相关规定。以建筑为例，根据《民用建筑设计通则》，一般认为按民用建筑的主体结构确定的建筑耐久年限分为四级：一级耐久年限为 100 年以上，适用于重要的建筑和高层建筑（指 10 层以上住宅建筑、总高度超过 24 米的公共建筑及综合性建筑）；二级耐久年限为 50~100 年，适用于一般建筑；三级耐久年限为 25~50 年，适用于次要建筑；四级耐久年限为 15 年以下，适用于临时性建筑，其中耐久年限即工程合理使用年限。建设单位有低于或高于工程合理使用年限的要求，应在合同中予以明确。

（4）设计单位在设计文件中选用的建筑材料、建筑构配件和设备，应当注明规格、型号、性能等技术指标，其质量要求必须符合国家规定的标准。除有特殊要求的建筑材料、专用设备、工艺生产线等外，设计单位不得指定生产厂、供应商。

《建筑法》第五十七条规定："建筑设计单位对设计文件选用的建筑材料、建筑构配件和设备，不得指定生产厂、供应商"。《反不正当竞争法》规定："公用企业或者其他依法具有独立地位的经营者，不得限定他人购买其指定的经营者的商品，以排挤其他经营者的公平竞争。"设计有在设计文件中注明所选用的建筑材料、建筑构配件和设备的规格、型号、性能等技术指标的权利,但若滥用权利则会限制建设单位或施工单位在材料采购上的自主权,出现质量问题后容易扯皮,同时也限制了其他建筑材料、建筑构配件和设备厂商的平等竞争权,妨碍了公平竞争,另外指定产品往往会和回扣等腐败行为相联系,收受回扣后设计参观往往难以对产品的质量和性能有正确的评价,这对工程的质量是有害的。因此,《建设工程质量管理条例》规定,除了特殊要求的建筑材料、专用设备、工艺生产线等外,设计单位不得指定生产厂、供应商。

(5) 设计单位应当就审查合格的施工图设计文件向施工单位作出详细说明。

(6) 设计单位应当参与建设工程质量事故分析,并对因设计造成的质量事故,提出相应的技术处理方案。

4.3.4 施工单位的质量责任和义务

1. 施工单位应当依法取得资质证书

施工单位应当依法取得相应等级的资质证书,并在其资质等级许可的范围内承揽工程。

禁止施工单位超越本单位资质等级许可的业务范围或者以其他施工单位的名义承揽工程。禁止施工单位允许其他单位或者个人以本单位的名义承揽工程。

施工单位不得转包或者违法分包工程。

《建筑业企业资质管理规定》所称建筑业企业,是指从事土木工程、建筑工程、线路管道设备安装工程的新建、扩建、改建等施工活动的企业。

根据《建筑业企业资质管理规定》,建筑业企业资质分为施工总承包、专业承包和施工劳务3个序列。其中施工总承包序列设有12个类别,一般分为4个等级(特级、一级、二级、三级);专业承包序列设有36个类别,一般分为3个等级(一级、二级、三级);施工劳务序列不分类别和等级。

施工总承包工程应由取得相应施工总承包资质的企业承担。取得施工总承包资质的企业可以对所承接的施工总承包工程内各专业工程全部自行施工,也可以将专业工程依法进行分包。对设有资质的专业工程进行分包时,应分包给具有相应专业承包资质的企业。施工总承包企业将劳务作业分包时,应分包给具有施工劳务资质的企业。

设有专业承包资质的专业工程单独发包时,应由取得相应专业承包资质的企业承担。取得专业承包资质的企业可以承接具有施工总承包资质的企业依法分包的专业工程或建设单位依法发包的专业工程。取得专业承包资质的企业应对所承接的专业工程全部自行组织施工,劳务作业可以分包,但应分包给具有施工劳务资质的企业。

取得施工劳务资质的企业可以承接具有施工总承包资质或专业承包资质的企业分包的劳务作业。

取得施工总承包资质的企业,可以从事资质证书许可范围内的相应工程总承包、工程项目管理等业务。

2. 施工单位对建设工程的质量责任

(1) 施工单位对建设工程的施工质量负责。施工单位应当建立质量责任制,确定工程项目的项目经理、技术负责人和施工管理负责人。

建设工程实行总承包的,总承包单位应当对全部建设工程质量负责;建设工程勘察、设计、施工、设备采购的一项或者多项实行总承包的,总承包单位应当对其承包的建设工程或者采购的设备的质量负责。

(2) 总承包单位依法将建设工程分包给其他单位的,分包单位应当按照分包合同的约定对其分包工程的质量向总承包单位负责,总承包单位与分包单位对分包工程的质量承担连带责任。

(3) 施工单位必须按照工程设计图纸和施工技术标准施工,不得擅自修改工程设计,不得偷工减料。

施工单位在施工过程中发现设计文件和图纸有差错的,应当及时提出意见和建议。

(4) 施工单位必须按照工程设计要求、施工技术标准和合同约定,对建筑材料、建筑构配件、设备和商品混凝土进行检验,检验应当有书面记录和专人签字;未经检验或者检验不合格的,不得使用。

(5) 施工单位必须建立、健全施工质量的检验制度,严格工序管理,做好隐蔽工程的质量检查和记录。隐蔽工程在隐蔽前,施工单位应当通知建设单位和建设工程质量监督机构。

(6) 施工人员对涉及结构安全的试块、试件以及有关材料,应当在建设单位或者工程监理单位监督下现场取样,并送具有相应资质等级的质量检测单位进行检测。

(7) 施工单位对施工中出现质量问题的建设工程或者竣工验收不合格的建设工程,应当负责返修。

(8) 施工单位应当建立、健全教育培训制度,加强对职工的教育培训;未经教育培训或者考核不合格的人员,不得上岗作业。

4.3.5 工程监理单位的质量责任和义务

1. 工程监理单位应当依法取得资质证书

工程监理单位应当依法取得相应等级的资质证书,并在其资质等级许可的范围内承担工程监理业务。

禁止工程监理单位超越本单位资质等级许可的范围或者以其他监理单位的名义承担工程监理业务。禁止工程监理单位允许其他单位或者个人以本单位的名义承担工程监理业务。

工程监理单位不得转让工程监理业务。

根据《工程监理企业资质管理规定》,监理企业资质分为综合资质、专业资质和事务所资质。其中,专业资质按照工程性质和技术特点划分为若干工程类别。

综合资质、事务所资质不分级别。专业资质分为甲级、乙级;其中,房屋建筑、水利水电、公路和市政公用专业资质可设立丙级。

工程监理企业资质相应许可的业务范围如下:

综合资质,即可以承担所有专业工程类别建设工程项目的工程监理业务。

专业甲级资质,即可承担相应专业工程类别建设工程项目的工程监理业务。

专业乙级资质,即可承担相应专业工程类别二级以下(含二级)建设工程项目的工程监理业务。

专业丙级资质，即可承担相应专业工程类别三级建设工程项目的工程监理业务。

事务所资质，即可承担三级建设工程项目的工程监理业务，但是，国家规定必须实行强制监理的工程除外。

工程监理企业可以开展相应类别建设工程的项目管理、技术咨询等业务。

2. 工程监理企业的其他质量责任和义务

（1）工程监理单位与被监理工程的施工承包单位以及建筑材料、建筑构配件和设备供应单位有隶属关系或者其他利害关系的，不得承担该项建设工程的监理业务。

（2）工程监理单位应当依照法律、法规以及有关技术标准、设计文件和建设工程承包合同，代表建设单位对施工质量实施监理，并对施工质量承担监理责任。

（3）工程监理单位应当选派具备相应资格的总监理工程师和监理工程师进驻施工现场。未经监理工程师签字，建筑材料、建筑构配件和设备不得在工程上使用或者安装，施工单位不得进行下一道工序的施工。未经总监理工程师签字，建设单位不拨付工程款，不进行竣工验收。

（4）监理工程师应当按照工程监理规范的要求，采取旁站、巡视平行检验等形式，对建设工程实施监理。

4.3.6　建设工程质量保修

建设工程实行质量保修制度。

在正常使用条件下，建设工程的最低保修期限为：

基础设施工程、房屋建筑的地基基础工程和主体结构工程，为设计文件规定的该工程的合理使用年限。

屋面防水工程、有防水要求的卫生间、房间和外墙面的防渗漏，为5年。

供热与供冷系统，为2个采暖期、供冷期。

电气管线、给排水管道、设备安装和装修工程，为2年。

其他项目的保修期限由发包方与承包方约定。

建设工程的保修期，自竣工验收合格之日起计算。

4.3.7　监督管理

国家实行建设工程质量监督管理制度。

4.4　《建设工程安全生产管理条例》

《建设工程安全生产管理条例》经2003年11月12日国务院第28次常务会议通过，根据《建筑法》《中华人民共和国安全生产法》制定，由国务院于2003年11月24日发布，自2004年2月1日起施行。

4.4.1 总则

1. 立法目的和立法依据

《建设工程安全生产管理条例》第一条规定:"为了加强建设工程安全生产监督管理,保障人民群众生命和财产安全,根据《建筑法》和《中华人民共和国安全生产法》(以下简称《安全生产法》),制定本条例。"

制定《建设工程安全生产管理条例》是为了解决建设工程实践中存在的突出问题,加强对建设工程安全生产的监督管理,保障人民群众生命和财产安全。条例所确立的制度和措施也正是围绕这一目的而设定的。明确这一点,对于理解整个条例的内涵和精神,从而在实践中更好地贯彻、执行条例,都会起到很好的作用。

《建设工程安全生产管理条例》的立法依据是《建筑法》和《安全生产法》。两部法律结合建设工程安全生产的特点和现实情况,提高安全生产的管理水平,能够落到实处。

2. 适用范围

《建设工程安全生产管理条例》第二条明确了适用范围:"在中华人民共和国境内从事建设工程的新建、扩建、改建和拆除等有关活动及实施对建设工程安全生产的监督管理,必须遵守本条例。本条例所称建设工程,是指土木工程、建筑工程、线路管道和设备安装工程及装修工程。"

适用范围包括地域范围、行为适用范围等方面内容。

地域适用范围,即指中华人民共和国境内,也就是我国除香港、澳门、台湾以外的所有区域。

行为适用范围包括两个方面:一是从事建设工程的新建、扩建、改建和拆除等有关活动,在这些活动中都存在安全生产问题。二是政府及其有关部门实施对建设工程安全生产的监督管理活动。

《建设工程安全生产管理条例》所称建设工程,是指土木工程、建筑工程、线路管道和设备安装工程及装修工程。这里的土木工程包括铁路、公路、隧道、桥梁、堤坝、电站、码头、飞机场等工程。建筑工程是指房屋建筑工程,即有顶盖、梁柱、墙壁、基础以及能够形成内部空间,满足人们生产、生活、公共活动的工程实体,包括厂房、剧院、旅馆、商店、学校、医院和住宅等工程;线路管道和设备安装工程包括电力、通信、石油、燃气、给水、排水、供热等管道系统和各类机械设备、装置的安装活动;装修工程包括对建筑物内、外进行以美化、舒适化、增加使用功能为目的的工程建设活动。需要说明的是,这里的装修工程,是指需要领取施工许可证或者有开工报告的装修工程,条例所确立的制度也是适用这些装修工程,不包括一般的家庭装修。一般家庭装修活动中的质量安全按照其他有关法律、法规的规定执行。

3. 安全生产指导方针

《建设工程安全生产管理条例》第三条规定:"建设工程安全生产管理,坚持安全第一、预防为主的方针。"

建设工程的安全生产关系到人民群众的生命和财产安全,"安全第一、预防为主"

的方针,是我国长期安全生产工作经验的总结,建设工程的安全生产管理也必须坚持此方针。

4. 与工程建设活动有关单位的安全责任的规定

《建设工程安全生产管理条例》第四条规定:"建设单位、勘察单位、设计单位、施工单位、工程监理单位及其他与建设工程安全生产有关的单位,必须遵守安全生产法律、法规的规定,保证建设工程安全生产,依法承担建设工程安全生产责任。"

参与工程建设活动主体的义务,就是必须遵守安全生产法律、法规的规定,保证建设工程安全生产,参与工程建设活动的主体依法承担建设工程安全生产责任。

4.4.2 建设单位的安全责任

《建设工程安全生产管理条例》对建设单位在建设工程活动中应当承担的安全责任作了规定。建设工程安全生产主要是指施工过程中的安全生产,在施工现场是由施工单位负责,但鉴于建设单位的特殊地位和作用,它的行为对建设工程安全生产有着重大影响。长期以来,对建设单位的监督管理一直不够重视,对它的安全责任也没有明确规定,由于建设单位的不规范行为,直接或者间接地导致安全事故的发生,是有着惨痛教训的。因此,本章对建设单位的安全责任作了明确、详细的规定:一是建设单位必须向施工单位提供有关资料,并保证资料的真实、准确、完整。二是建设单位要执行法律、法规、强制性标准和合同的规定,以及在施工活动中进行干预的限制。三是建设单位必须提供安全生产费用。四是禁止建设单位明示或者暗示施工单位购买、租赁和使用不合格的产品。五是建设单位在申请领取施工许可证时,要报送有关安全施工的资料。六是对拆除工程的施工安全作出了规定。

(1) 建设单位应当向施工单位提供施工现场及毗邻区域内供水、排水、供电、供气、供热、通信、广播电视等地下管线资料,气象和水文观测资料,相邻建筑物和构筑物、地下工程的有关资料,并保证资料的真实、准确、完整。

(2) 建设单位不得对勘察、设计、施工、工程监理等单位提出不符合建设工程安全生产法律、法规和强制性标准规定的要求,不得压缩合同约定的工期。

(3) 建设单位在编制工程概算时,应当确定建设工程安全作业环境及安全施工措施所需费用。

(4) 建设单位不得明示或者暗示施工单位购买、租赁、使用不符合安全施工要求的安全防护用具、机械设备、施工机具及配件、消防设施和器材。

(5) 建设单位在申请领取施工许可证时,应当提供建设工程有关安全施工措施的资料。依法批准开工报告的建设工程,建设单位应当自开工报告批准之日起 15 日内,将保证安全施工的措施报送建设工程所在地的县级以上地方人民政府建设行政主管部门或者其他有关部门备案。

(6) 建设单位应当将拆除工程发包给具有相应资质等级的施工单位。

建设单位应当在拆除工程施工 15 日前,将下列资料报送建设工程所在地的县级以上地方人民政府建设行政主管部门或者其他有关部门备案:施工单位资质等级证明;拟拆除建筑物、构筑物及可能危及毗邻建筑的说明;拆除施工组织方案;堆放、清除废弃物的措施。

实施爆破作业的,应当遵守国家有关民用爆炸物品管理的规定。

4.4.3 勘察、设计、工程监理及其他有关单位的安全责任

《建设工程安全生产管理条例》规定了勘察单位、设计单位、工程监理单位以及其他与建设工程有关的单位的安全责任。安全生产是一个系统工程,在施工现场由施工单位总负责,但与施工安全有关的,不仅仅是施工单位,从生产安全事故的原因分析,不少是与其他单位工作有关的。因此,《建设工程安全生产管理条例》对这些与建设工程安全生产有关的单位的安全责任都作了规定:一是工程勘察是保证建设项目安全的前提条件,因此勘察单位要保证勘察文件的真实、准确,并要保证勘察作业中的安全。二是工程设计是工程建设活动中最关键的环节,设计单位应当按照法律、法规和工程建设强制性标准进行设计;要在设计中考虑安全施工的要求;采用新结构、新材料、新工艺的和特殊结构的建设工程,设计单位应当在设计中提出生产安全事故的措施建议,设计单位和注册建筑师等注册执业人员应当对其设计负责。三是工程监理单位要严格执行《建设工程监理规范》,根据业主的委托,对工程的施工进行全面的监督和管理,即对所监理工程项目的质量、进度、造价进行全面控制,对合同和信息的管理以及对工程项目参与各方进行组织协调工作等,这样有利于控制和减少安全生产事故,监理单位及监理工程师要承担安全监理的责任。四是提供机械设备和配件的单位要保证有关安全的设施和装置是齐全有效的。五是出租单位应当提供合格的机械设备和施工机具及配件,并出具检测合格证明。六是拆装单位要保证拆装过程中的安全,并应当进行自检,合格后方能使用。七是确立了施工起重机械和自升式架设设施的检测制度,并明确了检测机构的安全责任。

1. 勘察单位的安全责任

勘察单位应当按照法律、法规和工程建设强制性标准进行勘察,提供的勘察文件应当真实、准确,满足建设工程安全生产的需要。

勘察单位在勘察作业时,应当严格执行操作规程,采取措施保证各类管线、设施和周边建筑物、构筑物的安全。

2. 设计单位的安全责任

设计单位应当按照法律、法规和工程建设强制性标准进行设计,防止因设计不合理导致生产安全事故的发生。

设计单位应当考虑施工安全操作和防护的需要,对涉及施工安全的重点部位和环节在设计文件中注明,并对防范生产安全事故提出指导意见。

采用新结构、新材料、新工艺的建设工程和特殊结构的建设工程,设计单位应当在设计中提出保障施工作业人员安全和预防生产安全事故的措施建议。

设计单位和注册建筑师等注册执业人员应当对其设计负责。

3. 工程监理单位的安全责任

工程监理单位应当审查施工组织设计中的安全技术措施或者专项施工方案是否符合工程建设强制性标准。

工程监理单位在实施监理过程中,发现存在安全事故隐患的,应当要求施工单位整

改；情况严重的，应当要求施工单位暂时停止施工，并及时报告建设单位。施工单位拒不整改或者不停止施工的，工程监理单位应当及时向有关主管部门报告。

工程监理单位和监理工程师应当按照法律、法规和工程建设强制性标准实施监理，并对建设工程安全生产承担监理责任。

4. 其他有关单位的安全责任

为建设工程提供机械设备和配件的单位，应当按照安全施工的要求配备齐全有效的保险、限位等安全设施和装置。

出租的机械设备和施工机具及配件，应当具有生产（制造）许可证、产品合格证。出租单位应当对出租的机械设备和施工机具及配件的安全性能进行检测，在签订租赁协议时，应当出具检测合格证明。

禁止出租检测不合格的机械设备和施工机具及配件。

在施工现场安装、拆卸施工起重机械和整体提升脚手架、模板等自升式架设设施，必须由具有相应资质的单位承担。

安装、拆卸施工起重机械和整体提升脚手架、模板等自升式架设设施，应当编制拆装方案、制定安全施工措施，并由专业技术人员现场监督。

施工起重机械和整体提升脚手架、模板等自升式架设设施安装完毕后，安装单位应当自检，出具自检合格证明，并向施工单位进行安全使用说明，办理验收手续并签字。

施工起重机械和整体提升脚手架、模板等自升式架设设施的使用达到国家规定的检验检测期限的，必须经具有专业资质的检验检测机构检测。经检测不合格的，不得继续使用。

检验检测机构对检测合格的施工起重机械和整体提升脚手架、模板等自升式架设设施，应当出具安全合格证明文件，并对检测结果负责。

4.4.4 施工单位的安全责任

建设工程的施工是工程建设的关键环节，施工现场的复杂性、特殊性，决定了建设工程的施工安全不同于其他行业的生产安全，对此需要有针对性制度和措施。《建筑法》第四十五条规定："施工现场安全由建筑施工企业负责。实行施工总承包的，由总承包单位负责。分包单位向总承包单位负责，服从总承包单位对施工现场的安全生产管理。"根据《建筑法》的规定，针对实践中存在的施工现场的主要问题，《建设工程安全生产管理条例》对施工单位的资质条件、安全责任制度、安全教育培训制度、安全资金的保障制度、对作业人员的安全保障措施以及其他安全技术制度等，都作了具体规定。认真贯彻执行本章规定的制度和措施，对于提高建设工程安全生产的水平，减少事故隐患，防止安全事故的发生，有着重要作用。

（1）施工单位从事建设工程的新建、扩建、改建和拆除等活动，应当具备国家规定的注册资本、专业技术人员、技术装备和安全生产等条件，依法取得相应等级的资质证书，并在其资质等级许可的范围内承揽工程。

（2）施工单位主要负责人依法对本单位的安全生产工作全面负责。施工单位应当建立健全安全生产责任制度和安全生产教育培训制度，制定安全生产规章制度和操作规程，保证本单位安全生产条件所需资金的投入，对所承担的建设工程进行定期和专项安全检查，并做好安全检查记录。

施工单位的项目负责人应当由取得相应执业资格的人员担任，对建设工程项目的安全施工负责，落实安全生产责任制度、安全生产规章制度和操作规程，确保安全生产费用的有效使用，并根据工程的特点组织制定安全施工措施，消除安全事故隐患，及时、如实报告生产安全事故。

（3）施工单位对列入建设工程概算的安全作业环境及安全施工措施所需费用，应当用于施工安全防护用具及设施的采购和更新、安全施工措施的落实、安全生产条件的改善，不得挪作他用。

（4）施工单位应当设立安全生产管理机构，配备专职安全生产管理人员。

专职安全生产管理人员负责对安全生产进行现场监督检查。发现安全事故隐患，应当及时向项目负责人和安全生产管理机构报告；对于违章指挥、违章操作的，应当立即制止。

专职安全生产管理人员的配备办法由国务院建设行政主管部门会同国务院其他有关部门制定。

（5）建设工程实行施工总承包的，由总承包单位对施工现场的安全生产负总责。

总承包单位应当自行完成建设工程主体结构的施工。

总承包单位依法将建设工程分包给其他单位的，分包合同中应当明确各自的安全生产方面的权利、义务。总承包单位和分包单位对分包工程的安全生产承担连带责任。

分包单位应当服从总承包单位的安全生产管理，分包单位不服从管理导致生产安全事故的，由分包单位承担主要责任。

（6）垂直运输机械作业人员、安装拆卸工、爆破作业人员、起重信号工、登高架设作业人员等特种作业人员，必须按照国家有关规定经过专门的安全作业培训，并取得特种作业操作资格证书后，方可上岗作业。

（7）施工单位应当在施工组织设计中编制安全技术措施和施工现场临时用电方案，对下列达到一定规模的危险性较大的分部分项工程编制专项施工方案，并附具安全验算结果，经施工单位技术负责人、总监理工程师签字后实施，由专职安全生产管理人员进行现场监督：基坑支护与降水工程；土方开挖工程；模板工程；起重吊装工程；脚手架工程；拆除、爆破工程；国务院建设行政主管部门或者其他有关部门规定的其他危险性较大的工程。

对上述所列工程中涉及深基坑、地下暗挖工程、高大模板工程的专项施工方案，施工单位还应当组织专家进行论证、审查。

达到一定规模的危险性较大工程的标准，由国务院建设行政主管部门会同国务院其他有关部门制定。

（8）建设工程施工前，施工单位负责项目管理的技术人员应当对有关安全施工的技术要求向施工作业班组、作业人员作出详细说明，并由双方签字确认。

（9）施工单位应当在施工现场入口处、施工起重机械、临时用电设施、脚手架、出入通道口、楼梯口、电梯井口、孔洞口、桥梁口、隧道口、基坑边沿、爆破物及有害危险气体和液体存放处等危险部位，设置明显的安全警示标志。安全警示标志必须符合国家标准。

施工单位应当根据不同施工阶段和周围环境及季节、气候的变化，在施工现场采取相应的安全施工措施。施工现场暂时停止施工的，施工单位应当做好现场防护，所需费用由责任方承担，或者按照合同约定执行。

（10）施工单位应当将施工现场的办公、生活区与作业区分开设置，并保持安全距离；办公、生活区的选址应当符合安全性要求。职工的膳食、饮水、休息场所等应当符合卫生标准。施工单位不得在尚未竣工的建筑物内设置员工集体宿舍。

施工现场临时搭建的建筑物应当符合安全使用要求。施工现场使用的装配式活动房屋应当具有产品合格证。

（11）施工单位对因建设工程施工可能造成损害的毗邻建筑物、构筑物和地下管线等，应当采取专项防护措施。

施工单位应当遵守有关环境保护法律、法规的规定，在施工现场采取措施，防止或者减少粉尘、废气、废水、固体废物、噪声、振动和施工照明对人和环境的危害和污染。

在城市市区内的建设工程，施工单位应当对施工现场实行封闭围挡。

（12）施工单位应当在施工现场建立消防安全责任制度，确定消防安全责任人，制定用火、用电、使用易燃易爆材料等各项消防安全管理制度和操作规程，设置消防通道、消防水源，配备消防设施和灭火器材，并在施工现场入口处设置明显标志。

（13）施工单位应当向作业人员提供安全防护用具和安全防护服装，并书面告知危险岗位的操作规程和违章操作的危害。

作业人员有权对施工现场的作业条件、作业程序和作业方式中存在的安全问题提出批评、检举和控告，有权拒绝违章指挥和强令冒险作业。

在施工中发生危及人身安全的紧急情况时，作业人员有权立即停止作业或者在采取必要的应急措施后撤离危险区域。

（14）作业人员应当遵守安全施工的强制性标准、规章制度和操作规程，正确使用安全防护用具、机械设备等。

（15）施工单位采购、租赁的安全防护用具、机械设备、施工机具及配件，应当具有生产（制造）许可证、产品合格证，并在进入施工现场前进行查验。

施工现场的安全防护用具、机械设备、施工机具及配件必须由专人管理，定期进行检查、维修和保养，建立相应的资料档案，并按照国家有关规定及时报废。

（16）施工单位在使用施工起重机械和整体提升脚手架、模板等自升式架设设施前，应当组织有关单位进行验收，也可以委托具有相应资质的检验检测机构进行验收；使用承租的机械设备和施工机具及配件的，由施工总承包单位、分包单位、出租单位和安装单位共同进行验收。验收合格的方可使用。

《特种设备安全监察条例》规定的施工起重机械，在验收前应当经有相应资质的检验检测机构监督检验合格。

施工单位应当自施工起重机械和整体提升脚手架、模板等自升式架设设施验收合格之日起 30 日内，向建设行政主管部门或者其他有关部门登记。登记标志应当置于或者附着于该设备的显著位置。

（17）施工单位的主要负责人、项目负责人、专职安全生产管理人员应当经建设行政主管部门或者其他有关部门考核合格后方可任职。

施工单位应当对管理人员和作业人员每年至少进行一次安全生产教育培训，其教育培训情况记入个人工作档案。安全生产教育培训考核不合格的人员，不得上岗。

（18）作业人员进入新的岗位或者新的施工现场前，应当接受安全生产教育培训。未经教育培训或者教育培训考核不合格的人员，不得上岗作业。

施工单位在采用新技术、新工艺、新设备、新材料时，应当对作业人员进行相应的安全生产教育培训。

（19）施工单位应当为施工现场从事危险作业的人员办理意外伤害保险。意外伤害保险费由施工单位支付。实行施工总承包的，由总承包单位支付意外伤害保险费。意外伤害保险期限自建设工程开工之日起至竣工验收合格止。

4.4.5 监督管理

《建设工程安全生产管理条例》规定了有关行政管理部门对建设工程安全生产的监督管理职责和监督管理的要求。

建设工程安全生产关系到人民群众的生命和财产安全，国家应当加强对建设工程安全生产的监督管理。

安全生产工作实施综合监督管理，这是因为安全生产管理工作涉及众多行业，需要一个机构进行总的协调，也对安全生产监督管理工作全面负责。安全生产监督管理部门在履行监督管理检查职责必须依赖于具体的监督管理措施，主要有获得有关文件资料的权力、现场检查的权力、纠正施工中违法的行为权力、事故隐患处理的权力，监督检查的目的是保证生产经营活动正常在安全的情况下进行，作出有关问题的处理应该慎重，严格依法进行，提高人员素质，规范其执法行为。

建设行政主管部门及其他有关部门对有关资料的抄送、安全问题、对严重危及施工安全的工艺、设备、材料实行淘汰制度、建设工程生产安全事故及安全事故隐患的检举、控告和投诉都作了相关规定。

4.4.6 生产安全事故的应急救援和调查处理

安全事故人命关天，任何的拖延和耽误都有可能导致生命和财产安全的扩大。施工生产安全事故多具有突发性、群体性等特点，因此，必须在事故发生以前，未雨绸缪，制定好应急救援的措施，如果施工单位事先根据本单位和施工现场的实际情况，针对可能发生事故的类别、性质、特点和范围等，事先制定当事故发生时有关的组织、技术措施和其他应急措施，做好充分的应急救援准备工作，不但可以采用预防技术和管理手段，降低事故发生的可能性，而且一旦发生事故时，还可以在短时间内组织有效抢救，防止事故扩大，减少人员伤亡和财产损失。

防止和减少生产安全事故，遏制生产安全事故的频繁发生，减少人员伤亡和财产损失，促进安全生产形势的稳定好转，生产安全事故应急预案体系的建立十分迫切和必要。一是通过生产安全事故应急预案的制定，能总结出以往安全生产工作经验和教训，明确工作中的重大问题的工作重点；二是在生产安全事故发生后，事故应急救援体系能保证事故应急救援组织及时行动，并针对性地采取救援措施，防止事故的进一步扩大，减少损失。

发生施工生产安全事故后应采取的相应措施，生产经营单位发生生产安全事故时，单位的主要负责人应当立即组织抢救，并不得在事故调查处理期间擅离职守。

施工单位应当采取措施防止事故扩大，保护事故现场。需要移动现场物品时，应当作出标记和书面记录，妥善保管有关证物。

事故发生单位负责人接到事故报告后，应当立即启动事故相应应急预案，或者采取有效措施，组织抢救，防止事故扩大，减少人员伤亡和财产损失。如对危险化学品泄漏等可能对周边群众和环境产生危害的事故，施工单位应当在向地方政府及有关部门报告的同时，及时向可能受到影响的单位、职工、群众发出预警信息，标明危险区域，组织、协助应急救援队伍救助受害人员，疏散、撤离、安置受到威胁的人员，并采取必要措施防止发生次生、衍生事故。

事故发生后，有关单位和人员应当妥善保护事故现场以及相关证据，任何单位和个人不得破坏事故现场、毁灭相关证据。因抢救人员、防止事故扩大以及疏通交通等原因，需要移动事故现场物件的，应当作出标志，绘制现场简图并作出书面记录，妥善保存现场重要痕迹、物证。

事故现场是追溯判断发生事故原因和事故责任人责任的客观物质基础。如果事故现场保护不好，一些与事故有关的证据难以找到，将直接影响到事故现场的勘察，不便于查明事故原因，从而影响事故调查处理的进度和质量。所以要保护事故现场，要根据事故现场的具体情况和周围环境，划定保护区范围，必要时将事故现场封锁起来，维持现场的原始状态。

事故调查处理应当按照科学严谨、依法依规、实事求是、注重实效的原则，及时、准确地查清事故原因，查明事故性质和责任，总结事故教训，提出整改措施，并对事故责任者提出处理意见。事故调查报告应当依法及时向社会公布。

行政机关制定相关应急救援措施的义务、施工单位制定相关应急救援措施的义务、施工单位制定施工现场应急救援措施的义务、事故报告制度、施工单位现场保护的义务、建设工程安全生产事故的调查处理在本章都有体现。

4.4.7　法律责任

《建设工程安全生产管理条例》对行政管理部门及其工作人员、建设单位、勘察、设计单位、工程监理单位、注册执业人员、提供机械设备和配件的单位以及出租等其他有关单位的违法行为都做了法律责任的规定。

4.5　《保障农民工工资支付条例》

《保障农民工工资支付条例》于2019年12月30日以国务院令第724号公布，于2020年5月1日起施行。

《保障农民工工资支付条例》是我国第一部保障农民工工资权益的专门性法规，彰显了党中央、国务院对保障农民工工资权益的高度重视，是坚持以人民为中心的发展思想的具体实践，是根治欠薪问题、筑牢民生底线、促进社会和谐稳定的重大举措。

4.5.1 总则

1. 立法目的和立法依据

《保障农民工工资支付条例》第一条规定:"为了规范农民工工资支付行为,保障农民工按时足额获得工资,根据《中华人民共和国劳动法》及有关法律规定,特制定本条例。"

立法目的是国家以行政法规的形式确立保障农民工工资支付相关制度想要达到的目标或者要实现的效果,是确立相关机制制度所要遵循的总的指导方针。《保障农民工工资支付条例》最为直接的立法目的可以概括为规范农民工工资支付行为,保障农民工按时足额获得工资。

立法依据有:《中华人民共和国劳动法》是《保障农民工工资支付条例》最主要的上位法依据,《中华人民共和国劳动合同法》《中华人民共和国劳动争议调解仲裁法》《中华人民共和国劳动合同法实施条例》《劳动保障监察条例》等法律、行政法规以及工程建设领域相关法律、行政法规也是本条例制定的重要依据。

2. 适用范围

《保障农民工工资支付条例》第二条是对适用范围的规定,即"保障农民工工资支付,适用本条例。本条例所称农民工,是指为用人单位提供劳动的农村居民。本条例所称工资,是指农民工为用人单位提供劳动后应当获得的劳动报酬"。

3. 农民工按时足额获得工资的权利和应当履行的基本义务的规定

农民工有按时足额获得工资的权利。任何单位和个人不得拖欠农民工工资。

农民工应当遵守劳动纪律和职业道德,执行劳动安全卫生规程,完成劳动任务。

4. 明确政府相关部门、社团组织职责

总则明确政府、相关政府部门、司法机关、社团组织对保障农民工工资支付的管理责任、监督责任、处置责任,依法监管、协作配合,齐抓共治。

4.5.2 工资支付形式及周期

《保障农民工工资支付条例》明确规定了农民工工资支付的形式、方式、周期、支付台账管理。

支付形式与方式:农民工工资应当以货币形式,通过银行转账或者现金支付给农民本人,不得以实物或者有价证券等其他形式替代。

支付周期:实行月、周、日、小时工资制的,按照月、周、日、小时为周期支付工资;实行计件工资制的,工资支付周期由双方依法约定。

支付台账管理:用人单位应当按照工资支付周期编制工资支付台账,并至少保存3年。书面工资支付台账应当包括用人单位名称,支付周期,支付日期,支付对象姓名、身份证号码、联系方式,工作时间,应发工资项目及数额,代扣、代缴、扣除项目和数额,实发工资数额,银行代发工资凭证或者农民工签字等内容。用人单位向农民工支付工资时,应当提供农民工本人的工资清单。

4.5.3 工资清偿

《保障农民工工资支付条例》明确了用人单位的清偿主体责任,在规定用人单位为工资清偿责任主体的基础上,明确了不具备合法经营资格的单位招用农民工、使用违法派遣的农民工、将工作任务发包等特殊情形下的工资清偿责任。另外,对合伙企业、个人独资企业、个体经济组织等组织的出资人的清偿责任作出规定,也规定了注销登记情形下主要出资人的清偿责任。

4.5.4 工程建设领域特别规定

《保障农民工工资支付条例》在工程建设领域的特别规定:一是资金保障制度,规定建设单位未满足施工所需资金安排的,不得开工建设或者颁发施工许可证,建设单位应当向施工单位提供工程款支付担保,要求施工总承包单位按规定存储工资保证金或者以金融机构保函替代工资保证金等。二是资金使用制度,规定农民工工资实行专用账户管理,建设单位将人工费用与其他工程款分账管理,按时单独拨付到农民工工资专用账户,拨付周期不得超过一个月。规定推行分包单位委托施工总承包单位代发工资,施工总承包单位通过农民工工资专用账户直接将工资支付到农民工本人的银行账户。三是农民工管理制度,规定施工总承包单位或者分包单位应当依法与所招用的农民工订立劳动合同并进行实名登记,施工总承包单位应当对分包单位劳动用工实施监督管理,掌握施工现场用工、考勤、工资支付等情况,分包单位直接负责对所招用农民工的管理等。

4.5.5 监督检查

《保障农民工工资支付条例》在监督检查方面作出了一系列规定:明确地方政府的属地监管责任,县级以上地方政府对辖区内保障农民工工资支付工作负责。规定人力资源社会保障部门在保障农民工工资支付工作中承担组织协调、管理指导、监督检查和查处有关案件职责;住房城乡建设、交通运输、水利等部门按照职责履行行业监管责任,督办因违法发包、转包、违法分包、挂靠、拖欠工程款等导致的欠薪案件;明确了发展改革、财政、公安、司法行政等部门相应职责。

比如,规定人力资源社会保障行政部门在查处拖欠农民工工资案件时,经批准可以依法查询相关单位金融账户和相关当事人拥有房产、车辆等情况;人力资源社会保障行政部门对用人单位开展守法诚信等级评价;有关部门建立拖欠农民工工资"黑名单",将用人单位及其法定代表人或者主要负责人、直接负责的主管人员和其他直接责任人员列入失信联合惩戒对象名单,依法依规予以限制;对拖欠农民工工资涉嫌构成拒不支付劳动报酬罪的,及时移送公安机关审查并作出决定。

4.5.6 法律责任

《保障农民工工资支付条例》明确法律责任,加大违法成本。一是对以实物或者有价证券等代替货币支付工资、未编制并保存工资支付台账、未向农民工提供工资清单、扣押或者变相扣押用于支付工资的社会保障卡或者银行卡等违法行为,由人力资源社会保障行政部门责令限期改正;逾期不改正的,在对单位给予罚款的同时,对法定代表人或者主要负责人、直接负责的主管人员和其他直接责任人员给予罚款。二是突出工程建设领域违法行为的法律责任。对施工总承包单位未按规定开设或者使用农民工工资专用账户、未按规定存储工资保证金或者未提供金融机构保函，施工总承包单位、分包单位未实行劳动用工实名制管理，建设单位未依法提供工程款支付担保、未按约定及时足额拨付人工费用，建设单位或者施工总承包单位拒不提供或者无法提供工程施工合同、农民工工资专用账户有关资料等违法行为，规定了责令限期改正、处5万元以上10万元以下罚款，对其中的一些违法行为，还规定了责令项目停工、降低资质等级或者吊销资质证书等处罚。三是明确政府部门监管不到位的责任，促使政府投资行为更加规范。政府投资项目政府投资资金不到位拖欠农民工工资的，由人力资源社会保障行政部门报本级政府批准后，责令限期足额拨付所拖欠的资金；逾期不拨付的，对有关部门负责人进行约谈，必要时进行通报，约谈地方政府负责人；情节严重的，对政府及其有关部门负责人、直接负责的主管人员和其他直接责任人员依法依规给予处分。

4.6 《建筑工程施工发包与承包计价管理办法》

《建筑工程施工发包与承包计价管理办法》经住房城乡建设部第9次部常务会议审议通过，2013年12月11日中华人民共和国住房城乡建设部令第16号发布。该办法共27条，自2014年2月1日起施行。原建设部2001年11月5日发布的《建筑工程施工发包与承包计价管理办法》（建设部令第107号）予以废止。

4.6.1 适用范围

本办法所称建筑工程是指房屋建筑和市政基础设施工程，工程发承包计价包括编制工程量清单、最高投标限价、招标标底、投标报价，进行工程结算，以及签订和调整合同价款等活动。

4.6.2 遵循原则

工程发承包计价应当遵循"公平、合法和诚实信用"的原则。

4.6.3 工程造价咨询

国家推广工程造价咨询制度，对建筑工程项目实行全过程造价管理。

4.6.4 工程量清单计价

全部使用国有资金投资或者以国有资金投资为主的建筑工程（以下简称国有资金投资的建筑工程），应当采用工程量清单计价；非国有资金投资的建筑工程，鼓励采用工程量清单计价。

国有资金投资的建筑工程招标的，应当设有最高投标限价；非国有资金投资的建筑工程招标的，可以设有最高投标限价或者招标标底。

最高投标限价应当依据工程量清单、工程计价有关规定和市场价格信息等编制。招标人设有最高投标限价的，应当在招标时公布最高投标限价的总价，以及各单位工程的分部分项工程费、措施项目费、其他项目费、规费和税金。

最高投标限价及其成果文件,应当由招标人报工程所在地县级以上地方人民政府建设主管部门备案。

4.6.5 投标报价

投标报价应当依据工程量清单、工程计价有关规定、企业定额和市场价格信息等编制。

投标报价不得低于工程成本,不得高于最高投标限价,否则评标委员会应当否决投标人的投标。

对是否低于工程成本报价的异议,评标委员会可以参照国务院建设主管部门和地方人民政府建设主管部门发布的有关规定进行评审。

4.6.6 合同价款及调整方法

招标人与中标人应当根据中标价订立合同。不实行招标投标的工程由发承包双方协商订立合同。合同价款一般包括合同价款约定方式和调整情形、预付工程款、工程进度款、工程竣工价款的支付和结算方式等。

发承包双方在确定合同价款时,应当考虑市场环境和生产要素价格变化的影响。实行工程量清单计价的建筑工程,鼓励发承包双方采用单价方式确定合同价款。

建设规模较小、技术难度较低、工期较短的建筑工程可采用总价方式确定合同价款。

紧急抢险、救灾以及施工技术特别复杂的建筑工程可采用成本加酬金方式确定合同价款。

合同中发生下列情形时合同价款的调整方法:
(1) 法律、法规、规章或者国家有关政策变化影响合同价款的。
(2) 工程造价管理机构发布价格调整信息的。
(3) 经批准变更设计的。
(4) 发包方更改经审定批准的施工组织设计造成费用增加的。
(5) 双方约定的其他因素。

4.6.7 工程款支付及结算

预付工程款按照合同价款或者年度工程计划额度的一定比例确定和支付,并在工程进度款中予以抵扣。

承包方应当按照合同约定向发包方提交已完成工程量报告。发包方收到工程量报告后,应当按照合同约定及时核对并确认。

发承包双方应当按照合同约定,定期或者按照工程进度分段进行工程款结算和支付。

工程完工后,应当按照下列规定进行竣工结算:
(1) 承包方应当在工程完工后的约定期限内提交竣工结算文件。
(2) 国有资金投资建筑工程的发包方,应当委托专业的工程造价咨询企业对竣工结算文件进行审核，并在收到竣工结算文件后的约定期限内向承包方提出由工程造价咨询企业出具的竣工结算文件审核意见；逾期未答复的，按照合同约定处理，合同没有约定的，竣工结算文件视为已被认可。

非国有资金投资的建筑工程发包方，应当在收到竣工结算文件后的约定期限内予以答复，逾期未答复的，按照合同约定处理，合同没有约定的，竣工结算文件视为已被认可；发包方对竣工结算文件有异议的，应当在答复期内向承包方提出，并可以在提出异议之日起的约定期限内与承包方协商；发包方在协商期内未与承包方协商或者经协商未能与承包方达成协议的，应当委托工程造价咨询企业进行竣工结算审核，并在协商期满后的约定期限内向承包方提出由工程造价咨询企业出具的竣工结算文件审核意见。

（3）承包方对发包方提出的工程造价咨询企业竣工结算审核意见有异议的，在一个月内可向有关工程造价管理机构或者有关行业组织申请调解，调解不成的，可以依法申请仲裁或者向人民法院提起诉讼。

发承包双方在合同中对上述竣工结算期限没有明确约定的，应当按照国家有关规定执行；国家没有规定的，可认为均为 28 日。

工程竣工结算文件经发承包双方签字确认的，应当作为工程决算的依据，未经对方同意，另一方不得就已生效的竣工结算文件委托工程造价咨询企业重复审核。发包方应当按照竣工结算文件及时支付竣工结算款。

竣工结算文件应当由发包方报工程所在地县级以上地方人民政府建设主管部门备案。

4.6.8 成果文件签署

造价工程师编制工程量清单、最高投标限价、招标标底、投标报价、工程结算审核和工程造价鉴定文件，应当签字并加盖造价工程师执业专用章。

4.6.9 监督管理

县级以上地方人民政府建设主管部门应当依照有关法律、法规和本办法规定，加强对建筑工程发承包计价活动的监督检查和投诉举报的核查，并有权采取下列措施：

（1）要求被检查单位提供有关文件和资料。
（2）就有关问题询问签署文件的人员。
（3）要求改正违反有关法律、法规、本办法或者工程建设强制性标准的行为。

县级以上地方人民政府建设主管部门应当将监督检查的处理结果向社会公开。

造价工程师在最高投标限价、招标标底或者投标报价编制、工程结算审核和工程造价鉴定中，签署有虚假记载、误导性陈述的工程造价成果文件的，记入造价工程师信用档案，依照《注册造价工程师管理办法》进行查处；构成犯罪的，依法追究刑事责任。

工程造价咨询企业在建筑工程计价活动中，出具有虚假记载、误导性陈述的工程造价成果文件的，记入工程造价咨询企业信用档案，由县级以上地方人民政府建设主管部门责令改正，处 1 万元以上 3 万元以下的罚款并予以通报。

国家机关工作人员在建筑工程计价监督管理工作中玩忽职守、徇私舞弊、滥用职权的，由有关机关给予行政处分；构成犯罪的，依法追究刑事责任。

4.6.10 其他规定

住房城乡建设部标准定额司已于2021年12月2日启动本办法修订意见征询,最新修订版即将颁布,相关建筑工程施工发包与承包计价管理工作注意动态调整。

4.7 《建筑工程施工许可管理办法》

《建筑工程施工许可管理办法》(住房城乡建设部令第18号)于2014年6月25日发布。经2018年9月28日《住房城乡建设部关于修改〈建筑工程施工许可管理办法〉的决定》(住房城乡建设部令第42号)第一次修正。经2021年3月30日《住房城乡建设部关于修改〈建筑工程施工许可管理办法〉第三部规章的决定》(住房城乡建设部令第52号)第二次修正。

4.7.1 立法目的和立法依据

1. 立法目的

立法目的包括加强对建筑活动的监督管理,维护建筑市场秩序,保证建筑工程的质量和安全。

2. 立法依据

《建筑工程施工许可管理办法》严格依据《建筑法》制定,在制定过程中,始终严格遵循《建筑法》的规定,细化了《建筑法》关于施工许可管理的规定,增强了具体可执行性。

4.7.2 适用范围

适用范围包括地域范围、建筑工程范围、适用主体范围、工程规模范围等方面内容。

1. 地域范围

地域范围,即指中华人民共和国境内,也就是我国除香港、澳门、台湾以外的所有区域。

2. 建筑工程范围

各类房屋建筑及其附属设施的建造、装修装饰和与其配套的线路、管道、设备的安装,以及城镇市政基础设施工程的施工按本办法规定执行。

3. 适用主体范围

建设单位在开工前应当依照本办法的规定,向工程所在地的县级以上地方人民政府住房城乡建设主管部门(以下简称发证机关)申请领取施工许可。建设单位指建设工程项目的投资主体或投资者,也是建设项目管理的主体。

4. 工程规模范围

工程投资额在30万元以下或者建筑面积在300平方米以下的建筑工程,可以不申请办理施工许可证。省、自治区、直辖市人民政府住房城乡建设主管部门可以根据当地的实际情况，对限额进行调整，并报国务院住房城乡建设主管部门备案。

5. 特殊情形

不需要办理建筑工程施工许可的情形：

（1）国务院建设行政主管部门确定的限额以下的小型工程，工程投资额在30万元以下或者建筑面积在300平方米以下的建筑工程。

（2）作为文物保护的建筑工程，《建筑法》第八十三条第二款规定："依法核定作为文物保护的纪念建筑物和古建筑等的修缮，依照文物保护的有关法律规定执行。"由于此类工程的特殊性，故不需要申请施工许可证。

（3）临时性建筑，工程建设中经常会出现临时性建筑，例如工人的宿舍、食堂等。这些临时性建筑由于其生命周期短，不需要申请施工许可证。

（4）军用房屋建筑，《建筑法》第八十四条规定："军用房屋建筑工程建筑活动的具体管理办法，由国务院、中央军事委员会依据《建筑法》制定。"

（5）按照国务院规定的权限和程序批准开工报告的建筑工程，此类工程开工的前提是已经有经批准的开工报告，而不是施工许可证，因此，此类工程自然是不需要申请施工许可证的。

（6）抢险救灾及其他临时性房屋建筑和农民自建低层住宅的建筑活动，不适用本办法。

4.7.3 申领施工许可证的条件和程序

1. 申领施工许可证的条件

建设单位申请领取施工许可证，应当具备下列条件，并提交相应的证明文件：

（1）依法应当办理用地批准手续的，已经办理该建筑工程用地批准手续。办理用地批准手续是建筑工程依法取得的土地使用权的必经程序，只有依法取得土地使用权，建筑工程才能开工。

（2）依法应当办理建设工程规划许可证的，已经取得建设工程规划许可证。这是在城市规划区内的建筑工程开工建设的前提条件。

（3）施工场地已经基本具备施工条件，需要征收房屋的，其进度符合施工要求。

（4）已经确定施工企业。按照规定应当招标的工程没有招标，应当公开招标的工程没有公开招标，或者肢解发包工程，以及将工程发包给不具备相应资质条件的企业的，所确定的施工企业无效。

（5）有满足施工需要的资金安排、施工图纸及技术资料，建设单位应当提供建设资金已经落实承诺书，施工图设计文件已按规定审查合格。

（6）有保证工程质量和安全的具体措施。施工企业编制的施工组织设计中有根据建筑工程特点制定的相应质量、安全技术措施。建立工程质量安全责任制并落实到人。专业性较强的工程项目编制了专项质量、安全施工组织设计，并按照规定办理了工程质量、安全监督手续。

县级以上地方人民政府住房城乡建设主管部门不得违反法律法规规定，增设办理施工许可证的其他条件。

2. 申请办理施工许可的程序

申请办理施工许可证，应当按照下列程序进行：

(1) 建设单位向发证机关领取《建筑工程施工许可证申请表》。

(2) 建设单位持加盖单位及法定代表人印鉴的《建筑工程施工许可证申请表》，并附本办法规定的证明文件，向发证机关提出申请。

(3) 发证机关在收到建设单位报送的《建筑工程施工许可证申请表》和所附证明文件后，对于符合条件的，应当自收到申请之日起七日内颁发施工许可证；对于证明文件不齐全或者失效的，应当当场或者五日内一次告知建设单位需要补正的全部内容，审批时间可以自证明文件补正齐全后作相应顺延；对于不符合条件的，应当自收到申请之日起七日内书面通知建设单位，并说明理由。

建筑工程在施工过程中，建设单位或者施工单位发生变更的，应当重新申请领取施工许可证。

4.7.4 施工许可证的取得和时效，信息公开，事后监督制度

1. 施工许可证的取得和时效

应当申请领取施工许可证的建筑工程未取得施工许可证的，一律不得开工。

任何单位和个人不得将应当申请领取施工许可证的工程项目分解为若干限额以下的工程项目，规避申请领取施工许可证。

建设单位申请领取施工许可证的工程名称、地点、规模，应当符合依法签订的施工承包合同。

施工许可证不得伪造和涂改。

建设单位应当自领取施工许可证之日起三个月内开工。因故不能按期开工的，应当在期满前向发证机关申请延期，并说明理由；延期以两次为限，每次不超过三个月。既不开工又不申请延期或者超过延期次数、时限的，施工许可证自行废止。

在建的建筑工程因故中止施工的，建设单位应当自中止施工之日起一个月内向发证机关报告，报告内容包括中止施工的时间、原因、在施部位、维修管理措施等，并按照规定做好建筑工程的维护管理工作。

建筑工程恢复施工时，应当向发证机关报告；中止施工满一年的工程恢复施工前，建设单位应当报发证机关核验施工许可证。

2. 加强信息公开、公示

施工许可证应当放置在施工现场备查，并按规定在施工现场公开。

发证机关应当将办理施工许可证的依据、条件、程序、期限以及需要提交的全部材料和申请表示范文本等，在办公场所和有关网站予以公示。

发证机关作出的施工许可决定，应当予以公开，公众有权查阅。

3. 事后监督

发证机关应当建立颁发施工许可证后的监督检查制度，对取得施工许可证后条件发生变化、延期开工、中止施工等行为进行监督检查，发现违法违规行为及时处理。

4.7.5 法律责任

1. 建设单位及其负责人法律责任

（1）对于未取得施工许可证或者为规避办理施工许可证将工程项目分解后擅自施工的，由有管辖权的发证机关责令停止施工，限期改正，对建设单位处工程合同价款1%以上2%以下罚款；对施工单位处3万元以下罚款。

（2）建设单位采用欺骗、贿赂等不正当手段取得施工许可证的，由原发证机关撤销施工许可证，责令停止施工，并处1万元以上3万元以下罚款；构成犯罪的，依法追究刑事责任。

（3）建设单位隐瞒有关情况或者提供虚假材料申请施工许可证的，发证机关不予受理或者不予许可，并处1万元以上3万元以下罚款；构成犯罪的，依法追究刑事责任。

（4）建设单位伪造或者涂改施工许可证的，由发证机关责令停止施工，并处1万元以上3万元以下罚款；构成犯罪的，依法追究刑事责任。

（5）依照本办法规定，给予单位罚款处罚的，对单位直接负责的主管人员和其他直接责任人员处单位罚款数额5%以上10%以下罚款。

单位及相关责任人受到处罚的，作为不良行为记录予以通报。

2. 发证机关及其工作人员法律责任

发证机关及其工作人员，违反本办法，有下列情形之一的，由其上级行政机关或者监察机关责令改正；情节严重的，对直接负责的主管人员和其他直接责任人员，依法给予行政处分：

（1）对不符合条件的申请人准予施工许可的。

（2）对符合条件的申请人不予施工许可或者未在法定期限内作出准予许可决定的。

（3）对符合条件的申请不予受理的。

（4）利用职务上的便利，收受他人财物或者谋取其他利益的。

（5）不依法履行监督职责或者监督不力，造成严重后果的。

4.8 《建设工程质量保证金管理办法》

为贯彻落实国务院关于进一步清理规范涉企收费、切实减轻建筑业企业负担的精神，规范建设工程质量保证金管理，住房城乡建设部、财政部对《建设工程质量保证金管理办法》（建质〔2016〕295号）进行了修订，2017年6月20日颁布《建设工程质量保证金管理办法》（建质〔2017〕138号），自2017年7月1日起施行。

4.8.1 立法目的及依据

1. 立法目的

立法目的包括规范建设工程质量保证金管理，落实工程在缺陷责任期内的维修责任。

2. 立法依据

《建设工程质量保证金管理办法》严格根据《建筑法》《建设工程质量管理条例》《国务院办公厅关于清理规范工程建设领域保证金的通知》和《基本建设财务管理规则》制定,增强了具体可执行性。

4.8.2 质量保证金

1. 质量保证金的定义

本办法所称建设工程质量保证金(以下简称保证金)是指发包人与承包人在建设工程承包合同中约定,从应付的工程款中预留,用以保证承包人在缺陷责任期内对建设工程出现的缺陷进行维修的资金。

2. 质量保证金的管理

缺陷责任期内,实行国库集中支付的政府投资项目,保证金的管理应按国库集中支付的有关规定执行。其他政府投资项目,保证金可以预留在财政部门或发包方。缺陷责任期内,如发包方被撤销,保证金随交付使用资产一并移交使用单位管理,由使用单位代行发包人职责。

社会投资项目采用预留保证金方式的,发、承包双方可以约定将保证金交由第三方金融机构托管。

3. 质量保证金的应用

保证金推行银行保函制度,承包人可以银行保函替代预留保证金。

在工程项目竣工前,已经缴纳履约保证金的,发包人不得同时预留保证金。

采用工程质量保证担保、工程质量保险等其他保证方式的,发包人不得再预留保证金。

建设工程实行工程总承包的,总承包单位与分包单位有关保证金的权利与义务的约定,参照本办法关于发包人与承包人相应权利与义务的约定执行。

发包人应当在招标文件中明确保证金预留、返还等内容,并与承包人在合同条款中对涉及保证金的下列事项进行约定:

(1)保证金预留、返还方式。

(2)保证金预留比例、期限;发包人应按照合同约定方式预留保证金,保证金总预留比例不得高于工程价款结算总额的3%。合同约定由承包人以银行保函替代预留保证金的,保函金额不得高于工程价款结算总额的3%。

(3)保证金是否计付利息,如计付利息,利息的计算方式。

(4)缺陷责任期的期限及计算方式。

(5)保证金预留、返还及工程维修质量、费用等争议的处理程序。

(6)缺陷责任期内出现缺陷的索赔方式。

(7)逾期返还保证金的违约金支付办法及违约责任。

4. 质量保证金的返还

发包人在接到承包人返还保证金申请后,应于14天内会同承包人按照合同约定的内容进行核实。如无异议，发包人应当按照约定将保证金返还给承包人。对返还期限没有约定或者约定不明确的，发包人应当在核实后 14 天内将保证金返还承包人，逾期未返还的，依法承担违约责任。发包人在接到承包人返还保证金申请后 14 天内不予答复，经催告后 14 天内仍不予答复，视同认可承包人的返还保证金申请。

4.8.3 缺陷责任期

1. 缺陷责任期的定义、期限及性质

（1）缺陷责任期的定义。

缺陷责任期指建设工程质量不符合工程建设强制性标准、设计文件，以及承包合同的约定而规定的维修期限。

（2）缺陷责任期的期限。

缺陷责任期一般为 1 年，最长不超过 2 年，由发、承包双方在合同中约定。

缺陷责任期从工程通过竣工验收之日起计。由于承包人原因导致工程无法按规定期限进行竣工验收的，缺陷责任期从实际通过竣工验收之日起计。由于发包人原因导致工程无法按规定期限进行竣工验收的，在承包人提交竣工验收报告 90 天后，工程自动进入缺陷责任期。

（3）缺陷责任期的性质。

缺陷责任期内，由承包人原因造成的缺陷，承包人应负责维修，并承担鉴定及维修费用。如承包人不维修也不承担费用，发包人可按合同约定从保证金或银行保函中扣除，费用超出保证金额的，发包人可按合同约定向承包人进行索赔。承包人维修并承担相应费用后，不免除对工程的损失赔偿责任。

由他人原因造成的缺陷，发包人负责组织维修，承包人不承担费用，且发包人不得从保证金中扣除费用。

缺陷责任期内，承包人认真履行合同约定的责任，到期后，承包人向发包人申请返还保证金。

2. 缺陷责任期与质量保修期的区别

（1）概念区别。

缺陷责任期指建设工程质量不符合工程建设强制性标准、设计文件，以及承包合同的约定而规定的维修期限。

质量保修期指建设工程自竣工验收合格之日起，在正常使用条件下的最低保修期限。

（2）法律依据区别。

缺陷责任期依据《建设工程质量保证金管理办法》的规定，不属于法律法规，期限经双方约定遵守。

质量保修期《建设工程质量管理条例》的规定，属于行政法规，必须法定遵守最低期限。

（3）起算时间区别。

缺陷责任期从工程通过竣（交）工验收之日起计。由于承包人原因导致工程无法按规定期限进行竣(交)工验收的,缺陷责任期从实际通过竣(交)工验收之日起计。由于发包人原因导致工程无法按规定期限进行竣(交)工验收的,在承包人提交竣(交)工验收报告90天后,工程自动进入缺陷责任期。

质量保修期自竣工验收合格之日起计算。

(4)维修期限区别。

缺陷责任期一般为1年,最长不超过2年,由发、承包双方在合同中约定。

质量保修期根据《建设工程质量管理条例》规定:在正常使用条件下,建设工程的最低保修期限为:基础设施工程、房屋建筑的地基基础工程和主体结构工程,为设计文件规定的该工程的合理使用年限;屋面防水工程、有防水要求的卫生间、房间和外墙面的防渗漏,为5年;供热与供冷系统,为2个采暖期、供冷期;电气管线、给排水管道、设备安装和装修工程,为2年。其他项目的保修期限由发包方与承包方约定。

(5)责任区别。

缺陷责任期内,由承包人原因造成的缺陷,承包人应负责维修,并承担鉴定及维修费用。如承包人不维修也不承担费用,发包人可按合同约定扣除保证金,并由承包人承担违约责任。承包人维修并承担相应费用后,不免除对工程的一般损失赔偿责任。

建设工程在保修范围和保修期限内发生质量问题的,施工单位应当履行保修义务,并对造成的损失承担赔偿责任。

4.8.4 解释权

本办法由住房城乡建设部、财政部负责解释。

4.9 《建筑工程施工发包与承包违法行为认定查处管理办法》

4.9.1 概述

为规范建筑工程施工发包与承包活动中违法行为的认定、查处和管理,保证工程质量和施工安全,有效遏制发包与承包活动中的违法行为,维护建筑市场秩序和建筑工程主要参与方的合法权益,制定《建筑工程施工发包与承包违法行为认定查处管理办法》(建市规〔2019〕1号),自2019年1月1日起施行。

房屋建筑和市政基础设施工程以外的专业工程可参照《建筑工程施工发包与承包违法行为认定查处管理办法》执行。省级人民政府住房和城乡建设主管部门可结合本地实际,依据《建筑工程施工发包与承包违法行为认定查处管理办法》制定相应实施细则。

《建筑工程施工发包与承包违法行为认定查处管理办法》中施工总承包单位、专业承包单位均指直接承接建设单位发包的工程的单位;专业分包单位是指承接施工总承包或专业承包企业分包专业工程的单位;承包单位包括施工总承包单位、专业承包单位和专业分包单位。

4.9.2 违法发包情形

违法发包是指建设单位将工程发包给个人或不具有相应资质的单位、肢解发包、违反法定程序发包及其他违反法律法规规定发包的行为。

存在下列情形之一的，属于违法发包：建设单位将工程发包给个人的；建设单位将工程发包给不具有相应资质的单位的；依法应当招标未招标或未按照法定招标程序发包的；建设单位设置不合理的招标投标条件，限制、排斥潜在投标人或者投标人的；建设单位将一个单位工程的施工分解成若干部分发包给不同的施工总承包或专业承包单位的。

4.9.3 转包情形

转包是指承包单位承包工程后，不履行合同约定的责任和义务，将其承包的全部工程或者将其承包的全部工程肢解后以分包的名义分别转给其他单位或个人施工的行为。

存在下列情形之一的，应当认定为转包，但有证据证明属于挂靠或者其他违法行为的除外：

（1）承包单位将其承包的全部工程转给其他单位（包括母公司承接建筑工程后将所承接工程交由具有独立法人资格的子公司施工的情形）或个人施工的。

（2）承包单位将其承包的全部工程肢解以后，以分包的名义分别转给其他单位或个人施工的。

（3）施工总承包单位或专业承包单位未派驻项目负责人、技术负责人、质量管理负责人、安全管理负责人等主要管理人员，或派驻的项目负责人、技术负责人、质量管理负责人、安全管理负责人中一人及以上与施工单位没有订立劳动合同且没有建立劳动工资和社会养老保险关系，或派驻的项目负责人未对该工程的施工活动进行组织管理，又不能进行合理解释并提供相应证明的。

（4）合同约定由承包单位负责采购的主要建筑材料、构配件及工程设备或租赁的施工机械设备，由其他单位或个人采购、租赁，或施工单位不能提供有关采购、租赁合同及发票等证明，又不能进行合理解释并提供相应证明的。

（5）专业作业承包人承包的范围是承包单位承包的全部工程，专业作业承包人计取的是除上缴给承包单位"管理费"之外的全部工程价款的。

（6）承包单位通过采取合作、联营、个人承包等形式或名义，直接或变相将其承包的全部工程转给其他单位或个人施工的。

（7）专业工程的发包单位不是该工程的施工总承包或专业承包单位的，但建设单位依约作为发包单位的除外。

（8）专业作业的发包单位不是该工程承包单位的。

（9）施工合同主体之间没有工程款收付关系，或者承包单位收到款项后又将款项转拨给其他单位和个人，又不能进行合理解释并提供材料证明的。

两个以上的单位组成联合体承包工程，在联合体分工协议中约定或者在项目实际实施过程中，联合体一方不进行施工也未对施工活动进行组织管理，并且向联合体其他方收取管理费或者其他类似费用的，视为联合体一方将承包的工程转包给联合体其他方。

4.9.4 挂靠情形

挂靠是指单位或个人以其他有资质的施工单位的名义承揽工程的行为。承揽工程，包括参与投标、订立合同、办理有关施工手续、从事施工等活动。

存在下列情形之一的，属于挂靠：没有资质的单位或个人借用其他施工单位的资质承揽工程的；有资质的施工单位相互借用资质承揽工程的，包括资质等级低的借用资质等级高的，资质等级高的借用资质等级低的，相同资质等级相互借用的；本办法转包认定第（3）～（9）项规定的情形，有证据证明属于挂靠的。

4.9.5 违法分包情形

违法分包是指承包单位承包工程后违反法律法规规定，把单位工程或分部分项工程分包给其他单位或个人施工的行为。

存在下列情形之一的，属于违法分包：承包单位将其承包的工程分包给个人的；施工总承包单位或专业承包单位将工程分包给不具备相应资质单位的；施工总承包单位将施工总承包合同范围内工程主体结构的施工分包给其他单位的，钢结构工程除外；专业分包单位将其承包的专业工程中非劳务作业部分再分包的；专业作业承包人将其承包的劳务再分包的；专业作业承包人除计取劳务作业费用外，还计取主要建筑材料款和大中型施工机械设备、主要周转材料费用的。

4.9.6 监督管理和处罚

1. 监督管理

（1）任何单位和个人发现违法发包、转包、违法分包及挂靠等违法行为的，均可向工程所在地县级以上人民政府住房和城乡建设主管部门进行举报。

接到举报的住房和城乡建设主管部门应当依法受理、调查、认定和处理，除无法告知举报人的情况外，应当及时将查处结果告知举报人。

（2）县级以上地方人民政府住房和城乡建设主管部门如接到人民法院、检察机关、仲裁机构、审计机关、纪检监察等部门转交或移送的涉及本行政区域内建筑工程发包与承包违法行为的建议或相关案件的线索或证据，应当依法受理、调查、认定和处理，并把处理结果及时反馈给转交或移送机构。

（3）县级以上地方人民政府住房和城乡建设主管部门应将查处的违法发包、转包、违法分包、挂靠等违法行为和处罚结果记入相关单位或个人信用档案，同时向社会公示，并逐级上报至住房和城乡建设部，在全国建筑市场监管公共服务平台公示。

2. 处罚

县级以上人民政府住房和城乡建设主管部门对本行政区域内发现的违法发包、转包、违法分包及挂靠等违法行为，应当依法进行调查，按照本办法进行认定，依据《建筑法》《建设工程质量管理条例》《招标投标法》《招标投标法实施条例》相关条款予以处罚。

（1）建设单位违法发包，拒不整改或者整改后仍达不到要求的，视为没有依法确定施工企业，将其违法行为记入诚信档案，实行联合惩戒。对全部或部分使用国有资金的项目，同时将建设单位违法发包的行为告知其上级主管部门及纪检监察部门，并建议对建设单位直接负责的主管人员和其他直接责任人员给予相应的行政处分。

（2）对建设单位、施工单位给予单位罚款处罚的，对单位直接负责的主管人员和其他直接责任人员进行处罚。

（3）对认定有转包、违法分包、挂靠、转让出借资质证书或者以其他方式允许他人以本单位的名义承揽工程等违法行为的施工单位，可依法限制其参加工程投标活动、承揽新的工程项目，并对其企业资质是否满足资质标准条件进行核查，对达不到资质标准要求的限期整改，整改后仍达不到要求的，资质审批机关撤回其资质证书。

对2年内发生2次及以上转包、违法分包、挂靠、转让出借资质证书或者以其他方式允许他人以本单位的名义承揽工程的施工单位，应当依法按照情节严重情形给予处罚。

（4）因违法发包、转包、违法分包、挂靠等违法行为导致发生质量安全事故的，应当依法按照情节严重情形给予处罚。

3. 行政处罚追溯期限

对于违法发包、转包、违法分包、挂靠等违法行为的行政处罚追溯期限，从存在违法发包、转包、违法分包、挂靠的建筑工程竣工验收之日起计算（法工办发〔2017〕223号文件的规定），合同工程量未全部完成而解除或终止履行合同的，自合同解除或终止之日起计算。

4.10 《注册建造师管理规定》

4.10.1 概述

为了加强对注册建造师的管理，规范注册建造师的执业行为，提高工程项目管理水平，保证工程质量和安全，2006年12月11日，原建设部公布《注册建造师管理规定》（建设部令第153号），自2007年3月1日起施行。该规定于2016年修正。

中华人民共和国境内注册建造师的注册、执业、继续教育和监督管理，适用本规定。

4.10.2 注册建造师注册管理

注册建造师实行注册执业管理制度，注册建造师分为一级注册建造师和二级注册建造师。取得资格证书的人员，经过注册方能以注册建造师的名义执业。注册证书和执业印章是注册建造师的执业凭证，由注册建造师本人保管、使用。注册证书与执业印章有效期为3年。

1. 建造师资格注册

取得一级建造师资格证书并受聘于一个建设工程勘察、设计、施工、监理、招标代理、造价咨询等单位的人员，应当通过聘用单位向单位工商注册所在地的省、自治区、直辖市人民政府建设主管部门提出注册申请。

所在地主管部门受理后提出初审意见，并将初审意见和全部申报材料报国务院建设主管部门审批；涉及铁路、公路、港口与航道、水利水电、通信与广电、民航专业的，国务院建设主管部门应当将全部申报材料送同级有关部门审核。符合条件的，由国务院建设主管部门核发统一样式的《一级建造师注册证书》，并核定执业印章编号。

取得二级建造师资格证书的人员申请注册，由省、自治区、直辖市人民政府建设主管部门负责受理和审批，具体审批程序由所在地建设主管部门依法确定。对批准注册的，核发由国务院建设主管部门统一样式的《二级建造师注册证书》和执业印章，并在核发证书后 30 日内送国务院建设主管部门备案。

2. 初始、延续、变更注册

初始注册者，可自资格证书签发之日起 3 年内提出申请。逾期未申请者，须符合本专业继续教育的要求后方可申请初始注册。注册有效期满需继续执业的，应当在注册有效期届满 30 日前，按照本规定申请延续注册。延续注册的，有效期为 3 年。

在注册有效期内，注册建造师变更执业单位，应当与原聘用单位解除劳动关系，并按照规定办理变更注册手续，变更注册后仍延续原注册有效期。

3. 不予注册情形

申请人有下列情形之一的，不予注册：

（1）不具有完全民事行为能力的。

（2）申请在 2 个或者 2 个以上单位注册的。

（3）未达到注册建造师继续教育要求的。

（4）受到刑事处罚，刑事处罚尚未执行完毕的。

（5）因执业活动受到刑事处罚，自刑事处罚执行完毕之日起至申请注册之日止不满 5 年的。

（6）因前项规定以外的原因受到刑事处罚，自处罚决定之日起至申请注册之日止不满 3 年的。

（7）被吊销注册证书，自处罚决定之日起至申请注册之日止不满 2 年的。

（8）在申请注册之日前 3 年内担任项目经理期间，所负责项目发生过重大质量和安全事故的。

（9）申请人的聘用单位不符合注册单位要求的。

（10）年龄超过 65 周岁的。

（11）法律、法规规定不予注册的其他情形。

4. 注册证书和执业印章失效情形

注册建造师有下列情形之一的，其注册证书和执业印章失效：

（1）聘用单位破产的。

（2）聘用单位被吊销营业执照的。

（3）聘用单位被吊销或者撤回资质证书的。

（4）已与聘用单位解除聘用合同关系的。

（5）注册有效期满且未延续注册的。

（6）年龄超过 65 周岁的。

（7）死亡或不具有完全民事行为能力的。

（8）其他导致注册失效的情形。

5. 注册证书和执业印章收回或公告作废情形

注册建造师有下列情形之一的，由注册机关办理注销手续，收回注册证书和执业印章或者公告注册证书和执业印章作废：

(1) 有本规定所列注册证书和执业印章失效情形发生的。
(2) 依法被撤销注册的。
(3) 依法被吊销注册证书的。
(4) 受到刑事处罚的。
(5) 法律、法规规定应当注销注册的其他情形。

注册建造师有前款所列情形之一的，注册建造师本人和聘用单位应当及时向注册机关提出注销注册申请；有关单位和个人有权向注册机关举报；县级以上地方人民政府建设主管部门或者有关部门应当及时告知注册机关。

4.10.3 注册建造师执业管理

1. 注册建造师执业条件

取得资格证书的人员应当受聘于一个具有建设工程勘察、设计、施工、监理、招标代理、造价咨询等一项或者多项资质的单位，经注册后方可从事相应的执业活动。担任施工单位项目负责人的，应当受聘并注册于一个具有施工资质的企业。

2. 注册建造师执行范围

(1) 注册建造师的具体执业范围按照《注册建造师执业工程规模标准》执行。注册建造师不得同时在两个及两个以上的建设工程项目上担任施工单位项目负责人。

注册建造师可以从事建设工程项目总承包管理或施工管理，建设工程项目管理服务，建设工程技术经济咨询，以及法律、行政法规和国务院建设主管部门规定的其他业务。

(2) 建设工程施工活动中形成的有关工程施工管理文件，应当由注册建造师签字并加盖执业印章。施工单位签署质量合格的文件上，必须有注册建造师的签字盖章。

具体文件详见住房城乡建设部建筑市场管理司关于《注册建造师施工管理签章文件目录（试行）》（建市〔2008〕42号）规定。

3. 注册建造师继续教育

注册建造师在每一个注册有效期内应当达到国务院建设主管部门规定的继续教育要求。继续教育分为必修课和选修课，在每一注册有效期内各为60学时。经继续教育达到合格标准的，颁发继续教育合格证书。

继续教育的具体要求符合住房城乡建设部关于《注册建造师继续教育管理暂行办法》（建市〔2010〕192号）规定。

4. 注册建造师禁止行为

注册建造师不得有下列行为：

(1) 不履行注册建造师义务的。
(2) 在执业过程中，索贿、受贿或者谋取合同约定费用外的其他利益。

(3) 在执业过程中实施商业贿赂。
(4) 签署有虚假记载等不合格的文件。
(5) 允许他人以自己的名义从事执业活动。
(6) 同时在两个或者两个以上单位受聘或者执业。
(7) 涂改、倒卖、出租、出借或以其他形式非法转让资格证书、注册证书和执业印章。
(8) 超出执业范围和聘用单位业务范围内从事执业活动。
(9) 法律、法规、规章禁止的其他行为。

4.10.4 注册建造师监督管理

1. 注册建造师监督管理规定

县级以上人民政府建设主管部门、其他有关部门应当依照有关法律、法规和本规定，对注册建造师的注册、执业和继续教育实施监督检查。

2. 撤销注册建造师注册情形

有下列情形之一的，注册机关依据职权或者根据利害关系人的请求，可以撤销注册建造师的注册：
(1) 注册机关工作人员滥用职权、玩忽职守作出准予注册许可的。
(2) 超越法定职权作出准予注册许可的。
(3) 违反法定程序作出准予注册许可的。
(4) 对不符合法定条件的申请人颁发注册证书和执业印章的。
(5) 依法可以撤销注册的其他情形。

申请人以欺骗、贿赂等不正当手段获准注册的，应当予以撤销。

3. 注册建造师信用档案

注册建造师及其聘用单位应当按照要求，向注册机关提供真实、准确、完整的注册建造师信用档案信息。

注册建造师信用档案应当包括注册建造师的基本情况、业绩、良好行为、不良行为等内容。违法违规行为、被投诉举报处理、行政处罚等情况应当作为注册建造师的不良行为记入其信用档案。注册建造师信用档案信息按照有关规定向社会公示。

4.10.5 法律责任

1. 注册建造师违反注册管理规定的法律责任

(1) 隐瞒有关情况或者提供虚假材料申请注册的，建设主管部门不予受理或者不予注册，并给予警告，申请人1年内不得再次申请注册。

(2) 以欺骗、贿赂等不正当手段取得注册证书的，由注册机关撤销其注册，3年内不得再次申请注册，并由县级以上地方人民政府建设主管部门处以罚款。其中没有违法所得的，处以1万元以下的罚款；有违法所得的，处以违法所得3倍以下且不超过3万元的罚款。

(3) 未办理变更注册而继续执业的、注册建造师或者其聘用单位未按照要求提供注册建造师信用档案信息的、聘用单位为申请人提供虚假注册材料的,由县级以上地方人民政府建设主管部门或者其他有关部门给予警告,责令停止违法活动,并可处以相应罚款。

(4) 违反本规定,未取得注册证书和执业印章,担任大中型建设工程项目施工单位项目负责人,或者以注册建造师的名义从事相关活动的,其所签署的工程文件无效,由县级以上地方人民政府建设主管部门或者其他有关部门给予警告,责令停止违法活动,并可处以 1 万元以上 3 万元以下的罚款。

2. 注册建造师违反执业活动的法律责任

在执业活动中,违反本规定有注册建造师不得有下列行为之一的,由县级以上地方人民政府建设主管部门或者其他有关部门给予警告,责令改正。以上没有违法所得的,处以 1 万元以下的罚款;有违法所得的,处以违法所得 3 倍以下且不超过 3 万元的罚款。

3. 行政主管部门的法律责任

县级以上人民政府建设主管部门及其工作人员,在注册建造师管理工作中,有下列情形之一的,由其上级行政机关或者监察机关责令改正,对直接负责的主管人员和其他直接责任人员依法给予处分;构成犯罪的,依法追究刑事责任:

(1) 对不符合法定条件的申请人准予注册的。
(2) 对符合法定条件的申请人不予注册或者不在法定期限内作出准予注册决定的。
(3) 对符合法定条件的申请不予受理或者未在法定期限内初审完毕的。
(4) 利用职务上的便利,收受他人财物或者其他好处的。
(5) 不依法履行监督管理职责或者监督不力,造成严重后果的。

4.11 《中华人民共和国价格法》

《中华人民共和国价格法》(以下简称《价格法》)是为了规范价格行为,发挥价格合理配置资源的作用,稳定市场价格总水平,保护消费者和经营者的合法权益,促进社会主义市场经济健康发展而制定的法律。由 1997 年 12 月 29 日第八届全国人民代表大会常务委员会第二十九次会议通过,中华人民共和国主席令第 92 号公布。

4.11.1 价格的概念

价格包括商品价格和服务价格。商品价格是指各类有形产品和无形资产的价格。服务价格是指各类有偿服务的收费,国家实行并逐步完善宏观经济调控下主要由市场形成价格的机制。价格的制订应当符合价值规律,大多数商品和服务价格实行市场调节价,极少数商品和服务价格实行政府指导价或者政府定价。与此相适应,价格形成的基本形式包括以下三种:

1. 市场调节价

由经营者自主制订、通过市场竞争形成的价格。经营者是指从事生产、经营商品或者提供有偿服务的法人、其他组织和自然人。

2. 政府指导价

由政府价格主管部门或者其他有关部门，按照定价权限和范围规定基准价及其浮动幅度，指导经营者制定的价格。

3. 政府定价

由政府价格主管部门或者其他有关部门，按照定价权限和范围制定的价格。

4.11.2 经营者的价格行为

经营者是市场调节价的定价主体，其价格行为对市场价格秩序的建立、市场价格总水平的稳定以及市场合理价格的形成，产生着重要的影响。《价格法》对经营者的定价原则、定价基准、经营者定价活动的权利和义务以及相关的事宜进行了规定。

1. 市场调节价由经营者自主制订

商品价格和服务价格，除适用政府指导价或者政府定价外，实行市场调节价，由经营者依照本法自主制订。

2. 经营者定价的基本依据与原则

经营者定价的基本依据是生产经营成本和市场供求状况经营者定价，应当遵循公平、合法和诚实信用的原则。

3. 经营者在价格活动中的权利和义务

经营者在价格活动中的权利：自主制定属于市场调节的价格；在政府指导价规定的幅度内制订价格；制订属于政府指导价、政府定价产品范围内的新产品的试销价格，特定产品除外；检举、控告侵犯其依法自主定价权利的行为。

经营者在价格活动中的义务：建立、健全内部价格管理制度，准确记录与核定商品和服务的生产经营成本，不得弄虚作假；遵守法律、法规，执行依法制定的政府指导价、政府定价和法定的价格干预措施、紧急措施；按照政府主管部门的规定明码标价，不得在标价之外加价出售商品，不得收取任何未予标明的费用。

4. 政府的定价行为

政府是政府指导价和政府定价的定价主体，为增强政府调控价格能力，规范政府本身的价格行为，《价格法》规定了政府指导价和政府定价的适用范围、定价权限、定价依据，规定了政府制定价格应开展调查、听取意见，实行公告制度、听证会制度，并对政府指导价和政府定价应适时调整以及消费者、经营者有调价建议权作出了规定。

（1）定价目录的制定权限和程序。政府指导价、政府定价的定价权限和具体适用范围，以中央的和地方的定价目录为依据；中央定价目录由国务院价格主管部门制定、修订，报国务院批准后公布；地方定价目录由省、自治区、直辖市人民政府价格主管部门按照中央定价目录规定的定价权限和具体适用范围制定，经本级人民政府审核同意，报国务院价格主管部门审定后公布；省、自治区、直辖市人民政府以下各级地方人民政府不得制定定价目录。

（2）定价权限。国务院价格主管部门和其他有关部门，按照中央定价目录规定的定价权限和具体适用范围制定政府指导价、政府定价；其中重要的商品和服务价格的政府指导价、政府定价，应当按照规定经国务院批准。省、自治区、直辖市人民政府价格主管部门和其他有关部门，应当按照地方定价目录的定价权限和具体适用范围制定本地区执行的政府指导价、政府定价。市、县人民政府可以根据省、自治区、直辖市人民政府的授权，按照地方定价目录规定的定价权限和具体适用范围制定在本地区执行的政府指导价、政府定价。

（3）定价依据。制定政府指导价、政府定价，应当依据有关商品或者服务的社会平均成本和市场供求状况、国民经济与社会发展要求以及社会承受能力，实行合理的购销差价、批发差价、地区差价和季节性差价。

（4）听证会制度。制定关系群众切身利益的公用事业价格、公益性服务价格、自然垄断经营的商品价格等政府指导价、政府定价，应当建立听证会制度，由政府价格主管部门主持，征求消费者、经营者和有关方面的意见，论证其必要性和可行性。

（5）公告制度。政府指导价、政府定价制定后，由制定价格的部门向消费者、经营者公布。

4.11.3　价格总水平调控

价格总水平是指在一定时期内全社会所有商品和服务价格的加权平均水平。国家根据国民经济发展的需要和社会承受能力，确定市场价格总水平调控目标，列入国民经济和社会发展计划，并综合运用货币、财政、投资、进出口等方面的政策和措施，予以实现。

《价格法》对价格总水平调控目标、实现措施和手段，价格监测制度，粮食等重要农产品收购保护价制度，价格干预措施，价格紧急措施进行了规定。政府的价格调控行为主要体现在以下四个方面：

1. 重要商品储备制度

政府可以建立重要商品储备制度，设立价格调节基金，调控价格，稳定市场。

2. 价格监测制度

为适应价格调控和管理的需要，政府价格主管部门应当建立价格监测制度，对重要商品、服务价格的变动进行监测。

3. 保护性收购措施

政府在粮食等重要农产品的市场购买价格过低时，可以在收购中实行保护价格，并采取相应的经济措施保证其实现。

4. 价格干预措施和紧急措施

当重要商品和服务价格显著上涨或者有可能显著上涨，国务院和省、自治区、直辖市人民政府可以对部分价格采取限定差价率或者利润率、规定限价、实行提价申报制度和调价备案制度等干预措施。当市场价格总水平出现剧烈波动等异常状态时，国务院可以在全国范围内或者部分区域内采取临时集中定价权限、部分或者全面冻结价格的紧急措施。

4.11.4　价格监督检查

县级以上各级人民政府价格主管部门，依法对价格活动进行监督检查，可以行使下列职权：询问当事人或者无关人员，并要求其提供证明材料和与价格违法行为有关的其他资料；查询、复制与价格违法行为有关的账簿、单据、凭证、文件及其他资料，核对与价格违法行为有关的银行资料；检查与价格违法行为有关的财物，必要时可以责令当事人暂停相关营业；在证据可能灭失或者以后难以取得的情况下，可以依法先行登记保存，当事人或者有关人员不得转移、隐匿或者销毁。

消费者组织、职工价格监督组织、居民委员会、村民委员会等组织以及消费者，有权对价格行为进行社会监督。政府价格主管部门应当充分发挥群众的价格监督作用。新闻单位也有权进行价格舆论监督。

4.12 《中华人民共和国安全生产法》

4.12.1 概述

《中华人民共和国安全生产法》（以下简称《安全生产法》）由2002年6月29日第九届全国人民代表大会常务委员会第二十八次会议通过，自2002年11月1日起施行。《安全生产法》共修订3次。2009年8月27日，第十一届全国人民代表大会常务委员会第十次会议关于《关于修改部分法律的规定》第一次修正，2009年8月27日实施。2014年8月31日，第十二届全国人民代表大会常务委员会第十次会议《关于修改〈中华人民共和国安全生产法〉的决定》第二次修正，2014年12月1日实施。2021年6月10日，第十三届全国人民代表大会常务委员会第二十九次会议通过《全国人民代表大会常务委员会关于修改〈中华人民共和国安全生产法〉的决定》第三次修正，自2021年9月1日起施行。

安全生产指为预防在生产过程中发生人身、设备等各类事故，保护工作人员在生产中的安全而采取的各种措施。为了加强安全生产工作，防止和减少生产安全事故，保障人民群众生命和财产安全，促进经济社会持续健康发展，制定《安全生产法》。

在中华人民共和国领域内从事生产经营活动的单位（以下统称生产经营单位）的安全生产，适用《安全生产法》。有关法律、行政法规对消防安全和道路交通安全、铁路交通安全、水上交通安全、民用航空安全以及核与辐射安全、特种设备安全另有规定的，适用其规定。安全生产工作应当以人为本，坚持安全发展，坚持安全第一、预防为主、综合治理的方针，强化和落实生产经营单位的主体责任，建立生产经营单位负责、职工参与、政府监管、行业自律和社会监督的机制。生产经营单位的主要负责人是本单位安全生产第一责任人，对本单位的安全生产工作全面负责。生产经营单位的从业人员有依法获得安全生产保障的权利，并应当依法履行安全生产方面的义务。

4.12.2 生产经营单位的安全生产保障

生产经营单位应当具备法律、行政法规和国家标准或者行业标准规定的安全生产条件；不具备安全生产条件的，不得从事生产经营活动。

生产经营单位的主要负责人对本单位安全生产工作负有下列职责：

（1）建立健全并落实本单位全员安全生产责任制，加强安全生产标准化建设。

(2)组织制定并实施本单位安全生产规章制度、操作规程、教育和培训计划。

(3)保证本单位安全生产投入的有效实施。

(4)组织建立并落实安全风险分级管控和隐患排查治理双重预防工作机制,督促、检查本单位的安全生产工作,及时消除生产安全事故隐患。

(5)组织制定并实施本单位的生产安全事故应急救援预案。

(6)及时、如实报告生产安全事故。

生产经营单位的安全生产责任制应当明确各岗位的责任人员、责任范围和考核标准等内容。生产经营单位应当建立相应的机制,加强对安全生产责任制落实情况的监督考核,保证安全生产责任制的落实。生产经营单位应当具备的安全生产条件所必需的资金投入,由生产经营单位的决策机构、主要负责人或者个人经营的投资人予以保证,并对由于安全生产所必需的资金投入不足导致的后果承担责任。矿山、金属冶炼、建筑施工、道路运输单位和危险物品的生产、经营、储存、装卸单位,应当设置安全生产管理机构或者配备专职安全生产管理人员。其他生产经营单位,从业人员超过一百人的,应当设置安全生产管理机构或者配备专职安全生产管理人员;从业人员在一百人以下的,应当配备专职或者兼职的安全生产管理人员。生产经营单位的主要负责人和安全生产管理人员必须具备与本单位所从事的生产经营活动相应的安全生产知识和管理能力。危险物品的生产、经营、储存、装卸单位以及矿山、金属冶炼、建筑施工、道路运输单位的主要负责人和安全生产管理人员,应当由主管的负有安全生产监督管理职责的部门对其安全生产知识和管理能力考核合格,考核不得收费。

生产经营单位新建、改建、扩建工程项目(以下统称建设项目)的安全设施,必须与主体工程同时设计、同时施工、同时投入生产和使用。安全设施投资应当纳入建设项目概算。矿山、金属冶炼建设项目和用于生产、储存、装卸危险物品的建设项目,应当按照国家有关规定进行安全评价。

建设项目安全设施的设计人、设计单位应当对安全设施设计负责。矿山、金属冶炼建设项目和用于生产、储存、装卸危险物品的建设项目的安全设施设计应当按照国家有关规定报经有关部门审查,审查部门及其负责审查的人员对审查结果负责。矿山、金属冶炼建设项目和用于生产、储存、装卸危险物品的建设项目的施工单位必须按照批准的安全设施设计施工,并对安全设施的工程质量负责。矿山、金属冶炼建设项目和用于生产、储存、装卸危险物品的建设项目竣工投入生产或者使用前,应当由建设单位负责组织对安全设施进行验收;验收合格后,方可投入生产和使用。负有安全生产监督管理职责的部门应当加强对建设单位验收活动和验收结果的监督核查。生产经营单位必须对安全设备进行经常性维护、保养,并定期检测,保证正常运转。维护、保养、检测应当做好记录,并由有关人员签字。生产经营单位使用的危险物品的容器、运输工具,以及涉及人身安全、危险性较大的海洋石油开采特种设备和矿山井下特种设备,必须按照国家有关规定,由专业生产单位生产,并经具有专业资质的检测、检验机构检测、检验合格,取得安全使用证或者安全标志,方可投入使用。检测、检验机构对检测、检验结果负责。国家对严重危及生产安全的工艺、设备实行淘汰制度,具体目录由国务院安全生产监督管理部门会同国务院有关部门制定并公布。法律、行政法规对目录的制定另有规定的,适用其规定。省、自治区、直辖市人民政府可以根据本地区实际情况制定并公布具体目录，对危及生产安全的工艺、设备予以淘汰。生产经营单位不得使用应当淘汰的危及生产安全的工艺、设备。生产、经营、运输、储存、使用危险物品或者处置废弃危险物品的，由有关主管部门依照有关法律、法规的规定和国家标准或者行业标准审批并实施监督管理。生产经营单位生产、经营、运输、储存、使用危险物品或者处置废弃危险物品，必须执行有关法律、法规和国家标准或者行业标准，建立专门的安全管理制度，采取可靠的安全措施，接受有关主管部门依法实施的监督管理。生产经营单位对重大危险源应当登记建档，进行定期检测、评估、监控，并制订应急预案，告知从业人员和相关人员在紧急情况下应当采取的应急措施。生产经营单位应当按照国家有关规定将本单位重大危险源及有关安全措施、应急措施报有关地方人民政府安全生产监督管理部门和有关部门备案。

生产经营单位应当建立健全并落实生产安全事故隐患排查治理制度，采取技术、管理措施，及时发现并消除事故隐患。事故隐患排查治理情况应当如实记录，并向从业人员通报。县级以上地方各级人民政府负有安全生产监督管理职责的部门应当建立健全重大事故隐患治理督办制度，督促生产经营单位消除重大事故隐患。

生产、经营、储存、使用危险物品的车间、商店、仓库不得与员工宿舍在同一座建筑物内，并应当与员工宿舍保持安全距离。生产经营场所和员工宿舍应当设有符合紧急疏散要求、标志明显、保持畅通的出口、疏散通道。禁止占用、锁闭、封堵生产经营场所或者员工宿舍的出口、疏散通道。

4.12.3　生产经营单位的安全培训

生产经营单位应当对从业人员进行安全生产教育和培训，保证从业人员具备必要的安全生产知识，熟悉有关的安全生产规章制度和安全操作规程，掌握本岗位的安全操作技能，了解事故应急处理措施，知悉自身在安全生产方面的权利和义务。未经安全生产教育和培训合格的从业人员，不得上岗作业。生产经营单位使用被派遣劳动者的，应当将被派遣劳动者纳入本单位从业人员统一管理，对被派遣劳动者进行岗位安全操作规程和安全操作技能的教育和培训。劳务派遣单位应当对被派遣劳动者进行必要的安全生产教育和培训。生产经营单位应当建立安全生产教育和培训档案，如实记录安全生产教育和培训的时间、内容、参加人员以及考核结果等情况。生产经营单位采用新工艺、新技术、新材料或者使用新设备，必须了解、掌握其安全技术特性，采取有效的安全防护措施，并对从业人员进行专门的安全生产教育和培训。生产经营单位的特种作业人员必须按照国家有关规定经专门的安全作业培训，取得相应资格，方可上岗作业。特种作业人员的范围由国务院应急管理部门会同国务院有关部门确定。

4.12.4　从业人员的安全生产权利和义务

生产经营单位与从业人员订立的劳动合同，应当载明有关保障从业人员劳动安全、防止职业危害的事项，以及依法为从业人员办理工伤保险的事项。生产经营单位不得以任何形式与从业人员订立协议，免除或者减轻其对从业人员因生产安全事故伤亡依法应承担的责任。生产经营单位的从业人员有权了解其作业场所和工作岗位存在的危险因素、防范措施及事故应急措施，有权对本单位的安全生产工作提出建议。从业人员有权对本单位安全生产工作中存在的问题提出批评、检举、控告；有权拒绝违章指挥和强令冒险作业。生产经营单位不得因从业人员对本单位安全生产工作提出批评、检举、控告或者拒绝违章指挥、强令冒险作业而降低其工资、福利等待遇或者解除与其订立的劳动合同。

从业人员发现直接危及人身安全的紧急情况时，有权停止作业或者在采取可能的应急措施后撤离作业场所。生产经营单位不得因从业人员在紧急情况下停止作业或者采取紧急撤离措施而降低其工资、福利等待遇或者解除与其订立的劳动合同。因生产安全事故受到损害的从业人员，除依法享有工伤社会保险外，依照有关民事法律尚有获得赔偿的权利的，有权提出赔偿要求。从业人员在作业过程中，应当严格遵守本单位的安全生产规章制度和操作规程，服从管理，正确佩戴和使用劳动防护用品。从业人员应当接受安全生产教育和培训，掌握本职工作所需的安全生产知识，提高安全生产技能，增强事故预防和应急处理能力。从业人员发现事故隐患或者其他不安全因素，应当立即向现场安全生产管理人员或者本单位负责人报告；接到报告的人员应当及时予以处理。

工会有权对建设项目的安全设施与主体工程同时设计、同时施工、同时投入生产和使用进行监督，提出意见。工会对生产经营单位违反安全生产法律、法规，侵犯从业人员合法权益的行为，有权要求纠正；发现生产经营单位违章指挥、强令冒险作业或者发现事故隐患时，有权提出解决的建议，生产经营单位应当及时研究答复；发现危及从业人员生命安全的情况时，有权向生产经营单位建议组织从业人员撤离危险场所，生产经营单位必须立即作出处理。工会有权依法参加事故调查，向有关部门提出处理意见，并要求追究有关人员的责任。生产经营单位使用被派遣劳动者的，被派遣劳动者享有法律规定的从业人员的权利，并应当履行法律规定的从业人员的义务。

4.12.5　安全生产的监督管理

县级以上地方各级人民政府应当根据本行政区域内的安全生产状况，组织有关部门按照职责分工，对本行政区域内容易发生重大生产安全事故的生产经营单位进行严格检查。应急管理部门应当按照分类分级监督管理的要求，制定安全生产年度监督检查计划，并按照年度监督检查计划进行监督检查，发现事故隐患，应当及时处理。负有安全生产监督管理职责的部门依照有关法律、法规的规定，对涉及安全生产的事项需要审查批准（包括批准、核准、许可、注册、认证、颁发证照等，下同）或者验收的，必须严格依照有关法律、法规和国家标准或者行业标准规定的安全生产条件和程序进行审查；不符合有关法律、法规、国家标准或者行业标准规定的安全生产条件的，不得批准或者验收通过。对未依法取得批准或者验收合格的单位擅自从事有关活动的，负责行政审批的部门发现或者接到举报后应当立即予以取缔，并依法予以处理。对已经依法取得批准的单位，负责行政审批的部门发现其不再具备安全生产条件的，应当撤销原批准。负有安全生产监督管理职责的部门对涉及安全生产的事项进行审查、验收，不得收取费用；不得要求接受审查、验收的单位购买其指定品牌或者指定生产、销售单位的安全设备、器材或者其他产品。

应急管理部门和其他负有安全生产监督管理职责的部门依法开展安全生产行政执法工作，对生产经营单位执行有关安全生产的法律、法规和国家标准或者行业标准的情况进行监督检查，行使以下职权：

（1）进入生产经营单位进行检查，调阅有关资料，向有关单位和人员了解情况。

（2）对检查中发现的安全生产违法行为，当场予以纠正或者要求限期改正；对依法应当给予行政处罚的行为，依照本法和其他有关法律、行政法规的规定作出行政处罚决定。

（3）对检查中发现的事故隐患，应当责令立即排除；重大事故隐患排除前或者排除过程中无法保证安全的，应当责令从危险区域内撤出作业人员，责令暂时停产停业或者停止使用相关设施、设备；重大事故隐患排除后，经审查同意，方可恢复生产经营和使用。

（4）对有根据认为不符合保障安全生产的国家标准或者行业标准的设施、设备、器材以及违法生产、储存、使用、经营、运输的危险物品予以查封或者扣押，对违法生产、储存、使用、经营危险物品的作业场所予以查封，并依法作出处理决定。

生产经营单位对负有安全生产监督管理职责的部门的监督检查人员依法履行监督检查职责，应当予以配合，不得拒绝、阻挠。安全生产监督检查人员执行监督检查任务时，必须出示有效的行政执法证件；对涉及被检查单位的技术秘密和业务秘密，应当为其保密。安全生产监督检查人员应当将检查的时间、地点、内容、发现的问题及其处理情况，作出书面记录，并由检查人员和被检查单位的负责人签字；被检查单位的负责人拒绝签字的，检查人员应当将情况记录在案，并向负有安全生产监督管理职责的部门报告。负有安全生产监督管理职责的部门依法对存在重大事故隐患的生产经营单位作出停产停业、停止施工、停止使用相关设施或者设备的决定，生产经营单位应当依法执行，及时消除事故隐患。生产经营单位拒不执行，有发生生产安全事故的现实危险的，在保证安全的前提下，经本部门主要负责人批准，负有安全生产监督管理职责的部门可以采取通知有关单位停止供电、停止供应民用爆炸物品等措施，强制生产经营单位履行决定。通知应当采用书面形式，有关单位应当予以配合。负有安全生产监督管理职责的部门依照规定采取停止供电措施，除有危及生产安全的紧急情形外，应当提前24小时通知生产经营单位。生产经营单位依法履行行政决定、采取相应措施消除事故隐患的，负有安全生产监督管理职责的部门应当及时解除前款规定的措施。

4.12.6 生产安全事故的应急救援与调查处理

1. 生产安全事故应急能力和应急救援信息系统建设

国家加强生产安全事故应急能力建设，在重点行业、领域建立应急救援基地和应急救援队伍，并由国家安全生产应急救援机构统一协调指挥；鼓励生产经营单位和其他社会力量建立应急救援队伍，配备相应的应急救援装备和物资，提高应急救援的专业化水平。国务院安全生产监督管理部门牵头建立全国统一的生产安全事故应急救援信息系统。

2. 地方政府建立应急救援体系

县级以上地方各级人民政府应当组织有关部门制定本行政区域内特大生产安全事故应急救援预案，建立应急救援体系。

3. 生产经营单位制定生产安全事故应急救援预案

生产经营单位应当制定本单位生产安全事故应急救援预案，与所在地县级以上地方人民政府组织制定的生产安全事故应急救援预案相衔接，并定期组织演练。

4. 特定单位的应急救援组织

危险物品的生产、经营、储存单位以及矿山、金属冶炼、城市轨道交通运营、建筑施工单位应当建立应急救援组织；生产经营规模较小的，可以不建立应急救援组织，但应当指定兼职的应急救援人员。危险物品的生产、经营、储存、运输单位以及矿山、金属冶炼、城市轨道交通运营、建筑施工单位应当配备必要的应急救援器材、设备和物资，并进行经常性维护、保养，保证正常运转。

5. 发生生产安全事故后生产经营单位的措施

生产经营单位发生生产安全事故后，事故现场有关人员应当立即报告本单位负责人。单位负责人接到事故报告后，应当迅速采取有效措施，组织抢救，防止事故扩大，减少人员伤亡和财产损失，并按照国家有关规定立即如实报告当地负有安全生产监督管理职责的部门，不得隐瞒不报、谎报或者迟报，不得故意破坏事故现场、毁灭有关证据。

6. 发生生产安全事故后安全生产监督管理部门的措施

负有安全生产监督管理职责的部门接到事故报告后，应当立即按照国家有关规定上报事故情况。负有安全生产监督管理职责的部门和有关地方人民政府对事故情况不得隐瞒不报、谎报或者迟报。有关地方人民政府和负有安全生产监督管理职责的部门的负责人接到生产安全事故报告后，应当按照生产安全事故应急救援预案的要求立即赶到事故现场，组织事故抢救。

7. 参与事故抢救的部门和单位的职责

参与事故抢救的部门和单位应当服从统一指挥，加强协同联动，采取有效的应急救援措施，并根据事故救援的需要采取警戒、疏散等措施，防止事故扩大和次生灾害的发生，减少人员伤亡和财产损失。事故抢救过程中应当采取必要措施，避免或者减少对环境造成的危害。任何单位和个人都应当支持、配合事故抢救，并提供一切便利条件。

8. 事故调查处理

事故调查处理应当按照科学严谨、依法依规、实事求是、注重实效的原则，及时、准确地查清事故原因，查明事故性质和责任，评估应急处置工作，总结事故教训，提出整改措施，并对事故责任单位和人员提出处理建议。事故调查报告应当依法及时向社会公布。事故调查和处理的具体办法由国务院制定。事故发生单位应当及时全面落实整改措施，负有安全生产监督管理职责的部门应当加强监督检查。生产经营单位发生生产安全事故，经调查确定为责任事故的，除了应当查明事故单位的责任并依法予以追究外，还应当查明对安全生产的有关事项负有审查批准和监督职责的行政部门的责任，对有失职、渎职行为的，依照规定追究法律责任。任何单位和个人不得阻挠和干涉对事故的依法调查处理。

9. 生产安全事故情况的公布

县级以上地方各级人民政府应急管理部门应当定期统计分析本行政区域内发生生产安全事故的情况，并定期向社会公布。

4.12.7 安全生产许可证制度

1. 适用范围

国家对矿山企业、建筑施工企业和危险化学品、烟花爆竹、民用爆破器材生产企业（以下统称企业）实行安全生产许可制度。企业未取得安全生产许可证的，不得从事生产活动。

2. 建筑施工企业安全生产许可证的颁发和管理

国务院建设主管部门负责中央管理的建筑施工企业安全生产许可证的颁发和管理，省、自治区、直辖市人民政府建设主管部门负责前款规定以外的建筑施工企业安全生产许可证的颁发和管理，并接受国务院建设主管部门的指导和监督。

3. 取得安全生产许可证的条件

企业取得安全生产许可证，应当具备下列安全生产条件：

（1）建立、健全安全生产责任制，制定完备的安全生产规章制度和操作规程。
（2）安全投入符合安全生产要求。
（3）设置安全生产管理机构，配备专职安全生产管理人员。
（4）主要负责人和安全生产管理人员经考核合格。
（5）特种作业人员经有关业务主管部门考核合格，取得特种作业操作资格证书。
（6）从业人员经安全生产教育和培训合格。
（7）依法参加工伤保险，为从业人员缴纳保险费。
（8）厂房、作业场所和安全设施、设备、工艺符合有关安全生产法律、法规、标准和规程的要求。
（9）有职业危害防治措施，并为从业人员配备符合国家标准或者行业标准的劳动防护用品。
（10）依法进行安全评价。
（11）有重大危险源检测、评估、监控措施和应急预案。
（12）有生产安全事故应急救援预案、应急救援组织或者应急救援人员，配备必要的应急救援器材、设备。
（13）法律、法规规定的其他条件。

4. 安全生产许可证的有效期

安全生产许可证的有效期为3年。安全生产许可证有效期满需要延期的，企业应当于期满前3个月向原安全生产许可证颁发管理机关办理延期手续。企业在安全生产许可证有效期内，严格遵守有关安全生产的法律法规，未发生死亡事故的，安全生产许可证有效期届满时，经原安全生产许可证颁发管理机关同意，不再审查，安全生产许可证有效期延期3年。

4.13 《中华人民共和国环境保护法》

4.13.1 概述

《中华人民共和国环境保护法》(以下简称《环境保护法》)由1989年12月26日第七届全国人民代表大会常务委员会第十一次会议通过,并于2014年修订,共7章70条。

环境是指影响人类生存和发展的各种天然的和经过人工改造的自然因素的总体,包括大气、水、海洋、土地、矿藏、森林、草原、野生生物、自然遗迹、人文遗迹、自然保护区、风景名胜区、城市和乡村等。

保护环境是国家的基本国策。国家采取有利于节约和循环利用资源、保护和改善环境、促进人与自然和谐的经济、技术政策和措施,使经济社会发展与环境保护相协调。环境保护坚持保护优先、预防为主、综合治理、公众参与、损害担责的原则。一切单位和个人都有保护环境的义务。地方各级人民政府应当对本行政区域的环境质量负责。企业事业单位和其他生产经营者应当防止、减少环境污染和生态破坏,对所造成的损害依法承担责任。公民应当增强环境保护意识,采取低碳、节俭的生活方式,自觉履行环境保护义务。

4.13.2 建设项目的"三同时"制度

建设项目"三同时"制度是指一切新建、改建和扩建的基本建设项目、技术改造项目、自然开发项目,以及可能对环境造成损害的工程建设项目,其中需要配套建设的防治污染和其他公害的环境保护设施,必须与主体工程同时设计、同时施工、同时投产使用。"三同时"制度是我国的首创,它与环境影响评价制度共同构成完整的建设和开发项目环境管理制度。

建设项目的初步设计,应当按照环境保护设计规范的要求,编制环境保护篇章,落实防治环境污染和生态破坏的措施以及环境保护设施投资概算。建设单位应当将环境保护设施建设纳入施工合同,保证环境保护设施建设进度和资金,并在项目建设过程中同时组织实施环境影响报告书、环境影响报告表及其审批部门审批决定中提出的环境保护对策措施。

编制环境影响报告书、环境影响报告表的建设项目竣工后,建设单位应当按照国务院环境保护行政主管部门规定的标准和程序,对配套建设的环境保护设施进行验收,编制验收报告。建设单位在环境保护设施验收过程中,应当如实查验、监测、记载建设项目环境保护设施的建设和调试情况,不得弄虚作假。除按照国家规定需要保密的情形外,建设单位应当依法向社会公开验收报告。

分期建设、分期投入生产或者使用的建设项目,其相应的环境保护设施应当分期验收。

编制环境影响报告书、环境影响报告表的建设项目,其配套建设的环境保护设施经验收合格,方可投入生产或者使用;未经验收或者验收不合格的,不得投入生产或者使用。前款规定的建设项目投入生产或者使用后，应当按照国务院环境保护行政主管部门的规定开展环境影响后评价。

4.13.3 建设项目环境影响评价制度

1. 建设项目环境影响评价的概念

建设项目环境影响评价，是指在一定区域内进行开发建设活动，事先对拟建项目可能对周围环境造成的影响进行调查、预测和评定，并提出防治对策和措施，为项目决策提供科学依据。建设项目环境质量评价实质上是对环境质量优与劣的评定过程，该过程包括环境评价因子的确定、环境监测、评价标准、评价方法和环境识别。

2. 建设项目环境影响评价制度

国家实行建设项目环境影响评价制度。国家根据建设项目对环境的影响程度，按照下列规定对建设项目的环境保护实行分类管理：建设项目对环境可能造成重大影响的，应当编制环境影响报告书，对建设项目产生的污染和对环境的影响进行全面、详细的评价；建设项目对环境可能造成轻度影响的，应当编制环境影响报告表，对建设项目产生的污染和对环境的影响进行分析或者专项评价；建设项目对环境影响很小，不需要进行环境影响评价的，应当填报环境影响登记表。

建设项目环境影响评价分类管理名录，由国务院环境保护行政主管部门在组织专家进行论证和征求有关部门、行业协会、企事业单位、公众等意见的基础上制定并公布。

3. 建设项目环境影响报告书的内容

建设项目环境影响报告书内容包括：建设项目概况；建设项目周围环境现状；建设项目对环境可能造成影响的分析和预测；环境保护措施及其经济、技术论证；环境影响经济损益分析；对建设项目实施环境监测的建议；环境影响评价结论。建设项目环境影响报告表、环境影响登记表的内容和格式，由国务院环境保护行政主管部门规定。

4. 建设项目环境影响评价文件的审批

依法应当编制环境影响报告书、环境影响报告表的建设项目，建设单位应当在开工建设前将环境影响报告书、环境影响报告表报有审批权的环境保护行政主管部门审批；建设项目的环境影响评价文件未依法经审批部门审查或者审查后未予批准的，建设单位不得开工建设。环境保护行政主管部门审批环境影响报告书、环境影响报告表，应当重点审查建设项目的环境可行性、环境影响分析预测评估的可靠性、环境保护措施的有效性、环境影响评价结论的科学性等，并分别自收到环境影响报告书之日起 60 日内、收到环境影响报告表之日起 30 日内，作出审批决定并书面通知建设单位。依法应当填报环境影响登记表的建设项目，建设单位应当按照国务院环境保护行政主管部门的规定将环境影响登记表报建设项目所在地县级环境保护行政主管部门备案。环境保护行政主管部门应当开展环境影响评价文件网上审批、备案和信息公开。

国务院环境保护行政主管部门负责审批下列建设项目环境影响报告书、环境影响报告表：核设施、绝密工程等特殊性质的建设项目；跨省、自治区、直辖市行政区域的建设项目；国务院审批的或者国务院授权有关部门审批的建设项目。

前款规定以外的建设项目环境影响报告书、环境影响报告表的审批权限，由省、自治区、直辖市人民政府规定。建设项目造成跨行政区域环境影响,有关环境保护行政主管部门对环境影响评价结论有争议的,其环境影响报告书或者环境影响报告表由共同上一级环境保护行政主管部门审批。

建设项目环境影响报告书、环境影响报告表经批准后,建设项目的性质、规模、地点、采用的生产工艺或者防治污染、防止生态破坏的措施发生重大变动的,建设单位应当重新报批建设项目环境影响报告书、环境影响报告表。建设项目环境影响报告书、环境影响报告表自批准之日起满5年,建设项目方决定开工建设的,其环境影响报告书、环境影响报告表应当报原审批部门重新审核。原审批部门应当自收到建设项目环境影响报告书、环境影响报告表之日起10日内,将审核意见书面通知建设单位;逾期未通知的,视为审核同意。

建设单位可以采取公开招标的方式,选择从事环境影响评价工作的单位,对建设项目进行环境影响评价。任何行政机关不得为建设单位指定从事环境影响评价工作的单位,进行环境影响评价。

4.13.4　环境保护监督管理

县级以上人民政府应当将环境保护工作纳入国民经济和社会发展规划。国务院环境保护主管部门会同有关部门,根据国民经济和社会发展规划编制国家环境保护规划,报国务院批准并公布实施。县级以上地方人民政府环境保护主管部门会同有关部门,根据国家环境保护规划的要求,编制本行政区域的环境保护规划,报同级人民政府批准并公布实施。环境保护规划的内容应当包括生态保护和污染防治的目标、任务、保障措施等,并与主体功能区规划、土地利用总体规划和城乡规划等相衔接。

1. 环境质量标准

国务院环境保护主管部门制定国家环境质量标准。省、自治区、直辖市人民政府对国家环境质量标准中未作规定的项目,可以制定地方环境质量标准;对国家环境质量标准中已作规定的项目,可以制定严于国家环境质量标准的地方环境质量标准。地方环境质量标准应当报国务院环境保护主管部门备案。

2. 污染物排放标准

国务院环境保护主管部门根据国家环境质量标准和国家经济、技术条件,制定国家污染物排放标准。省、自治区、直辖市人民政府对国家污染物排放标准中未作规定的项目,可以制定地方污染物排放标准;对国家污染物排放标准中已作规定的项目,可以制定严于国家污染物排放标准的地方污染物排放标准。地方污染物排放标准应当报国务院环境保护主管部门备案。

3. 环境监测制度

国家建立、健全环境监测制度。国务院环境保护主管部门制定监测规范,会同有关部门组织监测网络,统一规划国家环境质量监测站(点)的设置,建立监测数据共享机制,加强对环境监测的管理。有关行业、专业等各类环境质量监测站(点)的设置应当符合法律法规规定和监测规范的要求。监测机构应当使用符合国家标准的监测设备,遵守监测规范。监测机构及其负责人对监测数据的真实性和准确性负责。

省级以上人民政府应当组织有关部门或者委托专业机构,对环境状况进行调查、评价,建立环境资源承载能力监测预警机制。

4. 环境影响评价

编制有关开发利用规划,建设对环境有影响的项目,应当依法进行环境影响评价。未依法进行环境影响评价的开发利用规划,不得组织实施;未依法进行环境影响评价的建设项目,不得开工建设。

国家采取财政、税收、价格、政府采购等方面的政策和措施,鼓励和支持环境保护技术装备、资源综合利用和环境服务等环境保护产业的发展。企业事业单位和其他生产经营者,在污染物排放符合法定要求的基础上,进一步减少污染物排放的,人民政府应当依法采取财政、税收、价格、政府采购等方面的政策和措施予以鼓励和支持。

4.14 《中华人民共和国中小企业促进法》

4.14.1 概述

《中华人民共和国中小企业促进法》(以下简称《中小企业促进法》)由 2002 年 6 月 29 日第九届全国人民代表大会常务委员会第二十八次会议通过。并于 2017 年 9 月 1 日第十二届全国人民代表大会常务委员会第二十九次会议修订。

中小企业,是指在中华人民共和国境内依法设立的,人员规模、经营规模相对较小的企业,包括中型企业、小型企业和微型企业(与大企业的负责人为同一人,或者与大企业存在直接控股、管理关系的除外)。中型企业、小型企业和微型企业划分标准根据企业从业人员、营业收入、资产总额等指标,结合行业特点制定,报国务院批准。符合中小企业划分标准的个体工商户,在政府采购活动中视同中小企业。

国家将促进中小企业发展作为长期发展战略,坚持各类企业权利平等、机会平等、规则平等,对中小企业特别是其中的小型微型企业实行积极扶持、加强引导、完善服务、依法规范、保障权益的方针,为中小企业创立和发展创造有利的环境。

国家建立中小企业统计监测制度。统计部门应当加强对中小企业的统计调查和监测分析,定期发布有关信息;推进中小企业信用制度建设,建立社会化的信用信息征集与评价体系,实现中小企业信用信息查询、交流和共享的社会化。

4.14.2 财税支持与融资促进

1. 财税支持

中央财政应当在本级预算中设立中小企业科目,安排中小企业发展专项资金。县级以上地方各级人民政府应当根据实际情况,在本级财政预算中安排中小企业发展专项资金。

中小企业发展专项资金通过资助、购买服务、奖励等方式,重点用于支持中小企业公共服务体系和融资服务体系建设。中小企业发展专项资金向小型微型企业倾斜,资金管理使用坚持公开、透明的原则,实行预算绩效管理。

国家设立中小企业发展基金。国家中小企业发展基金应当遵循政策性导向和市场化运作原则,主要用于引导和带动社会资金支持初创期中小企业,促进创业创新。县级以上地方各级人民政府可以设立中小企业发展基金。中小企业发展基金的设立和使用管理办法由国务院规定。

国家实行有利于小型微型企业发展的税收政策,对符合条件的小型微型企业按照规定实行缓征、减征、免征企业所得税、增值税等措施,简化税收征管程序,减轻小型微型企业税收负担。国家对小型微型企业行政事业性收费实行减免等优惠政策,减轻小型微型企业负担。

2. 融资促进

中国人民银行应当综合运用货币政策工具,鼓励和引导金融机构加大对小型微型企业的信贷支持,改善小型微型企业融资环境。

国务院银行业监督管理机构对金融机构开展小型微型企业金融服务应当制定差异化监管政策,采取合理提高小型微型企业不良贷款容忍度等措施,引导金融机构增加小型微型企业融资规模和比重,提高金融服务水平。

国家鼓励各类金融机构开发和提供适合中小企业特点的金融产品和服务。国家政策性金融机构应当在其业务经营范围内,采取多种形式,为中小企业提供金融服务。

4.14.3 市场体系与公共服务体系

国家完善市场体系,实行统一的市场准入和市场监管制度,反对垄断和不正当竞争,营造中小企业公平参与竞争的市场环境。

国务院有关部门应当制定中小企业政府采购的相关优惠政策,通过制定采购需求标准、预留采购份额、价格评审优惠、优先采购等措施,提高中小企业在政府采购中的份额。向中小企业预留的采购份额应当占本部门年度政府采购项目预算总额的30%以上,其中,预留给小型微型企业的比例不低于60%。中小企业无法提供的商品和服务除外。政府采购不得在企业股权结构、经营年限、经营规模和财务指标等方面对中小企业实行差别待遇或者歧视待遇。

国家建立、健全社会化的中小企业公共服务体系,为中小企业提供服务。县级以上地方各级人民政府应当根据实际需要建立和完善中小企业公共服务机构,为中小企业提供公益性服务。

县级以上人民政府负责中小企业促进工作综合管理的部门应当建立跨部门的政策信息互联网发布平台,及时汇集涉及中小企业的法律法规、创业、创新、金融、市场、权益保护等各类政府服务信息,为中小企业提供便捷无偿服务。

4.14.4 权益保护与监督检查

国家保护中小企业及其出资人的财产权和其他合法权益,任何单位和个人不得侵犯中小企业财产及其合法收益。县级以上人民政府定期组织对中小企业促进工作情况的监督检查,对违反《中小企业促进法》的行为及时予以纠正,并对直接负责的主管人员和其他直接责任人员依法给予处分。

1. 权益保护

县级以上人民政府负责中小企业促进工作综合管理的部门应当建立专门渠道，听取中小企业对政府相关管理工作的意见和建议，并及时向有关部门反馈，督促改进。县级以上地方各级人民政府有关部门和有关行业组织应当公布联系方式，受理中小企业的投诉、举报，并在规定的时间内予以调查、处理。

国家机关、事业单位和大型企业不得违约拖欠中小企业的货物、工程、服务款项。中小企业有权要求拖欠方支付拖欠款并要求对拖欠造成的损失进行赔偿。

国家建立和实施涉企行政事业性收费目录清单制度，收费目录清单及其实施情况向社会公开，接受社会监督。任何单位不得对中小企业执行目录清单之外的行政事业性收费，不得对中小企业擅自提高收费标准、扩大收费范围；严禁以各种方式强制中小企业赞助捐赠、订购报刊、加入社团、接受指定服务；严禁行业组织依靠代行政府职能或者利用行政资源擅自设立收费项目、提高收费标准。

2. 监督检查

国务院负责中小企业促进工作综合管理的部门应当委托第三方机构定期开展中小企业发展环境评估，并向社会公布。地方各级人民政府可以根据实际情况委托第三方机构开展中小企业发展环境评估。

县级以上人民政府应当定期组织开展对中小企业发展专项资金、中小企业发展基金使用效果的企业评价、社会评价和资金使用动态评估，并将评价和评估情况及时向社会公布，接受社会监督。

县级以上人民政府有关部门在各自职责范围内，对中小企业发展专项资金、中小企业发展基金的管理和使用情况进行监督，对截留、挤占、挪用、侵占、贪污中小企业发展专项资金、中小企业发展基金等行为依法进行查处，并对直接负责的主管人员和其他直接责任人员依法给予处分；构成犯罪的，依法追究刑事责任。

县级以上地方各级人民政府有关部门在各自职责范围内，对强制或者变相强制中小企业参加考核、评比、表彰、培训等活动的行为，违法向中小企业收费、罚款、摊派财物的行为，以及其他侵犯中小企业合法权益的行为进行查处，并对直接负责的主管人员和其他直接责任人员依法给予处分。

4.14.5 政府采购中促进中小企业发展的措施

采购人在政府采购活动中应当通过加强采购需求管理，落实预留采购份额、价格评审优惠、优先采购等措施，提高中小企业在政府采购中的份额，支持中小企业发展。

1. 政府采购中的扶持条件

在政府采购活动中，供应商提供的货物、工程或者服务符合下列情形的，享受《政府采购促进中小企业发展管理办法》（财库〔2020〕46号）规定的中小企业扶持政策。

（1）在货物采购项目中，货物由中小企业制造，即货物由中小企业生产且使用该中小企业商号或者注册商标。

（2）在工程采购项目中，工程由中小企业承建，即工程施工单位为中小企业。

（3）在服务采购项目中，服务由中小企业承接，即提供服务的人员为中小企业依照

《中华人民共和国劳动合同法》订立劳动合同的从业人员。

2. 政府采购中的采购份额

主管预算单位应当组织评估本部门及所属单位政府采购项目，统筹制定面向中小企业预留采购份额的具体方案，对适宜由中小企业提供的采购项目和采购包，预留采购份额专门面向中小企业采购，并在政府采购预算中单独列示。

（1）采购限额标准以上，200万元以下的货物和服务采购项目、400万元以下的工程采购项目，适宜由中小企业提供的，采购人应当专门面向中小企业采购。

（2）超过200万元的货物和服务采购项目、超过400万元的工程采购项目中适宜由中小企业提供的，预留该部分采购项目预算总额的30％以上专门面向中小企业采购，其中预留给小微企业的比例不低于60％。预留份额通过下列措施进行：

① 将采购项目整体或者设置采购包专门面向中小企业采购。

② 要求供应商以联合体形式参加采购活动，且联合体中中小企业承担的部分达到一定比例。

③ 要求获得采购合同的供应商将采购项目中的一定比例分包给一家或者多家中小企业。

3. 政府采购中的评审优惠

《财政部关于进一步加大政府采购支持中小企业力度的通知》（财库〔2022〕19号）中规定货物服务采购项目给予小微企业的价格扣除优惠，由《政府采购促进中小企业发展管理办法》（财库〔2020〕46号）文件规定的6％～10％提高至10％～20％；大中型企业与小微企业组成联合体或者大中型企业向小微企业分包的，评审优惠幅度由2％～3％提高至4％～6％；政府采购工程的价格评审优惠按照《政府采购促进中小企业发展管理办法》（财库〔2020〕46号）文件的规定执行。优先采购是指在政府采购过程中，优先采购某类特定供应商的货物、工程或者服务（列明清单），使得该类供应商获得更多的政府采购市场份额，帮助其持续发展。

4.15 《政府投资条例》

《政府投资条例》（中华人民共和国国务院令第712号）于2018年12月5日国务院第33次常务会议通过，自2019年7月1日起施行。为了充分发挥政府投资作用，提高政府投资效益，规范政府投资行为，激发社会投资活力，制定本条例。

本节重点介绍政府投资活动实践中主要涉及的内容，包括总则、政府投资决策、政府投资年度计划、政府投资项目实施、监督管理、法律责任。

4.15.1 总则

1. 政府投资定义

《政府投资条例》第二条规定："本条例所称政府投资，是指在中国境内使用预算安排的资金进行固定资产投资建设活动，包括新建、扩建、改建、技术改造等。"

2. 政府投资范围

《政府投资条例》第三条第一款规定:"政府投资资金应当投向市场不能有效配置资源的社会公益服务、公共基础设施、农业农村、生态环境保护、重大科技进步、社会管理、国家安全等公共领域的项目,以非经营性项目为主。"

国家完善有关政策措施,发挥政府投资资金的引导和带动作用,鼓励社会资金投向公共领域的项目。国家建立政府投资范围定期评估调整机制,不断优化政府投资方向和结构。

3. 政府投资的基本原则和总体要求

《政府投资条例》第四条规定:"政府投资应当遵循科学决策、规范管理、注重绩效、公开透明的原则。"第五条规定:"政府投资应当与经济社会发展水平和财政收支状况相适应。国家加强对政府投资资金的预算约束。政府及其有关部门不得违法违规举借债务筹措政府投资资金。"

4. 政府投资方式

《政府投资条例》第六条规定:"政府投资资金按项目安排,以直接投资方式为主;对确需支持的经营性项目,主要采取资本金注入方式,也可以适当采取投资补助、贷款贴息等方式。安排政府投资资金,应当……平等对待各类投资主体……"

5. 政府投资管理职责

《政府投资条例》第七条规定:"国务院投资主管部门依照本条例和国务院的规定,履行政府投资综合管理职责。国务院其他有关部门依照本条例和国务院规定的职责分工,履行相应的政府投资管理职责。县级以上地方人民政府投资主管部门和其他有关部门依照本条例和本级人民政府规定的职责分工,履行相应的政府投资管理职责。"

4.15.2 政府投资决策程序

1. 政府投资项目审批制度

规范政府投资项目审批制度,明确了项目单位应当编制和报批的文件、投资主管部门或者其他有关部门审批项目的依据和审查事项。《政府投资条例》第九条第一款规定:"政府采取直接投资方式、资本金注入方式投资的项目,项目单位应当编制项目建议书、可行性研究报告、初步设计,按照政府投资管理权限和规定的程序,报投资主管部门或者其他有关部门审批。"《政府投资条例》第十条第一款规定:"除涉及国家秘密的项目外,投资主管部门和其他有关部门应当通过投资项目在线审批监管平台,使用在线平台生成的项目代码办理政府投资项目审批手续。"《政府投资条例》第十一条规定:"……投资主管部门或者其他有关部门对政府投资项目不予批准的,应当书面通知项目单位并说明理由。对经济社会发展、社会公众利益有重大影响或者投资规模较大的政府投资项目,投资主管部门或者其他有关部门应当在中介服务机构评估、公众参与、专家评议、风险评估的基础上作出是否批准的决定。"

2. 政府投资概算的约束力

《政府投资条例》第十二条规定:"经投资主管部门或者其他有关部门核定的投资概

算是控制政府投资项目总投资的依据。初步设计提出的投资概算超过经批准的可行性研究报告提出的投资估算10%的，项目单位应当向投资主管部门或者其他有关部门报告，投资主管部门或者其他有关部门可以要求项目单位重新报送可行性研究报告。"

4.15.3　政府投资年度计划

国务院投资主管部门、国务院其他有关部门以及县级以上地方人民政府有关部门按照规定编制政府投资年度计划，明确项目名称、建设内容及规模、建设工期、项目总投资、年度投资额及资金来源等事项，政府投资年度计划应当和本级预算相衔接。

4.15.4　政府投资项目实施

为确保政府投资项目顺利实施，《政府投资条例》坚持问题导向，主要有三方面规定：

第一，政府投资项目开工建设应当符合规定的建设条件，并按照批准的建设地点、建设规模和建设内容实施，需要变更的应当报原审批部门审批。

第二，政府投资项目所需资金应当按规定确保落实到位，不得由施工单位垫资建设；项目建设投资原则上不得超过经核定的投资概算，确需增加投资概算的，项目单位应当提出调整方案及资金来源，报原初步设计审批部门或者投资概算核定部门核定。

第三，政府投资项目应当合理确定并严格执行建设工期，项目建成后应当按规定进行竣工验收并及时办理竣工财务决算。

4.15.5　政府投资项目监督管理

政府投资项目直接关系公共利益，必须加强事中事后监管。为此，《政府投资条例》规定投资主管部门和依法对政府投资项目负有监督管理职责的其他部门应当采取在线监测、现场核查等方式，加强对政府投资项目实施情况的监督检查，并建立政府投资项目信息共享机制；项目单位应当通过在线平台如实报送政府投资项目开工建设、建设进度、竣工的基本信息，并加强项目档案管理；政府投资年度计划、政府投资项目审批和实施以及监督检查的信息应当依法公开。

4.16　《优化营商环境条例》

《优化营商环境条例》（中华人民共和国国务院令第722号）于2019年10月8日国务院第66次常务会议通过，2020年1月1日起施行。营商环境是企业等市场主体在市场经济活动中所涉及的体制机制性因素和条件，其优劣直接影响市场主体的兴衰、生产要素的聚散、发展动力的强弱。经济社会发展的动力，源于市场主体的活力和社会创造力，很大程度上取决于营商环境。为了持续优化营商环境，不断解放和发展社会生产力，加快建设现代化经济体系，推动高质量发展，国务院制定了本条例。

4.16.1　出台的意义

《优化营商环境条例》是我国发布的首部针对营商环境优化的行政法规，填补了我国在优化营商环境方面的立法空白。出台《优化营商环境条例》最重要最核心的意义，就是把近年来各地区、各部门在优化营商环境方面大量行之有效的政策、经验、做法上升到法规制度，使其进一步系统化、规范化，增强权威性、时效性和法律约束力，从制度层面为优化营商环境提供更加有力的保障和支撑。《优化营商环境条例》对优化营商环境的作用，不仅仅体现在条文本身，还在于《优化营商环境条例》必将进一步增强各级政府以及社会各方面对优化营商环境的意识，在全社会营造优化营商环境的浓厚氛围，稳定预期、提振信心，这种作用更具有基础性和持久性。

4.16.2　制定的思路

《优化营商环境条例》制定坚持以习近平新时代中国特色社会主义思想为指导，深入贯彻落实党中央、国务院关于优化营商环境的决策部署，在总体思路上主要把握了以下四个方面：第一，认真总结近年来我国优化营商环境的经验和做法，将其中实践证明行之有效、人民群众满意、市场主体支持的改革举措用法规制度固化下来。第二，找准立法切入点，重点针对我国营商环境的突出短板和市场主体反映强烈的痛点难点堵点问题，从完善体制机制的层面作出相应规定，避免面面俱到。第三，对标国际先进水平，对世界银行营商环境评价的主要指标都力求有所回应，为相关领域优化营商环境提供目标指引。第四，把握好《优化营商环境条例》作为优化营商环境基础性行政法规的定位，重在确立优化营商环境的基本制度规范，明确方向性要求，以概括性、统领性规定为主，不规定流程性内容，不创设具体行业、领域的管理制度。同时，优化营商环境是持续深入的过程，需要不断改革创新，《优化营商环境条例》为各地区、各部门探索创新优化营商环境的具体措施留出了充分空间。

4.16.3　主要内容

《优化营商环境条例》分为 7 个章节共 72 条，从总则、市场主体保护、市场环境、政务服务、监管执法、法治保障、附则等多方面、多角度、多层次地对优化营商环境的诸多问题作出了具体的规定，彰显党中央、国务院坚持问题导向和目标导向相结合。一方面，直面当前市场主体反映强烈的营商环境实践中遇到的突出问题，针对性地提出制度性解决方案，回应了社会关切，凝聚了社会共识。另一方面，按照国际一流标准，结合国内最佳典型实践，明确各领域优化营商环境的改革方向和目标，切实增强了市场主体制度获得感。

1. 加强市场主体平等保护、营造良好市场环境

第二章"市场主体保护"部分，明确规定国家平等保护各类市场主体，保障各类市场主体依法平等使用各类生产要素和依法平等享受支持政策，保护市场主体经营自主权、财产权和其他合法权益，推动建立全国统一的市场主体维权服务平台等。《优化营商条例》第十条规定："国家坚持权利平等、机会平等、规则平等，保障各种所有制经济平等受到法律保护。"第十二条规定："国家保障各类市场主体依法平等使用资金、技术、人力资源、土地使用权及其他自然资源等各类生产要素和公共服务资源。各类市场主体依法平等适用国家支持发展的政策。"第十四条规定："国家依法保护市场主体的财产权和其他合法权益，保护企业经营者人身和财产安全。"第十八条规定："国家推动建立全国统一的市场主体维权服务平台,为市场主体提供高效、便捷的维权服务。"此外,还在平等对待各类市场主体和保护市场主体合法权益两个方面,对招标投标和政府采购、保护知识产权、保护中小投资者等内容进行了规定,意在加强对市场主体的保护,促进投资和企业的可持续发展。

第三章"市场环境"部分,围绕破解市场主体生产经营活动中的痛点难点堵点问题,着力净化市场环境,更好地激发市场主体更多活力、提高竞争力。

(1)聚焦破除市场准入和市场退出障碍。明确了通过深化商事制度改革、推进证照分离改革、压缩企业开办时间、持续放宽市场准入等措施,为市场主体进入市场和开展经营活动破除障碍。同时明确措施推动解决市场主体"退出难"问题,《优化营商环境条例》第三十三条规定:"政府有关部门应当优化市场主体注销办理流程,精简申请材料、压缩办理时间、降低注销成本。"

(2)聚焦落实减税降费政策。《优化营商条例》第二十四条规定:"政府及其有关部门应当严格落实国家各项减税降费政策,及时研究解决政策落实中的具体问题,确保减税降费政策全面、及时惠及市场主体。"第二十五条对设立涉企收费作出严格限制,切实降低市场主体经营成本。

(3)聚焦解决"融资难、融资贵"问题。《优化营商条例》第二十六条明确规定:"国家鼓励和支持金融机构加大对民营企业和中小企业的支持力度、降低民营企业和中小企业综合融资成本;金融监督管理部门应当完善对商业银行等金融机构的监管考核和激励机制,鼓励、引导其增加对民营企业、中小企业的信贷投放,并合理增加中长期贷款和信用贷款支持,提高贷款审批效率。商业银行等金融机构在授信中不得设置不合理条件,不得对民营企业、中小企业设置歧视性要求。"第二十七条规定:"国家促进多层次资本市场规范健康发展,拓宽市场主体融资渠道,支持符合条件的民营企业、中小企业依法发行股票、债券以及其他融资工具,扩大直接融资规模。"

2. 提升政务服务能力和水平,提供惠企便民的高效服务

第四章"政务服务"部分,围绕打造公平、公开、透明、高效的政府运行体系,坚持以人民为中心谋划改革,推动创新服务方式、提高服务效能,提供公平可及、优质高效的政务服务,切实为企业发展和群众办事提供便利。

(1)推进政务服务标准化。《优化营商环境条例》第三十五条规定:"政府及其有关部门应当推进政务服务标准化,按照减环节、减材料、减时限的要求,编制并向社会公开政务服务事项标准化工作流程和办事指南,细化量化政务服务标准,压缩自由裁量权,推进同一事项实行无差别受理、同标准办理。没有法律、法规、规章依据,不得增设政务服务事项的办理条件和环节。"

(2)推行马上办、网上办、就近办、一次办,推动全国实现"一网通办"。《优化营商环境条例》第三十六条规定:"政府及其有关部门办理政务服务事项,应当根据实际情况,推行当场办结、一次办结、限时办结等制度,实现集中办理、就近办理、网上办理、异地可办。需要市场主体补正有关材料、手续的,应当一次性告知需要补正的内容;需要进行现场踏勘、现场核查、技术审查、听证论证的,应当及时安排、限时办结。……地方各级人民政府已设立政务服务大厅的,本行政区域内各类政务服务事项一般应当进驻政务服务大厅统一办理。对政务服务大厅中部门分设的服务窗口,应当创造条件整合为综合窗口，提供一站式服务。"《优化营商环境条例》第三十七条规定："国家加快建设全国一体化在线政务服务平台（以下称一体化在线平台），推动政务服务事项在全国范围内实现'一网通办。'除法律、法规另有规定或者涉及国家秘密等情形外，政务服务事项应当按照国务院确定的步骤，纳入一体化在线平台办理。国家依托一体化在线平台，推动政务信息系统整合，优化政务流程，促进政务服务跨地区、跨部门、跨层级数据共享和业务协同。国家建立电子证照共享服务系统，实现电子证照跨地区、跨部门共享和全国范围内互信互认。"

（3）推进行政审批制度改革。明确国家严格控制新设行政许可并大力精简已有行政许可，通过整合实施、下放审批层级等多种方式，优化审批服务，提高审批效率。《优化营商环境条例》第三十九条规定："国家严格控制新设行政许可。新设行政许可应当按照行政许可法和国务院的规定严格设定标准，并进行合法性、必要性和合理性审查论证。对通过事中事后监管或者市场机制能够解决以及行政许可法和国务院规定不得设立行政许可的事项，一律不得设立行政许可，严禁变相设定或者实施行政许可。"第四十条规定："国家实行行政许可清单管理制度，适时调整行政许可清单并向社会公布，清单之外不得违法实施行政许可。国家大力精简已有行政许可。对已取消的行政许可，行政机关不得继续实施或者变相实施，不得转由行业协会商会或者其他组织实施。对实行行政许可管理的事项，行政机关应当通过整合实施、下放审批层级等多种方式，优化审批服务，提高审批效率，减轻市场主体负担。符合相关条件和要求的，可以按照有关规定采取告知承诺的方式办理。"

（4）推进重点领域服务便利化。对深化投资审批制度改革以及提升办理建设项目审批、跨境贸易、纳税、不动产登记等与市场主体生产经营活动密切相关的重点领域政务服务便利化程度提出具体要求，为相关领域深化改革提供了目标指引。《优化营商环境条例》第四十一条规定："县级以上地方人民政府应当深化投资审批制度改革，根据项目性质、投资规模等分类规范投资审批程序，精简审批要件，简化技术审查事项，强化项目决策与用地、规划等建设条件落实的协同，实行与相关审批在线并联办理。"第四十二条规定："设区的市级以上地方人民政府应当按照国家有关规定，优化工程建设项目（不包括特殊工程和交通、水利、能源等领域的重大工程）审批流程，推行并联审批、多图联审、联合竣工验收等方式，简化审批手续，提高审批效能。"第四十三条规定："作为办理行政审批条件的中介服务事项应当有法律、法规或者国务院决定依据；没有依据的，不得作为办理行政审批的条件。中介服务机构应当明确办理法定行政审批中介服务的条件、流程、时限、收费标准，并向社会公开。国家加快推进中介服务机构与行政机关脱钩。行政机关在行政审批过程中需要委托中介服务机构开展技术性服务的，应当通过竞争性方式选择中介服务机构，并自行承担服务费用，不得转嫁给市场主体承担。"第四十五条规定："政府及其有关部门应当按照国家促进跨境贸易便利化的有关要求，依法削减进出口环节审批事项，取消不必要的监管要求，优化简化通关流程，提高通关效率，清理规范口岸收费，降低通关成本，推动口岸和国际贸易领域相关业务统一通过国际贸易'单一窗口'办理。"第四十六条规定："税务机关应当精简办税资料和流程，简并申报缴税次数，公开涉税事项办理时限，压减办税时间，加大推广使用电子发票的力度，逐步实现全程网上办税，持续优化纳税服务。"第四十七条规定："不动产登记机构应当按照国家有关规定,加强部门协作,实行不动产登记、交易和缴税一窗受理、并行办理,压缩办理时间,降低办理成本。在国家规定的不动产登记时限内,各地区应当确定并公开具体办理时间。国家推动建立统一的动产和权利担保登记公示系统,逐步实现市场主体在一个平台上办理动产和权利担保登记。"

(5) 建立畅通有效的政企沟通机制,为优化营商环境创造良好舆论氛围。《优化营商环境条例》第四十八条第一款规定:"政府及其有关部门应当按照构建亲清新型政商关系的要求,建立畅通有效的政企沟通机制,采取多种方式及时听取市场主体的反映和诉求,了解市场主体生产经营中遇到的困难和问题,并依法帮助其解决。"第四十九条规定:"政府及其有关部门应当建立便利、畅通的渠道,受理有关营商环境的投诉和举报。"第五十条第一款规定:"新闻媒体应当及时、准确宣传优化营商环境的措施和成效,为优化营商环境创造良好舆论氛围。"

3. 加强市场监管,维护市场秩序

第五章"监管执法"部分,明确对健全监管规则和标准体系,推行信用监管、"双随机、一公开"监管、包容审慎监管、"互联网+监管",落实行政执法公示、行政执法全过程记录和重大行政执法决定法制审核制度等方面作了规定。

(1) 严格落实监管责任,实现监管全覆盖。《优化营商环境条例》第五十一条规定:"政府有关部门应当严格按照法律法规和职责,落实监管责任,明确监管对象和范围、厘清监管事权,依法对市场主体进行监管,实现监管全覆盖。"第五十二条规定:"国家健全公开透明的监管规则和标准体系。国务院有关部门应当分领域制定全国统一、简明易行的监管规则和标准,并向社会公开。"第五十七条规定:"国家建立健全跨部门、跨区域行政执法联动响应和协作机制,实现违法线索互联、监管标准互通、处理结果互认。"第五十八条规定:"行政执法机关应当按照国家有关规定,全面落实行政执法公示、行政执法全过程记录和重大行政执法决定法制审核制度,实现行政执法信息及时准确公示、行政执法全过程留痕和可回溯管理、重大行政执法决定法制审核全覆盖。"

(2) 加强信用监管的组织实施,推行"双随机、一公开"监管。《优化营商环境条例》第五十三条规定:"政府及其有关部门应当按照国家关于加快构建以信用为基础的新型监管机制的要求,创新和完善信用监管,强化信用监管的支撑保障,加强信用监管的组织实施,不断提升信用监管效能。"第五十四条规定:"国家推行'双随机、一公开'监管,除直接涉及公共安全和人民群众生命健康等特殊行业、重点领域外,市场监管领域的行政检查应当通过随机抽取检查对象、随机选派执法检查人员、抽查事项及查处结果及时向社会公开的方式进行。对直接涉及公共安全和人民群众生命健康等特殊行业、重点领域,依法依规实行全覆盖的重点监管,并严格规范重点监管的程序。"

(3) 对四新实行包容审慎监管,充分运用互联网、大数据等技术手段提升监管的精准化、智能化水平。《优化营商环境条例》第五十五条规定:"政府及其有关部门应当按照鼓励创新的原则,对新技术、新产业、新业态、新模式等实行包容审慎监管,针对其性质、特点分类制定和实行相应的监管规则和标准,留足发展空间,同时确保质量和安全,不得简单化予以禁止或者不予监管。"政府及其有关部门应当充分运用互联网、大数据等技术手段,依托国家统一建立的在线监管系统,加强监管信息归集共享和关联整合,推行以远程监管、移动监管、预警防控为特征的非现场监管。

（4）进一步增强各级政府公正监管、依法执法的意识。《优化营商环境条例》第五十九条规定："行政执法中应当推广运用说服教育、劝导示范、行政指导等非强制性手段，依法慎重实施行政强制。禁止将罚没收入与行政执法机关利益挂钩。"第六十条规定："国家健全行政执法自由裁量基准制度，合理确定裁量范围、种类和幅度，规范行政执法自由裁量权的行使。"

4. 加强营商环境建设的法治保障

第六章"法治保障"部分，围绕推进法治政府建设，从政策制定与施行以及法律责任两个方面，对政策制定、行政规范性文件的限定、完善多元化纠纷解决机制、加强法治宣传教育、推进公共法律服务体系建设、政府责任、行业协会商会责任等内容进行了规定。

4.17 《保障中小企业款项支付条例》

《保障中小企业款项支付条例》（中华人民共和国国务院令第 728 号）由 2020 年 7 月 1 日国务院第 99 次常务会议通过，2020 年 9 月 1 日起施行。

中小企业是建设现代化经济体系、实现经济高质量发展的重要基础，是扩大就业、改善民生的重要支撑。为了促进机关、事业单位和大型企业及时支付中小企业款项，维护中小企业合法权益，优化营商环境，根据《中华人民共和国中小企业促进法》等法律，制定本条例。

4.17.1 中小企业定义

本条例所称中小企业，是指在中华人民共和国境内依法设立，依据国务院批准的中小企业划分标准确定的中型企业、小型企业和微型企业；所称大型企业，是指中小企业以外的企业。

4.17.2 主要内容

《保障中小企业款项支付条例》共二十九条，主要包括四个方面内容。

1. 明确适用范围和管理职责

《保障中小企业款项支付条例》第二条规定："机关、事业单位和大型企业采购货物、工程、服务支付中小企业款项，应当遵守本条例。"第四条规定："国务院负责中小企业促进工作综合管理的部门对机关、事业单位和大型企业及时支付中小企业款项工作进行宏观指导、综合协调、监督检查；国务院有关部门在各自职责范围内，负责相关管理工作。县级以上地方人民政府负责本行政区域内机关、事业单位和大型企业及时支付中小企业款项的管理工作。"

2. 规范合同订立及资金保障，加强账款支付源头治理

《保障中小企业款项支付条例》第六条规定："机关、事业单位和大型企业不得要求中小企业接受不合理的付款期限、方式、条件和违约责任等交易条件，不得违约拖欠中小企业的货物、工程、服务款项。中小企业应当依法经营，诚实守信，按照合同约定提供合格的货物、工程和服务。"同时,强化财政资金保障约束,机关、事业单位使用财政资金从中小企业采购货物、工程、服务,应当严格按照批准的预算执行,不得无预算、超预算开展采购,政府投资项目所需资金应当按照国家有关规定确保落实到位,不得由施工单位垫资建设。

3. 规范支付行为,防范账款拖欠

规范支付行为方面《保障中小企业款项支付条例》对付款期限和检验验收提出了要求。第八条明确付款期限规定:"机关、事业单位从中小企业采购货物、工程、服务,应当自货物、工程、服务交付之日起 30 日内支付款项;合同另有约定的,付款期限最长不得超过 60 日。大型企业从中小企业采购货物、工程、服务,应当按照行业规范、交易习惯合理约定付款期限并及时支付款项。合同约定采取履行进度结算、定期结算等结算方式的,付款期限应当自双方确认结算金额之日起算。"第九条针对实践中较为普遍存在的因不及时检验验收而拖欠中小企业账款的问题,关于需要进行检验、验收时的付款期限如何起算、检验验收期限的规定:"机关、事业单位和大型企业与中小企业约定以货物、工程、服务交付后经检验或者验收合格作为支付中小企业款项条件的,付款期限应当自检验或者验收合格之日起算;合同双方应当在合同中约定明确、合理的检验或者验收期限,并在该期限内完成检验或者验收;机关、事业单位和大型企业拖延检验或者验收的,付款期限自约定的检验或者验收期限届满之日起算。"

《保障中小企业款项支付条例》从三个方面对防范账款拖欠作了规定。第一,禁止变相拖欠。规定机关、事业单位和大型企业使用商业汇票等非现金支付方式支付中小企业款项的,应当在合同中作出明确、合理约定,不得强制中小企业接受商业汇票等非现金支付方式,不得利用商业汇票等非现金支付方式变相延长付款期限;不得以法定代表人或者主要负责人变更,履行内部付款流程,或者在合同未作约定的情况下以等待竣工验收批复、决算审计等为由,拒绝或者迟延支付中小企业款项;除合同另有约定或者法律、行政法规另有规定外,机关、事业单位和国有大型企业不得强制要求以审计机关的审计结果作为结算依据。第二,规范保证金收取和结算。规定除依法设立的投标保证金、履约保证金、工程质量保证金、农民工工资保证金外,工程建设中不得收取其他保证金,不得将保证金限定为现金;保证金收取比例应当符合国家有关规定;保证期限届满后,应当及时对保证金进行核实和结算。第三,明确迟延支付责任。规定机关、事业单位和大型企业迟延支付中小企业款项的,应当按照合同约定和本条例规定的利率标准支付逾期利息。对拒绝或者迟延支付中小企业款项的机关、事业单位,应当在公务消费、办公用房、经费安排等方面采取必要的限制措施。

4. 加强信用监督和服务保障,维护中小企业合法权益和营造良好营商环境

《保障中小企业款项支付条例》规定了三项措施:第一,建立支付信息披露制度。要求机关、事业单位、大型企业在规定时限内将逾期尚未支付中小企业款项的合同数量、金额等信息向社会公开或者公示。第二,建立投诉处理和失信惩戒制度。规定省级以上人民政府负责中小企业促进工作综合管理的部门应当建立便利畅通的渠道,受理拒绝或者迟延支付中小企业款项相关投诉,并及时作出相应处理;机关、事业单位和大型企业不履行及时支付中小企业款项义务,情节严重的,依法实施失信惩戒。第三,建立监督评价机制。审计机关依法对机关、事业单位和国有大型企业支付中小企业款项情况实施审计监督；省级以上人民政府建立督查制度，对及时支付中小企业款项工作进行监督检查；国家依法开展中小企业发展环境评估和营商环境评价时，应当将及时支付中小企业款项工作情况纳入评估和评价内容。

4.18 《基础设施和公用事业特许经营管理办法》

《基础设施和公用事业特许经营管理办法》于2015年4月25日由国家发展和改革委员会（原国家发展计划委员会、原国家计划委员会）、财政部、住房城乡建设部、交通运输部、水利部、中国人民银行令第25号发布，2015年6月1日起施行。为鼓励和引导社会资本参与基础设施和公用事业建设运营，提高公共服务质量和效率，保护特许经营者合法权益，保障社会公共利益和公共安全，促进经济社会持续健康发展，制定本办法。

本节重点介绍特许经营活动实践中主要涉及的内容，包括总则、特许经营协议的订立和履行、特许经营协议的变更和终止、特许经营的监督管理和争议解决等。

4.18.1 总则

1. 特许经营定义

本办法所称基础设施和公用事业特许经营（以下简称特许经营），是指政府采用竞争方式依法授权中华人民共和国境内外的法人或者其他组织，通过协议明确权利义务和风险分担，约定其在一定期限和范围内投资建设运营基础设施和公用事业并获得收益，提供公共产品或者公共服务。

2. 适用范围

本办法适用范围：中华人民共和国境内的能源、交通运输、水利、环境保护、市政工程等基础设施和公用事业领域的特许经营活动。

3. 遵循的原则

特许经营应当坚持公开、公平、公正，保护各方信赖利益，并遵循以下原则：（1）发挥社会资本融资、专业、技术和管理优势，提高公共服务质量效率；（2）转变政府职能，强化政府与社会资本协商合作；（3）保护社会资本合法权益，保证特许经营持续性和稳定性；（4）兼顾经营性和公益性平衡，维护公共利益。

4. 特许经营方式

特许经营方式包括：（1）在一定期限内，政府授予特许经营者投资新建或改扩建、运营基础设施和公用事业，期限届满移交政府；（2）在一定期限内，政府授予特许经营者投资新建或改扩建、拥有并运营基础设施和公用事业，期限届满移交政府；（3）特许经营者投资新建或改扩建基础设施和公用事业并移交政府后，由政府授予其在一定期限内运营；（4）国家规定的其他方式。

5. 特许经营期限

特许经营期限最长不超过30年。对于投资规模大、回报周期长的特许经营项目可以由政府或者其授权部门与特许经营者根据项目实际情况另行约定。

4.18.2 特许经营协议的订立和履行

县级以上人民政府有关行业主管部门或政府授权部门可以根据经济社会发展需求，以及有关法人和其他组织提出的特许经营项目建议等，提出特许经营项目实施方案。

县级以上人民政府应当授权有关部门或单位作为实施机构负责特许经营项目有关实施工作，并明确具体授权范围。实施机构根据经审定的特许经营项目实施方案，应当通过招标、竞争性谈判等竞争方式选择特许经营者。实施机构应当公平择优选择具有相应管理经验、专业能力、融资实力以及信用状况良好的法人或者其他组织作为特许经营者。鼓励金融机构与参与竞争的法人或其他组织共同制定投融资方案。依法选定的特许经营者，应当向社会公示。

实施机构应当与依法选定的特许经营者签订特许经营协议。特许经营协议根据有关法律、行政法规和国家规定，可以约定特许经营者通过向用户收费等方式取得收益。

《基础设施和公用事业特许经营管理办法》对特许经营协议履行有关"补偿方式、政府承诺、行政审批、贷款融资"等方面均明确了要求。

1. 明确了补偿方式

第十九条规定："向用户收费不足以覆盖特许经营建设、运营成本及合理收益的，可由政府提供可行性缺口补助，包括政府授予特许经营项目相关的其他开发经营权益。"第三十五条规定："需要政府提供可行性缺口补助的特许经营项目，应当严格按照预算法规定，综合考虑政府财政承受能力和债务风险状况，合理确定财政付费总额和分年度数额，并与政府年度预算和中期财政规划相衔接，确保资金拨付需要。"第三十六条规定："因法律、行政法规修改，或者政策调整损害特许经营者预期利益，或者根据公共利益需要，要求特许经营者提供协议约定以外的产品或服务的，应当给予特许经营者相应补偿。"第三十八条规定："特许经营协议提前终止的，政府应当收回特许经营项目，并根据实际情况和协议约定给予原特许经营者相应补偿。"

2. 明确了政府承诺相关要求

第二十一条规定："政府可以在特许经营协议中就防止不必要的同类竞争性项目建设、必要合理的财政补贴、有关配套公共服务和基础设施的提供等内容作出承诺，但不得承诺固定投资回报和其他法律、行政法规禁止的事项。"

3. 明确了行政审批绿色通道

第二十二条规定："特许经营者根据特许经营协议，需要依法办理规划选址、用地和项目核准或审批等手续的，有关部门在进行审核时，应当简化审核内容，优化办理流程，缩短办理时限，对于本部门根据本办法第十三条出具书面审查意见已经明确的事项，不再作重复审查。"

4. 强化信贷、融资支持，允许对特许经营项目开展预期收益质押贷款，鼓励以设立产业基金等形式入股提供项目资本金，支持项目公司成立私募基金，发行项目收益票据、资产支持票据、企业债、公司债等拓宽融资渠道

第二十三条规定："国家鼓励金融机构为特许经营项目提供财务顾问、融资顾问、银团贷款等金融服务。政策性、开发性金融机构可以给予特许经营项目差异化信贷支持，对符合条件的项目，贷款期限最长可达30年。探索利用特许经营项目预期收益质押贷款，支持利用相关收益作为还款来源。"第二十四条规定："国家鼓励通过设立产业基金等形式入股提供特许经营项目资本金。鼓励特许经营项目公司进行结构化融资，发行项目收益票据和资产支持票据等。国家鼓励特许经营项目采用成立私募基金，引入战略投资者，发行企业债券、项目收益债券、公司债券、非金融企业债务融资工具等方式拓宽投融资渠道。"第二十五条规定："县级以上人民政府有关部门可以探索与金融机构设立基础设施和公用事业特许经营引导基金，并通过投资补助、财政补贴、贷款贴息等方式，支持有关特许经营项目建设运营。"

4.18.3 特许经营协议的变更和终止

特许经营协议的变更和终止。在特许经营协议有效期内，协议内容确需变更的，协议当事人应当在协商一致基础上签订补充协议。特许经营期限届满后确有必要延长的，按照有关规定经充分评估论证，协商一致并报批准后，可以延长。在特许经营期限内，因特许经营协议一方严重违约或不可抗力等原因，导致特许经营者无法继续履行协议约定义务，或者出现特许经营协议约定的提前终止协议情形的，在与债权人协商一致后，可以提前终止协议。特许经营期限届满终止或者提前终止，对该基础设施和公用事业继续采用特许经营方式的，实施机构应当根据本办法规定重新选择特许经营者。

4.18.4 特许经营的监督管理和争议解决

1. 严格监督，强调对特许经营项目的监管

第四十一条规定："县级以上审计机关应当依法对特许经营活动进行审计。"第四十四条规定："社会公众有权对特许经营活动进行监督，向有关监管部门投诉，或者向实施机构和特许经营者提出意见建议。"第四十五条规定："县级以上人民政府应当将特许经营有关政策措施、特许经营部门协调机制组成以及职责等信息向社会公开。特许经营者应当公开有关会计数据、财务核算和其他有关财务指标，并依法接受年度财务审计。"

2. 建立信用记录制度

第五十六条规定："县级以上人民政府有关部门应当对特许经营者及其从业人员的不良行为建立信用记录，纳入全国统一的信用信息共享交换平台。对严重违法失信行为依法予以曝光，并会同有关部门实施联合惩戒。"

3. 明确了争议解决机制

第四十九条规定："实施机构和特许经营者就特许经营协议履行发生争议的，应当协商解决。协商达成一致的，应当签订补充协议并遵照执行。"第五十一条规定："特许经营者认为行政机关作出的具体行政行为侵犯其合法权益的，有陈述、申辩的权利，并可以依法提起行政复议或者行政诉讼。"